1968년 대학 4학년 때의 모습

1965년 대학 1학년 때 스코필드 장학금 수혜자들과 함께.
가운데가 조영래

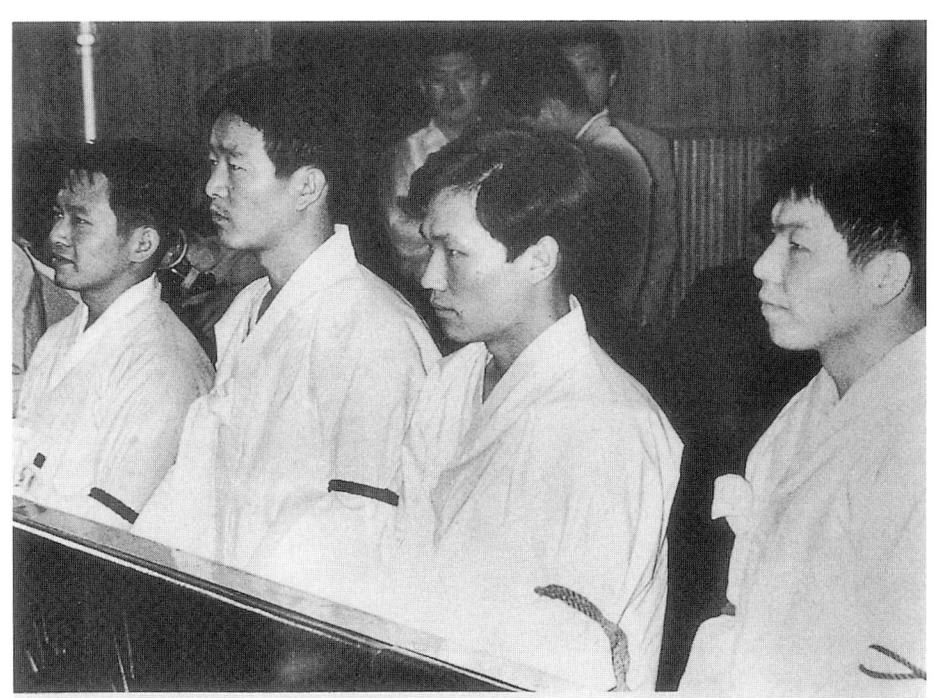

1972년 '전 서울대생 내란예비음모 사건' 선고 공판.
왼쪽부터 심재권, 장기표, 이신범, 조영래

1986년 시민공익법률사무소 사무실에서

1984년 네 식구가 설악산에서

1987년 두 아들과 함께

1986년 정법회 수련회.

1987년 민주사회를 위한 변호사모임 등산. 북한산에서

1988년 필리핀의 인권변호사단체 초청으로.
왼쪽 조준희 변호사, 오른쪽 홍성우 변호사와 함께

趙英來변호사 남긴 글 모음

진실을
영원히 감옥에 가두어둘 수는
없습니다

조영래변호사를 추모하는 모임 엮음

창비

발 간 사

누구도 생각지 못했던 병마로 조영래를 잃고 난 후 선후배 동지들과 친구들이 모여 그의 문집 하나 엮어보자는 의논이 있었다. 이제 그를 보낸 지 1주기를 맞으며 한권 책으로 펴내게 되었지마는 지금 책을 펼쳐들고 그의 글을 다시 대하는 우리들의 마음은 작은 성취감이나 보람보다는 다시 한번 가슴속을 찌르르하게 저려오는 분함과 아쉬움이다.

무엇이 그토록 빨리 조영래를 우리에게서 앗아갔는가. 그가 불치의 병으로 쓰러졌으니 어떤 이는 그 병마의 인정사정 두지 않는 비정함을 원망하기도 하고 또 어떤 이는 그토록 자기 건강을 돌볼 줄 모르고 밤새워 글 쓰며 줄담배를 피워대던 본인의 무심함을 탓하기도 하지만 나는 아무래도 그가 그저 병마의 장난으로 쓰러진 것이라고 믿어지지가 않는다. 저 멀리 3공하에서 3선개헌 반대, 반유신투쟁의 앞장에 섰던 그에게 가해진 짧지 않은 옥고는 그의 몸에 얼마나 끈끈한 피로의 찌꺼기를 쌓아놓았으며, 장장 5년여에 걸친 도피생활 속에서의 암담한 강박감은 그의 심령에 얼마나 깊은 상흔을 남겨놓았을까. 그리고 우렁찬 민주화의 새날을 눈앞에 두고 야당이 분열함으로써 정권교체 실패의 한을 남긴 저 87년 대선 이후의 실의에 빠진 나날들, 그 좌절과 허무의 세월 속에서 그가 참아내야 했던 아픔 같은 것들이 모두 모이고 쌓여서 그의 육신을 쓰러뜨린 것이다. 그리고 보면 저 5·16 군사쿠데타로부터 시작된 이 땅의 군부독재의 우악스런 박해, 그 독재세력에 빌붙어서 역사를 왜곡시키고 눈앞의 영달만을 탐하던 무리들의 온갖 음모, 그리고 천재일우의 기회를 눈앞에 두고도 정신 못 차리고 분열과 파쟁으로 대사를 그르쳐버린 한심한 정치인들의 어리석음 같은 것들이 모두 어우러져서 우리의 희망이었던 청년 조영래를 음해한 것이다.

조영래가 비록 43세 젊은 나이로 요절했지마는 그가 남긴 발자취가 얼마나 크고 뚜렷한 것인가를 우리는 잘 알고 있다. 학생운동에 이은 민주화운동의 지도적 인물로서, 그리고 탁월한 인권변호사로서 20년여를 활동해오는 동안 그는 특히 빼어난 문장력으로 많은 글을 남겼다. 그가 민주화운동에 투신한 이래 쓴 글들은 혹은 어떤 조직이나 단체의 이름으로, 또 어떤 경우에는 다른 사람의 이름으로 발표된 것들도 많은데 이제 그것들을 조영래의 글이라고 밝히고 가려내는 일은 쉽지도 않고 또 반드시 바람직한 일도 아닐 듯하여 이 책에는 조영래 본인의 이름으로 발표된 글들이 엮어져 있고 그것은 주로 조영래가 인권변호사로서 활동하던 1985년경 이후 몇해 동안에 씌어진 것들이다.

이제 조영래의 유족들과 그의 주변의 선후배 동지, 친구 들이 뜻을 모아 이 책을 엮어내는 의미는 대체로 두 가지로 정리될 수 있을 것이다. 우선 첫째로는 그에 대한 끝없는 애정, 아무리 세월이 흘러도 식어질 수 없는 애착과 미련, 아쉬움 들이 우선 그의 글들을 모아 책으로 펴내지 않고는 견딜 수가 없었다. 과연 생전의 조영래는 얼마나 튼튼하고 큰 그릇이었으며 얼마나 믿음직스러운 우리들의 대장이었던가. 마흔세살 창창한 나이에, 정말 이제부터 그가 감당해야 할 일이 하고많은데 이렇듯 졸지에 그를 잃다니, 이제 그 자리를 누가 메울 수 있을까. 이 기막힌 슬픔을 그의 손때 묻은 글줄이라도 다시 읽으면서 달래보고 싶었다.

다음으로, 이 글들을 모아 세상에 내는 것은 공적인 인물로서의 조영래, 다시 말해 투철한 민주화운동가로서, 탁월한 인권변호사로서의 조영래가 우리 정치사의 험한 격랑기를 겪으면서 생각하고 행동한 그 궤적들을 다시 한번 뒤쫓아보는 것 또한 충분히 의미가 있는 일이라고 생각되어서이다. 그가 투철한 역사의식과 깊고 정확한 통찰력을 가진 민주화운동가로서 주로 5공에서 6공에 이르는 역사적 격랑기를 어떻게 바라보았고 역사의 굴절과 왜곡을 어떻게 비판하고 있으며 그가 굳게 믿고 있는 민주화의 소신이 어떠한 것인가를 되새겨보는 것은 현재나 장래에 이 나라의 정치사가 어떻게 제 길을 찾고 바로잡혀져야 하는가를 생각하는 많은 사람들에게 큰 도움을 줄 것으로 믿는다.

이렇게 해서 펴내게 된 이 책은 모두 네 부분으로 구성된다. 고인의 이름으로 일간지·월간지 등에 발표된 글들과 중요 사건의 변론문으로 구성되는 제1부가 이 책의 중심을 이룸은 물론이다. 제1부의 글들은 대체로 발표된 시기순으로 배열하였다. 또 몇편 안 되는 일기, 사랑하는 아내와 아이들에게 보낸 편지, 그리고 독자들로서는 다소 뜻밖일 두 편의 시로 이루어진 제2부는 인간 조영래의 드러나지 않은 내면의 깊이를 전해줄 것이다. 그밖에 조영래에 관한 글과 추모의 글들을 각기 제3부, 제4부로 묶었다.

끝으로, 어려운 출판계획에 쾌히 응해주신 창작과비평사의 김윤수, 백낙청 두분 선생의 따스한 배려나 원고를 수집, 정리하고 편집하는·어려운 일에 노고를 아끼지 않은 이숙진씨의 성의도 모두 고인에 대한 깊은 애정에서 우러나온 것으로 믿고 감사를 드리며 이 책이 세상에 나가 읽히면서 생전에 그를 아꼈고 잃은 후에 그를 아쉬워하는 많은 분들에게 다소나마 위안이 되기를 바랄 뿐이다.

1991년 12월

洪性宇

6

차 례

제 1 부   논설 · 칼럼 · 변론문

제 2 부   일기 · 편지 · 시

제 3 부   조영래에 관한 기사

제 4 부   추모의 글

제 1 부
논설 · 칼럼 · 변론문

<1985년>
정말 인권이 보장되는 시대가 오려나
이경숙 사건(여성 조기정년제 문제)에 관한 의견서
외 2편
<1986년>
텔레비전 시청료의 법리와 병리
부천경찰서 성고문사건 변론 요지
외 6편
<1987년>
공권력이 법정신을 위배해서야
지역감정과 후보 단일화
외 6편
<1988년>
'관계기관대책회의' 정체를 밝혀라
노태우씨의 가방 속에 든 것
외 19편
<1989년>
5공 망령 되살아나는가
공산주의의 위기
외 2편
<1990년>
세 김씨는 태도를 분명히 하라
정의 끝내 실종되는가

1985년

정말 인권이 보장되는 시대가 오려나
국제인권규약과 우리 현실

국제인권규약이란?

국제인권규약이라 함은 1966년 12월 16일 제21차 유엔총회에서 채택된 '경제적·사회적 및 문화적 권리에 관한 국제규약'(A규약), '시민적 및 정치적 권리에 관한 국제규약'(B규약), 그리고 '시민적 및 정치적 권리에 관한 국제규약에 따르는 선택의정서'의 3개 문서를 통틀어 일컫는 것인데 한마디로 말하여 우리가 익히 알고 있는 '세계인권선언'을 조약화한 것이라고 할 수 있다.

1948년 제3차 유엔총회에서 채택된 세계인권선언은 인간의 기본적 권리와 자유에 관하여 '모든 인민 그리고 모든 국가가 달성하여야 할 공통의 기준'을 아름답고 감동적인 문체로 제시하고 있으나 문자 그대로 '선언적' 의미를 지니는 데에 그치는 것이고 법적인 구속력은 없다.

이에 비하여 국제인권규약은 그에 서명 또는 가입한 나라들(편의상 함께 묶어서 '가입국'이라 한다)에 대하여 법적인 구속력을 가지면서 그 적용범위도 전세계에 걸친다는 점에서 인간다운 삶을 지향하여온 인류의 오랜 투쟁사에 있어서 하나의 획기적 의의를 지닌다고 할 수 있다.

원래 이 규약의 효력발생 시기는 이에 서명 또는 가입하는 35번째(선택의정서의 경우는 10번째) 나라의 비준서 또는 가입서가 유엔 사무총장에게 기탁되는 날로부터 3개월이 지나는 날로 정해져 있었는데, 이 규정에 따라 A규약은

1976년 1월 3일에, 그리고 B규약과 선택의정서는 1976년 3월 23일에 각각 발효되었다.

우리나라가 이 규약에 가입하게 되면 가입서가 유엔 사무총장에게 기탁된 후 3개월째 되는 날로부터 이 규약이 우리나라에 대하여 효력을 발생하게 된다.

이 지구상에는 숱하게 많은 주권국가들이 있고 어느 나라나 다 크건작건 그 나름의 '인권문제'를 안고 있어서 가끔 말썽이 난다. 때로는 어떤 한 나라에서 너무 지나치게 인권의 기본적 권리를 짓밟는 사태가 발생하여 다른 나라의 정부나 시민들이 들고일어나 이에 항의하게 되는 일이 있는데, 그 경우 항의를 받은 나라 정부는 으레껏 매우 불쾌한 기색을 나타내며 '내정간섭'을 하지 말라고 응수한다. 우리나라에서도 70년대에 특히 많이 겪었던 일이다.

과연 오늘날의 세계에서 한 나라 정부가 그 관할 아래 있는 민중들을 어떠한 방식으로 다루건, 그들의 인간으로서의 존엄과 삶을 어떻게 짓밟고 파괴하건 그것은 그 나라의 신성 불가침한 주권의 행사에 관한 문제이고 '내정문제'일 뿐이라고 주장할 수 있는가? 적어도 국제인권규약에 가입한 나라들은 더이상 그같은 주장을 할 수가 없게 된다.

아래에서 자세히 살피겠지만 국제인권규약은 모든 가입국들에게 규약에서 제시되고 있는 제반 기본적 인권을 보장하는 조치를 취할 의무를 지우고 있고 그와같은 의무의 이행상황에 관하여 수시로 '보고'를 제출케 하여 유엔기관이 이를 '심의'하고 '권고'를 발할 수 있게 하는 등 제반 '실시조치'까지 규정하고 있어서 한마디로 가입국내의 인권상황에 관한 국제적 감시와 간섭의 길을 열어놓고 있다. 그렇다면 국제인권규약에 가입한 나라들은 무엇 때문에 스스로의 '주권'의 영역을 양보하여가면서까지 인권문제에 관한 이같은 국제적 감시체제에 동의하였는가?

인권규약의 전문(前文)에 의하면 가입국들이 인권규약의 제반 조항에 동의하게 된 것은 다음 몇가지 사실을 고려하였기 때문이라고 한다.

(1) 인류사회의 모든 구성원이 지니는 존엄과 평등하며 양도할 수 없는 제반 권리를 승인하는 것이야말로 세계에 있어서의 자유와 정의와 평화의 주춧돌이 된다는 사실.

(2) 이들 제반 권리가 인간 고유의 존엄성으로부터 유래한다는 사실.

(3) 세계인권선언이 지적하듯이 공포와 결핍으로부터 해방된 자유로운 인간이라는 이상은, 모든 사람들이 그 시민적·정치적 제권리와 경제적·사회적·문화적 제권리를 함께 누릴 수 있는 상태가 실현되는 경우에라야만 비로소 달성될 수 있다는 사실.

(4) 각 국가는 유엔헌장에 따라 인권과 자유의 보편적 존중·준수를 조장할 의무를 부담하고 있다는 사실.

(5) 각 개인은 규약에 규정된 제반 인권의 증진과 옹호를 위하여 분투 노력할 책임이 있으며 이는 그가 속하고 있는 사회나 다른 개인들에 대한 의무이기도 하다는 사실.

요컨대 오늘날의 세계에서 인권문제는 더이상 어느 한 나라의 고립된 '국내문제'일 수가 없고 국제적인 영향력과 파급력을 지닌 인류 공통의 관심사라는 점, 한 지역에 있어서의 인권상황의 타락은 곧 전세계적 국면에 있어서의 자유와 정의와 평화를 위협하는 독소적 요인으로 작용하게 된다는 점, 따라서 세계 전역에 걸쳐 인간의 존엄을 지키고 기본적 인권을 증진시켜나가기 위한 국제적인 협력이 절실히 요청된다는 점에 대하여 각국의 인식이 일치하게 된 데에 국제인권규약이 생기게 된 연유가 있는 것이다.

국제인권규약이 인정하는 권리

'경제적·사회적·문화적 제권리'에 관한 A규약은 제6조부터 제15조까지에 걸쳐 ⑥ 노동할 권리, ⑦ 공정하며 양호한 노동조건의 확보, ⑧ 노동조합과 노동조합 연합체를 결성하고 그에 가입할 권리 및 동맹파업을 할 권리, ⑨ 사회보장을 받을 권리, ⑩ 가정·모성·아동·연소자의 보호, ⑪ 적절한 생활수준의 유지와 식량의 확보, ⑫ 신체적·정신적 건강을 누릴 권리, ⑬ 교육을 받을 권리, ⑭ 무상 초등 의무교육의 확립, ⑮ 문화적 생활에 참가할 권리, 과학의 혜택을 받을 권리 등에 관하여 상세한 규정을 두고 있다. 이 중 우리나라의 인권상황과 관련하여 주목할 만한 몇가지 규정만을 살펴본다.

제7조는 모든 노동자에게 '최소한도' 공정한 임금, 동일가치의 노동에 대한 동일임금, 특히 여자가 동일노동에 관하여 남자와 동일한 보수를 받고 남자에

못지않는 노동조건을 보장받을 권리가 주어져야 하며 또 안전하고 건강한 작업 조건, 휴식·여가·노동 시간의 합리적 제한 및 정기적인 유급휴가를 보장받아야 한다고 규정하고 있다.

제8조는 모든 조약가입국이 확보하여야 할 권리로서 ① 누구나가 그 경제적·사회적 이익을 증진하고 옹호하기 위하여 노동조합을 결성하고 스스로 선택하는 노동조합에 가입할 권리, ② 노동조합이 국내의 연합 또는 총연합체를 설립할 권리 및 이들 연합 또는 총연합이 국제적인 노동단체에 가입하거나 또는 이를 결성할 권리, ③ 노동조합이 민주적 사회에 있어서 필요한 범위에서 법률이 정하는 제한을 받는 이외에는 여하한 제한도 받지 않고 자유롭게 활동할 권리, ④ (각국의 법률에 따라) 동맹파업을 할 권리 등을 들면서 다만 군대, 경찰, 공무원에 관하여는 위 권리의 행사에 합법적인 제한을 가하는 것을 허용하고 있다.

여기서 동맹파업권의 행사에 대한 각국의 법률에 의한 제약을 인정하고 있는 것은 조합활동의 자주성에 반하지 아니하는 범위내에서의 절차적 제약을 인정한다는 뜻이지 이와 달리 파업권의 행사를 전면적으로 제한·금지하거나 또는 권리 그 자체를 규제하는 법률까지도 허용한다는 뜻은 아니라는 것이 일반적인 해석이다. 따라서 가령 그같은 과도한 제한을 규정하는 법률이 있다면 그 법률은 이 인권규약에 저촉되는 것이 된다.

제11조는 "자신 및 가족을 위한 상당한 식량, 의류 및 주거를 내용으로 하는 상당한 생활수준을 누릴 권리 및 생활여건의 부단한 개선에 관한 권리"를 인정하면서 모든 가입국들이 이 권리의 실현을 확보하기 위한 적당한 조치를 취하도록 촉구하고 있고, 제12조는 "아동의 건전한 발육을 위한 대책, 환경위생 및 산업위생의 개선, 전염병·풍토병·직업병 기타 질병의 예방·치료 및 억제, 모든 병든 이들에게 의료와 간호가 주어질 수 있는 조건의 창출" 등을 위한 가입국들의 적절한 조치를 요구하고 있다.

제13조는 "무상의 초등 의무교육 실시, 중·고등 교육에 있어서의 무상교육의 점진적 도입, 초등교육을 제대로 받지 못한 사람들을 위한 기초교육의 강화, 적당한 장학금제도의 설립과 교육직원의 물질적 조건의 끊임없는 개선, 종교적 및 도덕적 교육을 확보할 자유" 등을 규정하고 있다.

그런데 제14조는 이에서 한걸음 더 나아가서 규약 가입 당시까지 아직 무상의 초등 의무교육을 확보하지 못하고 있는 가입국에 대하여 "모든 사람에 대한 무상의 의무교육이라는 원칙을 일정한 합리적 기간내에 점진적으로 실현시키기 위한 상세한 행동계획"을 2년 이내에 작성·채택할 의무를 부과하고 있다.

A규약에서 인정되고 있는 위 제반 권리는 우리가 흔히 생존권적 기본권 또는 사회권적 기본권이라고 부르는 것들로서 이는 개인에 대한 국가의 간섭을 가급적 배제함으로써 달성될 수 있는 이른바 자유권적 기본권과는 달라서 오히려 사회국가의 이념에 입각한 국가기관의 적극적 관여와 노력에 의하여 형편껏 확보될 수 있는 성질의 권리들이다.

따라서 A규약은 가입국에 대하여 위 제반 권리의 실현이라는 목표를 "입법조치 기타 모든 적당한 방법"으로 "점진적으로" 달성할 것을 요구하고 있다. 그러므로 A규약의 경우 국민으로서는 이를 근거로 하여 국가에 대하여 입법조치 등을 취하도록 정치적 요구를 제기할 수는 있을지언정 원칙적으로 법원에 재판을 걸어 정부에 대하여 규약상의 권리를 즉각 실현시키도록 이행을 청구할 수는 없다.

다만 정부가 위 권리들을 저해하는 조치를 취하는 경우에 A규약을 근거로 하여 그 취소를 구하는 것은 가능하다고 해석되고 있다.

시민적·정치적 권리에 관한 B규약은 제6조부터 제26조까지에 걸쳐 ⑥ 생명에 대한 권리, 사형의 조건, 18세 미만의 자와 임신중인 부녀에 대한 사형집행의 금지, ⑦ 고문, 비인도적·굴욕적 처우와 형벌의 금지, ⑧ 노예제도·노예거래·강제노동의 금지, ⑨ 신체의 자유와 안전, 자의적인 체포·구금의 금지, ⑩ 자유를 박탈당한 자에 대한 인도적 처우, 미결수와 기결수 그리고 성인 죄수와 미성년 죄수의 분리, ⑪ 사적인 채무를 이유로 한 구금의 금지, ⑫ 거주 이전·출국의 자유, 자기 나라에 귀국할 권리, ⑬ 외국인 추방의 조건과 심사청구권, ⑭ 독립된 사법부에 의한 공정한 공개재판을 받을 권리, 피고인의 무죄의 추정, 변호권, 2중처벌의 금지, ⑮ 죄형법정주의, 소급처벌의 금지, ⑯ 어느 곳에서나 법 앞에서 하나의 인간으로서 인정받을 권리, ⑰ 프라이버시, 가정·통신에 대한 불법적인 개입이나 명예·신용의 불법한 훼손의 금지, ⑱ 사상·양심 및 종교의 자유, ⑲ 의견의 자유 및 표현과 정보입수의 자유, ⑳ 전쟁선전 및 국가적·인종적·종교적 적의 선동의 금지, ㉑ 평화적 집회의 권리, ㉒ 결사의 자유, ㉓ 가정·혼인의 보호, ㉔ 아동의 권리, ㉕ 정치참여의 권리 —— 즉 모든 시민이 "어떠한 차별이나 불합리한 제한도 받음이 없이" 직접적으로 또 자유로이 선출한 대표자를 통하여 정치에 참여하고, "보통·평등의 선거권에 의거하여 비밀투표로 행하여지는 선거인의 의사의 자유로운 표현을 보장하는 진정한 정기적 선거"에서 투표하고 또 선출되며 평등한 조건 아래서 자기 나라의 공무를 담당할 권리를 행사할 것, ㉖ 법 앞에서의 평등의 보장, ㉗ 종족적·종교적·언어적 소수자의 보호 등에 관한 규정을 두고 있다.

위 권리들 중 대부분은 우리가 흔히 자유권 또는 자유권적 기본권이라고 부르는 것으로서 18세기 이래 세계 각국의 인권선언이나 헌법에 널리 열거되어 왔고 우리나라 헌법에 있어서도 매우 낯익은 것들이다. 이 자유권적 기본권은 개인의 자유로운 삶에 대한 국가권력의 간섭이나 개입을 가급적 배제함으로써 확보되는 것이고 따라서 나라의 살림살이 형편에 큰 관계 없이 국민소득이 얼마가 되는 국가가 하려고만 마음먹으면 즉시 실현시킬 수 있다. 그러므로 B규약은 가입국에 대하여 이들 제반 권리를 당연히 또 즉시 보장할 것을 요구하고 있다.

즉 A규약의 경우와는 달리 B규약에 있어서는, 가입국 정부는 규약에서 인정되고 있는 제반 인권을 즉시 존중·확보할 의무를 부담하며 그를 위하여 필요한 입법조치를 취하지 않으면 안 된다. 나아가서는 사법부를 통하여 B규약상의 인권을 구제하고 그 집행을 확보하지 않으면 안 된다.

B규약 가입국의 시민의 입장에서 보자면, B규약 자체를 근거로 하여 직접 국내 법원에 규약상의 인권의 침해에 대한 구제를 청구할 수 있다고 하는 해석이 가능하다.

'긴급사태'가 있을 경우에는 어떻게 할 것인가? 실제로 전쟁, 사변, 기타 국민의 생존을 위협하는 긴급사태가 발생하여 시민적 권리와 자유가 부분적으로 제한되지 아니할 수 없는 경우가 있다. 그런데 대부분의 인권탄압 국가들이 바로 이같은 '긴급사태'를 구실로 하여 시민들의 인권에 필요 이상의 제한을 가하고 있고 나아가서는 위기상황을 실제보다 과장하거나 심지어는 일부러 조작해내기까지 하면서 인권을 유린하는 것이 버릇이 되어 있다.

이 점을 고려하여 B규약 제4조는 긴급사태의 경우에 관한 규정을 두고 있는데 그 내용을 간추려보면,

첫째로 B규약 가입국이 규약상의 인권을 보장할 의무에 위반하는 예외적 조치를 취할 수 있는 것은 국민의 생존을 위협하는 공공의 긴급사태가 발생하였음이 공식적으로 선언된 경우에 한하여, 사태의 긴급성에 비추어 참으로 필요 불가결한 한도내에서만 할 수 있고, 둘째로 그 경우라 할지라도 제6조(생명권), 제7조(고문 등의 금지), 제8조의 1,2(노예제도 등), 제11조(채무로 인한 구금), 제15조(죄형법정주의, 소급처벌 금지), 제16조(인간으로서 인정받을 권리), 제18조(사상·양심·종교의 자유)의 규정에 위반하는 것은 절대로 허용되지 아니하며, 셋째로 위반조치를 취한 가입국은 위반한 규정 및 위반에 이르게 된 이유를 유엔 사무총장을 통하여 B규약의 다른 가입국들에게 곧바로 통지하여야 하고 또 위반이 종료한 날에는 그 뜻을 유엔 사무총장을 통하여 통지하여야 한다는 것이다.

요컨대 적어도 B규약에 가입한 나라의 경우에 있어서는 국민에게 고문이나 비인도적 형벌을 가하고서도 '긴급사태' 때문에 불가피한 일이었다고 변명할 수는 없게 되어 있고 또 도대체 무슨 대단한 '긴급사태'가 있기에 어떻게 인권을 침해하였는지 밝히라는 국제사회의 요구에 대하여 더이상 그것은 '내정간섭'이므로 응할 수 없다고 응수하기가 어렵게 되어 있는 것이다.

가입국들이 규약상의 각 권리규정을 편리대로 해석·적용한다든지 규약상의 의무를 게을리한다든지 하는 사태를 방지하기 위하여는 각 가입국에 있어서의 규약상의 권리규정의 이행상태를 감시하는 국제적인 제도가 필요하게 되는데 이같은 국제제도를 일반적으로 '실시조치'라고 부른다.

여러 인권조약에 정하여진 실시조치는 대별하여 다음 3가지로 분류할 수 있다.

첫째는 보고제도인데 이것은 조약가입국이 스스로 조약상의 권리의 실시상황에 관하여 국제기관에 보고케 하고 그 심의를 통하여 감독을 행하는 방법이다.

둘째는 가입국에 의한 신고제도인데 이것은 가입국 '갑'이 다른 가입국 '을'

의 조약상의 의무 위반이 있다고 판단할 경우에 '갑'이 '을'을 상대로 하여 국제기관에 진정, 이의신청, 신고 또는 통보 등의 형식으로 소를 제기하여 그 국제기관의 조정절차를 거쳐 우호적 해결을 꾀하는 제도이다.

셋째는 사인(私人)에 의한 신청제도인데 이것은 가입국에서 조약상의 권리를 침해당한 개인이나 단체가 청원 또는 통보의 형식으로 국제기관에 문제를 제기하여 그 국제기관의 심의(조정적 성격을 지님)에 의하여 해결을 꾀하는 제도이다.

이상 세 가지 실시조치 중에서 A규약은 보고제도를 채용하고 있고 B규약은 보고제도와 가입국가에 의한 신고제도를, 또 B규약의 선택의정서는 사인(개인)에 의한 신청제도를 채용하고 있다.

A규약의 가입국들은 매 2년마다 규약에 인정된 권리들의 실현을 위하여 취한 조치 및 이들 권리의 실현에 초래된 진보에 관한 사항을 기재한 보고서를 유엔에 제출하여야 한다. 이 보고서에는 또 규약상의 제반 의무의 이행 정도에 영향을 미친 요인 및 장애를 기재하여야 한다. 가입국으로 제출된 보고는 경제사회이사회의 심의에 회부되고 또 인권위원회에도 송부되는데 인권위원회는 보고를 검토한 뒤에 이른바 '일반적 성질의 권고'를 할 수 있고 가입국은 이에 대하여 의견을 진술할 수 있다. 또 경제사회이사회는 위 '일반적 권고'를 붙인 보고 및 가입국 정부와 관계 전문기관으로부터 제출된 보고를 유엔총회에 제출할 수 있다.

B규약의 실시조치의 하나로서 채택된 보고제도는 대체로 다음과 같다.

가입국은 자국에 관하여 규약의 효력이 발생한 때로부터 1년 이내에 그리고 그후부터는 인권위원회(원래의 유엔 인권위원회와는 별도로 B규약상의 제권리의 실시를 위하여 설치된 독자적 기관임)가 요청하는 바에 따라 수시로 인권위원회에 각국의 인권상황에 관한 보고를 제출하여야 한다. 보고의 내용 중에는 "규약에 인정된 권리의 실현을 위하여 취한 조치 및 이들 권리의 향유에 있어서 초래된 진보"에 관한 사항과 "규약의 실시에 영향을 미친 요인 및 장해가 있는 경우에는 이들 요인 및 장해"에 관한 사항이 포함되어야 한다.

보고가 충분한 정보를 포함하고 있지 않다고 판단될 경우에는 인권위원회는 관계가입국에 대하여 추가정보를 제출할 것을 요구할 수 있으며 또 보고가 기한

내에 제출되지 않을 때에는 독촉장을 보낼 수 있다.

인권위원회가 가입국들에 통보한 보고 작성에 관한 가이드 라인에 의하면 보고는 제1부와 제2부로 나누어 작성되는데, 제1부에서는 B규약상의 권리의 보호와 관련된 국내법 체제 일반을 간결하게 기술하되, ① 규약상의 권리를 보호하는 것은 헌법인가 아니면 별개의 권리장전인가, 비상사태에 관한 예외규정이 있는가 있다면 그 내용은 어떠한가, ② 법원 또는 행정기관에서 인권규약을 직접 원용하여 적용할 수 있는가 아니면 국내법으로 변형시키는 것이 필요한가, ③ 인권관계의 관할기관은 어떤 것이 있는가, ④ 개인이 이용 가능한 구제수단, ⑤ 규약규정의 실시를 확보하기 위한 기타 조치 등에 관하여 설명이 포함되어야 하고, 제2부에서는 각각의 실질 권리조항에 관련하여 실시되고 있는 제반 입법적·행정적 또는 기타 조치 등을 설명하도록 요구하고 있다.

가입국으로부터 제출된 보고는 유엔 사무총장을 거쳐 인권위원회의 심의에 회부된다. 위원회는 보고를 심의·검토한 후 위원회의 보고와 적절하다고 생각되는 '일반적 의견'을 가입국에 송부한다. 이 일반적 의견은 가입국으로부터의 보고와 함께 경제사회이사회에도 송부될 수 있다. 위 의견에 관하여 가입국은 자신의 견해를 위원회에 제시할 수 있다.

인권위원회의 심의의 분위기는 '각국간의 우호관계의 유지'라든가 '건설적 정신'을 염두에 두지 않을 수 없으므로 반드시 탄핵적인 것은 아니다. 그러나 가입국의 규약 위반이 지나치다고 판단될 경우에는 기탄 없는 질문과 의견이 피력되기도 한다.

몇가지 예를 들자면 영국이 그 속령에 관하여 많은 유보조항을 단 데 대하여 이것을 식민주의의 반영이라고 비판한 위원이 있었고, 서독의 보고에 관하여 노동자에 의한 표현의 자유의 행사는 사용자의 이익을 해치는 것이 되어서는 안 된다고 하는 노동법상의 규정이 규약 제19조 3항 위반이며, 특정 정당의 당원을 공무에서 배제하고 있는 것은 정치적 의견에 의한 차별을 금지하는 규약 2조의 명백한 위반이라는 의견이 있었다. 또 소련의 정신병원이 규약 제7조(고문 또는 비인도적 형벌의 금지) 위반에 해당한다는 의견이 제시된 바도 있고, 체코슬로바키아에 대하여 통신의 자유나 표현의 자유를 제시하는 근거, 정치범의 유무와 숫자 등을 따지는 질문이 제기된 일도 있다.

B규약의 다른 실시조치 중 다른 가입국가에 의한 신고제도는 규약 제41조의 수락선언을 한 국가들 사이에서만 적용되고 또 개인의 국제적 청원권을 인정하는 제도는 B규약의 선택의정서의 조인국들에만 적용되는데 지면관계상 자세한 설명은 생략한다.

국제인권규약이 가져다줄 선물

70년대 우리나라의 인권상황은 '긴급조치'라는 한마디에 집약되어 있다. 한 사람의 권력자를 위하여 모든 것을 보장하였고 나머지 전국민을 위하여 아무것도 보장하지 아니하였던 상황——이 우울한 70년대를 거치면서 우리나라는 세계 시민들의 뇌리 속에 선명하게 '인권 후진국'으로 낙인 찍히게 되었다. 이같은 '인권 후진국'의 낙인을 하루 속히 말끔히 씻어내는 일은 민족적 긍지의 회복을 위하여 또 세계사회의 일원으로서의 민족적 생존과 이익의 증진을 위하여 반드시 이룩하여야 할 절박한 과제의 하나이다.

최근에 우리나라가 국제인권규약에 가입한다는 민정당의 이번 선거공약은 이같은 관점에서 우선 주목될 만한 일이라 하겠다. A규약에만 가입하게 될 것인지, 아니면 A·B 양규약에 다 가입할 것인지 또는 나아가서는 선택의정서에까지도 가입을 하게 될 것인지 아직 알 수 없으나(A규약에만 가입하는 나라는 드물고 대개는 A·B 양규약에 가입하게 된다), 어느 경우이든지간에 우리나라의 인권현실이 국제적인 주시와 감시체제 아래 개방되게 된다는 점에서 그것은 결코 과소평가할 수 없는 의의를 지닌다 하겠다.

규약 가입 사실 자체만으로 우리나라의 인권상황이 하루 아침에 획기적으로 개선될 것을 기대할 수 있는가?

물론 그렇지는 않다. 한 나라의 인권상황은 일차적으로는 무엇보다도 인권을 지키고 증진시키려는 그 나라 시민들의 노력과 결의에 달린 문제인 것이지 외부 세계의 선의에 의하여 해결책이 선사될 수 있는 성질의 문제는 아닌 것이다.

그럼에도 불구하고 인권규약 가입으로 인하여 우리나라의 인권상황과 관련하여 최소한 다음과 같은 변화가 있을 것이 기대된다.

첫째로, 현재의 인권관계 법규나 인권현실 중에 인권규약이 제시하는 제반 인권기준에 현저히 위배되거나 미달되는 부분을 조정하기 위한 노력이 불가피하게 따르게 될 것으로 보인다.

예컨대 일부 정치인에 대한 정치활동을 규제하고 있는 현행법이나 보안처분제도, 노동조합활동에 대한 제반 법률적 또는 사실적 규제 등은 인권규약의 제반 규정과의 사이에 상당한 긴장을 야기시킬 가능성이 있으며 종국적으로는 어떤 형태로든 이같은 긴장을 완화 또는 제거하기 위한 끊임없는 노력이 있게 될 것이다.

둘째로, 인권규약 가입으로 인하여 우리 국민들의 인권의식에 상당한 변화가 초래될 것이 기대된다. 땅 위에서의 삶을 보다 건강하고 보다 자유롭고 보다 인간다운 것으로 만들기 위한 노력은 세계 각국의 정부와 시민의 공통의 관심사라는 사실, 어떠한 '긴급사태' 아래서도 결코 양보할 수 없는 인권의 영역이 존재한다는 사실, 국제적으로 승인된 제반 인권기준은 민족과 국가의 장벽을 넘어서서 옹호되어야 할 인류의 보편적 가치라는 사실 —— 우리 국민이 이같은 제반 인식에 자극되고 고무되어 인권상황의 개선에 대한 보다 확고한 의지를 품게 된다면 그것은 아마도 국제인권규약이 우리에게 가져다줄 최대의 선물이 될 것이다.

(마당, 1985. 2)

인권과 즉심과 보안처분
사법부와 독립성

1

문둥이 시인 한하운(韓何雲)의 시는 우리에게 외면하고 싶었던 현실의 쓰라린 얼굴을 정면으로 마주보게 하는 아픔을 준다. "성한 사람들"인 우리는 그동안 우리와 "다른 부류"에 속하는 사람들, 버림받은 천형(天刑)의 사람들의 일을 까맣게 잊어버리고 그저 우리가 그같은 부류에 속하지 아니한다는 사실에만 안도한 채 "성한 사람들 저희들끼리의" 일에만 골몰하고 있었던 것이다.

사람들이 입술로는 기억하나 가슴으로는 잊어버리는 「성서」의 숱한 구절 중에서도 가장 전형적인 예는 아마도 잃어버린 한 마리의 양에 관한 이야기일 것이다. 모든 것을 남김없이 수량화·추상화하려 드는 오늘날의 세태에서는 더욱 그러하다. 그 한 마리의 양은 잊혀지고 무시되어도 좋은 것인가. 한 인간의 자유와 생명의 값어치는 다른 99명의 인간의 그것의 99분의 1로 계산되어야 하는가. 그것을 인정하지 아니한다면, 지극히 작은 한 인간의 생명이 우주 전체와도 맞바꿀 수 없는 무게를 지니고 있다는 사실을 인정한다면, 우리는 잊혀진 사람들의 일을 이야기하지 않으면 안 된다. '몽키차'라고 불리는 호송차에 실려 즉결심판소로 끌려가는 사람들, 한번 찍히면 다시는 지워지지 않는 반국가사범이라는 낙인 때문에 언제라도 영장 없이 구속되어 재판 없이 무한정 수감될 수 있는 거의 완벽한 무(無)권리상태 속에서 평생을 살아가야 하는 사람들, 불우

했던 과거의 범죄생활 경력 때문에 아무리 사소한 범법행위로도 본형(本刑)에 덧붙여 10년 또는 7년의 보호감호처분을 덤으로 선고받게 될 위험에 놓인 사람들. 우리가 늘상 우리와 무연(無緣)한 타인이라는 착각 때문에 외면하고 있는, 그들의 인권에 대한 사회적 배려와 관심이 현저하게 결핍되어 있는 처지에 놓여 있는 사람들의 일을 이야기하지 않으면 안 된다.

2

즉결심판은 5만원 이하의 벌금 또는 구류나 과료에 처할 범죄사건을 대상으로 하는데, 이 중 자유형에 속하는 구류는 1일 이상 30일 미만의 기간에 걸친 경찰서 유치장 또는 형무소 안에서의 수감생활을 의미한다. 즉결심판절차는 이같은 '경미한' 범죄사건을 신속·간이하게 처리하기 위하여 고안된 특별절차라고 할 수 있다.

근대적 의미에 있어서의 형사소송법은 범죄자를 위한 권리의 장전이다. 즉 형사소송법은 범죄혐의자를 어떻게 하면 하나라도 빠져나가지 못하게 꽁꽁 묶어넣는가의 문제가 아니라, 어떻게 하면 국가권력의 횡포로부터 범죄혐의자의 인권을 보호하는가의 문제를 일차적 관심사로 하여 제정된 법률이다. 열 사람의 죄인을 놓치는 한이 있을지언정 한 사람의 무고한 시민을 억울한 범죄자로 만들지 아니하겠다는 것, 설령 죄를 지은 자라 할지라도 그 죄에 값하는 적정한 형벌을 받는 것 이상으로 부당한 처우를 받거나 인간으로서의 존엄을 훼손당하는 일이 없도록 하겠다는 것이 형사소송법의 근본이념이다.

이같은 근본이념에 충실하기 위하여는 당연히 한 사람의 시민을 범법자로 확정하고 그의 행위에 상응하는 형벌을 선택, 양정(量定)하는 과정에 있어서의 절차적 엄격성과 신중성이 요구되는 것인데, 형사소송법은 이같은 요구에 부응하고 피고인에게 충분한 방어권을 부여하기 위한 제반 제도적 장치를 마련하여 놓고 있다.

그런데 '경미한' 범죄사건들의 경우는 어떠한가. 형사소송법이 정하는 엄격하고 신중한 적식(適式)절차는 원래 국가권력의 손발을 묶기 위한 것이므로, 국가권력의 입장에서 볼 때 번거롭고 불편한 것임은 말할 것도 없고 때로는 형사피의자의 입장에서 보아도 지나친 친절처럼 번거롭고 귀찮기만 한 존재가 되어버린다.

장기간 형사피의자 또는 피고인의 지위에 놓인 채로 엄격하고(엄격하다는 것은 물론 피고인의 이익을 위하여 엄격함을 뜻하는 것이기는 하다) 신중한 절차에 의한 재판을 받는다는 것 자체가 하나의 고통인 것이며, 때로는 다소 부당하고 억울한 처벌을 받는 것 이상의 고통일 수도 있다.

즉결심판제도의 존재이유는 여기에 있다고 할 수 있다. 즉 어차피 경미하게 처벌될 사건에 대하여서라면 공정한 재판을 보장하기 위한 절차적 엄격성을 희생시키는 한이 있더라도, 간이 · 신속한 처리를 도모하여 재판절차 자체에서 오는 번잡과 고통을 덜어주는 것이 국가는 물론이요 피고인 본인을 위하여서도 도리어 이익이 된다고 하는 논리가 성립될 수 있다는 것이다.

이같은 편의주의에 일면의 진실이 있음을 부정할 수는 없겠으나, 바로 그 편의가 피고인의 권리에 대한 소홀한 취급이라는 희생을 대가로 하여 추구되어야 한다는 게 문제다. 뿐만 아니라 이 제도의 운용 여하에 따라서는 이같은 인권의 희생이 절차적 편익과는 비교가 되지 않을 정도로 엄청나게 값비싸고 심각한 것이 될 수도 있다는 사실에 유의, 이같은 함정에 대하여 특별한 주목과 경계가 요청된다고 할 것이다.

현행 즉결심판에 관한 절차법에 규정된 즉결심판절차가 정식재판절차와 어떻게 구별되는가를 보자. 우선 재판청구권자가 검사가 아닌 경찰서장인데, 이것은 수사절차에 있어서의 적법성의 보장이 그만큼 약화되어 있다는 것을 뜻한다.

또 피고인의 진술서와 기타 경찰서장이 제출하는 서류나 증거물만 있으면 개정(開廷) 없이도 심판할 수 있으며, 벌금 또는 과료를 선고하는 경우에 피고인이 출석하지 않는 때에는 피고인의 진술을 듣지 아니하고 형을 선고할 수 있게 되어 있다. 이같은 경우에는 피고인의 유 · 무죄와 그 정상(情狀)에 관한 판단이 사실상 경찰 조사과정에서 끝나버리는 것이나 마찬가지 꼴이 된다고 해도 과언이 아닐 것이다.

판사는 필요하다고 인정될 때에는 적당한 방법에 의하여 "재정(在廷)하는 증거에 한하여" 조사할 수 있게 되어 있는데, 이러한 경우 피고인으로서는 자기에게 유리한 증거를 제출할 기회를 사실상 박탈당하여버리게 된다.

피고인의 자백이 그에게 불이익한 유일한 증거일 경우에는 그것만으로 유죄를 선고할 수 없다는 것이 근대 형사소송법의 대원칙인데, 즉결심판에서는 이 같은 원칙도 적용되지 아니하고, 또 이른바 전문(傳聞)증거 배제의 법칙도 적용되지 아니한다. 요컨대 엄격한 증거 없이도 피고인의 유죄를 단정할 수 있게 끔 되어 있다고 보면 된다.

이와같이 하여 특별한 사정이 없는 한 즉시 심판을 하는 것이 바로 즉결심판절차이며, 한마디로 이 절차 안에서는 경찰 수사의 편견이나 횡포를 견제하고 피고인에게 실질적인 방어의 기회를 부여함으로써 공정한 재판을 보장하기 위한 장치가 거의 마련되어 있지 않다고 할 수 있다.

이와같이 공정성이 보장되어 있지 아니한 재판이 정당화될 수 있는 유일한 근거가 있을 수 있다면 그것은 피고인 자신의 동의라고 하여야 할 것이다. 일본의 교통사건즉결재판수속법에는 피고인이 즉결재판절차에 의하여 재판받는 데에 이의를 제기하면 즉결재판을 할 수 없도록 규정되어 있으나, 우리 즉결심판에 관한 절차법에는 그와같은 규정이 없고 피고인의 의사 여하와는 관계없이 즉결심판이 진행될 수 있게 되어 있어서 문제라고 생각된다.

우리 법에서도 즉결심판이 선고된 후에 피고인이 그에 불복하여 정식재판을 청구하는 길이 열려 있고 그 경우 즉결심판은 일단 효력을 잃도록 되어 있어서 별문제가 없지 않겠는가 하는 반문도 있을 수 있다. 그러나 벌금 또는 과료가 선고되는 경우에는 가납(假納) 명령을 할 수 있게 되어 있고 구류가 선고되는 경우에는 10일까지의 유치명령을 할 수 있게 되어 있어서, 즉결심판이 효력을 잃는다 해도 사실상 그 집행이 차단되지는 아니하기 때문에 즉결심판이 없었던 것과 마찬가지의 상태로 복귀할 수는 없게 되어 있다는 사실을 간과하여서는 아니 된다.

잘못 선고된 즉결심판의 폐해는 구류의 경우에 특히 현저하게 나타난다. 즉결심판에 관한 절차법 제16조의 유치명령에 관한 규정을 살펴보면, 판사는 구류의 선고를 받은 피고인이 일정한 주소가 없거나 또는 도망할 염려가 있을 때에는 10일을 초과하지 아니하는 기간 경찰서 유치장에 유치할 것을 명령할 수 있다고만 되어 있지 반드시 유치명령을 하여야 한다고 되어 있지는 않다.

규정의 취지로 보자면 유치명령은 오히려 불가피한 사정이 있는 경우에 예외적으로 하여야 할 것이요, 원칙적으로는 유치명령을 할 것이 아니라는 해석이 가능할 것이다. 그럼에도 불구하고 즉결심판의 실무상에 있어서는 구류를 선고하는 경우에는 거의 자동적으로 유치명령을 아울러 내리는 것이 관례화되다시피 했으며, 결정문 서식에도 아예 유치명령이 부동문자로 못박아 인쇄되어 있기까지 한 실정이다.

10일간의 구류를 선고받은 경우 같은 기간의 유치명령을 아울러 받게 되는데, 정식재판을 청구하고 재판날짜까지 기다리는 사이에 그 10일이 다 지나버린다. 이와같은 상황 아래서는 아무리 억울하게 구류를 받았다고 느낀다 할지라도 굳이 정식재판을 청구하여 끝까지 자신의 결백을 밝혀보겠다는 의지가 좀처럼 생겨나지 않을 것이다.

그리하여 구류를 선고받은 사람들 중 대다수가 정식재판 청구를 포기하게 되고 개중에는 즉결심판에 내심으로 승복하지 아니하는 사람들도 다수 포함되게 되는데, 이것은 헌법이 보장하고 있는 국민의 재판청구권을 사실상 박탈하는 것에 귀착한다고까지 하여도 좋을 것이다.

한 인간의 일생에 있어서 10일이라는 기간은 지극히 짧다. 그러나 그 10일 동안을 경찰서 유치장 안에서 지내야 한다는 일이 그토록 소홀하게 처리되어도 좋을 가벼운 일이라고 하는 견해에는 동의하기가 어렵다.

현실을 보면 5만원 이하의 벌금이나 구류 또는 과료에 처할 정도의 경미한 범법사실 때문에 즉결심판소까지 끌려올 정도의 사람이라면 십중팔구는 이렇다 할 만한 사회적 지위가 없는 사람이라고 보아 틀림없을 것이다. 경범죄처벌법 제1조 제1호부터 제54호까지에 열거되어 있는 구류 또는 과료의 형으로 벌할 경범죄의 종류를 훑어보면 대충 그 사정을 짐작할 수 있다.

떠돌이(제3호), 물품강매·청객행위(제10호), 허위광고(제11호), 업무방해(제12호), 노상방뇨(제14호), 불안감조성(제24호), 음주소란(제25호), 인근소란(제26호), 미신요법(제39호), 과다노출(제41호), 장발 및 저속의상(제45호), 암표매매(제47호), 무임승차 및 무전취식(제51호), 뱀의 진열행위(제52호)… 등등의 각종 경범죄 구성요건들을 읽어내려가노라면 우리는 마치 어둠과 좌절 속에서 사회의 뒷골목을 배회하는 불가촉천민(不可觸賤民)들의 우울한 삶의 풍속도를 보고 있는 듯한 착각에 사로잡히게 된다. 필자의 느낌으로는 이 경범죄처벌법은 사회적 소수자들의 삶을 지나치게 속박하고 있으며 형벌법규로서 요구되는 구체성과 명확성을 결여한 규정들도 많이 포함하고 있다고 보여진다.

프랑스 국민의회가 선포한 '인간과 시민의 권리선언'에 의하면 "모든 개인이 향유하는 자연권에는 타인으로 하여금 마찬가지 자연권을 행사할 수 있도록 보장하기 위하여 불가피하게 요청되는 제한 이외에는 여하한 제한도 인정될 수 없으며 … 정치적 자유는 남을 해치지 않는 일이라면 무엇이든지 할 수 있는 권능 속에 존재하는 것이며 … 법은 오로지 사회에 해악을 끼칠 수 있는 행위만을 금지하여야 한다"고 돼 있다.

그런데 경범죄의 하나로서 규정되고 있는 "일할 능력은 있으나 다른 생계의 길도 없으면서 취업할 의사가 없이 여기저기 떠돌아다니며 사는 곳이 일정하지 아니한 사람"(제1조 제3호)이란 것이, 그 자체만으로 타인이나 사회에 어떠한 구체적 해악을 끼친다는 것인지 이해하기가 어렵고 그렇다면 무엇 때문에 처벌대상이 되어야 하는 것인지도 반드시 명확하지가 않다.

또 "점잖지 못한 옷차림을 하거나 장식물을 달고 다님으로써 좋은 풍속을 해친 사람"(제45호)이라고 하는 규정에 있어서, '점잖지 못한' 것인지 아닌지를 가릴 판별기준은 지극히 모호하고 주관적인 것이 될 수밖에 없는데, 이것은 죄형법정주의의 요구가 충족되고 있지 못한 하나의 예이다.

이러저러한 사정으로 하여 경범죄처벌법을 집행함에 있어 경찰서장에게 주어진 재량의 여지는 지극히 광범위한 것이 된다. 그 때문에 즉심제도가 본래의 취지를 벗어나서 남용되는 문제가 생기게 되는데, 그 전형적인 예의 하나가 이른바 별건구속(別件拘束)이라는 기묘한 이름으로 불리는 변칙적인 수사관행이다.

경찰이 어떤 범죄사건의 혐의자로 점찍고 있는 사람이 있고 그 사람의 혐의가 아직 뚜렷하지 아니하여 그 혐의사실로 그를 구속하는 것이 불가능할 때에, 우선 그에게 경범죄처벌법 중 아무 조항이나 하나 적당한 것을 적용하여 즉결심판에 회부하여 유치명령을 받아냄으로써 실질적인 구속의 목적을 달성한다. 그 후 유치기간 중의 강제수사를 통하여 그가 진범으로 밝혀지면 별건으로 정식 구속하는 것이고, 진범이 아닌 것으로 판명되면 그것으로 그만인 것이니 수사기관의 입장에서 볼 때는 지극히 편리한 일이 아닐 수 없다.

즉심제도가 정치적 목적으로 남용되는 사례에 관하여 살펴보기로 한다. 근래에 이르러 정치적 또는 사회적 문제에 관한 자신의 의사와 견해를 말이나 글로 표명한 많은 사람들이 경범죄처벌법 제1조 제44호의 유언비어 날조유포라는 죄목으로 즉결심판에 회부되고 있음은 주지의 사실이다. 그런데 정치사회문제에 관하여 표명된 사실적 주장이나 견해의 옳고그름이 즉결심판절차에서 판정되어야 한다는 것은 즉심제도의 취지에 비추어 부적절한 일이라고 하지 않을 수 없다.

또 경범죄처벌법 제4조는 "이 법의 적용에 있어서는 국민의 권리를 부당하게 침해하지 아니하도록 세심한 주의를 기울여야 하며, 본래의 목적에서 벗어나 다른 목적을 위하여 이 법을 함부로 적용하여서는 아니 된다"고 명백히 돼 있는데, 근대사회에 있어서의 개인의 자유의 중핵이자 민주정치제도의 근간이기도 한 국민들의 의사표현과 여론형성의 자유를 제약하기 위하여 전혀 그 입법목적을 달리하는 경범죄처벌법을 동원한다는 것은 위 남용금지규정의 명백한 위반에 해당된다고 생각한다.

1960년에 대법원은 두 차례에 걸쳐 선고한 판결을 통하여, 정치적 목적으로 시·읍·면장의 직선 등을 주장하는 내용의 삐라를 노상에서 살포하고 대한민국만세를 고창(高唱)한 행위나 국가보안법 및 지방자치법 등의 개정을 반대하는 시위를 한 행위에 대하여, 당시의 경범죄처벌법 제1조 제28호의 '공중을 소란케 한 죄'를 적용한다는 것은 모두 동법내에 규정된 남용금지의 원칙에 위배된다고 하는 견해를 명확히 밝히면서 피고인들에게 무죄를 선고한 바 있다. 이 대법원 판례들이 아직껏 폐기된 일 없이 엄존하고 있음에도 불구하고 어째서 근래의 즉결심판 실무에서 전혀 원용되지 않고 사실상 사장되다시피 해버렸는지 실로 불가사의한 일이 아닐 수 없다.

즉결호송차를 '몽키차'라고 부르게 된 것은 아마도 '인간 이하의' 즉심피고인들에 대하여 일부 사람들이 품고 있는 뿌리깊은 경멸감과 적대의식의 발로에서 일 것으로 짐작된다. 인간을 위하여 만들어진 법의 보장을 인간이 아닌 '몽키'에 불과한 즉심피고인들에게까지 부여할 필요는 없다는 느낌이, 그들에 대한 조사, 호송 또는 형집행업무에 관여하는 사람들 가운데 은연중에 자리잡고 있을지도 모른다.

즉결피고인들은 기록과 함께 심판소에 도착된다. 한 기일에 보통 수십건씩을 다루어야 하는 즉심판사로서는 도착된 수사기록들을 일일이 세밀히 들여다볼 여유가 없다. 경우에 따라서는 사실상 피고인의 인상만을 보고 또는 육감에만 의지하여 재판을 하게 되는 일도 생긴다. 법으로는 공개재판을 하게끔 되어 있으나 이것도 잘 지켜지지 않는다. 즉심피고인들 가운데 상당수가 이같은 소홀한 취급을 도리어 구원으로 받아들이고 있으리라는 것은 틀림없는 사실일 것이다.

지금까지 지적된 숱한 문제점에도 불구하고 즉심제도가 우리나라 형사사법의 실정에 있어서 중요한 그 나름의 기능을 수행하고 있다는 사실은 부정할 수 없다. 그러나 이 제도가 잘못 운용됨으로써 시민들의 전반적인 자유와 인권의 상황에 미치게 될 파괴적 영향은 아무리 강조하여도 모자랄 정도로 심대한 것이 될 것이라는 점 또한 잊혀져서는 안 된다.

연전에 미국에서 레이건 대통령을 저격한 범인이 정신이상자라고 하여 석방된 일이 있었는데 이것을 보고 의아하게 생각한 사람이 많았을 것이다. 그러나 근대 형법이론에 비추어보면 이것은 지극히 당연한 일이다.

즉 근대적 의미에 있어서의 형벌은 자유의지에 의하여 저질러진 범죄행위에 대하여 사후적·회고적인 비난과 응징으로서 주어지는 것이고, 그같은 일벌백계적 응징을 통하여 자유의지를 지닌 모든 시민들로 하여금 범죄행위를 스스로 회피하도록 유도하는 이른바 일반예방의 목적을 위하여 발동되는 것이다. 따라서 형벌은 범죄행위에 대한 윤리적 비난 가능성을 전제로 하며, 자유의지가 결여된 이른바 책임무능력자의 행위에 대하여는 발동될 수가 없는 것이다.

3

그런데 정신병자라는 이유로 레이건 대통령의 저격범을 그냥 석방하여버리면 바로 그 정신병 때문에 또다시 다른 누구인가에 대하여 동일한 범행을 되풀이하게 될 위험성은 없는 것인가. 만약 그 위험이 있다면, 이같은 위험으로부터 사회를 '방어'하기 위한 조치를 취할 필요가 없는 것인가. 여기에서 등장하게 된 것이 '보안처분'이다.

보안처분이란 범죄 또는 이에 유사한 행위에 나올 특수한 위험성이 있는 자에 대하여 그 장래적 위험을 방지하고 사회적 질서의 침해를 예방할 목적으로 행하여지는 행정적 처분을 말한다. 그 실질적인 조치내용은 대체로 개인을 치료·개선하여 사회에 적응시키든가 또는 도저히 개선 불가능한 자를 사회로부터 격리시키든가 하는 두 가지로 나누어진다.

요컨대 형벌이 객관적으로 표출된 비난 가능성 있는 행위에 대한 사후적·회고적인 응보인 데 대하여, 보안처분은 개인의 내면에 숨어 있는 사회질서 침해의 위험성으로부터 사회를 방어하기 위한 윤리적으로 무색한 예방조치라고 하는 점에서 양자는 근본적으로 구별된다.

'사회방위'를 위하여 등장한 보안처분이 개인적 자유와 인간적 존엄의 이념에 대한 위협적 존재로 비쳐지는 것은 너무나 당연한 일이다. 보안처분은 본래 범죄반복의 위험성의 제거를 목적으로 하므로 그 위험성의 크고작음에 따라 탄력적으로 집행되며, 따라서 그 기간도 장기에 걸칠 수 있는 데에 특색이 있는 것인데, 재범의 위험성의 유무와 대소를 판별함에는 성질상 명확한 객관적 기준이 있을 수 없고, 따라서 이 제도가 정치권력에 의하여 잘못 운용될 경우에는 본래의 목적을 현저하게 이탈하여 사회적 자유를 전면적으로 제약하는 전체주의의 도구로 남용될 위험성이 다분히 있다.

1893년에 스위스의 형법학자 슈토스가 보안처분을 처음으로 주창하고 나온 이래 지금까지 구미 각국에서 이 제도에 대한 끊임없는 논의가 진행되어왔는데, 그 결과로서 남겨진 것은 대체로 다음과 같다.

첫째로, 이 제도는 정치범에 대하여 악용되어서는 안 된다. 현재 각국에서 시행되고 있는 보안처분은 대부분 알콜중독자나 마약상습복용자 등 정신질환자를 대상으로 하고 있고, 정치적 확신범을 대상으로 하고 있는 예는 어느 민주국가에서도 없다.

둘째로, 부당한 인권침해의 가능성을 가급적 배제하기 위하여 보안처분의 결정을 사법부의 최종판단에 맡기는 것이 원칙적으로 되어 있다고 할 수 있다. 이것을 행정권력의 독단에 맡겨둔다면 예컨대 정치적 확신범을 정신이상자로 몰아 강제수용소에 보내는 것과 같은 남용의 위험성을 배제하기가 어렵게 된다.

셋째로, 보안처분제도 자체에 대한 비판과 의문은 여전히 끊임없이 제기되고 있다. 보안처분제도란 결국 위정자가 희망하는 사회질서를 개인의 인권보다도 우선시키는 것이 아닌가. 형벌법규에 저촉되는 행위를 한 자가 정신병자로서 책임능력을 결여한 경우에는 사회방위를 위하여 격리되어야 할 잠재적 상습범 죄자로서 차디차게 처우받을 것이 아니라 병자로서 따뜻하게 보호받고 치료되어야 할 것이 아닌가.

국제형사법학회와 국제법률가회의의 주도 아래 채택된 '정신장해자 보호를 위한 가이드 라인' 제1은 "정신장해자는 그 장해의 성질 여하를 묻지 않고 최량의 보호와 치료를 받을 권리가 있으며, 항상 인간애와 인간 고유의 존엄에 대하여 경의의 염을 가지고 취급되어야 한다. 그는 이하에 규정된 경우를 제외하고는 다른 시민과 마찬가지의 인권과 기본적 자유를 향유한다"라고 규정하고 있다. 보안처분이 과연 이와같은 원칙에 충실하게 시행될 수가 있는가.

1960년대의 우리나라 형법학 교과서에는 보안처분제도에 관하여 "자유사회의 이념에 반하는 것으로서 인정될 수 없다"라는 지극히 간략한 설명만이 수록되어 있었다.

1972년에 제정된 유신헌법이 "모든 국민은 법률에 의하지 아니하고는 … 보안처분을 당하지 아니한다"라는 조문을 둠으로써 이 보안처분은 처음으로 우리 헌법체계 안에 자리잡게 되었다.

그 이후 위 헌법규정에 근거하여 최초로 제정된 보안처분법이 정신장해자가 아닌 반국가사범 전과자를 처분대상으로 하는 사회안전법이었다는 사실은 의미심장하다 하겠다.

사회안전법의 적용대상자는 내란죄, 반공법·국가보안법 위반죄 등 반국가사범 전과자들이다.

이들에 대하여 취해질 수 있는 보안처분은 보호관찰, 주거제한, 보안감호처분 등의 세 종류이고, 이 중 감호처분이란 보안감호소에 2년간 구금하는 조치를 말하는 것인데, 매 2년마다 갱신되어서 무한정 계속될 수도 있게 되어 있다.

보안처분의 결정기관은 법원이 아니라 법무부장관으로 되어 있으며, 그 산하에 이를 심의·의결하기 위한 보안처분심의위원회가 구성되어 있으나 그 위원들은 모두 법무부장관의 제청으로 대통령이 임명한다.

보안감호처분의 요건에 관한 규정은 지극히 간단하다. 즉 보안처분대상자 중 "죄를 다시 범할 현저한 위험이 있거나 일정한 주거가 없는 자" 또는 보호관찰처분이나 주거제한처분에 위반한 자가 이 처분의 대상이 된다. 그런데 '죄를 다시 범할 현저한 위험성'이 있는지 없는지는 법무부장관의 권한에 사실상 일임되고 있다.

프랑스 인권선언에 의하면 "권력의 분립과 인권의 보장에 대한 규정을 두고 있지 않은 나라는 헌법을 가지고 있지 않다"고 한다. 근대헌법이 기본적 인권을 보장하고 있는 것은 모두 국가권력, 특히 행정권력의 횡포로부터 개인을 보호하려는 데에 주안점을 두고 있다. 제퍼슨이 강조하였듯이 민주주의는 권력에 대한 불신과 질서 위에 자리잡고 있는 것이다. 이같은 견지에서 말한다면, 법무부장관의 결정 여하에 따라서는 언제라도 영장 없이 구속되어 무한정 보안감호소에 구금되는 신세가 될 수 있게끔 된 보안처분대상자들은 기본권에 관한 일체의 보장을 박탈당한 완벽한 무권리상태에 놓여 있다고 하여도 과언이 아니다.

정치범에 대한 보안처분은 왜 불가한가.

첫째로, 그들은 자유의지가 없는 책임무능력자들이 아니다. 국가권력이 정치적 반대자들을 일종의 비정상적인 정신질환자로 판정한다는 것은 곧 권력의 절대화를 의미하는 것이며, 이것은 다양한 반대견해의 존재를 용납하지 않으려는 획일주의적·반민주적 사고의 소산인 것이다.

둘째로, 정치적 확신범들이 품고 있는 위험성이란 결국 그들의 정치적 신조나 견해에서 유래하는 것이다. 그런데 누구든지 그가 품고 있는 내면의 사상·양심·신조·신앙을 이유로 하여 탄압받거나 불이익한 처분을 당해서는 안 된다는 것은 근대헌법의 대원칙이다.

사상과·양심이 규제대상이 될 수 있는 것은 그것이 외부로 표명되어 사회질서에 대한 위협으로 등장하게 된 경우에 한하는 것이다. 따라서 수년 혹은 수십년 전에 반국가사범으로 처벌받은 전력만이 있을 뿐, 그 이후로는 전혀 그 내면의 반국가사상이나 신조를 말이나 행동으로 표명하는 일이 없이 정상적인 사회생활에 종사하고 있는 사람에 대하여, 그가 아직껏 품고 있을지도 모르는 '위험사상'만을 이유로 하여 가혹한 보안처분을 적용한다는 것은 근본적으로 양심의 자유의 대원칙을 파기하는 일이 된다.

셋째로, 정치범에 대한 보안처분제도는 정치적 목적으로 악용될 우려가 있다. 사회안전법의 적용대상자들 중에 지학순 주교나 박형규 목사나 유신반대운동에 관여하였던 수많은 지식인 또는 학생운동 전과자들이 포함되어 있다는 사실을 상기하는 것만으로도 이 법의 남용 가능성을 짐작하기에 족할 것이다.

사회안전법에 뒤이어 제정된 보안처분입법인 사회보호법은 일반범죄 전과자들과 심신장애자, 마약중독자 등을 처분대상으로 하고 있는데, 이 중 범죄 전과자들에 관한 규정만을 살펴본다.

이들에 대하여 적용되는 가장 중요한 보안처분은 이른바 보호감호처분인데 이것은 보호감호시설에 일정기간 수용하는 처분을 말한다.

이 처분의 결정기관은 법원으로 되어 있으나, 문제는 보호감호기간을 정함에 있어서 법원에 재량권이 전혀 주어지지 않고 있다.

즉 법 제5조에 의하면 "동종 또는 유사한 죄로 3회 이상 금고 이상의 실형을 받고 형기 합계 5년 이상인 자"가 일정기간내에 동종 또는 유사한 죄를 다시 범한 경우에는 10년의 보호감호처분에 처하게 되어 있고, 또 "동종 또는 유사한 죄로 2회 이상 금고 이상의 실형을 받고 형기 합계 3년 이상인 자"가 재범한 경우에는 7년의 보호감호처분에 처하게 되어 있다.

이것은 위험의 대소에 상응하는 탄력적인 부정기형으로써 형벌을 보충하는 효과를 얻으려는 보안처분제도의 본지에 반하는 것이다.

형벌을 과하는 경우에 있어서도 법정형기 범위내에서 법원에 상당한 재량권이 부여되고 있는데, 보안처분을 결정함에 있어서 도리어 이같이 구체적 사정에 상응하는 재량의 여지가 전혀 배제되고 있다는 것은 도저히 납득하기 어려운 일이다.

이와같은 기묘한 규정이 생긴 것은 법원의 양형에 대한 검찰의 누적된 불만과 불신 때문이었다고 하는 설명을 들은 일이 있는데, 그 진부는 확인할 길이 없으나 만약 그렇다면 이것은 사법권의 독립에 대한 실질적인 도전이라고 하지 않을 수 없다.

7년짜리 보호감호처분의 경우에는 그나마 '재범의 위험성'이 요건으로 되고 있으나, 10년짜리의 경우에는 이같은 요건도 없이 재범만 하면 기계적으로 보호감호처분을 선고하게끔 되어 있어서 더욱 문제이다. 이 경우에는 법원의 재량권은 완전히 배제되어 있는 셈이다.

검사나 판사에게 전혀 아무런 재량권이 부여되고 있지 않다는 사실, 즉 검사로서는 반드시 보호감호 10년을 청구하여야 하고 판사로서는 그것을 반드시 선고하여야만 하게끔 되어 있다는 사실은 어떤 논리를 가지고서도 정당화될 수가 없을 것이다.

사회안전법과 사회보호법을 통하여 본 우리나라의 보안처분제도는 반국가사범 또는 범죄생활자들에 대한 철저한 증오와 질시와 경멸과 적대의 표현으로만 일관되어 있다는 느낌을 떨쳐버릴 수 없다. 그들이 민족분단의 비극의 희생자들이고 사회적 병폐의 제물이며, 따라서 그들과 함께 이 사회와 역사를 공유하는 우리 모두에게 그들의 짐을 나누어 져야 할 일단의 책무가 있다는 인식은 전혀 반영되어 있지 않다. 이 비정한 보안처분법 체계 속에는 그들의 아픔에 대한 일말의 동정도 관심도 표현되어 있지 않다. 인간적 존엄성에 대한 이와같은 무감각이 다른 모든 사람들을 향하여 다시 정면으로 겨누어지지 않으리라는 보장은 어디에도 없다.

마지막으로, 학원안정법의 문제가 있으나 아직 제정되지 않은 법이므로 자세한 논급은 피하기로 한다. 다만 이 법 시안을 보자면 이 법은 집회·시위에 관한 법률 등을 위반한 학생들을 대상으로 하는 '선도교육처분'을 규정하고 있는데 위법행위에 대한 사후적 처벌은 형벌로써만 가능한 것이지 보안처분으로써 할 수는 없는 것이며, 또 정치적 표현의 자유를 제약하기 위한 보안처분이란 있을 수 없다는 것이다.

(신동아, 1985. 10)

호헌 위해 등장한 위헌의 논리

학원안정법 제정의 문제점

1

정부·여당측이 "역사에 책임이 없는 대중으로부터 욕을 먹을" 각오까지 하면서 굳이 학원안정법 제정을 서두르게 된 동기는 일부 운동권 학생들의 좌경·용공화를 더이상 방치할 수 없게 된 데에 있다는 것이 정부측의 설명이었던 것으로 기억된다. 그같은 동기가 어느 정도 순수하고 진지한 것이었는지는 알 길이 없다. 그러나 적어도 발표된 법안의 객관적인 내용에 비추어보자면 학원안정법의 규제대상이 반드시 좌경·용공적 학생활동에 국한되어 있지 아니할 뿐만 아니라 반드시 폭력, 파괴 등을 수반하는 '과격'활동에만 국한되어 있지도 아니하다는 사실에 주목할 필요가 있다.

법안내용에 의하면 학원안정법의 입법목적은 '학원소요'를 예방하고 '학원소요'에 관련된 학생을 선도하는 데에 있다는 것이며(제1조), 따라서 '학원소요'를 선동, 주도 또는 조장하는 여러가지 행위들이 처벌, 선도교육 또는 단체해산 등의 사유가 되고 있는데, 이 법에서 '학원소요'란 용어는 일반적인 용법과는 달리 굉장히 폭넓은 개념으로 사용되고 있어서 좌경·용공과는 아무 관계도 없는 지극히 평화적인 집회나 시위까지도 여기에 포함될 수 있게끔 되어 있다. 즉 우리가 흔히 이해하는 '소요'란 개념은 적어도 다수의 군중이 집합하여 한 지방에서의 공공치안을 교란할 정도의 폭행이나 협박 등 소란을 일으키는 행위를 뜻하는 것이라 할 것이며 또 이것이 형법 제115조의 소요죄의 개념에 관하여 종래의 학설·판례를 통하여 거의 확립된 해석이라고 할 수 있다. 그러나 학원안정법에서 말하는 '소요'란 이같은 폭력성·과격성의 요건과는 완전히 절연(絕緣)된 전혀 새로운 개념으로서, 이에 의하면 학생이 "학교 내외에서 집회, 시위 … 집단적 수업거부, 기타의 방법으로 학원질서를 문란시켜 학교의 정상적 교육, 연구, 기타 운영을 방해 …"(제2조) 하는 것만으로도 곧 '학원소요'를 일으킨 것으로 되는 것인데, 실제적으로 학원에서의 집회 또는 시위는 그것이 아무리 온건한 민주주의적 이념을 표현한 것이고 아무리 평화적으로 진행되는 것이라고 할지라도 다소간의 '학원질서 문란' 또는 '정상적인 교육, 연구, 학사운영의 방해'라고 평가될 만한 사태를 부작용으로서 수반하지 아니하기가 어려운 실정임을 감안하건대 결국 학내외에서의 일체의 비판적인 집회나 시위가 사실상 이 법에 의하여 '학원소요'사태로서 평가되어 선도교육, 단체해산 등 이 법에 의한 금압의 대상이 될 운명에 놓이게 되었다고 하여도 과언이 아닐 것이다.

이렇게 볼 때 '좌경·용공활동 예방'이라는 표면상의 명분과는 관계없이 입법자의 숨은 의도는 학원에서의 일체의 집회·시위 등 비판의사 표현활동을 봉쇄하고 발본색원하겠다는 데에 있는 것으로 추측된다. 그러나 대학생들도 엄연히 국민의 구성원인 것이고 더욱이 그들이 투표권을 가질 정치적 성년층에 도달하여 있다는 사실을 감안할 때 언론·출판·집회·결사 등을 통한 학생들의 일체의 정치적 의사표현과 여론형성활동을 이토록 유례없는 보안처분입법을 동원하면서까지 전면적으로 봉쇄하여야 할 정도로 백안시하는 태도가 과연 타당한 것인지는 지극히 의문이라 아니할 수 없다. 정치적 표현과 여론형성의 자유는 국민 개개인의 인간적 존엄을 위한 기본권일 뿐만 아니라 권력의 부패와 횡포를 방지하고 국민의 정치참여를 보장하는 민주주의 정치의 근간적 요소를 이루는 제도적 장치이기도 한 것이며 그렇기 때문에 대다수의 민주국가들은 이른바 "표현의 자유의 우월적 지위"라는 개념까지 도입하면서 이에 대한 최대한의 보장을 꾀하고 있는 실정이다. 집회 및 시위에 관한 법률 등의 현행 법령에 의한 규제만으로는 모자라서 "대중으로부터 욕을 먹을 각오"까지 하면서 특별법을 만들어 집회·시위 등을 금압하여야 하겠다는 발상의 근저에는 아무래도 표현의 자유에 대한 경멸이 자리잡고 있는 것이 아닌가 하는 느낌을 떨쳐버릴 수가 없다.

학생들에 대한 강제적인 '선도교육'제도를 마련할 것을 주요 입법목적의 하나로 하는 학원안정법의 헌법적 근거를 어디에서 구할 것인가에 대하여 당초에 정부·여당내의 율사들 사이에서도 한동안 혼선이 있었던 것처럼 보인다. 즉 얼마 전까지만 해도 선도교육제도의 합헌성을 이른바 학원내의 '특별권력관계'의 이론으로 뒷받침하려는 견해와 이와 달리 헌법 제11조의 '보안처분'규정에 의하여 뒷받침하려는 견해가 나뉘어 서로 엇갈리는 것 같은 외관을 보이고 있었고 이것이 후자 쪽으로 굳혀진 것은 불과 수일내의 일인 것으로 보인다. 이같은 고심의 흔적은 이 법안이 우리 헌법의 근본이념에 비추어 과연 용납될 수 있는 것인지 그 합헌 여부에 상당한 문제점이 있음을, 입법을 추진하고 있는 정부·여당측이 스스로 잘 알고 있다는 사실을 시사해주고 있다고 생각된다.

먼저 특별권력관계로부터 살피자면, 특별권력관계란 학원 내부에서 교육담당자인 대학당국과 피교육자인 학생들 사이에나 성립될 수 있는 것이지 정부권력 또는 그 기관인 문교부장관과 학생들 사이에는 성립될 수 없는 것이고 또 그 특별권력의 내용도 학생들의 신체적 자유의 구속까지 미칠 수는 없는 것일 뿐 아니라 검사나 문교부장관 산하의 선도교육기관이 대학당국과 학생 사이의 특별권력관계에 개입할 수는 도저히 없는 것이 명백하다. 따라서 이 법 아래서의 선도교육의 근거를 특별권력관계의 이론으로 설명하려는 시도는 애초부터 무리한 것이었다고 생각된다.

그렇다면 '보안처분'이론은 어떠한가? 60년대의 법률학 교과서에서 보안처분이란 자유사회의 근본이념인 인간의 존엄성을 부정하는 제도로서 매도되고 있었다는 사실을 먼저 지적하고자 한다. 그같은 보안처분제도가 우리 헌법 안에 최초로 자리잡게 된 것은 1972년의 유신헌법 제정 당시였는데 당시나 지금이나 이 보안처분이라는 개념에 대하여 학설이나 판례상 활발한 논의가 이루어진 일이 별로 없어서 그 정확한 의미나 내용, 실체적 및 절차적 요건이나 한계 등이 모두 애매모호한 상태로 남겨져 있다. 그러나 헌법 조문상 체포·구금·형사처벌 등과 보안처분이 별개의 개념으로 구분되어 있다는 점, 법률로써 국민의 자유와 권리를 제약하는 경우에도 기본적 인권의 본질적 내용을 침해할 수는 없게 되어 있다는 점 및 보안처분제도의 연혁상 정치범 내지는 사상범에 대한 보안처분은 2차대전의 군국주의 일본이나 무쏠리니 치하의 이탈리아 등 전형적인 전체주의 국가들에서만 인정되었던 것이고, 적어도 오늘날 자유민주적 기본질서를 실천하고 있는 나라들에서는 주로 알콜중독자나 정신질환자 등 책임능력이 없어서 형사처벌은 불가능하되 사회적 위험성이 있는 예외자들을 사회로부터 격리·개선시키기 위한 예방적 목적의 보안처분만 인정하고 있을 뿐 정치범·사상범에 대한 보안처분을 인정하는 예는 어디에도 없다. 더구나 알콜중독자 등에 대한 보안처분도 적법절차에 따른 법관의 판정에 의하도록 하고 있다.

2

이런 점 등을 감안할 때, 인간의 존엄성과 삼권분립을 통한 기본권의 보장 등 민주적 기본질서를 근본이념으로 삼고 있는 우리 헌법의 해석상 첫째로 학문·사상·양심의 자유나 언론·출판·집회·결사 등 표현 및 여론형성의 자유를 규제하기 위한 보안처분입법은 원천적으로 불가능한 것이고, 둘째로 가벌행위에 대응하는 실질적인 형사처벌에 해당하는 처분을 보안처분이라는 이름 아래 독립된 사법부에 의한 적법절차에 따른 3심제 재판에 의하지 아니하고 단순한 행정권력의 자의적 판단에 일임하여 할 수 있게 하는 입법 역시 불가능한 것이라고 말하지 않을 수 없다.

이같은 견지에서 볼 때 책임능력이 없는 사회적 예외자라고는 도저히 말할 수 없는 일반학생들을 대상으로 하여 그들이 집회 및 시위에 관한 법률 등의 실정법을 위반하는 행위를 하였다는 검사의 일방적인 판단과 문교부장관 산하의 위원회의 결정만으로 재판절차도 없이 6개월이라는 장기간에 걸친 인신자유 구속을 내용으로 하는 '선도교육'이라는 이름의 사실상의 처벌을 과할 수 있도록 한 이 법안은, 모든 국민의 양보할 수 없는 최소한의 기본권인 재판청구권을 박탈하고 사법부의 고유의 권한을 침해할 뿐만 아니라 무엇보다도 우리 헌법의 최고가치인 인간적 존엄성의 이념을 근본적으로 위협하는 명백한 위헌입법이라고 판단된다.

정부·여당의 일각에서는 한때 전후의 서독이나 일본에서 학생운동을 규제하기 위하여 이 법과 유사한 내용의 학원대책비상입법을 제정·시행한 사실이 있었던 것처럼 홍보한 일이 있었으나 이것은 실로 놀랄 수밖에 없는 불성실 또는 무지의 소치라고 생각된다. 즉 서독이나 일본에서 시행되었다는 학원대책입법에는 재판절차 없이 학생들을 강제교육에 회부하는 등의 인신제약조치를 취할 수 있게끔 한 보안처분적 규정은 전혀 포함되어 있지 아니하였다.

정부측 설명자료에 의하면 선도교육처분은 보안처분이고 성질상 행정처분이라고 보아야 할 것이므로 반드시 법원의 결정에 의하여야 할 필요가 없으며, 또 일반행정처분의 예에 따라 행정소송의 방법으로 사후구제를 받을 수 있으므로 국민의 재판청구권이 박탈되는 것도 아니라고 한다.

그러나 집회 및 시위에 관한 법률 등의 형벌법규 위반행위가 있음을 전제로 하여 그에 대응하는 인신자유 구속조치를 확정하는 국가권력 작용은 그 성질상 전형적인 형사사법 작용에 해당하는 것이고 따라서 의심할 여지 없이 사법권의 고유한 영역에 속하는 작용임에도 불구하고 이것을 굳이 행정처분이라고 견강부회하는 까닭이 어디에 있는 것인지 이해하기 어렵다. 뿐더러 선도교육 결정의 핵심적인 요건은 형벌법규 위반행위의 유무에 달려 있는 것이므로 사후구제 절차로서 행정소송이 제기되면 과연 범법행위가 있었는지 여부가 심리의 주요 쟁점이 될 것이고 따라서 사실상 형사재판이나 다름없는 양상으로 심리가 진행되어야 하게 될 것인데, 이처럼 어차피 법원의 형사재판절차를 개입시킬 일이라면 무엇 때문에 이를 결정 당초부터 개입시키지 아니하고 굳이 때늦고 실효성이 의심스러운 사후구제절차로서만 개입시켜야 한다는 것인지 그 이유 또한 알기 어렵다.

실제적인 문제로서, 6개월의 선도교육기간내에 과연 발늦은 행정소송을 통하여 얼마간 실효성 있는 사후구제를 받을 수 있을 것인지의 문제를 생각해보지 않을 수 없다.

근대사회에 있어서의 최고의 교육기관으로서의 대학의 위치와 역할에 대해서는 긴 설명이 필요없다. 대학은 낡은 진리, 낡은 가치, 낡은 이념에 얽매이지 아니하고 부단히 자유로운 연구와 교수와 토론을 통하여 새로운 시대의 전망을 여는 이념과 지식과 기술을 창출함으로써 사회를 이끄는 장소이며 바로 그렇기 때문에 낡은 진리를 묵수하려는 속성을 지닌 국가권력의 작용으로부터 최대한 대학의 자유와 자율과 창의를 확보하려는 것이 근대헌법의 주요 관심사의 하나로 되어 있다.

학원안정법상 '선도교육'은 "일정한 장소에 수용"하여 실시하며 필요한 "교육기관"을 설치하여 실시하며 또 필요한 경우에는 "관계기관에 협조를 요청"하여 실시하는 것으로 규정되어 있는데 여기서 말하는 '일정한 장소', '교육기관' 및 '관계기관'은 모두 그 의미가 애매모호한 것이기는 하나 최소한 대학이나 대학교수를 상정하지는 아니하고 있는 것이 분명한 것 같다. 대학생들을 사상·이념적으로 선도하기 위한 교육을 대학이 아닌 장소에서 교수가 아닌 교육기관이 실시하여야 한다고 하면 대체 대학이나 교수는 무엇 때문에 존재하는 것인지 의문이 아닐 수 없으며 이같은 사태는 대학의 자치와 학문의 자유의 운명에 심대한 영향을 끼치지 않을까 우려된다.

정치적 견해를 바꾸기 위한 강제교육이 과연 자유주의 국가에서 가능한 것이며 강제수용으로부터 시작되어 6개월 안에 끝나는 선도교육으로 과연 학생들에 대한 사상선도에 실효를 거두는 것이 가능할 것인가? 정부측이 이 문제를 얼마나 진지하게 생각하고 있는지는 알 수 없으나 아마도 진정한 설득과 감화에 의한 '사상선도'는 기대하기 어려우리라는 것이 온당한 예측이라 하겠다. 일반인들 사이에서 선도교육이 문자 그대로의 교육이라기보다는 오히려 일종의 체벌적 훈련에 치중하게 되는 것이 아닌가 하는 우려가 나오고 있는 까닭도 여기에 있다 하겠다.

이 문제와 관련하여, 원칙적으로 당연히 입법사항으로서 법률에 규정되어 있어야 할 선도교육의 제반 내용, 특히 선도교육에 있어서의 강제력의 행사의 요건, 내용 및 한계 등이 모두 "선도교육의 실시에 관하여 필요한 사항"이라는 표현으로 시행령인 대통령령에 내맡겨지고 있는 데 대하여 우려를 표하고자 한다.

3

학원안정법안 중에는 학생만이 아니라 널리 사회일반인을 대상으로 하여 그 언동을 규제하기 위한 새로운 처벌규정들이 많이 포함되어 있는데, 여기에는 첫째로 규정문언들 중 지나치게 포괄적·추상적이거나 다의적인 해석이 가능한 불확정개념들이 많이 포함되어 있고, 둘째는 사상 및 표현의 자유에 대한 본질적인 침해를 의미하는 조항들이 포함되어 있어서 법률상 큰 문제를 제기하고 있다.

우선 형벌법규에서 규정하는 범죄구성요건은 그 의미가 명확하고 구체적이어야 한다는 것이 죄형법정주의의 기본적 요청의 하나이며, 이것은 국민으로 하여금 금지된 행위의 내용을 명확히 알고 행동하게 함으로써 법적 안정성과 예측가능성을 확보케 하기 위한 것인 동시에 법집행자에 의한 자의적인 법규 해석 및 운용의 위험을 봉쇄하기 위한 것이기도 하다. 따라서 적어도 형벌법규는 통상의 판단능력을 가진 일반인에 대하여 금지된 행위와 그렇지 않은 행위가 무엇인가를 식별하기 위한 기준을 제시할 수 있도록 명확히 규정되어 있어야 하며 이같은 명확성을 결여할 경우에는 "막연하기 때문에 무효"(Void for vagueness)인 것으로 선언되어야 한다는 것이 일반적 법원리로서 승인되고 있다.

제10조의 벌칙조항에 "반국가단체의 사상이나 이념"을 전파하는 등의 행위를 처벌하는 규정이 있는데 여기서 '반국가단체의 사상이나 이념'이 과연 구체적으로 어떠한 사상이나 이념을 지칭하는 것이고 그 한계가 어디까지인지는 통상의 판단능력을 갖춘 평균인은 물론이요, 각 방면의 사상·이념 문제의 전문가로서도 도저히 정확히 판별하여낼 수 없으며 뿐더러 객관적·과학적인 판별기준이 존재할 수 있는 것인지부터가 의심스러운 일이라 하여야 할 것이다.

반국가단체가 표명하는 각각의 단편적·개별적인 주장, 명제, 견해 들이 모두 '반국가단체의 사상이나 이념'에 해당하는 것인가 아니면 이같은 모든 단편들을 하나의 유기체적인 의미연관 속에 통합한 반국가단체 고유의 사상·이념 체계만이 여기에 해당하는 것인가도 문제이다. 만약 후자로 해석된다면 이 벌칙조항은 실제로 적용될 일이 거의 없게 될 것이어서 무의미하고, 만약 전자로 해석된다면 우리들은 자신의 견해를 표명함에 있어서 언제나 그것이 반국가단체의 단편적인 주장과 혹시라도 일치하는 것으로 해석될 가능성이 없는지 전전긍긍하면서 모든 노력을 기울여 확인한 연후에야 비로소 마음을 놓을 수 있게 되는 실로 가공할 만한 상황에 처하게 될 것이다.

'허위사실 유포, 사실왜곡' 등을 처벌하는 규정 역시 엄청난 다의적 해석이 가능한 불확정개념을 내포하고 있다. 과거 긴급조치시대에도 이와 유사한 처벌조항이 긴급조치 내용 중에 포함된 일이 있었는데 당시 어느 긴급조치사건 재판정에서 "사법부가 독립되어 있지 않다"고 하는 취지의 표현이 이 '사실왜곡'에 해당하는 것인지가 논란의 대상이 된 일이 있었던 것으로 기억된다. 해를 보고 달이라고 부른다거나 물이 항상 아래에서 위로 흐르기 마련이라고 주장할 사람은 정상인 중에는 없을 것이고 또 그같은 주장은 처벌할 가치도 없는 것이므로 벌칙규정에서 말하는 '사실'이란 실질적으로 역사적·사회적 사실을 의미하게 된다 할 것인데 이같은 '사실'에 대한 인식이나 주장은 항용 각자의 주관적 경험의 한계내에 속박되기 마련인 것이므로 보는 각도에 따라 어느 것이 사실이고 어느 것이 사실왜곡인지가 얼마든지 뒤바뀔 수가 있는 문제인 것이다.

그렇다면 우리는 일체의 언동에 있어서 과연 어느 것이 국가권력이 공인하는 '사실'이고 어느 것이 그 반대인지를 먼저 확인한 연후에 '사실'만을 이야기하도록 주의하여야 할 것인가? 그와같은 일이 과연 가능하며 또 그렇게 하여야 할 의무가 있으며 국가가 우리에게 항상 틀림없는 '사실'만을 말하도록 강요할 권리가 있는 것일까?

이렇게 볼 때 '반국가단체의 사상이나 이념'을 전파하는 등의 행위나 '허위사실 유포, 사실왜곡' 등의 행위를 처벌대상으로 하고 있는 위 벌칙규정은 "막연하기 때문에 무효"라고 선언되어야 마땅할 정도로 죄형법정주의의 원칙에 반하는 규정일 뿐만 아니라 잘못 적용될 경우에는 국민들의 표현의 자유를 포괄적으로 제한함으로써 기본권의 본질적 내용을 침해하게 될 위험성이 다분한 위헌적 규정이라고 보아야 할 것으로 생각된다.

한편 10조 중에는 이적(利敵) 목적 등이 요건으로 되어 있지 않은 단순한 문서 등의 소지·취득 행위와 교육참가행위까지도 처벌하는 내용이 포함되어 있는데 이는 그 자체로서는 아무런 사회적 위험성이 있을 수 없는 인간 내면의 사상, 양심의 형성활동 단계에까지도 국가권력이 개입하겠다는 것을 의미하는 것으로서 헌법이념상 용납되기 어려운 규정이라고 생각된다.

학원안정법의 주안점은 요컨대 널리 일반국민의 언론·출판·집회·결사 등 정치적 의사표현과 여론형성활동을 가일층 규제하려는 데에 있다고 판단된다.

그러나 표현의 자유에 대한 규제는 현행 법령상의 단속·처벌 규정만으로도 충분하고도 남음이 있다고 생각되며 무리한 비상입법까지 동원하여가면서 더이상 규제를 강화할 필요는 없다고 본다. 만약 좌경·용공화가 문제라고 말한다면 해롤드 J.라스키의 다음과 같은 경구를 인용하고자 한다.

"법률로 금지되었다고 하여 혁명적 공산주의자나 열렬한 로마 가톨릭교도가 되기를 포기하는 사람은 실제로 한 사람도 없다."

좌경·용공화의 원인이 국가보안법 등 금지법규의 불비에 있다고 볼 수 없는 이상 그에 대한 처방도 법적 규제의 강화가 아닌 다른 곳에서 발견되어야 할 것이다.

(월간조선, 1985. 9)

이경숙 사건(여성 조기정년제 문제)에 관한 의견서

의   견   서

원고 이경숙 외 6
피고 전정환

위 당사자간 귀원 85나 1683호 손해배상 청구사건에 관하여 위 원고들 소송 대리인은 항소심의 개시에 당하여 다음과 같이 이 사건의 사회적 영향, 주요 쟁점 및 심리의 범위와 방법 등에 관한 의견을 개진하오니 소송진행에 참고하여 주시기 바랍니다.

다   음

제 1. 이 사건의 사회적 영향과 신중한 심리에 대한 요망

원판결 내용이 도하 각 일간신문에 보도된 이래 이 사건에 사회여론의 관심이 집중되고 있는 사실, 특히 많은 여성들이 원판결로 인하여 깊은 충격을 받고

집단적 또는 개인적으로 항의의 뜻을 표시하고 있으며 나아가서는 이 사건을 우리나라 여성 전체의 사회적 지위와 권익에 심대한 영향을 미치는 문제로 보면서 소송의 귀추를 비상한 관심으로 지켜보고 있는 사실에 대하여는 귀원에서도 익히 짐작하고 계시리라 믿습니다.

위와같은 충격과 항의와 관심은 요컨대 첫째로, 원판결이 미혼여성 회사원인 원고 이경숙이 25세에 달하면 결혼하여 퇴직한다는 예상을 전제로 하여 배상액을 산정한 것은 사법부에 의한 결혼퇴직제의 정당화에 귀착되는 것이 아닌가 하는 의구심 및 둘째로, 법원이 주부 가사노동의 경제적 가치를 평가함에 있어서 하필이면 '최하위 생계유지노동'인 도시여성 일용임금 일당 4천원을 산정 기초로 삼았다는 것에 대한 놀라움과 의구심에서 연유된 것이라고 할 수 있습니다.

이 사건에 관하여 성명서, 건의문 또는 좌담회 등을 통하여 발표된 여성단체들이나 개인들의 견해를 종합하여보면 여성들은 원판결의 위와같은 입론에 대하여 이를 여성에 대한 차별적 편견의 반영으로 보고 도저히 납득할 수 없다는 태도를 취하고 있으며 뿐더러 언론에 보도된 사회 일반의 여론 역시 원판결에 대하여 이를 일반적 법감정에 부합되지 아니하는 의외의 판결로 보고 비판적인 태도를 취하고 있는 것으로 보입니다.

위와같은 여론의 반응에 대하여 이를 단순히 민사소송에 있어서의 당사자주의, 손해배상사건에 관한 법원의 판결관행, 기타 제반 소송기술상의 문제 등에 대하여 전문적 지식이 없는 문외한들의 무지와 오해의 소치로만 가볍게 돌려버린다는 것은 결코 정당한 일이 되지 못하리라고 생각됩니다. 원판결의 판단이 설사 손해배상소송에 있어서의 종래의 재판관행에 따른 것이었다 할지라도 그것이 사실상 최초로 사회 일반에 널리 주지되면서 소박한 일반적 법감정에 현저히 어긋난다는 여론의 비판에 봉착하게 된 이 마당에 있어서는 그같은 종래의 재판관행 자체에 대하여 근본적인 비판과 재검토가 가해져야 옳을 것이며 법원으로서는 자세하고도 충분한 심리를 통하여 일반국민들이 납득할 수 있는 논거를 제시함으로써 종래의 관행을 재확인하든지 아니면 종래의 관행을 수정·변경하도록 하여야 할 것입니다.

이 사건은 그 귀추 여하에 따라 금후 위 원고와 같은 미혼 근로여성들의 지위에는 물론이요 이혼시의 위자료 산정문제, 재산분할청구권의 입법문제, 기타 부부재산제도 전반의 운용에 관한 문제에 대하여 직접적인 영향을 미치게 될 것이 명약관화하며 나아가서는 널리 헌법상의 남녀평등권과 여성의 사회적 지위향상이라는 대의의 증진에 있어서도 심대한 영향을 미치게 될 것으로 전망됩니다.

원고 이경숙은 본 소송대리인에게 이 건 항소심 소송대리를 위임하면서, 이 사건이 이미 위 원고 자신의 개인적 이해관계를 넘어서서 한국여성 전체의 권익에 관한 문제로 부각된 이상 설사 재판진행이 다소 늦어지는 한이 있더라도 충분하고도 신중한 심리를 통하여 공정한 판결을 받을 수 있게 되기를 원한다는 희망을 피력한 바 있습니다.

본 소송대리인으로서는 이 사건의 사회적 중요성에 상응하는 신속하고도 충분한 심리가 이루어지기를 희망하는 바이지만 만약 법원의 실정상 부득이하다면 신속성의 요구가 다소 희생하는 한이 있더라도 반드시 철저하고도 충분한 심리를 통하여 공정한 판결을 내려주시기를 앙청합니다.

제2. 사건의 쟁점과 심리의 범위

원판결에 대하여 본 소송대리인이 논란하려고 하는 점은 위 결혼퇴직 예상 및 주부 가사노동에 대한 경제적 평가의 두 가지 점 이외에도 라이프니쯔식 계산법의 타당성 여부, 위자료의 수액의 적정 여부, 사고발생 후의 피해자의 급료인상(수입증대)분에 관한 이른바 특별사정설의 정당성 여부, 기타 제반 사실인정의 적정 여부 등 제반 논점에 걸치는 것이나, 우선 사회 일반의 관심이 집중되고 있는 위 두 가지 쟁점에 관하여 말씀드리고자 합니다.

가. 결혼퇴직의 점

(1) 원판결은 그 이유에서 원고 이경숙의 방일물산주식회사에서의 업무가 '비교적 단순업무'인 사실 및 위 회사에 근무하던 여직원이 결혼으로 인하여 퇴

직한 사람은 있어도 위 회사에 근무하는 기혼여성은 없다는 사실을 인정한 다음, "그렇다면 특별한 사정이 없는 한 위 원고가 … 결혼적령에 달한 즈음에 결혼하여 퇴직하고 가정부인이 되어 가사노동에 전념한다고 보는 것이 상당하다"라고 판시하고 있습니다.

원판결의 위 입론에는 논리적 명증성이 결여되어 있습니다. 즉 업무가 비교적 단순업무이고 위 회사에 근무하는 기혼여성이 없다는 위 인정사실에서 어떻게 하여 곧바로 위 원고의 결혼퇴직이 예상된다는 결론이 도출될 수 있는 것인지 그 논리적 연관이 분명히 밝혀지지 아니하고 있습니다.

그러나 위 회사의 규모, 존속기간, 여성취업자의 숫자 등을 고려하건대 현재 위 회사에 근무하는 기혼여성이 없다는 한 가지 사실(원고 이경숙의 주장에 의하면 과거에 위 회사에 기혼여성이 근무한 예가 있었다 함)만에서 곧바로 위 회사에 근무하다가 장차 결혼하게 될 모든 여사원은 누구나 언제든지 결혼하면 즉시 퇴직하게 될 것이라는 통계적 법칙을 끌어낸다고 하는 것은 누가 보더라도 무리라고 하여야 할 것이며 그렇다면 결국 위 원판결 판시의 취의는 위 인정사실로 보아 위 회사에서는 기혼여성의 취업을 사실상 용인하지 아니하는 관행이 있는 사정이 엿보이고 또 다른 기업체들에서도 고용주들이 단순사무직에 근무하는 미혼여성의 결혼 후 계속취업을 기피·배척·백안시하는 경향이 현저함에 비추어 원고 이경숙은 본인의 의사 여하에 불구하고 결혼하면 퇴직당하게 될 것으로 예상된다는 데에 있다고 판단됩니다.

(2) 판결의 사회지도적 기능을 감안할 때, 법원의 활동은 법률적용의 분야가 아닌 사실인정의 분야에 있어서까지도 언제나 이른바 객관적·몰가치적 판단의 성역에서 한 발짝도 벗어날 수 없이 머물러 있어야 하는 것은 아니고 또 실제로 그와같이 머물러 있지도 아니하다는 데 대해서는 이론의 여지가 없을 줄 압니다.

우리 법원이 손해배상사건에 있어서 공서양속에 반하는 수입을 부인하고 이를 일실수익 산정에서 배제하는 판결관행을 누적시켜온 것은 바로 위와같이 법원의 사실인정활동이 필요하다고 인정될 때는 언제라도 불법적 현실을 부인하고 이를 적법적 현실로 광정·변경하기 위한 선명한 가치개입적 판단의 영역으로 성큼 나설 수 있다는 사실에 대한 무엇보다도 좋은 예증이라고 할 수 있을 것입니다. 그렇다면 이 사건에 있어서 원판결의 위 입론이 과연 단순한 객관적·몰가치적 판단의 문제라는 이유로 옹호될 수 있는 것인지는 지극히 의문이라고 하지 않을 수 없습니다.

엄격히 말하자면 예견(豫見)이나 예상(豫想)의 영역에서는 이미 '과학'이 존재할 수 없으며 객관적·몰가치적 판단이라는 것도 숨쉴 수 없습니다. 가사 현재의 시점에서 위 회사 또는 널리 사회 일반기업체에서 미혼여성 근로자의 결혼 후 계속취업을 백안시하고 배척하는 편견이나 관행이 존재한다고 할지라도 그같은 추세가 언제까지 어느 정도로 완강하게 계속될 수 있을 것인지, 위 원고가 결혼 후 계속취업을 원하는지 또 어느 정도로 절실히 원하는지, 그렇다면 위 원고가 처지와 뜻을 같이하는 각계의 여성들과 함께 어떠한 결의와 용기로 위와같은 편견과 관행에 저항하면서 그의 희망을 관철시키려 할 것인지 등등의 가변적인 제반 사정에 대한 예측 여하에 따라 위 원고의 결혼퇴직 여부에 관한 전망은 큰 영향을 받게 되는 것인데 위 제반 사정을 결정함에 있어서는 위와같은 결혼퇴직 강제관행의 합법성 여부, 공서양속에 반하는 정도 여하 및 이에 대한 법원의 판단 여하가 결정적 요인으로 작용하게 됩니다.

바꾸어 말하자면 각종 법령, 취업규칙, 단체협약, 근로계약 등의 규정에 의하여 뒷받침되고 있는 것이거나 아니면 단순한 관행, 관습, 지배적 편견, 기타 사실상의 강제력에 의하여 뒷받침되고 있는 것이거나를 막론하고 근로여성들에 대하여 부과되고 있는 일체의 결혼퇴직강제 현실의 잔존수명은 법원이 이를 얼마나 못마땅한 시선으로 바라보고 있으며 얼마나 강경한 어조로 비난하느냐에 따라서 크게 좌우되는 것이며 이같은 견지에서 볼 때 미혼여성 근로자의 결혼 후 계속근무 가능성 여하에 대한 법원의 판단은 이른바 '자기실현적 예언'(self-fulfilling prophecy)의 역할을 수행하게 되는 것입니다.

이렇게 볼 때 위 원고가 근무하던 회사에 기혼여성이 없다는 등의 사유만으로 가볍게 위 원고의 결혼퇴직을 예언한 원판결의 위 입론의 근저에는 아무래도 기혼여성의 취업을 백안시하고 가사노동 전념을 미덕으로 보는 전통시대적·남성지배적 편견과, 대등한 사회참여를 통하여 경제적 독립, 인격적 통합, 인간적 존엄을 획득하고자 하는 다수 여성들의 절실한 염원에 대한 몰이해(沒理解)

가 은연중에 자리잡고 있다는 느낌을 떨쳐버릴 수가 없으며, 사회여론이 원판
결에 대하여 사법부에 의한 결혼퇴직제의 정당화가 아닌가 하는 의구심을 품는
것을 단순한 문외한의 오해라고 돌려버릴 수 없는 소이도 바로 여기에 있는 것
입니다.

(3) 경험칙은 시대에 따라 변하는 것이며 법원은 항상 전진하는 시대의 추세
를 예의주시하면서 그 속에서 새로이 생성·변화·발전하여나가는 경험칙을 탐
구할 임무가 있습니다.

본 대리인의 견해로는 "미혼 근로여성은 결혼하면 퇴직하여 가사노동에 전념
하게 된다"는 것은 적어도 수십년 이전까지의 시대에 있어서, 그것도 도시
중·상류층 여성들에 한정되어 적용될 수 있는 경험칙이었을지언정, 격심한 근
대화·산업화·세계화의 변혁과정을 거친 오늘날의 사회에 있어서는 더이상 유
효한 경험칙이 될 수 없습니다.

지난 십수년간에 걸쳐 급격한 속도로 진행된 여성취업인구의 증대, 여성교육
의 확대, 가족관계 및 가사노동구조의 변모, 여권운동 및 여성해방사상의 보급
등 일련의 과정은 여성들의 삶과 의식에 실로 혁명적인 변화를 초래하였으며
이같은 변화는 금후로도 더욱 가속도적으로 진행되어나갈 것이 예상됩니다.

'남자는 직장, 여자는 가정'이라는 성적 역할분리(sex role)의 신화는 급속히
붕괴되어가고 있으며 사회참여를 향한 여성들의 열망은 점증하고 있으며 여성
노동에 대한 온갖 종류의 편견, 천시, 차별, 억압에 대한 저항이 갈수록 강화
되어가고 있는 것이 오늘의 추세라 할 수 있습니다.

원고 이경숙의 결혼퇴직 여부의 전망은 이같은 추세에 대한 민감하고도 정확
한 이해를 기초로 하여 판단되어야 할 것입니다.

(4) 따라서 이 사건 재판과정에 있어서 다음의 각 점이 철저한 심리의 대상
이 되어야 한다고 생각합니다.

(가) 결혼퇴직제도의 불법성 및 반(反)공서양속성 여부
일본의 경우 1966년의 스미또모(住友)시멘트 결혼퇴직제사건 이래 수다한

결혼 또는 출산퇴직제사건 재판에서 결혼 또는 출산퇴직제도의 무효가 거듭거듭 선언되었고 나아가서는 30세 여성조기정년제(1969 도쿄기관공업 사건, 1974 나고야방송 사건), 남자 57세·여자 47세의 차별정년제(1975 이즈샤보렌공원 사건) 및 남자 60세·여자 55세의 차별정년제(닛산자동차 사건, 1979. 3. 12. 동경고등재판소 판결)에 대하여서까지도 이를 공서양속에 반하는 것으로서 무효라고 한 판결들이 속속 선고됨으로써 동등한 취업연한에 관한 여성의 권리는 확고한 법적 보장을 받게 되었습니다. 만약 우리 법원이 여성조기정년제의 불법성에 대하여 위와같이 확고한 태도를 취하기만 한다면 이 사건에 있어서 원고 이경숙은 본인이 원하는 한 얼마든지 결혼 후 계속취업을 보장받게 될 것이고 따라서 다른 특별한 사정이 없는 한 남성근로자들과 마찬가지로 일반적 가동연한인 만 55세가 끝날 때까지 위 회사에서 근무하게 될 것이라는 예상이 성립될 것입니다.

그러므로 이 사건에서 결혼퇴직을 강요하는 제도나 관행의 반공서양속성 여부에 대한 판단은 절대로 회피되어서는 아니 될 것이며 결혼퇴직제의 합리적 근거 유무, 역사적·사회경제적 및 이념적 배경, 여성들의 삶에 미치는 파괴적 영향 및 그 정도, 헌법이념으로부터의 일탈 여부 및 그 정도, 기타 제반 관련문제들이 정면으로 쟁점으로 부각되어 철저히 심리되어야 할 것입니다.

(나) 기혼여성 취업의 실태 및 전망

기혼여성 취업의 분야는 오늘날 우리 사회에서 가장 격심한 변모를 겪고 있는 분야 중의 하나입니다. 각 직장에서의 근로여성들의 결혼이직률은 급격히 감소되어가고 있고 결혼 후 재취업사례가 현저히 증대되고 있습니다. 이같은 변화는 이른바 전문직여성 취업분야에 국한된 것이 아니라 원고 이경숙과 같은 사무직여성 취업분야에서도 마찬가지로 일어나고 있습니다. 예컨대 금융기관들에 종사하는 여성근로자들은 지난 십수년간의 노력을 통하여 결혼퇴직제 등 취업연한에 있어서의 차별을 타파하였을 뿐만 아니라 승진과 대우에 있어서의 차별을 타파하는 데에도 상당한 성과를 거두었습니다.

무엇보다도 중요한 것은 여성들의 세계관, 인생관, 결혼관, 직업관에 있어서 일어나고 있는 변화입니다.

근래에 위 원고 또래인 여대생들을 상대로 행하여진 한 설문조사 결과에 의

하면 응답자들 중 압도적인 다수가 결혼 후로도 계속 직업생활을 유지하기를 희망하고 있는데 이것은 불과 십여년 전만 하더라도 거의 예상되지 아니하던 일이었습니다.

이 사건에 있어서 원고 이경숙은 스스로 일반적 가동연한인 만 55세가 끝나는 날까지 위 회사에 계속 근무할 것을 전제로 하여 일실수익 손해의 배상을 구하고 있으므로 위 원고는 결혼 후로도 계속하여 취업할 의사를 지니고 있는 것이라고 추정할 수밖에 없다고 생각됩니다. 그러나 위 계속취업 의사의 유무에 관하여 보다 객관적인 판단자료가 필요하다고 한다면 여성취업문제에 관련된 위 제반 변화의 실태 및 전망에 관한 실증적인 분석과 체계적인 연구의 성과가 소송상 반영되어야 할 것이며 주요한 심리대상의 하나로서 다루어져야 할 것입니다.

나. 주부 가사노동에 대한 화폐적 평가의 점

(1) 지금까지 우리나라의 부부재산제도는 여성의 경제적 무력화와 예속상태를 영구화하는 방향으로만 운용되어왔습니다. 주부가 가사노동에만 전념하는 경우 주요한 재산은 모두 남편의 소유명의로 되고 만약 그렇지 아니할 때는 자금출처의 조사, 증여세의 부과 등 감내하기 어려운 불이익이 부과됩니다.

결혼생활을 통하여 형성된 남편명의의 재산은 가정공동체 속에서의 아내의 헌신적인 기여와 협력에 힘입은 것이고 따라서 부부 공동의 노력의 산물이라고 하여야 할 것임에도 불구하고, 이혼시 아내에게 그 재산에 대한 정당한 몫만큼의 분할청구권이 인정되지 아니하고 다만 남편의 유책(有責)행위로 인하여 입은 정신적 피해에 대한 배상으로서의 성격을 지닌 위자료만이 인정될 뿐이며 그 수액 또한 남편에게 남겨지는 재산과의 균형상 지극히 미미하게만 인정되고 있습니다. 이같은 여성의 경제적 무권리상태 및 그로 인하여 여성들이 감내하여야만 하는 온갖 수모와 굴종과 고통은 결국 주부의 가사노동에 대한 천시(賤視), 그 경제적 가치에 대한 부당한 외면의 필연적인 귀결이라 할 수 있습니다.

결혼생활을 통한 재산형성에 있어서의 주부의 기여도를 부부재산제도에 반영하기 위한 입법적 해결이 조만간 시도될 것으로 예상되는바, 주부의 가사노동의 경제적 가치에 대한 정당하고도 합리적인 평가기준을 수립하는 문제는 이와 관련하여 지극히 중대한 의미를 지니는 것입니다.

뿐더러, 원판결에서와 같이 주부 가사노동의 경제적 가치가 일률적으로 일당 4천원, 월 10만원으로 평가되어야 한다면, 남편의 월수입이 월 10만원선을 현저히 초과하는 수다한 가정들에 있어서 대등한 부부관계의 수립을 기대하기는 어렵게 된다 할 것이고 가사노동에 헌신하는 주부들의 자존심과 긍지는 여지없이 훼손될 것이 명약관화합니다.

이 사건에 대하여 여성들이 비상한 관심을 갖는 연유 중의 하나도 바로 여기에 있는 것인바, 이 점 깊이 헤아려주시기 바랍니다.

(2) 원판결은 그 이유에서, "위 원고가 결혼 후 가사노동에 종사할 경우 그 노동의 대가를 합리적으로 평가할 수 있을 만한 다른 증거자료가 없는 이 건에 있어서는 위 원고의 결혼 이후의 일실수입은 일반 도시일용노동에 종사하는 성인여자의 임금을 기초로 산정할 수밖에 없다 …"라고 설시하면서 주부 가사노동의 가치를 일당 4천원, 월 10만원으로 평가하고 있습니다.

위 판지(判旨)에 대하여 본 대리인이 도저히 승복할 수 없는 점은, 가사노동의 경제적 가치에 대한 다른 합리적인 평가기준이 없다고 하더라도, 그렇다면 도시일용여성 노임은 과연 합리적인 평가기준의 하나가 될 수 있는 것이냐, 어떠한 합리적 근거에서 주부 가사노동의 가치를 도시일용 노임액으로 환산할 수 있는 것이냐 하는 점입니다.

주부 가사노동의 경제적 가치가 일당 4천원짜리 도시여성 일용노임액에 해당한다고 하는 경험칙은 존재하지 아니합니다. 자본수익과 근로수입이 혼합되어 있는 개인사업자 등의 일실수입액을 흔히 대체고용비용으로 환산하여 산정하고 있는 판결관행에 따라 주부 가사노동의 대가를 대체고용비용으로 환산하여보자면, 주부 가사노동의 일부분만을 수행하는 가정부를 고용하는 비용만 해도 일당 4천원을 현저히 초과하는 실정인 것이므로 위 '가사노동＝일당 4천원'이라는 사실인정은 오히려 경험칙에 반하는 것이라고 하여야 할 것입니다. 직장생활을 하여본 경력이 없는 가정주부의 일실수입을 막연히 도시여성 일용노임액을 기준으로 산정하여온 종래의 일부 판결관행은, 이른바 '기회비용'(op-portunity cost)의 논리에 의하여 합리화될 수 있을지도 모릅니다. 즉 가사노동의 가치를 당해 여성이 가사노동 대신에 다른 취업노동에 종사하였더라면 얻을 수 있었을 수입을 기준으로 평가하되, 종전에 취업한 경력이 없었으므로 결국 최소한도의 가득수입인 도시여성 일용노임액으로 환산하여야 한다는 논리가 일응 성립될 수 있습니다. 그러나 이 사건의 경우에는 원고 이경숙이 이미 위 회사에 근무하여 일정한 수입을 올리고 있으므로 위 원고의 결혼 후 가사노동의 경제적 가치를 위 기회비용 계산법으로 평가하자면 당연히 위 회사 근무시의 수입을 기준으로 하여야 할 것이지 이와 달리 도시여성 일용임금을 기준으로 할 수는 없는 것입니다.

요컨대 이 사건에 있어서 원고 이경숙의 가사노동의 가치를 일당 4천원으로 평가한다는 것은 전혀 아무런 근거가 없는 것이고, 그렇다면 가사 원판결이 판시한 바와 같이 위 원고측에서 주부 가사노동의 합리적 평가기준을 제시하지 못하였다고 가정할지라도 그렇다고 하여 법원이 아무런 합리적 근거도 없는 자의적인 기준에 의하여 위 원고의 일실수입을 산정하는 것이 정당화될 수는 없는 법리이니 원판결은 결국 적어도 심리를 다하지 아니하였다는 비난을 면할 수 없을 것입니다.

(3) 뿐더러 주부 가사노동의 경제적 가치에 대한 합리적 평가기준의 문제는 법원에 그 탐구의무가 있는 논리칙에 관한 문제인 것이고, 또 손해발생사실이 인정되는 이상 법원은 스스로 손해액의 구체적인 산정에 노력하여야 할 것이며 이 점에 관하여 당사자의 입증에만 의존하고 있을 것이 아니라는 취지의 대법원 판례(대법원 1961. 12. 7. 선고 4293 민상 853 판결 등)의 견해에 비추어본다 할지라도, 이 건에 있어서 원심으로서는 마땅히 주부 가사노동의 경제적 가치에 대한 합리적 평가기준을 스스로 탐구·정립하였어야 할 것이고 그 평가기준에 따라 구체적인 손해액을 산정하기 위한 제반 자료에 관하여는 가능한 범위까지 당사자의 입증을 촉구하거나 석명권을 행사하여서라도 이를 소송에 현출시킨 연후에 적정한 손해액의 산정에 임하였어야 할 것입니다. 위 주부 가사노동의 경제적 평가기준의 문제에 관하여 종래의 판례는 이 건과 같이 도시 혹은 농촌

여성 일용임금액을 기준으로 삼는 예 이외에도 ① 대체고용비용으로서의 가정부고용 비용에 의할 것이라고 한 예(대법원 1968. 3.5. 선고 67다 2869 판결) ② 가정부 수입으로 계산하는 것은 부당하고 당해 주부의 학력, 경력, 가정주부로서의 위치 등을 참작하여 산정하여야 한다는 취지로 판시한 예(대법원 1968. 12. 24. 선고 68다 536 판결) 등이 있어 일관되어 있지 아니한바, 이 사건을 계기로 하여 확고한 논리적 근거에 의하여 뒷받침된 뚜렷한 평가기준이 확립되어야 할 것이라고 생각됩니다.

구미 각국에 있어서는 지난 수십년간에 걸쳐 주부 가사노동의 경제적 가치에 대한 합리적인 평가기준을 마련하려는 노력이 꾸준히 축적되어왔고 그 성과로서 전문가 대체비용법, 총합적 대체비용법, 분석적 방법, 기회비용법 등의 각종 산정기준이 제시되고 있으며 이같은 각종 산정기준에 따른 평가액이 법정에서 받아들여지는 사례가 증대하고 있습니다.

미국의 경우 위 각종 산정기준에 따라 산출된 주부의 가사노동의 가치는 1980년 기준으로 대략 연간 1만 3천불 내지는 1만 5천불 정도로 나타난다고 하며, 우리나라의 경우 한 학자가 1983년도에 계산한 바에 의하면 주부의 가사노동은 월 60만원 값어치에 해당한다고 합니다. 원고 이경숙이 아직 미혼인 점을 감안할 때 이 사건에 관한 한 본 소송대리인으로서는 기회비용법에 의한 계산이 가장 간명한 해결책이 될 수 있을 것으로 믿고 있으나 그에 앞서서 위 각종 산정기준의 의의, 근거, 장단점, 적용사례 등이 심리되어야 할 것이며 이를 통하여 가장 합리적인 평가기준을 창출하기 위한 노력이 소송과정에서 전개되어야 할 것으로 생각됩니다.

제 3. 입증과정 등에 관하여

이 사건의 중요성과 쟁점의 복잡성에 비추어, 원고들로서는 다수의 감정인들, 증인들, 각종 국내외 문헌 등 이례적으로 방대한 분량의 입증방법을 동원하게 될 가능성을 예상하고 있고, 또 사건의 성질상 공판기일에 다수의 방청객이 내도할 가능성도 배제할 수 없으므로 법원의 사정이 허락하는 한 가급적 특별기일을 열어 본건을 다루게 되기를 희망합니다.

　또 이 사건 쟁점과 관련하여 각종의 공청회, 토론회, 조사연구활동 등이 전개될 것으로 예상되는바, 심리에 다소간 장시일이 요하게 되는 일이 있을지라도 위 공청회 등의 성과가 이 건 소송에 충분히 반영될 수 있도록 깊은 배려를 베풀어주시기 바랍니다.

1985. 6. 19.
위 원고들 소송대리인
변호사　조　영　래

서울고등법원 귀중

1986년

텔레비전 시청료의 법리와 병리

1985년 봄의 어느 토요일 하오. 서울 변두리의 야트막한 언덕 위에 자리잡은 서민 연립주택의 한 집에서 있었던 일이다.

열달 전에 혼인하여 이곳에 사는 ㄱ부인은 때마침 오래간만에 집으로 놀러 온 여학교시절의 친구와 함께 마루에 주저앉아 텔레비전을 틀어놓은 채로 이런 얘기, 저런 얘기를 나누다가 초인종이 울려서 문께로 나가 누구냐고 물었다. 대뜸 위압적인 남자 목소리가 울려왔다.

"아니, 이 집은 텔레비전을 언제부터 보는데 여태 시청료 한번을 안 냈어! 문 좀 여세요!"

아뿔싸! 친정에서 쓰던 헌 텔레비전을 가져온 지 여섯달이 되었건만 시청료 내라는 소리가 없어 좀 찜찜해하면서도 그럭저럭 잘 넘겨왔는데 그날따라 반가운 친구 때문에 잠깐 정신을 놓고 텔레비전을 너무 크게 틀어놓은 바람에 정식으로 시비가 붙게 된 것이다. ㄱ부인은 언젠가 이런 날이 올 것임을 예상치 않았던 바는 아니어서 그날의 대비책을 나름대로 마련해두기는 하였으나 막상 일이 닥치고 보니 임전태세를 단단히 갖출 만한 시간이 필요하여 곧바로 문을 열지는 않았다.

"우리는 시청료 안 내요. KBS 보지도 않아요. 그냥 돌아가세요."

"아니, 문이나 열어놓고 얘기해야 될 것 아뇨. KBS 안 보긴 뭘 안 봅니까? 뻔한 소리 하지 말고 빨리 이 문 열어요!"

"아니, 문을 왜 발로 차고 그래요? 안 본다면 안 보는 거지. 우리 KBS 보도

태도가 맘에 안 들어서 통 안 본단 말예요. 보면 MBC나 좀 보지. 안 봐요. 안 보는 사람한테 왜 시청료를 달라고 해요? 댁이 누군지 어찌 알고 문을 열어 준단 말이에요?"

"아니, 왜 이러시는 거요? 시청료는 KBS를 보거나 안 보거나 국민이면 누구나 다 내게 돼 있는 거요. 대통령령으로 딱 정해져 있단 말이오. 이 문 안 여실겁니까? 이거 큰일날라구 그러네."

이 장면에서 ㄱ부인은 흥분한 끝에 실수를 좀 저지르고 말았다.

"대통령령이고 뭐고간에 아무튼 나는 댁한테는 시청료 못 내니까 돌아가세요. 대통령령이 있으면 대통령이 돈 내라고 할 테지 댁이 뭔데 대통령을 팔고 그래요? 대통령령만 있으면 이렇게 여자 혼자 있는 집에 와서 문을 막 발로 걷어차고 행패를 부려도 되는 거예요?"

사태는 엉뚱한 방향으로 빗나가기 시작했다.

"당신 지금 뭐라고 그랬소? 이거 듣고 보니 이상한 말이잖아. 아니, 대통령이 할 일이 없어서 당신 집 시청료까지 챙겨야 한단 말이오? 당신 지금 한 말 국가원수 모독한 거예요. 내 지금 당신 고발해야 되니 당장 이 문 열고 파출소까지 나하고 같이 갑시다."

ㄱ부인은 가슴이 덜컹 내려앉았다. 그러나 이미 내친 걸음이었고 또 알지 못할 울분 같은 것이 치밀어올랐다.

"댁이 고발을 하거나 말거나 그건 댁 맘대로 하고, 나는 파출소에서 나오라고 하면 갈 테니까, 댁하고 같이 갈 이유는 없잖아요? 지금 당장 여기서 떠나세요. 만약 안 떠나면 내가 댁을 남의 집 문 걷어찬 죄로 고발할 테니까. 누가 진짜 죄가 있는지 그때 가서 보자구요."

그 사이에 떠들썩한 소리를 듣고 몰려나와서 구경을 하고 있는 동네부인들 틈으로 한 남자가 나타나서 왜 동네를 시끄럽게 하느냐며 시청료 징수원을 데리고 감으로써 사태는 일단락되었다.

그 뒤에 한동안 ㄱ부인은 파출소에서 연락이 오는 것이 아닌가 하고 좀 불안한 마음으로 지냈으나 파출소에서 연락은 오지 않았고 그 시청료 징수원도 집 근처에 모습을 나타내지 아니한 채로 그럭저럭 일고여덟달이 흘렀다.

그런데 하필이면 아기 백일이 되어 친척들을 불러놓고 집에서 백일잔치를 하고 있는데 다시 그 시청료 징수원이 나타났다. ㄱ부인으로서는 또다시 지난번처럼 소란을 일으킬 수는 없는 난감한 처지였으므로 두달 동안의 시청료만 내겠다고 제의를 했다. 타협은 순식간에 이루어져서 ㄱ부인은 최근 두달 동안의 시청료만을 냄으로써 그전 한해 동안 밀린 시청료를 탕감받은 셈이 되었다. 그 시청료 징수원은 그런대로 만족스런 표정으로 백일을 맞은 아기에게 몇마디 덕담까지 건넨 뒤에 돌아갔다.

ㄱ부인이 KBS방송을 전혀 시청하지 않은 것은 아니다. 혼인하기 전인 몇해 전에 이산가족 재회 방송을 했을 때는 모든 장면을 거의 빼놓지 않고 눈물을 줄줄 흘리면서 봤다. 그 무렵에는 미혼이어서 살림을 어머니가 했으므로 시청료가 얼마인지도 몰랐고 특별히 그 돈이 아깝다거나 하는 생각도 전혀 해보지 않았다. 그러다가 언제부터인가 점점 KBS를 보지 않게 되더니 딱 부러지게 말한다면 지난해 2월의 총선 무렵을 고비로 해서 KBS를 아예 안 보기로 마음을 먹게 되기까지 이르렀다. 그 뒤로는 정말로 KBS 보기를 딱 끊다시피 하였다. 다만 무슨 일에나 예외라는 것이 있는지라 전부터 죽 봐왔던 연속극 「보통사람들」 하나만은 끝날 때까지 봤고 요즈음 들어서는 「은빛 여울」이 재미가 있다고들 해서 그걸 볼 때나 KBS를 틀고 있을 따름이다.

ㄱ부인은 연속극 하나 보는 것 때문에 두달에 오천원씩 시청료를 내는 것이 마땅하다고는 생각하지 않았다. 연속극을 볼 때마다 거기에 따라붙은 상업광고를 엄청나게 많이 봐주고 있기 때문이다. MBC를 통해서는 「설중매」, 「풍란」에 이어 「임진왜란」을 꼬박꼬박 보는데다가 「억새풀」 따위의 숱한 인기 프로그램까지를 거의 다 보고 있는데도 MBC에는 시청료를 한푼도 물지 않고 있으니까.

ㄱ부인은 그렇다 치고, 어디까지나 한번 따져보기 위한 가정에 지나지 않으나, 정말로 KBS 프로그램과는 완전히 담을 쌓고 지내는 사람이 있다고 하자. 그런 사람도 시청료를 물어야 할까? 물어야 한다면 왜, 무슨 근거에서 그래야 하는 것일까?

사람들 사이에 금전의 채권·채무 관계가 발생하는 원인에는 법률용어로 일컬어 계약이니, 부당이득이니, 사무관리니, 불법행위니 하는 것들을 든다.

ㄱ부인은 시청료를 내고 KBS방송 프로그램을 보기로 KBS와 계약을 한 적이 없다. 그런 계약문서를 작성한 일이 없음은 말할 것도 없고 구두로도 그렇게 하기로 합의한 일이 전혀 없다. 말로 꼬집어서 합의하지는 않았다 해도 시청료 내게 되어 있는 줄 알면서 텔레비전을 샀을 때는 시청료를 내기로 말없이 동의한 것이 아니냐고 할는지도 모른다. 그러나 꼭 KBS 프로그램을 보려고 텔레비전을 산 것도 아니고 시청료가 있거나 없거나 어차피 텔레비전은 한대 가져야 했기에 산 것이니 시청료 내기 싫으면 텔레비전을 안 사면 될 것 아니냐는 식으로 말할 수는 없는 게 이치이다. 그러므로 텔레비전을 샀다고 해서 곧 시청료를 내기로 합의한 것이라고 본다는 것은 아무래도 좀 억지이다. 그러니 '계약'을 했기 때문에 시청료를 낼 의무가 생겼다고는 말할 수가 없다.

바람이 불어 옆집 나뭇가지에 열린 과일이 제 집 뜰 안으로 떨어졌을 때에 그 과일을 주워 가지면 '부당이득'을 취한 것이 된다. 그런 과일은 썩지 않고 남아 있으면 임자가 청할 때는 돌려주어야 한다. 그러나 ㄱ부인은 KBS방송 때문에 그런 '부당이득'을 취한 것이 전혀 없다. 그러니 '부당이득' 때문에 시청료 납부의무가 생기는 것도 아니다.

길 잃은 어린아이를 집으로 데려와서 며칠 동안 재워주고 먹여주고 하며 그 아이의 부모 있는 곳을 수소문하여 알아내어 그곳까지 아이를 데려다주었다고 하자. 그랬을 때에 그 아이의 부모는 자기들의 '사무를 관리'하여준 그 고마운 이에게 제 아이의 숙박비, 자기들을 수소문하는 데에 든 비용, 제 아이를 데려다주느라고 쓴 교통비 같은 '사무관리'에 쓴 비용을 몽땅 변상하여주는 것이 옳다. 그러나 KBS방송국이 ㄱ부인의 '사무를 관리'하여준 일은 전혀 없다. 그러니 '사무관리' 때문에 시청료 납부의무가 생기는 것도 아니다.

남의 집을 불을 질러 다 태워버렸거나 교통사고로 남을 다치게 한 경우와 같이 일부러나 실수로나 남에게 억울한 피해를 입혔을 때는 그같은 '불법행위'를 저지른 가해자는 피해자에게 손해배상을 해주어야 한다. 그러나 ㄱ부인은 일부러도 실수로도 KBS방송국에 아무런 피해도 입힌 일이 없다. 그러니 '불법행위' 때문에 시청료 납부의 의무가 생기는 것도 아니다.

그렇다면 다시 한번 물어보자. 도대체 무엇 때문에 시청료를 내야 할까? 그 대답은 아주 간단하다. 어떤 법률 곧 '한국방송공사법'이라는 법률이 시청료를 내야 한다고 못박았기 때문이다. 그리고 시청료 징수원이 ㄱ부인 앞에서 기세 좋게 내세웠던 '대통령령'이란 바로 '한국방송공사법'의 시행령을 말하는 것이다.

한국방송공사법(다음부터는 '공사법' 또는 '법'이라고만 부르겠다) 제20조를 보면, "텔레비전 수상기의 소지자는 대통령령이 정하는 바에 의하여 공사에 등록하여야 한다. 다만 시청을 목적으로 하지 아니하는 수상기는 그러하지 아니하다"고 되어 있다. 그리고 이어지는 공사법 제20조 제1항을 보면, "공사는 제20조의 규정에 의하여 수상기를 등록한 자로부터 대통령령이 정하는 바에 따라 시청료를 징수할 수 있다"고 규정되어 있다. 바로 이 조항이 시청료 징수의 근거가 되는 규정인 것이다.

앞에 옮긴 두 조문을 찬찬히 뜯어보면 이런 소리다. 텔레비전 수상기를 가지고 있는 사람은 한국방송공사에 등록을 해야 되고 그렇게 등록한 사람에게는 KBS에서 시청료를 징수할 수 있다는 것이다. 그 사람이 KBS 프로그램을 보거나 안 보거나 똑같다.

텔레비전을 가지고는 있으나 등록은 안한 사람은 어떻게 되나? 그런 사람에게는 시청료를 징수할 수 없음은 말할 것도 없다. 그러나 그 대신에 등록 안한 사실이 드러나면 법 제28조 제2항에 따라 "2년분 이하의 시청료에 해당하는 과태료"를 매길 수 있게 되어 있다.

그런가 하면 등록은 되어 있으나 텔레비전이 너무 낡아서 내다버렸거나 골방 속에 처박아두고 안 보는 사람은 어찌 되나? 그런 사람들은 한국방송공사에 등록말소를 신청할 수 있기는 하나, 그것이 귀찮아서 말소절차를 미처 안 밟고 있는 동안이라 할지라도 시청료를 낼 의무는 없다고 해석해야 하겠다. 왜냐하면 그런 사람들은 텔레비전의 '소지자'라고 할 수 없고, 시청료는 텔레비전의 '소지자'로서 공사에 등록한 이에게만 징수할 수 있는 것이기 때문이다.

"대통령령이 정하는 바에 따라" 시청료를 징수할 수 있다고만 하였지 시청료를 어떤 기준에서, 얼마까지 징수할 수 있는 것인지는 공사법에는 정하여져 있지 않고 그것은 순전히 시행령에만 맡겨져 있다. 그런데 그 시행령을 보아도 시청료를 얼마까지 매길 수 있다고 확실하게 금액 한도를 정한 데가 전혀 없다.

그저 제13조 제1항에서, "법 제21조에 의하여 징수하는 시청료의 금액은 문화공보부장관의 승인을 얻어야 한다"는 규정만을 두고 있을 따름이다. 바꾸어 말하자면 시청료 금액은 문화공보부장관의 승인만 있으면 얼마든지 제한없이 올릴 수 있게 되어 있으니 텔레비전을 가지고 있는 사람의 처지에서는 시청료 부담에서 벗어나려고 텔레비전을 어디다 내다버리지 않는 다음에는 시청료가 두 곱절로 뛰거나 열 곱절로 뛰거나 꼼짝없이 매겨진 대로 시청료를 납부하지 않으면 안 되게 되어 있는 것이다.

그렇다면 여기서 다시 한번 물어보자. 법률에 그렇게 시청료를 내야 한다고만 되어 있으면 액수가 얼마나 되어도, 내야 할 만한 까닭이 있거나 없거나 꼼짝없이 시청료를 물어야 옳을까? 법률은 '남자를 여자로 만드는 것 빼고는' 무엇이든지 할 수 있을까?

한국방송공사법과 그 시행령의 모든 규정들을 찬찬히 뜯어보면, 그 법령에서 규정하는 시청료는 알고 보면 텔레비전 수상기를 가짐으로써 부과당하는 세금이나 다름없다는 견해가 성립할 수도 있음직하다.

왜 그럴까?

첫째로, 시청료는 KBS를 보는 사람인지 아닌지를 묻지 않고 텔레비전을 가진 사람이면 누구에게나 강제로 부과되는 것이니 그것을 KBS방송국에서 시청자에게 베푸는 서비스의 이용료라고 할 수도 없고 KBS방송국의 사업유지를 위하여 수익자들에게 부과되는 이른바 수익자 부담금이라고 할 수도 없으므로 조세라고 할 수밖에 없다.

둘째로, 시청료 징수절차를 보더라도, 납부하지 않는 사람은 세무서장에게 의뢰하여 국세징수법에 의한 체납처분의 예에 따라 징수할 수 있게 되어 있다(법 제21조 제3항). 곧 일반조세와 마찬가지로 세무서에서 나와서 압류딱지를 붙이거나 경매를 하거나 해서 강제로 징수할 수 있게 되어 있다.

셋째로, 거두어들인 시청료가 어디 쓰이는지를 보자. 그 돈은 광고료 같은 다른 수입들과 합쳐서 먼저 한국방송공사의 사업비용과 정해진 범위까지의 방송사업 확장을 위한 적립금 따위에 쓰이고 남으면 "국고에 납입"되도록 되어 있다(법 제26조 제1항). 징수된 시청료가 그렇게 국고에 납입되어 국가의 일반재정에 충당될 수 있음은 곧 시청료가 실질적인 조세일 수 있음을 뜻한다.

시청료가 실질적인 조세에 해당한다는 견해가 옳다고 한다면, 시청료는 그 형식으로는 조세로서 징수되어야 옳다. 곧 일반조세와 마찬가지로 조세법률주의의 여러 원칙에 따라 부과와 징수가 되고 그 돈을 어디에 쓸지 미리 세출예산에 편성하였다가 국민의 대표기관인 국회의 동의와 감독 아래에 써야 한다. 근대 의회제도의 기원은 행정부 권력이 멋대로 국민들에게 높은 율의 세금을 물리는 것을 막고 반드시 납세자인 국민을 대표하는 기관 곧 의회가 동의한 뒤에만 세금을 물릴 수 있도록 하기 위한 데에 있었다. 그렇기 때문에 "조세의 종목과 세율은 법률로 정한다"고 하는 조세법률주의의 대원칙이 일찍부터 서 있는 터이다.

그렇게 볼 때에 시청료를 얼마까지 매길 수 있는 것인지를 시행령에 백지위임하고 있는 지금의 공사법은 헌법이념에 위배된 것으로 판명되면 고쳐져야 한다. 특히 시행령에서까지 그 금액을 확실하게 정하지 않고 그저 얼마가 되거나 한국방송공사와 관계 장관이 마음대로 정할 수 있도록 내버려두고 있는 것은 걱정거리이다.

또 국민들로부터 시청료라는 명목의 강제부담금을 징수한 한국방송공사가 그 쓰임새에 대하여는 전혀 국회를 통한 국민의 동의나 감시를 받지 않아도 되게 만들어져 있는 지금의 공사법령은 어떤 논리로도 정당화되기 어렵다고 본다. 다시 말하자면 시청료 액수가 국회의 토의과정을 거친 법률에 따라 매겨지고 또 그 쓰임이 국회의 예산심의과정을 거쳐 국민의 감시 아래 놓여지도록 해야만 비로소 한국방송공사가 이름 그대로 '공영방송'으로서 사명을 다할 기초가 마련될 수 있을 것이고 '시청료'라는 이름으로 국민에게 강제로 지운 짐도 정당화될 수 있을 것이라고 생각된다.

시청료가 실질적인 세금이라는 견해를 굳이 고집할 생각은 없다. 시청료의 성격을 이른바 '공용부담'으로 이해해도 좋고 다른 무엇으로 해석해도 좋다. 그러나 한 가지 분명한 것은 법률로 국민의 재산권을 제약하는 것은 질서유지, 공공복리 들을 위하여 필요한 때에만 허락되는 일이니, 시청료를 징수당하고 있는 국민의 많은 수효가 "한국방송공사가 공공복리에 이바지하는 것이 없어 시청료를 내는 것이 억울하다"고 생각하는 사태가 생긴다면, 한국방송공사법의 시청료 징수에 관한 규정들의 효력도 심각하게 다시 검토되어야 하게 되리라는 사실이다.

시청료를 안 내면 어떻게 되나? ㄱ부인이 당한 것처럼 시청료를 안 내겠다고
해서 시청료 징수원이 그 집 문을 발로 걷어차면서 문을 열라고 고함을 지르거
나 사람을 잡아갈 권한은 없다. 다만 앞에서 본 바와 같이 일반세금을 안 낸
경우나 마찬가지로 체납처분의 예에 따라서 강제징수를 할 수 있게 되는 것이
다.

그러나 두달에 오천원쯤 하는 시청료가 밀렸다고 해서 실제로 세무서나 한국
방송공사에서 나와서 가재도구에 압류딱지를 붙이고 경매를 실시하는 일이 말
처럼 간단한 일은 아닌 것이고, 그러자니 자연히 좀 무리하게라도 시청료를 받
아내려고 애를 쓰는 시청료 징수원들과 가정부인들 사이에 분쟁도 더러 생기기
마련이고 그러다가 징수를 포기해버리거나 적당히 타협하여 일부만 징수하고
마는 일도 생기게 되는 것이다.

요즈음 사회 한쪽에서는 아예 집단으로 시청료를 내지 말기로 하자는 소리도
더러 나오고 있는 실정이다. 건전하고 양식 있는 공영방송이 반드시 키워져야
한다고 믿고 있는 나는 무어니무어니해도 그 시비의 불씨만은 되도록 빨리 꺼야
한다고 생각한다.

생각건대 시청료를 둘러싼 잡음과 시비가 사라지려면, 첫째로 KBS에서 상업
광고 시간을 많이 줄여 "그 엄청난 광고료와 시청료 수입을 다 어디다 쓰지?"
하는 일반인들의 의혹을 씻어주어야 하겠다. 둘째로 우리나라에서도 서구의 몇
몇 나라들처럼 여·야의 각 정당 대표와 각계를 대표하는 국민이 골고루 참여
하는 공영방송위원회 같은 것이 마련되어 여기서 공영방송의 운영에 관한 모든
중요한 사항이 결정되는 성숙한 공영체제가 하루빨리 확립되어야 할 것이다.
그렇게만 되면 시청료를 내는 사람들도 '본전' 아까운 생각은 들지 않을 듯하
다.

'본전' 말이 나오니까 생각나는 이야기가 있다. 회사원 ㄴ씨는 지난번의 국회
의원 총선거 운동기간 동안에 KBS의 선거관계 보도방송을 보다가 울화를 참지
못하고 방송국에다 무작정 전화를 걸어 속사포같이 KBS의 보도자세에 대한 비
난을 퍼부어댔다. 그랬더니 상대방은 뜻밖에도 지극히 차분하고 냉담한 어조로

"보도가 맘에 안 들면 안 보면 그만이지 당신이 도대체 우리 방송국과 무슨 관계가 있는데 이렇게 따지고 드느냐?"고 반격을 했다. 예상치 않은 반격을 받은 ㄴ씨는 그 순간에 당황하였고 하마터면 패배감에 젖어 전화를 그대로 끊어버릴 뻔했으나 다음 순간에 뒷날까지 두고두고 스스로 생각해보아도 기가 막힌 명답이 입에서 튀어나왔다.

"시청료 낸다, 왜!"

이것으로써 사태는 완전히 역전되었고, 수세에 몰린 상대방은 그 뒤로 이십 분이 넘게 ㄴ씨가 지적하는 KBS방송의 온갖 문제점들에 대하여 일일이 정중한 어조로 변명하느라고 시달려야 했다.

ㄴ씨처럼 시청료 낸 '본전'을 톡톡히 되찾을 수도 있으니 시청료를 낸다고 해서 꼭 손해를 보는 것만은 아닌 듯도 하다.

(샘이깊은물, 1986. 1)

교도소내 인권유린은 근절돼야 한다

1

감옥이란 어떤 곳인가? 사람들이 불행과 고통 속에서 살아가는 곳이다. 그들은 타의에 의하여 가족으로부터, 친지로부터, 사회로부터 격리되어 있다. 바로 그 사실 하나만으로 그들은 이미 인간으로서는 감내하기 어려운, 자유의 상실이라는 이름의 극심한 불행과 고통 속에 놓여지게 된다. 그들의 고통은 그것만으로도 충분하다. 국가는 그들에게 그 이상의 고통을 요구하여서는 안 되며 요구할 권리도 없다. 이것이 바로 근대적 형벌사상의 총아로 등장한 자유형주의(自由刑主義)의 이념적 배경이라고 할 수 있다.

국가는 감옥 안에서 살아가는 사람들에게 어떤 처우를 하여야 하는가? 인간으로서의 존엄에 어울리는 처우를 하여야 하며, 형편이 허락하는 한 감옥살이를 가장 편안하고 건강하고 풍요롭게 할 수 있도록 배려하여야 한다. 감옥이 그렇게 살기 좋은 곳이 된다면 누구나 감옥살이를 두려워하지 않게 될 것이 아니냐는 걱정은 하지 않아도 좋다. 아무리 살기 좋아진다 하더라도 감옥은 역시 감옥인 것이다. 죄를 지어 갇힌 자들에게 무슨 인간적인 대우를 할 필요가 있는가, 그들은 '인간이기를 스스로 포기한' 자들이 아닌가라고 반문하는 사람이 있다면 나는 이렇게 한마디로 대답하겠다. 그것은 시대착오적인 이야기라고.

그런데 이처럼 시대착오적인 발상법이 우리나라의 교도행정에 있어서는 아직도 건재하고 있음을 과시하기라도 하듯 이곳저곳의 교도소, 구치소 안에서 수감자에 대한 교도관들의 집단폭행 등 각종 인권침해사태가 벌어지고 있다는 음울한 소식이 최근 들어 끊임없이 우리의 귓전을 때리고 있다.

　우리는 수원교도소에 수감된 35명의 학생, 양심수 들의 가족들입니다. 지난 4월 1일부터 오늘에 이르기까지 만 10일에 걸쳐서 계속되고 있는 그 처절한 단식싸움을 보고, 너무도 안타까워서 이렇게 탄원하는 바입니다. 우선 단식을 하게 된 원인과 경위에 대해서 말씀드리겠습니다. 일반적으로 수원교도소는 모범수가 있는 곳이라 수감자에 대한 대우가 좋은 것으로 알려져 있습니다만, 그것은 일반재소자에게 한 것일지는 모르지만 학생, 양심수 들은 전혀 이러한 대우를 받지 못하고 있습니다. 엄연히 수형자들에게 부여되는 권리를 수원교도소 당국이 일방적으로 짓밟고 인격을 모독하는 말과 폭행 등 가혹한 처사를 자행하는 과정에서 이미 수차례에 걸친 양심수들의 단식싸움이 있어왔습니다.

　지난 4월 1일 1동에 수감되어 있는 오승준(외대 서반아어과 4년, 전 총학생회 부회장, 집시법 위반)군에게 폭언·폭행을 하는 과정중에서 이 사건이 발단되었습니다. 일반재소자들은 단체적으로 여럿이 운동시간에 운동을 할 수 있는데, 유독 양심수들에게는 한 사람씩 교대로 운동을 시키는 등, 일반수형자와 차별대우하고 무분별한 서적검열, 상습적인 폭언·폭행 등을 수원교도소 당국은 평소 자행해왔습니다. 이러한 행위의 시정을 요구하는 구호를 오승준군이 외치자 5~6명의 교도관이 달려들어 멱살을 잡고, 숨통을 조이며 폭행을 가했던 것입니다. 이 사실을 알게 된 4동, 5동의 양심수들이 4월 1일부터 단식을 시작하였고, 뒤이어 1, 2, 3동 양심수들이 3일부터 단식에 합세하였습니다. 이들은 오승준군에 대한 폭행·폭언의 공개사과와 평소의 교도소 당국의 부당한 대우의 시정을 요구하고자 교도소장의 면담을 요청하였습니다. 교도소장은 엄연히 재소자가 면담을 원할 때에는 그에 응할 수 있도록 되어 있음에도 불구하고 재소자들의 정당한 요구를 무시한 채 오늘에 이르기까지 면담을 회피하고 있습니다. 우리 가족들은 자식들이 행여 굶어 죽게 되는 지경에 이르게 되지 않을까 하여 눈물로 밥을 먹도록 호소하였으나, 저희 자식들은 이미 수차례에 걸쳐 교도소 당국이 시정약속을 언제나 허위와 기만으로 끝냈으므로, 이번에는 교도소장의 공개사과와 시정약속을 듣지 않고는 단식을 그만둘 수 없다고 하고 있습니다.

　그러나 교도소 당국은 소장의 면담은 법에 없는 일이라면서 거절한 채 오직 수형자가 굶주려 죽었다는 결과만을 모면하고자 어젯밤(4월 9일 밤) 11시부터는 단식하는 저희 자식들을 강제로 지하실에 끌어다가, 양손과 양발에 수갑을 채우고 목을 뒤로 젖힌 채, 코를 막고 마치 개, 돼지 다루듯 강제급식을 시키는 만행을 하기에 이르렀습니다. 또한 엄연히 미결수임에도 불구하고 기결수 방에 강제 분산수용하였을 뿐만 아니라, 식사시간이 되면 아까와 같은 난폭한 방법으로 강제급식을 강요하고 있습니다.…

아무런 힘이 없는 저희들은 생각다 못하여 이 사실을 이처럼 관계기관에 탄원하기에 이르렀습니다. 이 탄원서는 저희 심정의 천분의 일도 제대로 드러내지 못한 것입니다.

단식하고 있는 양심수들의 요구사항은 다음과 같습니다.

① 교도관 및 경비대의 폭언·폭행 금지, ② 제 값어치에 해당하는 사식 시행(사식을 영리목적으로 시행하여 질이 형편없음), ③ 무분별한 서적·서신 검열제도의 시정, ④ 운동시간 등에 있어서 일반재소자와의 차별 금지…

이상은 지난 4월 10일 '수원교도소에서 수감되어 단식투쟁중인 양심수가족 일동'이 연명으로 어느 사회단체에 제출한 탄원서에서 인용한 것이다. 이 탄원서 내용이 글자 그대로 사실과 엄밀히 일치하는지 여부는 직접 조사해보지 않았으니 알 길이 없다. 그러나 앞으로도 비슷한 내용의 문서를 더러 인용하게 될 것이므로 미리 밝혀두는 터이지만, 필자는 이같은 쓰라린 문서, 즉 감옥 안에 내 아들·딸, 내 형제자매 혹은 내 남편·아내를 두고 있는 사람들이 감옥 안에서 일어나고 있는 비리에 대하여 감히 주장하고 고발하는 내용의 문서에 관하여는 '아니 땐 굴뚝에 연기 나랴!'라는 격언을 우리가 신뢰하여도 좋다고 생각한다. 이같은 문서는 그 성질상 다소간의 과장이나 와전으로 인한 세부적 착오는 있을지언정 진실에서 크게 벗어나기가 어려운 것이다.

구속자가족들이 발표한 또 하나의 문서를 살펴보기로 한다. '민주화실천가족운동협의회'가 지난 4월 11일에 발표한 「구치소는 공인된 정치적 보복행위의 장소인가」라는 제목의 성명서는 "양심수들에 대한 소내(所内) 가혹행위는 어제 오늘의 일이 아니고 현재 도처에서 빈발하고 있는 사례 또한 일일이 열거하기조차 번거로울 정도이나 구체적으로 확인된 몇곳만을 밝힌다"고 전제하면서 최근 각지의 교도소에서 진행되고 있는 사태를 아래와 같이 전하고 있다.

서울구치소 —— 3월 29일 최미숙(서울대 4년), 곽윤이(고대 4년), 이현숙(고대 4년) 등 26명의 여학생을 지하감방으로 끌고 내려가 무수히 집단구타하고 가족들에게 일언반구 없이 면회를 차단함. 4월 1일 학부모 80여명이 부소장에게 항

의하자 금치를 철회하면서 4월 4일 면회를 위장한 강제이송조치 강행. 이에 항
의하여 노춘월(감신대) 등 3명이 성동으로 이감 가는 차 안에서 동맥을 끊어 16
바늘을 꿰매는 중상을 입고 현재 단식중임.

수원교도소 ── 4월 1일 오승준(외대 4년)군을 비롯한 양심수 35명은 양심수
에 대한 차별대우, 무원칙한 서적검열, 상습적인 폭언·폭행 등의 시정을 요구
하며 10일째 목숨을 건 처절한 단식투쟁 강행, 가족들이 울며 하소연했으나 굶
어 죽을 테면 죽어봐라 식의 냉소적 반응을 보이다가 위급해지자 난폭한 강제급
식을 시행, 가족 전원이 4월 10일 철야농성함.

안양교도소 ── 문용식(서울대 4년), 김민석(서울대 4년), 김봉환(성대 4년)군
등이 소내 부당행위에 항의하자 교도관이 장갑 낀 손으로 눈자위를 6차례 찌르
고 가래침을 뱉는 등의 만행을 자행함. 이에 학부모들이 항의하자 경교 등이
총을 디밀고 끌어냈음.

의정부교도소 ── 3월 25일 이춘(고대 4년), 심인숙(숙대 4년), 박은주(이대 4
년)양 등이 재소자 인권보장, 행형법 개정 등을 요구하며 단식.

원주교도소 ── 이석재(경희대 4년), 강성호(전남대 3년)군이 서적불허조치 등
부당처우에 항의 시정을 요구하자 재갈을 다섯 시간 물리고 징벌방에 수감. 2
달간의 금치처분. 면회, 서신, 운동 등 일체 차단.

성동구치소 ── 노춘월양 등에 대한 부당처우에 항의 동조단식중.

감옥 안에서 밥을 굶는다는 것은 보통인의 상상을 초월하는 하나의 극한상황
이다. 거기에는 인간의 연약한 육신이 짊어질 수 있는 모든 고뇌와 저주가 집약
되어 있다. 무엇이 우리의 젊은이들을 이같은 극한상황으로 몰아넣고 있는가?

마하트마 간디도 옥중에서 단식을 했었다. 그런데 지금 도처에서 옥중단식투
쟁을 벌이고 있는 우리 젊은이들의 인간적 상황은 간디의 경우와는 근본적으로
다르다. 간디는 그의 비폭력·불복종 운동의 대의를 전파하기 위한 정치적 수
단으로서 옥중단식을 선택하였다. 그러나 우리 젊은이들은 감옥내에서의 폭행
등 각종 굴욕적인 처우에 맞설 수 있는 유일한 방어방법으로서, 어떤 의미에서
는 강요받다시피 단식을 하고 있다. 또 간디의 옥중단식에 관한 소식은 그때그
때 세상에 널리 공표되어 온 세상이 그 귀추를 지켜보았으나, 우리 젊은이들은

세상으로부터 완전히 절연된 처절한 고독 속에서 허기를 가누고 있다. 간디는 결코 '강제급식'과 같은 일은 당하지 않았고, 그의 단식투쟁은 언제나 소기의 성과를 거둔 후 자의에 의해 종결되었다. 그런데 우리 젊은이들의 외로운 단식은 거의 언제나 강제급식이라는 이름의 어쩌면 인도적인 듯하면서도 어쩌면 가장 비인도적인 엄청난 물리력에 부딪혀 끝내 메아리 없는 외침으로 중도에서 좌절되고 만다.

세칭 '서울대프락치사건'으로 구속되었던 전 서울대생 유시민씨는 만기출소를 얼마 남겨두지 않은 어느 날 구매신청한 포도가 썩어서 들어온 것을 보고 그동안의 인내가 한계점에 도달하여 "들척지근하고 텁텁한 포도를 씨앗까지 씹어 삼키면서 … 독심을 품고" 옥중단식을 결행하였다가 단식 나흘째 되는 날 예의 강제급식을 당한다. 최근에 펴낸 「아침으로 가는 길」에서 그는 당시의 광경을 이렇게 술회하고 있다.

나는 이제 완전히 덫에 걸린 짐승꼴이었다. 발버둥칠수록 덫은 더욱 고통스럽게 조여들 뿐이다. 누군가가 내 머리카락을 잔뜩 움켜쥐고 진찰대 아래로 잡아당겼다. 여러 차례 쐐기질을 시도하던 손길이 조금 늦추어진 순간 나는 결심했다. 말해야 한다. 끝까지 입을 벌리지 않으면 저 고무호스를 콧구멍으로 집어넣을 것이다.

나는 고개를 한껏 모로 비틀어 젖힌 다음 재빨리 입을 열었다. 당할 때 당하는 한이 있더라도 의사표시만은 명확히 해야 한다.

"그만! 내 스스로 먹겠……"

노련한 과장이 기회를 놓칠 턱이 없다. 쐐기는 조금씩 밀려들어왔다. 혀끝에 느껴지는 껄끄러운 나무의 감촉. 앞이빨이 몽땅 부러져나가는 듯한 아픔. 숨쉬기가 거북스럽다. 과장의 씨근대는 숨소리말고 주위는 쥐죽은 듯 고요했다. 팔다리에서 힘이 빠져나갔다. 미끄러운 무엇이 목 안을 스치고, 곧이어 구역질이 치밀어올랐다. 꾸루룩 꾸룩 미음이 뱃속으로 흘러들었다. 구역질은 더욱 격렬해지고 숨이 가빴다. 어릴 때 집에서 기르던 개가 쥐약이 든 음식을 먹고 죽어가던 모습이 떠올랐다. 개는 옆으로 길게 뻗은 채 뱃속에 든 것을 몽땅 토해놓고 죽었다. 토할 때마다 갈빗대가 숭숭 드러난 개의 배는 마치 아코디언처럼 늘어났다 줄어들었다 했다. 내가 바로 그런 꼴이었다. … 마지막 고통이 엄습했다. 뱃속이 만원인지 미음이 넘쳐나온 것이다. 양쪽 귀언저리가 뜨뜻해지고 어깨 아래까지 젖어든다. 미음은 콧구멍과 눈두덩으로도 흘러들었다. 숨을 쉴 수가 없었다. 콧구멍에서는 거품으로 변한 미음이 뿜어나오고 기관지가 찢어지는 듯 아팠다. 나는 혼신의 힘을 쏟아 발버둥치며 악을 썼지만, 귀에 들리는 것은 인간의 소리가 아니라 절망한 짐승의 울부짖음일 뿐.

천년처럼 긴 시간. 내가 탈진상태에 빠져 되는 대로 호흡을 몰아쉬고 있을 때, 어느 순간 목구멍이 훤히 틔였다. 고무호스와 쇄기가 빠져나갔다. 숨쉴 수 있다는 것이 그토록 고마울 수가 없었다. 저절로 이빨이 부드득 갈렸다. 엉덩이에 주사바늘이 꽂혔다. 신경안정제일 테지. 갑자기 이빨이 덜덜 떨리며 팔과 가슴, 안면근육에 마비증세가 덮쳐왔다. 너무 흥분한 탓일까, 손가락 하나 까딱할 수 없었다.

엿새째 오후 네시에 그의 단식은 "그들의 입에서 잘못을 시인하는 한마디의 말도 끌어내지 못한 완패"로서의 종말을 맞이한다. 그는 매일 당하는 강제급식이라는 '융단폭격' 앞에 견디지 못하여 '무조건 항복의 백기'를 내걸고 단식을 중단하면서 속으로 이렇게 자위한다.

"짐승과 싸우는 데 단식투쟁은 너무나도 인간적인 방법이다."

노신(魯迅)이 봉건적 질곡 아래 짓눌린 인간성의 전형으로서 창조한 인물 아큐(阿Q)가 명백한 현실적 패배에 부딪힐 때마다 늘상 비방처럼 애용하던 '정신적 승리'를 통한 탈출의 광경이 여기에서 너무나도 흡사한 모습으로 재현되고 있는 사실에 대하여 우리는 실로 참담한 감회를 가눌 길이 없다. 우리가 과연 어느 시대에 살고 있는 것인지를 자문하지 않을 수 없다.

거듭 강조하지 않을 수 없는 한 가지 분명한 사실은, 지금 곳곳의 수감장소에서 밥을 굶으며 차디찬 벽을 향하고 앉아 있는 우리 젊은이들은 어느 시대 어느 사회에서도 그보다 더 혹심한 예를 찾아보기가 어려운 극악한 인간적 상황에 내몰려 있다는 것이다. 그들의 면벽고행도(面壁苦行圖)는 우리 시대의 가장 깊숙한 어둠, 가장 쓰라린 치욕, 가장 비통한 고뇌를 보여주는 축도이다. 이것은 우리 모두의 상황인 것이며 더이상 한시라도 방치되거나 외면되어서는 안 될 절박한 문제인 것이다.

2

역설적으로 들릴지 모르나 오늘날 우리가 알고 있는 바와 같은 모습의 감옥은 근대적 인권사상의 산물이다. 근대 이전에는 '눈에는 눈, 이에는 이' 식의 복수주의, 위하주의(威嚇主義)가 형벌사상의 주류를 이루고 있었다. 따라서 형벌의 내용도 죄수의 육신에 대하여 직접적으로 잔학한 고통을 가하는 데에 집중되고 있었고, 실로 끔찍한 처형장면들이 빈번히 대중들 앞에 공개되곤 하였다.

이러한 시대에는 국가가 죄수를 장기간 비싼 밥을 먹여주어가며 일정장소에 가두어놓을 필요가 있으리라고는 거의 상상되지 않았다. 예컨대 우리나라의 경우 조선조말까지만 해도 생명형(死刑), 태장형(笞杖刑) 및 유형(流刑) 제도가 형벌제도의 주종을 이루고 있었으며, 옥(獄)이란 것은 형의 집행을 위해 죄수를 일시적으로 구금하기 위한 소박한 고전적 수용제도로서밖에 활용되지 않았다.

그런데 근대 인권사상의 대두와 함께 과거의 형벌사상에 근본적 반성이 제기되었다. 죄수의 육신에 직접적으로 겨누어진 잔학행위로서의 체형은 "형집행자를 범죄자와 방불하게, 재판관을 살인자와 방불하게 만드는 것이고, 한편으로는 고통 속에 몸부림치는 범인을 동정과 존경의 대상으로 만드는 것"이라는 비판에 봉착하였다. 교육형주의의 주창자인 베카리아는 1764년에 간행된 그의 명저 「범죄와 형벌」에서 중세적인 사형제도를 일컬어 "끔찍한 범죄로서 비난한 바로 그 살인행위를 (국가가) 냉혈하고 비정한 모습으로 되풀이하는 짓"이라고 격렬히 비난하였다.

그리하여 형벌에 있어서의 야만성을 지양하기 위한 새로운 원리가 고안되었다. 레옹 포셰라는 사람은 1765년에 죄수의 교정·교화에 역점을 둔 '파리 청소년수용소의 규칙'을 초안하였고, 마블리라는 사람은 새로운 형벌원리로서 "형벌은 … 죄수의 신체가 아니라 영혼을 타격하여야 한다"라는 명제를 제시하였다.

이처럼 국가의 형벌권을 도덕적·정치적으로 정당화하기 위한 새로운 근거가 모색되고 있는 가운데에서 구미 각국에서 새로운 형벌법이 속속 제정되었고(러시아 1767년, 프러시아 1780년, 펜실베이니아 1786년, 오스트리아 1788년, 프랑스 1791년) 여기에서 종래의 체형에 대신하여 구금 위주의 자유형이 형벌의 주종으로서 등장하게 되었다. 즉 죄수는 팔다리를 절단당하거나 잔학한 고문과 구타를 당하는 대신에 갇혀 지내게 된 것이다.

감옥이 이렇듯 죄수가 장기간 격리생활을 할 장소로 변모하게 되자, 감옥의 상태를 개선하기 위한 대대적인 노력이 전개되게 되었다. 헌신적인 감옥개량운동가였던 존 하워드는 1775년부터 10년간에 걸쳐 유럽 각지의 감옥을 순방하면서 "회색의 벽, 어두운 철창, 차디찬 돌마루, 불량한 물과 빵, 그리고 가혹한 제재"로 얼룩진 18세기 감옥의 참혹한 실상을 폭로하였으며, 이같은 노력의 결정으로 교육형주의에 입각한 새로운 감옥법규들이 제정되었다. 여기에서 국가는 죄수에 대하여 그를 사회로부터 일시 격리하기 위하여 가두어놓은 것 이외에는 그 어떤 박해도 가하지 아니하고 그가 갇혀 지내는 기간 동안 생활의 모든 방면에 걸쳐 인간다운 처우를 받도록 보장할 의무를 부담하게 되었다. 아울러 죄수가 그의 구금생활을 교화와 사회복귀를 위한 기회로 활용할 수 있도록 배려할 의무를 부담하게 되었다.

우리나라에서는 이보다 1세기 남짓 뒤진 1894년에 이르러 징역표(懲役表)가 제정되었는데 이것이 자유형의 효시이었으며, 그때로부터 1907년까지 사이에 근대적 감옥관제가 제정·실시되게 되었다. 그 이래 지금까지 1세기 조금 못 되는 세월이 흐르는 동안 우리는 적어도 표면상으로는 근대적 형정(刑政) 사상을 상당부분 받아들였다. 감옥의 명칭도 감옥소에서 형무소로, 형무소에서 다시 교도소 또는 구치소로 변경되었다. '간수'는 '교도관'으로 바뀌었다. 행형법은 "수형자를 교정교화하며 건전한 국민사상과 근로정신을 함양하고 기술교육을 실시하여 사회에 복귀케 …"하는 것을 그 입법목적으로 규정하고 있다.

그러나 이같은 표면상의 변화에도 불구하고 교도행정의 속살은 여전히 봉건적·식민지적 유산의 압도적인 영향력 아래 놓여 있다고 말하지 않을 수 없는 실정이다. 행형관료는 여전히 수감자들의 전인격을 지배할 권한이 있는 절대군주로서 군림하고 있으며, 수감자들은 여전히 그들이 지은 죄값에 상응하는 경멸과 학대를 받아야 할 대상으로서 취급되고 있다. 수감자의 '인권'이란 관념은 어디에서고 진지하게 다루어지지 않으며 때로는 하나의 비웃음거리가 된다. 수감자들이 때때로 제기하는 '처우개선' 요구는 대체로 권위를 손상당한 행형관료들의 분노와 복수심에 방아쇠를 걸어당기는 꼴이 되고 말기가 십상이다.

이 밀폐된 소왕국에서 일어나는 음울한 일들에 대하여는 바깥세계로부터 관심의 햇살이 비쳐들지 않는다. 바깥세계의 성한 사람들은 이 저주받은 늪에 버려진 '인간쓰레기'들의 일에 관심을 가지기에는 너무나도 바쁘다. 이것이 교도소내의 비인간적 처우의 문제가 여태까지 누적되어온 배경이다.

우리나라의 교도행정이 수감자들의 처우개선문제에 얼마나 둔감하고 무관심하였는가 하는 것은 서울구치소의 수용시설이 구한말에 축조되어 일제시대를 거쳐 지금에 이르기까지 거의 변동이 없이 그대로 내려오고 있다는 사실에서 무엇보다 웅변적으로 입증된다. 이승만·김구·유관순 —— 이런 옛사람들이 살았던 감방을 지금도 수감자들이 거의 그대로 사용하고 있다. 과시 "고인무복락성동(故人無復洛城東), 금인환대락화풍(今人還對落花風)" 격이라고나 할까.

감방 안에 변소시설이 없어서 항아리 모양으로 생긴 이른바 '뺑끼통'(변기통)이란 것을 놓아두고 재소자들이 수시로 그 위에 엉거주춤 서지도 앉지도 않은 자세로 올라타서 대소변을 보고는 그 악취를 종일토록 견뎌야 하는 진풍경도 아직껏 사라지지 않고 있다. 1년 내내 직사광선이 비치지 않고 항상 벽면에 습기가 차 있는 감방이 많고 심심치 않게 빈대와 쥐들을 감방 안에서 찾을 수 있는 형편이다.

어느 감방이거나를 막론하고 난방시설이라곤 전혀 없어서 해마다 엄동설한이면 동상자가 속출하는데도 아직껏 이렇다 할 만한 대책이 강구되고 있지 않다. 수용시설은 그대로인데 수용인원은 나날이 늘어만 가니 감방 안의 인구밀집도는 과포화상태가 될 수밖에 없다. 프랑스 사람들의 말대로 하면 인간다운 최소한의 주거면적은 전용면적으로만 쳐서 1인당 약 7평꼴이 된다고 하는데, 그것은 우리 형편에 사치라고 접어둔다 하더라도, 서울구치소와 같이 약 3.5평 정도의 감방 안에 때로는 스무명까지도 집어넣어 혼거(混居)케 하는 것은 아무래도 인간대접이라고 말하기 어렵다.

이같은 경우에 수감자들이 잠을 자려면 한쪽편 사람들의 발이 상대편 사람들의 어깨에 걸치도록 두 줄로 서로 마주 향하고 누워야 하고, 그것도 몸을 옆으로 세워 눕는 이른바 '칼잠'을 잘 수밖에 없게 되는데, 여기에서 벌어지는 감방동료들 상호간의 잠자리 확보를 위한 신경전이란 그야말로 잠을 자는 것이 아니라 전쟁을 치르는 것이라고 표현해도 좋을 만하다.

이런 환경에서 무슨 교정교화가 될 수 있겠는가? 애시당초 바랄 수도 없는 일이다. 수용시설부터 획기적으로 개선되어야 한다. 새로 짓는 수용시설들에서는 무엇보다도 수감자들에게 발 뻗고 편히 누워 잠잘 수 있는 최소한의 공간을 확보하여주는 일에 최우선의 배려가 돌려져야 한다.

3

행형법 제33조는 "수형자가 도서의 열독을 신청하는 때에는 특히 부적당하다고 인정되는 사유가 없는 한 당해 소장은 이를 허가하여야 한다"라고 규정하고 있다. 미결수용자에 대해서는 행형법 제62조에 의하여 위 규정이 준용되고 있다. 위 규정의 취지대로 하자면 재소자는 원칙적으로 자유롭게 원하는 책을 읽을 권리가 있고 다만 '특히 부적당하다고 인정되는' 예외적 사정이 있는 경우에 한하여 소장이 제한을 가할 수 있도록 되어 있음이 분명하다.

독서란 국가권력이 침해할 수 없는 인간의 내면적 이상과 양심을 형성하는 과정이라 할 것이고, 이같은 양심 형성의 자유는 인간적 존엄성의 가장 핵심적인 내용이라는 사실을 고려할 때, 필자로서는 도대체 어째서 교도소장이 재소자에게 시중에 공간(公刊)되어 있는 책 중에서 어떤 것은 읽지 말고 어떤 것은 읽어도 좋다고 지시할 권한을 가져야 하는지를 이해하기 어렵다. 그러나 이같은 근본적인 의문은 제쳐두고라도, 현재 도서반입이 불허되고 있는 사례를 보면 소장의 재량권이 위 행형법 규정의 취지를 훨씬 벗어나서 남용되고 있음이 명백하다.

들리는 얘기로는 민주·민중·철학·노동·맑스·해방 등의 용어가 제목이나 목차 중에 들어 있으면 내용 여하에 관계없이 순수문학평론이든 창작품이든 접수창구에서 거부당하고 있고, 야권인사들의 저술도 바로 그 사람의 저서라는 이유만으로 일체 거부당하고 있다고 한다. 더욱이 기막힌 것은 창작과비평사가 출판사 등록을 취소당한 후부터는 이 출판사에서 기왕에 간행한 일체의 서적에 대하여 열독을 금지하고 있는 사례까지 있다고 한다. 동일한 도서에 대해서 어떤 구치소는 허용하고 다른 구치소에서는 불허하는 사례도 허다하여 허가·불허가의 기준이 애매모호한 채로 운용되고 있는 것도 문제이다.

이렇듯 광범위하고 무분별에 가까운 자의적인 독서제한의 시정문제는 학생수 감자들이 제기하는 처우개선 요구에 있어서 매번 거의 빠지지 않고 등장하는 가장 중요한 쟁점이 되고 있다. 옥중에서 일간신문이나 기타 시사성 있는 도서들의 자유로운 열독은 말할 것도 없고, 집필의 자유까지 보장되어 갖가지 귀중한 저작이 나오고 있는 외국의 예에 비추어보면 너무나도 부끄러운 이야기라 하지 않을 수 없다.

학생 등 정치사범들에게 있어 또다른 심각한 고통의 원인이 되고 있는 것은 지나친 접견제한과 서신검열의 문제이다.

행형법은 "친족 이외의 자와의 접견과 서신수발은 필요한 용무가 있을 때에 한한다"라고 규정하고 있다. '필요한 용무'라는 것이 어디서부터 어디까지로 한정될 수 있는 개념인지 애매하기는 하나, 상식적으로 생각하여 아무 '용무'도 없는 사람이 일부러 구치소까지 찾아와서 몇시간이고 기다려가면서 접견을 하려고 하는 경우가 있을 것인지 이해하기가 어렵다. 어쨌든 위 규정이 친족 이외의 자와의 접견을 아무 특별한 이유도 없이 일률적으로 금지하는 방편으로 운용되어서는 안 된다는 것만은 사리상 명백하다.

그런데 요즈음 정치사범들의 경우에는 실제로 위 규정을 근거로 하여 친족 이외의 사람과의 접견이 일체 금지되고 있다고 한다. 가장 딱한 일 중의 하나는 미혼인 채로 사귀고 있는 남녀 사이의 접견문제이다. 접견을 자유롭게 하기 위하여 혼인신고를 하는 예도 더러 있다. 또 부모의 동의를 받아 약혼자로서 신고를 하면 접견이 허용되는 모양인데, 종전에는 부모의 인감도장만 받으면 되는 것으로 하였다가 최근에는 부모를 직접 모셔와야 약혼자 신고를 받아주는 것으로 조건이 까다로워졌기 때문에 약혼자 신고의 조건을 완화하라는 것도 수감자들의 처우개선 요구 중 한 조항으로 편입되게 되었다고 한다.

이밖에도 하절기면 부패한 부식이 가끔 발견되는 불량급식문제, 법정시간의 절반에도 못 미치는 운동시간의 부족, 1주일에 한번쯤 좁은 목욕탕에 50명 가량을 한꺼번에 밀어넣고 10분 정도만을 허용하는 목욕, 법정횟수에 못 미치는 의료검진, 교도관들의 반말과 욕설과 폭행, 정치사범에 대한 변호인접견 방해와 외래의사 진료의 불허 등 일일이 열거할 수 없을 정도로 허다한 쟁점들이 산적되어 있다.

　재소자 처우개선 요구가 하나의 운동처럼 곳곳의 구치소와 교도소로 번진 것은 권리의식에 민감한 학생·근로자 등 젊은이들이 대거 구속되어 소내로 쏟아져들어오게 된 근래 수년간의 일에 속한다. 이에 따라 규율유지와 '징벌'을 빙자한 수감시설내의 가혹행위의 문제도 바깥세계에 조금씩 알려지게 된 것이다.

　유엔 범죄방지 및 범죄자처우에 관한 회의에서 채택된 피구금자 처우 최저준칙은 징벌의 부과방법에 대하여 "체벌, 암실구금 기타 모든 가혹한 비인도적 또는 굴욕적인 제재는 규율위반에 대한 징벌로서 절대로 금지되어야 하며 … 수정(手錠)·연쇄(連鎖)·가쇄(枷鎖)·구속복(拘束服) 등의 계구(戒具)를 징벌의 수단으로 결코 사용해서는 안 되도록" 규정하고 있다.

　우리 행형법을 보더라도 행형당국이 규율위반자에게 가할 수 있는 징벌의 종류는 ① 경고, ② 3월 이내의 도서열독 금지, ③ 청원작업의 금지, ④ 5일 이내의 운동금지, ⑤ 작업상여금의 일부 또는 전부의 삭감, ⑥ 2월 이내의 작업정지, ⑦ 2월 이내의 접견·서신 금지, ⑧ 2월 이내의 금치, ⑨ 7일 이내의 감식 등 아홉 가지로 국한되어 있고, 체벌 등 가혹행위를 할 권한은 어디에고 주어져 있지 않다.

　그러나 여기저기서 피해당사자인 수감자들이나 그 가족 또는 사회단체들을 통하여 들려오는 소식이 사실이라고 한다면, 오늘날 우리나라의 행형시설내에서 '체벌, 암실구금 기타 모든 가혹한 비인도적 또는 굴욕적인 제재'가 징벌수단으로서 사용되고 있고, '수정·연쇄·가쇄 … 등의 계구'가 징벌의 도구로서 사용되고 있는 명백한 범법사태가 자행되고 있다고 판단하지 않을 수 없다.

　필자가 받아본 문서들 중에서 몇가지 사례만을 인용하면 아래와 같다.

　(가) 서울구치소, 1985년 12월 23일 —— 이날까지 열흘째 단식을 하고 있던 수감학생들에 대하여 19시경 보안과 소속 교도관 약 30명이 폭행을 가하고 지하실로 끌고가 감금시켰으며, 취침시에도 밧줄로 꽁꽁 묶어두었다. 구속학생 민병렬의 경우에도 구치소내에서는 시승시갑(밧줄로 묶고 수갑을 채우는 것)을 하지 않고 수용하도록 되어 있는데도 피가 통하지 않을 정도로 심하게 시승시갑을 하고 보안과 지하실로 끌고 가서 다음날 9시까지 약 13시간 동안 시승시갑을 풀지 않은 채 감금하였다.

　구속학생 김영기의 경우에는 교도관 6~7명이 몰려와서 안경을 벗기고 상의로 얼굴을 가린 후 주먹과 구둣발로 무차별 난타하고 걸어찬 후 보안과 2계 사무실로 강제로 끌고 가서 다시 주먹과 구둣발로 난타하고 머리채를 잡아 흔들어 폭행했으며, 시승시갑하여 지하실에 7일간 감금·폭행하였다. 구속학생 원동욱도 이와 비슷한 경우를 당하였다(이상 '고문 및 용공조작공동대책위원회 구치소내 폭력·인권유린조사위원회' 작성의 조사보고서에서 발췌).

(나) 구속학생 박문식에 대한 서울구치소내에서의 가혹행위——1986년 2월 17일 아침 교도관 이모가 박문식을 불러내어 보안과 사무실로 끌고 가 수갑과 포승으로 묶으려고 하였다. 이에 박문식이 응할 수 없다고 항의하자 보안계장 이하 10여명의 교도관들이 몰려들어 심한 욕설, 협박과 함께 배를 차고 머리카락을 뒤로 젖히는 등 집단폭행을 했다. 후에 보안과 지하실로 끌려내려갔다.

지하실에는 성명섭, 안동섭 등 25명 가량의 학생들이 어두운 독방에 감금되어 있었으며, 부당한 처우에 대해 이의를 제기할 경우에는 손에 수갑을 채우는 것은 물론 발에까지 수갑을 채우며 잘 때조차 풀어주지 않는 등 고통을 가하고 있었다. 박문식이 부당하게 폭행당한 데 대해 항의하자 다시 끌어내어 20여명의 보안과 직원들이 달려들어 온몸을 포승으로 친친 감고 집단폭행을 하며 구둣발로 짓이겼다. 이에 박문식은 더이상 견디지 못하고 기절하였다. 정신을 차린 후 수시간에 걸쳐 소위 '비녀꼽기'라고 하는 사지를 등으로 돌려 수갑을 2개씩이나 채우는 고통스러운 자세로 방치되었다(이상, 위 박문식의 부모가 작성한 고소장에서 발췌).

(다) 영등포교도소, 1986년 4월 11일과 12일——보안계장과 교도관 4명 및 경교대원 8명이 교도소 미결감방에 수용중이던 학생수용자 김동일 등 8명을 그들이 평소부터 도서열람 허가 등 소내 대우문제로 1일 3~4회 가량 구호를 외치고 방문을 발로 차는 등 소내 평온을 해치고 있다는 이유로 강제로 끌어내어 보안과 지하실 등에 인치한 후 수갑과 포승으로 묶고 구타 폭행하고 각각 15분 내지 30분 정도에 걸쳐서 '비녀꼽기'라는 가혹행위를 시행하였다. 그로 인하여 구속학생 김동일은 두부와 오른쪽 눈두덩에 부종상을, 전종준은 안면부종상과 양수렬상(兩手裂傷)을, 장동환과 김기열은 후두부와 척추 사이의 통증을, 조명호는 양손에 약간의 마비증상을 입었다(이상, 민추협 인권위원회 소속 19명의 변호사가 작성한 고발장에서).

'비녀꼽기'란 어떤 것인가? 위 민추협 인권위원회의 고발장은 그 실상을 아래와 같이 묘사하고 있다.

> 양손목에 수갑을 느슨하게 채워서(수갑이 손등을 압박하여 심한 고통을 일으키게 하기 위하여 느슨하게 채운다는 것임) 머리 뒤로 젖히게 한 후 양손목을 포승으로 강하게 묶고, 배와 허리 등 몸통을 포승으로 여러겹 묶고 그에 연결된 포승을 양발 사이로 넣어서 등뒤로 돌리어 젖혀진 양손목에 연결시켜서 끌어당김으로써 머리 뒤로 젖혀진 양팔을 최대한으로 젖혀지도록 한 후 양팔 사이와 뒷머리 사이로 목봉을 끼워넣어서 마치 비녀를 꼽는 형상을 이루게 한다는 것임. 몸통이 묶이었고 상체가 뒤로 젖혀진 상태이므로 극심한 호흡곤란을 당하며, 느슨하게 채워진 수갑이 손등을 강압하기 때문에 손등에서 어깨에 이르기까지 극심한 동통이 일어나다 못하여 마비증상이 일어나고 뒷목과 양팔굽에 목봉이 닿아서 강압하기 때문에 그 고통을 참아낼 수가 없어서 30분 이상을 견디어내는 자가 없다는 것임.

행형을 담당하는 공무원들에게 교도소내 규율유지 등의 업무에 있어서 그 나름의 고충이 있을 수 있음을 이해한다 치더라도, 국가 공권력의 행사가 이와같은 야만적인 모습으로 이루어진다는 것은 그 어떤 이유로도 정당화될 수 없다. 전근대적인 고압자세로써 수감자들의 정당한 요구를 묵살하려거나 잔인한 보복으로써 그들을 굴복시키려는 태도는 문제를 갈수록 악화시키는 결과밖에 낳을 것이 없다.

수감자들의 극한적 저항을 유발하는 사태가 더이상 계속된다면 그것은 조만간에 우리 누구에게도 결코 이익이 될 수 없는 심대한 파괴적 영향을 배태하게 될 것이라고 확신한다. 교도소내 폭력사태를 근절하고 갇힌 자의 인권을 회복시키기 위한 모든 노력이 즉각적으로 개시되어야 한다. 검찰은 사태의 진상을 낱낱이 파헤쳐 엄단의 조치를 취해야 할 것이고 국회는 마땅히 이 문제에 관하여 국정조사권을 발동하여야 할 것이다.

(신동아, 1989. 6)

여야의 개헌안에 대하여

작금의 모든 개헌논의는 개헌이 무엇에 의하여 추진되고 있으며 무엇을 위하여 추진되고 있는가 하는 근본적인 물음에 대한 분명한 대답을 출발점으로 하지 않으면 안 된다. 적어도 1972년의 '유신'정권 출범 이래 십수년간에 걸쳐 우리 국민들은 주권자로서의 가장 기본적인 권리인 자유로운 정부선택권을 행사하지 못하였다.

이같은 쓰라린 역사는 진정한 의미의 민선(民選)정부의 수립을 바라는 국민적 열망을 낳았고 이것이 오늘의 개헌논의를 밀고 나아가는 가장 기본적인 추진력이다. 따라서 이번 개헌작업의 역사적 사명은 국민의 의사에 따라 구성되는 민선정부를 수립하기 위한 제도적 장치를 마련하는 데에 그 초점이 놓여 있다. 이같은 분명한 사실을 외면하는 한 그 어떤 개헌논의도 오도된 것이 될 수밖에 없다.

민정당의 개헌안에 관하여 첫번째로 지적해야 할 것은 이것은 이른바 '내각책임제'라는 이름에 합당한 개헌안이 아니라는 사실이다. 내각책임제를 흔히들 권력분산을 위한 제도라고 말하지만 적어도 이념적으로도 '대통령중심제'와 대칭되는 의미에서의 '의회중심제'를 지향하는 것이 내각책임제의 본령이라고 할 수 있다.

"영국의 의회는 남자를 여자로 만드는 일을 제외하고는 무엇이나 할 수 있다"는 말이 있듯이 내각책임제 아래서는 권력은 기본적으로 의회에 집중되어 있고, 내각은 의회의 권력의 파생물에 불과한 것이다.

그런데 민정당의 개헌안을 보면 권력은 의회가 아니라 수상에게 집중되어 있다. 수상은 일단 국회에서 선출되기만 하면 최소한 2년간은 국회에 대하여 아무런 '책임'을 지지 않고 안전하게 '임기'를 보장받으면서 계엄선포권, 비상조치권 등 비상대권을 포함하여 군통수권, 국민투표회부권, 외교권, 내각지휘권, 각료임명권, 법률안제출권 등 현행 헌법 아래서의 대통령이나 다름없는 막강한 권력을 행사할 수 있게 되어 있다.

우리나라의 정치현실 아래에서 수상이 2년간 이같은 거의 절대적인 권력을 행사하게 될 때 수상에 의한 국회지배현상이 일어날 우려는 지극히 크다 하지 않을 수 없고 그 경우 수상은 사실상 2년간이 아닌 5년간의 '임기'를 보장받게 되는 결과가 될 가능성를 배제할 수 없다. 이같은 제도는 수상과 내각이 의회에 대하여 '책임'을 지는 제도라고 부르기에 합당치 않다.

요컨대 민정당 개헌안은 현행 헌법 아래서의 대통령을 '수상'으로 명칭만 바꾸어놓고 그 선출방식을 현행 대통령선거인단에 의한 간선방식에서 '국회'라는 이름의 새로운 선거인단에 의한 간선방식으로 바꾸어놓은 것에 지나지 않는다고 하여도 과언이 아니다.

이렇게 볼 때 민정당 개헌안은 다음 몇가지 비판을 면하기 어려울 것이다.

첫째, 현행 헌법하의 대통령이나 다름없는 '수상'이라는 이름의 1인통치권자 중심제를 취하면서도 굳이 국회를 통한 간접선거방식을 채택한 것은 직선제를 회피하기 위한 고육책에 불과하다는 인상을 씻기 어렵다.

둘째, 민정당 개헌안은 권력의 중심인 수상의 선출방법을 국회를 통한 간선방식에 의하는 것으로만 해두고 막상 선거인단 격인 국회의 구성방법을 결정짓는 국회의원선거법의 개정문제에 대하여는 일언반구 언급을 하고 있지 않다. 현행 국회의원선거법 아래 실시된 지난 2·12총선에서 민정당은 겨우 3할 남짓의 득표율을 올리고 전체의석의 6할 가량을 차지하였다.

이처럼 득표비례원칙이 철저하게 무시된 채 국민의 선택과 관계없이 구성되는 국회에 막강한 수상선출권을 부여한다는 것은 국민의 정부선택권을 허구화시키는 결과밖에 되지 않는다. 그러므로 적어도 민정당이 현행 국회의원선거법을 그대로 고수할 것을 전제로 개헌안을 마련한 것은 아니리라고 확신한다.

그렇다면 민정당이 구상하는 국회의원선거법 개정안은 어떤 것이 될 것인가.

과연 지난 총선에서 3할 가량의 득표를 한 민정당이 국민의 의사가 공정하게 반영될 수 있는 국회구성방법을 채택할 용의를 가지고 있는 것일까. 이것이 밝혀지기 전까지는 민정당의 개헌안은 아직 전혀 밝혀지지 않은 것이나 마찬가지이다. 따라서 민정당의 개헌안이 '확정'되었다고 하는 표현에 나는 동의하지 않는다.

신민당 개헌안의 핵심은 두말할 필요도 없이 직선대통령중심제에 있다. 현재의 우리 정치현실에 있어서 국민의 선택에 따른 정부의 수립을 보장할 수 있는 거의 유일한 수단이 '대통령직선제'라는 주장이다.

우리의 당면한 정치현실의 요구와 분리하여 추상적으로 내각책임제가 좋으냐 대통령중심제가 좋으냐를 논의한다는 것은 마치 옷을 입을 사람의 몸의 크기나 모양과 관계없이 어느 옷이 그 사람에게 어울릴까를 논란하는 것처럼 어리석은 일이 될 것이다.

신민당 개헌안이 특히 기본권 조항내용에 있어서 시대의 흐름과 함께 누적되어온 각계각층 국민의 정치적 또는 사회경제적 요구를 충분히 반영하지 못하고 있는 데 대해서는 실망을 느끼지 않을 수 없다. 몇가지만을 지적한다. 제11조에서 '보안처분'은 그 규정 자체가 삭제되어야 한다. '연금'이란 어떤 방식으로도 합법화·제도화되어서는 안 된다. '인신보호영장제도'와 적법절차의 보장규정이 신설되어야 한다.

제19조는 전반적으로 국민의 표현의 자유를 확고히 보장하기에 크게 미흡하다. 제30조에서 근로자의 단체행동권을 헌법적 보장이 아닌 한낱 법률적 보장으로 전락시킨 것이라든지 공무원인 근로자에 대하여 노동3권을 원칙적으로 거부하는 규정을 둔 것 등은 근로자들의 고통과 열망에 대한 정치적 둔감증의 표본적 사례라고 할 만하다. 농협의 민주화나 교육의 자주성·중립성 보장에 대한 선언도 당연히 개정헌법에 포함되어야 할 시대적 요구라고 할 것이다.

(동아일보, 1986. 8. 19)

肖像權과 사생활의 보호

1

　사생활의 비밀과 자유의 문제는 만약 근대와 현대를 구분하는 것이 허용된다고 한다면 의심할 여지 없이 현대적 사상(事象)에 속한다고 할 수 있다. 라트브루흐(G. Radbruch)가 "문화적 창조의 본원(本源)은 … 인격이며, 말할 필요도 없이 아직껏 어떤 헌법도 문서상으로 확인한 바 없는 하나의 기본적 인권, 즉 고독에의 권리(Recht zur Einsamkeit)이다"라고 갈파한 것은 제2차대전 후에 들어와서였다.

　근대 입헌주의가 프라이버시의 문제에 전혀 무관심했다고는 말할 수 없다. 자유의 본질을 "각 개인이 지니는 안전감, 그로부터 생기는 정신의 안온함"에서 구하는 몽떼스끼외의 자유관이나, 정치적 억압보다도 "훨씬 깊숙히 생활의 세부를 잠식하고, 그리하여 영혼 그 자체를 노예로 만들어버리는" "사회적 전제"의 위험성을 지적하는 J.S.밀의 목소리에서 우리는 프라이버시 사상이 비롯되었음을 발견할 수 있다. 그러나 오늘날 우리가 지니고 있는 것과 같은 선명한 프라이버시의 감각 내지는 문제의식이 발생한 것은 역시 대중사회적 상황이 근대 입헌주의의 철학적 기반에 새로운 문제를 던지게 된 단계에 이르러서였다고 말해야 옳을 것이다. 도시화와 산업화의 진전, 정부의 통치영역의 확대와 적극적인 대국민 정보수집활동으로 인한 '사적 영역'의 축소, 대중 저널리즘의 대두와 그 선정주의화, 민간조사활동의 활성화와 전문적 조사기관의 등장, 기술의 진전에 의한 전신전화 도청기술이나 사진촬영기술의 발달, 이같은 모든 사생활 침해요인의 확대와 함께 프라이버시 보호를 위한 법적·제도적 대응의 요청이 강조되게 된 것이다.

미국에서 사생활의 비밀과 자유의 불가침이 '프라이버시의 권리'라는 형태로 법원의 판결례를 통하여 확립된 것은 지금으로부터 80년 전의 일이다. 오늘날에 이르러서는 대다수의 주에서 '프라이버시의 권리'를 인정하고 있고 판례의 동향은 이 권리의 존부의 문제보다도 이 권리의 실질적 내용을 어떻게 확정하느냐 하는 방향이 되고 있다. 독일 등 대륙법계에서는 사생활의 권리를 일반적 인격권의 이념 속에 포섭시켜 학설·판례상 인정하고 있다. 미국의 1974년 12월 8일 사생활보호법(Privacy Act), 서독의 1979년 자료보호법(Daten Schutzgesetz)과 같이 개별입법을 통하여 이 권리를 보호하는 예도 있다. 우리나라 현행 헌법은 제16조에서 "모든 국민은 사생활의 비밀과 자유를 침해받지 아니한다"라는 조항을 신설하였는데 사생활의 권리가 이처럼 헌법의 명문규정으로까지 보장되고 있는 예는 1978년의 스페인 헌법이 "명예, 개인 및 가족의 프라이버시와 초상에 관한 권리는 보장된다. … 법률은 … 이러한 모든 권리의 완전한 행사를 보장하기 위하여 정보과학의 어용을 제한한다"라는 규정을 둔 것 외에는 거의 찾아보기 어렵다.

2

프라이버시의 권리는 그 침해의 양상을 기준으로 하여 흔히 다음 4가지 유형으로 분류되고 있다.

첫째, 피고가 원고의 사생활에 침입하는 경우. 예컨대 남이 잠자고 있는 방안에 함부로 들어와 사진을 찍어대는 행위가 여기에 해당한다.

둘째, 원고의 사생활상의 사실이 그 의사에 반하여 공개되는 경우. 예컨대 누가 어떤 여자와 밀애를 하고 있다는 소문을 퍼뜨리거나 그 현장사진을 신문에 보도하는 행위가 이에 해당한다.

셋째, 원고의 사생활에 관하여 일반인에게 그릇된 인상을 주는 경우. TV 탤런트 양정화양이 '박동명사건'과 관련하여 중앙일보와 동양방송을 상대로 1억

5천여만원의 손해배상과 사과광고 게재를 청구한 사건이 있었는데 이때 문제가 된 침해행위는 여러 사람이 함께 찍은 사진을 박동명·양정화 두 사람의 것만 남겨두고 다 오려내어 게재함으로써 일반인들에게 마치 그 두 사람만이 밀회를 하고 있었던 것처럼 그릇된 인상을 주게 하였다는 것이었다.

넷째, 광고의 목적으로 원고의 이름이나 초상을 승낙도 없이 사용하는 경우. 이 중에는 인격권 내지는 프라이버시의 침해라고 보기보다는 오히려 재산권의 침해에 가깝다고 보아야 할 경우도 있으나, 예컨대 어떤 성직자가 어떤 광고선전에 만족하는 사람의 명단에 성명이나 사진을 무단히 도용·나열당한 때와 같이 피해자의 피해의식이 재산권보다는 인격권의 침해에 그 초점을 두고 있는 경우도 많으므로 프라이버시 침해의 하나의 유형으로 포함되고 있다.

위의 설명에서 이미 그 윤곽이 드러났다고 생각되지만, 이른바 초상권은 넓은 의미의 사생활 보호권 내지는 프라이버시의 권리의 한 내용으로 파악될 수 있다. 좀 딱딱한 표현을 쓰자면 초상권이란 "촬영 기타의 방법으로 자기의 초상을 허가 없이 묘사당하거나 또는 공표당하지 않을 권리"라고 정의될 수 있다. 초상권은 당초에는 회화 또는 조각에 의한 초상만을 문제로 하였으나 사진의 발달에 의해 아연 중요성을 띠게 되었다. 더욱이 숨어서 찍는 카메라나 망원렌즈 등이 사용됨에 이르러서는 이 초상권의 침해는 프라이버시 침해의 절호의 방법으로 등장하게 되었다. 한편 신문, 주간지, 영화, 텔레비전 등 매스미디어의 발달은 초상권의 침해와 그로 인한 피해의 현저한 확대를 초래하였다.

초상권의 침해는 무단촬영 그 자체만으로도 생기는가, 아니면 공표되는 경우에만 생기는가? 과거의 미국 판례는 공개성을 프라이버시 침해의 요건으로 보는 경향이 우세하였다. 한편 서독에서는 2차대전 후에 들어와서부터 촬영만으로도 위법이 된다고 보는 견해가 일반화되었다. 여성이 나체사진을 찍히는 경우를 상정해본다면 누구나 알 수 있듯이 사람은 무단히 촬영되는 것만으로도 고통을 느끼게 되는 일이 있을 수 있으므로 촬영 자체만으로도 권리침해가 생길 수 있다고 보아야 타당할 것이다. 이런 경우에는 사진의 원판의 인도나 폐기를 청구하는 등의 구제수단이 피해자에게 주어져야 옳을 것이다.

피해자가 사진 찍히는 것을 승낙한 경우에는 초상권의 침해는 생기지 않는다. 그런데 이 승낙은 반드시 명시적이 아닌 것이라도 좋다. 즉 묵시적 승낙이라도 좋다. 문제는 구체적으로 어느 경우에 묵시적 승낙이 있었다고 볼 것이냐인데, 이 점은 신중하게 결정되지 않으면 안 된다. 촬영 자체에는 반대하지 않았다 할지라도 그 사진이 공표되는 데에 대해서까지 승낙이 있었다고는 말할 수 없는 경우도 있다.

사회 속에서 살아가야 할 숙명을 지닌 인간에게 있어서 사생활의 절대적 밀폐란 불가능한 일이다. 길거리를 지나가던 사람이 미녀의 모습을 발견하고 스냅사진을 한 장 찍는다는 일은 인간생활에서 통상 일어날 수 있는 일이다. 여기에서 프라이버시의 권리의 중요한 요소가 나타난다. 즉 프라이버시의 침해는 "극히 중대한 침해"(injury of highly objectionable kind)일 것을 요한다. 시중의 어떤 주간지에는 매호마다 길거리에 지나가는 미녀의 스냅사진을 찍어서 보도하는 난이 있는데 일반적으로 말하자면 설령 그 사진을 찍힌 미녀가 다소 불쾌감을 느낀다고 하더라도 그것만으로 곧바로 '프라이버시 침해'가 된다고는 하기 어렵다. 다만 그 사진이 본인의 명예를 크게 실추시킬 만한 요소가 있다든지 기타 그 사진이 공개되는 데 대하여 본인이 강력히 반대할 만한 이유가 있다고 추정할 만한 특별한 사정이 있는 경우에는 '프라이버시 침해'가 성립될 수도 있을 것이다.

사상·표현의 자유, 보도의 자유라는 요청과 프라이버시의 보호라는 요청이 서로 충돌할 때 어느 선에서 조화를 모색할 것인가? 이 점에 관하여 판례법은 두 가지 원칙을 발전시켜왔는데 이 두 가지 원칙은 왕왕 중복된 형태로 논의되고 있다.

그 하나는 '공공의 이익'의 원칙인데 이것은 어떤 보도 또는 그에 준하는 활동이 민주주의 사회의 근간인 국민의 '알 권리'에 봉사하는 것일 경우에는 프라이버시 침해의 면책사유가 될 수 있다는 원칙이다.

또 한 가지는 '저명인'(public figure, public character or public personage)의 원칙인데 이에 의하면 어떤 기사 또는 묘사에 의하여 프라이버시의 권리를 침해당했다고 주장하는 사람이 그 기사 이전에 이미 사회 일반인으로부터 마땅히 주시받고 알려져야 할 '저명인'이었던 경우에는 그 기사 또는 묘사가 면책될 수 있다고 한다. 예컨대 이름없는 한 회사원의 사생활의 비밀에 관한 보도는 프라이버시 침해가 될 수 있지만 에드워드 케네디와 그 여비서와의 사적 관계에 관한 폭로기사는 프라이버시 침해로부터 면책될 수 있는 것이다.

"자기의 업적, 명성이나 생활방법에 의해 또는 자기의 행위나 성격에 대해 공중의 흥미를 끌기에 마땅한 직업을 선택한 자는 저명인이 되는 것이며 그리하여 자기가 가진 프라이버시의 권리의 일부를 잃는 것이다."

이것은 코헨 대 막스 사건에서 매콤 판사가 내린 유명한 정의이다.

종래의 판례상 '저명인'으로 판정된 사람들을 분류하여보면 대체로 다음과 같다.

첫째, 공무원들. 여기에는 경찰관도 포함되며 상급공무원이나 정치가도 당연히 포함된다.

둘째, 발명가 · 배우 · 무용가 · 음악가 등 문화인들이 있다. 교육자 · 종교가 중에도 이에 해당되는 사람들이 있다.

셋째, '대중의 우상'이라고 불리는 사람들, 예컨대 야구선수 · 권투선수 · TV 탤런트 · 가수 등도 여기에 포함된다.

민주주의 사회는 그 구성원이 직접 사회의 상태를 인식하고 그것을 토대로 각자의 의견을 형성하고 그 집약 위에 자주적으로 사회를 움직여 나아가는 것을 전제로 하고 있다. 보도의 자유는 민주주의 사회의 불가결의 요소이며 보도기관이 사회에서 일어나는 일을 보도함에 있어서는 취재 · 편집 · 보도에 관해 광범한 자유를 부여하지 않으면 안 된다. 이 권한의 행사가 '공공의 이익'의 법리의 핵심적 개념을 이룬다.

그리하여 정치기사, 경제기사만이 아니라 일반사회의 뉴스, 예컨대 범죄 · 자살 · 이혼 등에 대해서까지도 '공공의 이익'의 법리가 미친다.

극단적인 예로 존스 대 헤럴드 포스트 사건을 들 수 있는데 여기서는 피고인 신문사가 원고의 남편이 원고와 함께 길거리를 산보하다가 돌연히 괴한으로부터 습격을 당해 칼에 찔려 죽은 사건을 보도함에 있어서 사건과는 전혀 관계가 없는 원고의 사진을 넣어서 보도한 것이 말썽이 되었다. 이 사건에서 법원은 "누구라도 개인생활의 고독을 보장받아야 하는 것이나 때로는 사건에 말려들어서 기사에 사진이나 이름이 불가피하게 나오게 될 경우가 있는 것이며, 이것은 일어난 일을 공중에게 알려야 할 공공의 이익을 위하여 부득이한 일인 것"이라고 판시하면서 프라이버시 침해를 부인하였다.

3

그러나 '저명인'의 법리이든 '공공의 이익'의 법리이든 그 적용에 한계가 없는 것은 물론 아니다.

첫째로, 위 법리들은 앞서 본 프라이버시 침해의 네 가지 유형 중 두번째 유형, 즉 타인의 사생활의 공표에만 전형적으로 적용되는 것이다.

함부로 남의 사생활에 침입한다든지 남의 이름·초상·사진을 상업광고에 무단 사용한다든지, 타인에 대하여 그릇된 인상을 전파하는 기사를 쓴다든지 하는 것은 그 피해자가 아무리 '저명인'이라 할지라도 허용되지 않는 것이며 또 대중의 '알 권리'라는 이유로 면책될 수도 없는 것이다.

둘째로, '공공의 이익'의 법리도, '저명인'의 법리도 현저히 비윤리적인 기준에 입각한 보도 앞에서는 일체의 형식논리를 초월하여 마비되어버린다. 어떤 매춘부가 살인사건에 말려들었다가 무죄판결을 받고 나온 후에 개심하여 정상적인 결혼으로 평온한 가정생활을 누리고 있는 터에 어떤 영화사가 옛날의 재판기록을 토대로 하여 그 여자의 실명을 그대로 사용한 범죄영화를 만들어 문제가 된 사건이 미국에서 있었다. 피고가 된 영화사측에서는 각본이 '공기록'을 토대로 한 것이고, 이것을 공표하는 것은 '공공의 이익'에 합치한다고 항변하였다. 그러나 법원은 이 항변을 인정하면서도 이 영화에서 원고의 실명을 사용한 행위는 '프라이버시 권리의 침해'가 된다고 판결하였다.

여기에서 법원은 원고의 생활의 윤리성과 이에 현저히 대비되는 피고의 행위의 비윤리성을 고려하여 판결을 내린 것으로 볼 수 있다.

마지막으로, '저명인' 또는 '공공의 이익'의 법리의 시간적 제약의 문제가 있다. 일본에서의 최초의 프라이버시 소송이라고 불리는 미시마 유키오(三島由紀夫)의 소설 『잔치 후』(宴のあと)사건에서 재판소는 "원고의 공적 존재성"을 내세운 피고측의 항변을 배척하면서 "공인에 관해서도 사생활의 공개가 허용되는 일정한 합리적 한계가 있는 것이며, … 본건과 같이 도지사(都知事) 선거로부터 1년이 경과한 때에는 그 용인될 수 있는 범위가 좁아지게 된다"라고 판시한 바 있다.

요컨대 구체적인 경우에 과연 어느 정도까지 '보도의 자유'라는 이름으로 사생활의 비밀에 파고드는 것이 정당화될 수 있을 것인가를 결정함에는 매우 복잡다기한 요인들을 비교형량하지 않으면 안 된다. 그 보도는 '공공의 이익'에 합치하는가? 그 대상인물의 사회적 지위는 얼마나 '공적'인가? 그것은 "보도인가 아니면 사생활에의 부당한 침입인가? 대상인물의 생활태도는 윤리적인가? 그와 대비하여 보도하는 측의 행위는 비윤리성을 현저히 띠고 있는 것은 아닌가?"

이러한 관점에서 부천서사건의 피해자인 권양의 이름과 사진을 게재한 일부 신문의 보도가 과연 타당한 것이었는지, 손을 내젓는 사람들의 얼굴에 억지로 카메라를 들이대고 방영을 하는 「추적 60분」 등의 TV보도가 과연 온당한 것인지 하는 문제들이 진지하게 재검토되었으면 한다.

(신문과 방송, 1986. 9)

당돌한 도전의 기록

조갑제의 「사형수 오휘웅 이야기」

옛날에 어떤 임금이 궁정 뜰에서 한가롭게 노닐고 있다가 아랫사람들이 그날 지낼 제사의 제물로 쓰게 될 소 한 마리를 끌고 들어오는 것을 보았다. 소라는 짐승은 영물이어서 본능적으로 코앞에 닥친 죽음을 감지하고 끌려들어가지 않으려고 죽을 힘을 다해 몸부림을 치고 있었으며 그 눈에는 눈물이 그득하였고 그 울음은 구슬펐다. 이에 측은한 마음이 움직인 임금은 아랫사람들에게 그 소를 당장 살려주라고 우악스러운 명령을 내렸다. 아랫사람들은 임금에게 물었다. "이 소를 살려주는 것은 좋으나 그러면 제사에 쓸 희생이 없는데 어찌하옵니까?" 임금은 이렇게 대답하였다. "아무데서나 양을 한 마리 잡아와서 제수로 쓰면 되지 않는가!"

맹자는 이 딱한 임금의 마음을 이렇게 위로한다. 곧 이것은 당신의 어리석음을 보여주는 증거가 아니고 오히려 당신에게 어진 마음이 있음을 보여주는 증거다, 당신이 소는 살리라고 하고 양은 죽이라고 한 것은 소와 양을 차별하는 마음에서 나온 것이 아니라 단지 "소는 보았고 양은 보지 못하였기 때문인" 것이다, 인간의 어진 마음이란 이렇듯이 눈앞에 보이는 사물에서부터 촉발되는 것이고 눈에 뜨이는 생명의 가련함에 대한 측은한 정에서부터 비롯되는 것이니, 이 눈앞에 보이는 사물에 대한 측은한 정을 점차로 눈앞에 보이지 않는 사물에까지도 확장해나아가면 마침내 천하의 어진 사람이 될 수 있다, 그러므로 나는 당신이 천하의 어진 임금이 될 수 있는 자질을 가진 사람이라고 말한다라고 했다.

이 역설적인 진실은, 그러나 우리의 마음을 그다지 편하게 해주지는 못한다. 왜냐하면 '눈앞에 보이는 것'에 대한 우리의 관심을 '보이지 않는 것'에까지 확장해나간다는 일처럼 어려운 것은 없고, 우리의 눈앞에 보이는 것은 지극히 제한되어 있으며, 우리는 너무나도 많은 것을 '보지 못하고' 있기 때문이다.

「사형수 오휘웅 이야기」의 저자인 조갑제 기자는 이렇게 말한다.

> 끔찍한 살인의 현장을 본 사람들은 사형존치론자가 되고, 처연한 사형집행을 목격한 사람들은 사형폐지론자가 된다고 한다. 한국인들은 사형존치론자가 될 가능성이 많은 환경 속에서 살고 있다. 주로 대중매체를 통해 범행의 현장이나 범인의 악독성을 생생하게 접할 기회가 많기 때문이다. 그런 경험에서 증오심이 우러나온다. 오죽했으면 강도, 강간범에 대한 '공개처형'까지 거론됐을까. 한편 사형집행에 대한 정보는 극히 제한돼 있다. 교도소 담 안의 어느 밀실에서 이뤄지는 이 '합법적인 살인'은 국가기밀도 아니고, 그 상황의 공개를 어느 누가 법으로 금한 적도 없지만, 좀처럼 사실대로 알려지지 않는다. 집행에 참여한 사람은 꺼림칙해서 입을 다물고, 언론도 사형집행을 현대의 신화로 남겨놓고 싶어한다. 사형비밀주의는 결국 사형제도의 존재에 기여하게 된다는 것이 세계 형사전문가들의 일치된 견해다. '모른다'는 것은 가끔 무관심이나 증오로 이어진다. … 사형집행을 목격한 판사는 그 뒤로 사형을 선고하기 전에 한번쯤은 다시 생각을 하게 될 것이다.

동·서양을 가릴 것 없이 끔찍한 사형집행 장면을 일반인에게 공개하던 시절이 있었다. 동양에서 흔히 사용되는 육시처참이라거나 거열형이라거나 하는 것도 흔히 저잣거리에서 공개리에 집행되었다. 미셸 푸코라는 사람이 쓴 글을 보면 16세기에 프랑스에서 국왕 살해범으로 체포된 어떤 죄수에 대한 공개처형 장면이 상세하게 묘사되어 있는데 그 처형방식은 예컨대 칼로 살갗의 일부를 얇게 떠낸 뒤에 그 자리에다 양초를 바르고 그 양초를 불에 태우는 식이었으니, 실로 우리의 상상을 훨씬 뛰어넘어 인간 고통의 극치를 보여주는 끔찍하고 야만적인 것이었다.

그러나 이같은 '눈앞에 보이는 야만'의 시대는 가고 오늘날에 와서는 사형 집행도 '문명화'되어 되도록 고통이 작은 교수형이나 전기의자형 따위가 채택되게 되었으며 처형 장면을 일반에 공개하는 일도 없어졌다. 이것으로 살인범에 대한 수사, 재판 및 처형에 관여하는 국가 공권력은 적어도 그 살인범이 한 것과 똑같이 또는 오히려 그보다 더 끔찍하고 야만적인 방식으로 사람을 죽인다는 비난으로부터는 벗어날 수 있게 되었다.

그러나 이처럼 조용하게 또 고통이 덜한 방식으로 사람을 죽인다는 것이 그 사람에 대하여 과연 얼마나 '인도적'인 일이 될는지는 여전히 의문이다. 만일에 그것이 억울한 죽음이라고 한다면, 칼날 아래 목이 잘려 죽거나 총알에 맞아 죽는 대신에 밧줄에 목매달려 죽는다고 하여 더 '인도적'이며 덜 '야만적'인 처우를 받은 것이라고는 누구도 말할 수 없을 것이다. 따라서 만일에 우리가 끔찍한 공개처형 장면을 보았기 때문에 그 죽음에 대하여 갖게 되었던 깊은 관심을, 이제 더는 우리 눈앞에는 그같은 끔찍한 장면이 일어나지 않는다고 하여 포기하여버리게 되는 사태가 일어난다면, 인도주의의 탈 아래 은폐된 국가의 야만은 오히려 더욱더 조장될 가능성이 있다고 하지 않을 수 없다.

범죄자들, 특히 사형수들은 흔히 사회의 쓰레기처럼 여겨진다. 보통사람들은 대개 사형수와는 어떤 관계도 없다. 사형수를 본 일도 없기 쉬우며, 이웃이나 친척, 친지 중에도 사형수가 있기 어렵다. 그러므로 우리는 범죄자·사형수들에 대한 문제는 경찰, 검찰, 법원 또는 교도소에서 알아서 처리하는 것이 아닌가, '억울한 사형수'의 문제에 대하여는 '인권의 최후 보루'인 사법부가 있지 않은가, 병은 의사에게 맡기고 교육은 학교에 맡기듯이 재판은 판사에게 맡겨두면 되지 않는가, 검사·판사가 어련히 알아서 할 것인가라는 식으로 제도에 대한 거의 맹목적인 신앙에 사로잡혀 있다.

「사형수 오휘웅 이야기」는 사법제도에 대한 이같은 맹목적인 신앙에 대한 드물게 보는 공개도전장이다. 저자는 참으로 놀라운 집념을 가지고 이 사건에서 진실이 무엇인가를 끈질기게 추적하고 있다. 한두번 '정을 통한' 일이 있는 유부녀 두이분씨와 같이 살기 위하여 남편과 두 아이를 목졸라 죽였다는 혐의로 체포되어 사형수가 되었던 오휘웅은 사형집행장으로 끌려나가 돗자리 위에 앉아서 당당한 태도로 이런 유언을 남겼다.

저는 절대로 죽이지 않았습니다. 이것은 하느님도 알고 계십니다. 저의 유언을

가족에게 꼭 전하여 제가 죽은 뒤에라도 누명을 벗도록 해주십시오. 여기 검사·판
사도 나와 있지만 저와 같이 억울하게 죽는 이가 없도록 해주십시오. 엉터리 재판
집어치우십시오! 죽어서 원혼이 되어서라도 위증하고 고문하고 조작한 사람들에
겐 …

저자는 이 유언을 전해 듣고 충격을 받아 지난 세해 동안 해묵은 방대한 수사
기록과 재판기록을 낱낱이 섭렵하고 관계자 수십명을 찾아다니며 세월 속에 파
묻힌 이 사건의 진상을 캐기 시작했다. 저자가 만나본 바에 따르면 오휘웅의
변호인이었던 변호사들은 오휘웅의 무죄를 확신하고 있었고, 1심 재판장으로서
사형을 선고하였던 전직 법관은 스스로가 선고한 판결에 대하여 끝내 자신을
가질 수가 없었던 괴로움을 솔직히 털어놓았다. 그밖에도 저자는 합리적인 이
유에 입각하여 오휘웅의 결백함을 확신하고 있는 수많은 관계자들의 증언을 확
보하였으며 그리하여 법원이 유죄판결의 논리적인 근거로서 제시한 여러가지
설명의 허구성을 낱낱이 통렬하게 드러내는 데에 성공하였다.

물론 이 사건을 직접으로 담당해보지 않았을 뿐만이 아니라 사건기록을 전체
적으로 살펴본 일도 없는 나로서는, 오휘웅이 결백함을 확신하는 저자의 결론
에 선뜻 동조할 자신은 없다. 그러나 이 흥미진진한 책을 거의 단숨에 읽어내려
간 나에게 슬프고도 무거운 감동으로 울려온 것은 우주 전체의 무게와도 바꿀
수 없다는 한 존엄한 인간의 생명을 끝내 앗아간 이 엄청난 형사절차에서, 경찰
관·검사·판사를 비롯한 어떤 관계자도 최종적인 책임을 떠안을 용기와 그에
상응하는 충분한 관심을 보이지 아니하고 '제도'라는 괴물에 책임을 전가하고
있다는 저자의 목소리였다.

대한항공 007편 점보기에 미사일을 쏜 소련 전투기 조종사는 칼로써 269명을 차
례로 찔러 죽인 것과 똑같은 결과를 불렀다. 그러나 그 조종사는 … 말할 것이다.
내가 한 일이란 발사단추를 누른 것뿐이었지 않은가라고.

저자의 이 격렬한 항변에 대하여 나는 몇마디 덧붙이고 싶다. 경찰·검찰이
그릇된 수사를 하고 판사가 오판을 하여 한 무고한 생명이 억울한 죽음을 당할
때, 우리는 어디에 있었을까? 우리는 결백할까? 그 형사사법제도를 유지하고

방치한 것은 누구일까?

　우리는 눈을 뜨고 지켜보아야 한다. 그 노력의 일환으로 쓰인 이 절절한 기록 ──「사형수 오휘웅 이야기」는 결코 외면되어서는 안 된다.

(샘이깊은물, 1986. 11)

현실의 병폐를 치유하는 불교

나는 어린 시절에 우연히 절 동네에 살았던 인연으로 해서 일찍부터 불교의 영향을 깊이 받으면서 자라난 편이다. 그러니까 지금 승가대학 건물이 자리잡고 있는 바로 그 터에 내 청소년기를 보낸 집이 있었다. 내가 처음 심경(心經)을 읽은 것이 중학교 2학년 때였는데 한동안은 길을 가나 자리에 누워 있으나 "색즉시공 공즉시색"의 여덟 글자가 뇌리에서 떠나질 않았다. 그 무렵부터 지금에 이르기까지 근 30년이 가까워오도록 내 마음에서부터 불경(佛經)을 멀리한 일은 거의 없다. 그러나 언제부턴가 나는 법회에 참석하거나 절을 찾는 일이 드물어졌다. 왜 그런가? 현실의 제도로서의 한국 불교에 대한 실망 때문이었다고 하는 것이 정직한 고백이 될 것이다.

"중생이 병들었으므로 내가 병들었노라"라는 유마힐 거사의 그리운 사자후를 오늘 어디서 가서 들을 수 있는가?

"하루 일하지 않으면 하루 먹지 말라"(一日不作 日不食)의 서릿발 같은 백장청규(百丈淸規)를 지금 어느 곳에서 찾아볼 수 있는가?

그러던 나에게, 해인사에서 열린 전국승려대회의 소식은 끊어진 우리나라 대승불교 법맥이 일거에 회생하는 것을 보는 듯한 환희심을 불러일으켰다.

'민중불교'이건 '중생불교'이건 이름이야 아무래도 좋다. 문제는 뭇 생명의 삶의 고통을 결코 외면하지 않는 불교, 이 땅의 현실의 병폐를 치유하기 위하여 혼신의 노력을 기울이는 불교, 번뇌를 떠나지 않고 바로 그 한가운데에서, 번뇌의 불길에 타지 않는 사랑을 체현하는 그와같은 본래면목의 대승불교를 우리가 과연 확립할 수 있을 것인가에 달려 있다.　　　　　　(대원, 1986. 12)

표현의 자유와 사회질서

1. 머리말

프랑스의 정치속담에 이런 말이 있다. "이 개는 나쁘다. 왜냐하면 내가 발로 걷어찼을 때 나를 물어뜯으려고 덤벼들었으니까."

이것이 바로 강자의 논리이다. 만약 이 말을 보다 극단적인 형태로 만든다면 아마도 이렇게 될 것이다. "이 개는 나쁘다. 왜냐하면 내가 발로 걷어찼을 때 시끄럽게 짖어댔으니까."

아무런 까닭도 없이 걷어차였을 때 아픔과 울분을 참지 못하여 시끄럽게 짖어댐으로써 그 고상한 신사의 심기를 불편하게 만든 이 개는 과연 유죄인가? 이 신사에게 '불안'을 느끼게 하였으므로 유죄인가? 마땅히 걷어찰 수 있고 마땅히 걷어차여야 할 신사와 개 사이의 '질서'를 위태롭게 하였으므로 유죄인가?

우리나라 헌법의 이념에 입각하여 판결을 내린다면 지극히 간단하다. 이 개는 무죄이다. 죄는 아무런 정당한 이유 없이 이 개를 걷어찬 신사에게 있다. 걷어차인 개는 "저 신사가 날 걷어찬 것은 부당한 일이고 걷어차인 나는 아프고 억울하다"고 생각할 권리 —— 즉 '사상과 양심의 자유'가 있다. 나아가 그 신사를 향하여 "당신이 날 걷어찬 것은 부당한 일이고 나는 지금 몹시 아프다"라고 짖어댈 권리 —— 즉 '표현의 자유'가 있다. 그 신사의 '불안'은 그가 개를 까닭 없이 걷어참으로써 자초한 것이지 아프기 때문에 짖어댄 개에게 책임이

있는 것은 아니다. 개를 침묵시킴으로써 유지되는 '질서'── 그것은 민주주의
가 원하는 질서가 아니다. 오히려 그 정반대이다. 부당하게 걷어차인 개는 마
땅히 시끄럽게 짖어대야 하고 그같은 소란을 통하여 신사와 개 사이의 올바른
관계가 회복되어가는 바로 그것이 민주주의가 바라는 역동적인 질서── 즉
'민주적 기본질서'이다. 강자의 횡포와 약자의 침묵 위에 자리잡아 유지되는 평
온── 그것은 죽음의 질서이며 사이비 질서이며 반(反)질서이다. 그같은 불
의의 질서를 위하여 약한 자의 '표현의 자유'를 억압하는 일이야말로 민주적 기
본질서를 파괴하는 일이다. 이 개는 명백히 무죄이다. 너무나 쉽다. 대체 무슨
문제가 있는가?

  그러나 구체적 법집행의 현실에 있어서는 사태는 반드시 그처럼 간단한 것이
아니다. 강자와 약자가 존재하는 한, 강자의 논리는 집요하게 스스로를 관철하
려는 속성을 지닌다. 강자와 약자 사이의 불균형이 심화될수록 강자의 논리도
심화되고 보편적 지배력을 획득하게 된다. 우리의 법현실에 있어 국민의 표현
의 자유가 "이 개는 나쁘다 …"고 하는 강자의 논리에 의해 어느 정도로 왜곡되
고 침식당하고 있는지, 표현의 자유를 제한하는 기준으로서의 '사회질서'라는
개념이 어느 정도로 강자의 논리에 의해 오염되고 남용되고 있는지를 살피려는
것이 본고(本稿)의 주된 관심사이다.

2. 표현의 자유의 우월적 지위와 '명백하고 현존하는 위험'의 원칙

  헌법 제20조 제1항은 "모든 국민은 언론·출판의 자유와 집회·결사의 자
유"를 가진다고 규정하고 있다. 이 글에서 '표현의 자유'라 함은 여기에 규정된
'언론·출판·집회·결사의 자유'를 모두 포괄하는 개념이다. 한편 헌법 제18
조는 "모든 국민은 양심의 자유를 가진다"라고 규정하고 있는데 이것은 표현의
자유의 전제를 이루는 인간의 내면적 신조·의사·사상·양심의 자유를 선언한
것이다. 헌법 제19조와 제21조에 규정된 '종교의 자유'와 '학문과 예술의 자유'
는 앞서 본 '사상·양심의 자유'와 '표현의 자유'의 특수형태라고 할 수 있다.
즉 종교의 자유에는 종교적 신조의 형성과 유지에 있어서의 자유와 신앙고백,

종교행사 참석 등 그 표현에 있어서의 자유가 모두 포함된다. 학문 및 예술의 자유의 경우도 마찬가지이다. 이같이 양심의 자유와 표현의 자유에 관한 일반적 규정 이외에 별도로 종교, 학문 등의 자유에 관한 규정을 두고 있는 것은 이 분야들에서의 사상 및 표현의 자유의 중요성을 특별히 강조하기 위한 것이다.

헌법조문에 국민의 어떠어떠한 자유가 규정되어 있다고 하여 그 자유가 무제한적으로 보장되는 것은 물론 아니다. 헌법 제35조 제2항에 의하면, "국민의 모든 권리와 자유는 … 법률로써 제한할 수 있다." 다만 그같은 법률에 의한 제한은 "국가안전보장, 질서유지 또는 공공복리를 위하여 필요한 경우에 한하여" 할 수 있으며, 또 제한하는 경우에도 "자유와 권리의 본질적인 내용을 침해할 수는 없다." 여기서 '국가안보 · 질서유지 · 공공복리'니 '자유와 권리의 본질적인 내용'이니 하는 것은 모두 국어사전만 들춰내가지고서는 해결을 볼 수 없는 불확정개념들이고, 구체적인 각 경우에 위의 개념들을 어떻게 해석 · 적용할 것인가 하는 과제는 결국 헌법이론에 맡겨져 있다.

헌법조문의 규정형식으로만 보면 표현의 자유도 국민의 다른 모든 자유나 마찬가지로 '법률에 의한 제한'의 대상이 된다. 그러나 헌법이론은 이른바 '표현의 자유의 우월적 지위'라는 이름으로 표현의 자유에 대한 특별한 취급——특별한 존중을 강조하고 있으며, 따라서 국가권력이 '질서유지' 등을 내세워 국민의 표현의 자유를 제한하려 하는 데 대하여 특별한 경계와 특별한 제어장치를 요구하고 있다.

표현의 자유를 특별히 옹호하는 논거는 대체로 다음 세 가지로 요약될 수 있다.

첫째, 표현의 자유는 민주주의 헌법의 최고이념인 인간적 존엄성의 핵심적 내용이 된다. 인간 내심의 사상 · 양심 · 신조는 신과 인간의 교섭의 영역이므로 국가권력은 이 성소(聖所)에 출입할 권리가 없다. 한 인간이 스스로의 내면적 양심을 다른 누구의 간섭도 없는 절대적 고독 속에서 형성할 자유, 그리하여 그같이 형성된 사상 · 신조 · 견해를 자유롭게 유지하고 표현할 권리는 인간을 인간답게 만드는 필요불가결의 요소이다. 만약 어떤 인간이 정치권력에 의해서건 다른 사회적 압력에 의해서건 그 자신의 신조에 관하여 침묵을 지키기를 강요당한다거나 또는 그 자신의 신조와 어긋나는 발언을 하도록 강요받는다면 그는 더이상 '신의 형상대로 창조된' 인간으로서의 존엄성을 유지하고 있다고 말할 수 없게 된다. 이 논거는 종교의 자유를 옹호함에 있어서는 특히 적절하다.

둘째, 효용성의 견지에서 보더라도 표현의 자유는 진리의 발견과 진실의 승리를 위한 가장 현명한 수단이 된다. 일찍이 아테네에서 사변(思辨)이 가장 자유로웠던 시절에 철학이 만개하였고 근세에 이르러 학문연구에 대한 중세교회적 제약이 완전히 제거되면서부터 과학이 급속히 발달하게 되었던 것은 역사의 경험이 가르치는 바이다. 선과 악, 아름다움과 추함, 진리와 허위의 대결에서 어느 쪽이 승리할 것인가에 대하여 국가권력이 걱정하고 불안해할 것은 아무것도 없다. 진리란 '자유롭고 공개된 경쟁' 아래서라면 반드시 살아남을 수 있는 독특한 힘을 가지고 있다. '사상의 자유 공개시장'(free and open market of ideas)에 맡겨두라. 그러면 선과 진리가 '자율조정'의 과정을 거쳐 궁극적인 승리를 획득하게 될 것이다. 학문과 예술의 자유를 옹호함에 있어서는 이 '백가쟁명, 백화제방'(百家爭鳴, 百花齊放)론이 특히 적절하다.

셋째, 표현의 자유는 여론형성을 통하여 권력의 횡포를 견제하고 국민들의 정치참여를 보장하기 위한 필수적 요건이며 따라서 민주주의 질서를 지탱하는 근간이 된다. 민주주의를 '민의에 의한 정치'라고 부를 수 있다면 언론·출판·집회·결사 등의 자유를 통한 국민의 건전한 정치적 의사형성과 표현이 이루어질 수 없는 곳에서는 민주주의가 숨쉴 수 없다. 여기에서 표현의 자유는 단순한 개인적 자연권의 차원을 넘어서서 정치적 자유권──민주주의의 제도적 보장을 이루는 시민적·정치적 권리로 된다.

"절대권력은 절대부패"한다. 권력의 부패와 타락을 방지하는 궁극적 보장책은 무엇인가? 제퍼슨(T. Jefferson)의 지적처럼 "통치자에 대한 검열관은 민중밖에는 없는 것이다." 표현의 자유──특히 권력에 대하여 비판적인 견해를 자유롭게 표명할 권리는 이같은 견지에서 거의 절대적으로 옹호되어야 하며 만약 이것이 박탈될 때에는 민주주의에 대한 보장은 아무것도 남아 있지 않게 될 것이다. 여기에서 표현의 자유는 '다른 모든 형태의 자유의 모체요, 필수불가결의 조건'으로서 '우월적 지위'를 갖게 되는 것이다.

이처럼 표현의 자유 하나에 시민 각 개인의 인간적 존엄, 학문과 예술의 발전을 통해 사회의 진보, 정치적 자유와 민주주의의 사활 등 모든 것이 걸려 있는 것이라면, 국가권력이 '질서유지'를 내세워 시민들의 어떤 언동을 규제하려고 할 경우, 그같은 규정은 필요불가결한 최소한의 범위내에서만, 즉 특별히 인색하고 엄격히 어떤 규준(規準) 아래서만 허용(許容)될 수 있도록 제한하지 않으면 안 된다. 그 규준의 하나로서 제시된 유명한 원칙이 미국의 홈즈 판사가 '에이브럼즈 대 미국' 사건 판결의 소수의견에서 밝힌 이른바 '명백하고도 현존하는 위험'의 원칙이다.

러시아 태생의 이민인 에이브럼즈라는 사람이 1차대전 기간중 '윌슨' 대통령을 겁쟁이라고 비난하고 미국 정부의 대(對)러시아 간섭을 공격하면서 대독전(對獨戰)의 수행에 대한 동조와 협력을 철회하도록 러시아계 이민들에게 촉구, 혁명단체들에게 단결하여 미국을 본토내에 얽어매어두자고 호소하는 내용의 팜플렛 9천 매를 작성·배포하였다가 기소된 이 사건에서 홈즈 판사는, "1인의 무명인사의 어리석은 전단이 군사행동의 성공을 방해하거나 또는 방해할 우려가 있는 경향을 가지는 직접적인 위험을 초래한다고는 누구도 생각할 수 없다"고 하는 이유로 피고인에 대한 유죄판결에 반대하였던 것이다.

1929년에 이르러 브랜다이스 판사는 '현존하는' 위험의 의미를 보다 명확히 밝히면서 이렇게 말했다.

우려되는 해악의 발생이 지극히 절박해 있기 때문에 충분한 논의를 할 만한 여유가 없을 시기가 아니라면, 언론으로부터 생기는 위험이 명백하고도 현존하다고 볼 수 없다. 토론에 의해 허위와 오류를 밝히고 교육에 의해 해악을 제거할 수 있는 시간적 여유가 있는 경우라면, 우리가 취해야 할 조치는 침묵을 강요하는 것이 아니라 가일층 더 언론을 자유롭게 하는 것이다. 긴급상태만이 이 자유를 제한할 수 있는 것이다.

영국의 정치학자 해롤드 라스키는 이 '명백하고 현존하는 위험'의 원칙을 지지하면서 그 구체적인 적용에 관한 흥미있는 설례(設例)를 제시하고 있다. 즉 인쇄물에 의한 표현의 자유에 대해서는 적어도 평시에 있어서는 그 어떤 제한도 가해져서는 안 된다. 왜냐하면 저술자는 결국 개인적인 설득을 통하여, 즉 합리적인 주장에 의하여 독자의 마음을 움직이려고 노력하는 것이기 때문이다.

그러나 대중집회에서 연설할 때는 이와 다른 문제가 일어난다. 트라팔가 광장에 운집한 격노한 실업자 군중 앞에서 어떤 연설가가 다우닝가로 진격하자고 연설할 경우에는 그 연설이 '즉각적인 혼란을 자극할 직접적인 경향'을 갖고 있다는 것이 증명될 수 있을 것이기 때문에 그에 대한 정부의 고발은 정당화된다. 그러나 동일한 연설자가 에든버러의 칼튼 힐에서 같은 내용의 연설을 했다면 정부는 그를 고발할 권리가 없다. 왜냐하면 "에든버러 사람들이 그 연설에 자극되어 런던으로 행진을 시작한다 할지라도 그들은 더비에서 되돌아가는 습관을 가진 것을 우리가 알고 있기 때문이다."

이제 우리의 법현실로 돌아와 살펴보기로 하자.

표현의 자유에 관한 규제입법들 중 대표적인 것으로는 언론기본법과 집회 및 시위에 관한 법률(이하 '집시법'이라 약칭한다)을 들 수 있고 그밖에도 형법, 국가보안법 또는 경범죄처벌법의 일부 내용 중에 표현의 자유에 심대한 영향을 미치는 규제조항들을 발견할 수 있다. 우선 입법론으로서, 이 규제입법들 중 상당수의 규정들이 '표현의 자유의 우월적 지위'라든지 '명백하고 현존하는 위험'이라든지 하는 법리(法理)에 대한 정당한 인식을 거의 반영하고 있지 않다는 사실이 지적되어야 한다. 예컨대 '불온'서적이나 유인물 등을 소지하고 있는 사실만으로도 형사범죄가 될 수 있다는 것은 세계에서도 유례를 찾아보기 힘든 희귀한 입법례(立法例)에 속한다.

형법상의 '국가모독죄'와 같은 것은 사회질서에 대한 '현존하는 위험'과는 거의 아무런 관계도 없는 발언에 대해서도 얼마든지 적용될 수 있게끔 구성요건이 정해져 있다. '집시법' 중 경찰서장의 자의적(恣意的) 판단에 의해 어떤 옥외집회를 사전에 일방적으로 금지할 수 있도록 규정한 대목에 이르러서는 '표현의 자유의 우월적 지위'는 그 편린(片鱗)조차도 남아 있지 않다. 요컨대 이같은 규제입법들에서는 '사회질서' 방위의 일방적 요청만이 강조되고 있고 '표현의 자유'는 현저히 —— 헌법이념상 용인되기 어려울 정도로 부당하게 경시당하고 있다.

한편 조문 내용 자체로 보아서는 위 규정들만큼 위헌성이 선명하게 드러나 있지는 않으나 그 방만하고 무원칙한 해석·운용의 실태로 인하여 정작 우리의 법생활에 있어서는 위 규정들보다 훨씬 심대한 폐해를 끼치고 있는 규제입법들도 있다. 그 대표적인 예로서는 '집시법' 제3조 제2항 제4호의 '현저히 사회적 불안을 야기시킬 우려가 있는 집회 또는 시위'에 관한 처벌규정과 경범죄처벌법 제1조 제44호의 '유언비어 날조·유포'에 관한 처벌규정을 들 수 있다. 위 처벌규정들은 어느 것이나 '사회적 불안의 야기' 또는 '사회의 안녕 질서 저해' 등을 그 구성요건으로 정하고 있는데, 이 불확정개념들을 구체적 사안에 관하여 어떻게 해석·적용할 것인가의 문제에 대해서는 법령에 더이상 참고할 만한 세부규정이나 정의규정(定義規定)이 마련되어 있지 아니할 뿐더러 판례·학설상으로도 아직 이렇다 할 만한 뚜렷한 원칙이나 기준이 확립된 바 없다. 이같은 상태 아래서는 법집행자의 의도 여하에 따라 이 불확정개념들이 표현의 자유를 전면적으로 억압할 수 있는 만능의 도구로서 남용될 위험이 존재하며, 작금의 상황이 그러한 위험의 존재를 실증하고 있다. 이제 실제로 위의 두 가지 규정 중 '집시법'의 규정이 구체적인 사안에 어떻게 적용되고 있는가를 몇가지 사례를 통하여 살펴봄으로써 우리가 직면하고 있는 표현의 자유의 위기를 이야기하고자 한다.

3. 집시법이 옹호하려는 '사회질서'의 진상

'집시법' 제3조 제1항은 "누구든지 다음 각호의 1에 해당하는 집회 또는 시위를 주관하거나 개최하여서는 아니 된다"고 하면서 제1호부터 제5호까지 다섯 가지 부류의 집회·시위를 열거하고 있는데 그 중 하나가 제4호의 "현저히 사회불안을 야기시킬 우려가 있는 집회 또는 시위"이다.

위의 다섯 가지 집회·시위는 옥내이든 옥외이든을 묻지 않고 절대적으로 금지된다. 또 제3조 제2항에 의하면 위 다섯 가지 부류에 해당하는 집회·시위를 할 것을 "예비·음모·선전 또는 선동"하는 행위도 금지된다. 위 금지조항에 위배될 때에는 "7년 이하의 징역 또는 3백만원 이하의 벌금"의 형벌로 다스릴 수 있게 되어 있다.

그런데 '현저히 사회적 불안을 야기할 우려가 있는 집회·시위'가 이와같이 절대적으로 금지되고 엄중하게 처벌되어야 할 것이라면, 과연 '사회적 불안'이란 어디서부터 어디까지를 뜻하는 것이며 '우려'란 어느 정도의 것이고 누구를 기준으로 하여 판정되어야 할 것인가?

우선 '사회적 불안'의 '불안'이라 함은 주관적 · 심리적인 불안감을 뜻하는 것인가 아니면 사회질서의 안정에 대한 객관적인 위협의 존재를 뜻하는 것인가? 만약 주관적인 불안감을 뜻하는 것이라면 그 주체는 누구를 기준으로 할 것인가? 만약 객관적인 사회질서의 불안정을 뜻하는 것이라면 그것은 어떤 종류의 질서를 말하는 것인가? 또 그 경우 그 질서에 대한 위협은 어느 정도로 중대하고, 급박하고, 명백한 것이어야 하는가?

이 물음들에 대하여 우선 필자의 견해를 제시하면 다음과 같다. '사회적 불안'이란 사회질서의 안정에 대한 객관적인 위협의 존재를 의미하는 것으로 해석되어야 한다. 또 여기에 말하는 '사회질서'란 헌법이념상 표현의 자유의 억제라는 중대한 대가를 치르고서라도 반드시 옹호되어야 할 것으로 평가되는 질서, 즉 헌법상의 '민주적 기본질서'를 뜻한다. 그리고 이같은 민주적 기본질서에 대한 위협이 어느 정도에 이를 것을 필요로 하느냐의 문제는 '표현의 자유의 우월적 지위'와 '명백하고 현존하는 위험'의 법리에 비추어 판단되어야 한다. 따라서 단순히 당해 집회나 시위로 인하여 기존 이해관계에 불리한 영향을 받게 될지도 모르는 사회의 일부 구성원에게 어떤 심리적 불안감이나 불쾌감을 유발한다는 것으로는 위 '사회불안'의 요건을 충족시키지 못한다. 또 단순한 공중도덕적 차원의 '질서'라든가 일상생활상의 편의 · 평온에 대하여 어떤 사소한 침해가 있다는 사실만으로는 위 '사회불안'의 요건을 충족시키지 않는다. 나아가 정당하지 못한 질서, 법체계 전체의 이념에 비추어 위법한 것으로 평가되어야만 할 질서, '민주적 기본질서'에 포섭될 수 없는 반민주적 질서, 요컨대 단순한 기존의 사실상태에 불과한 사이비질서에 대하여 어떤 위협이 제기되고 있다고 하여 그것을 '사회불안'으로 평가할 수는 없다.

그러나 현재의 법집행 실태를 보면 위와 같은 필자의 견해는 하나의 잠꼬대에 지나지 않는 듯한 감을 느끼지 않을 수 없다. 아래에서 소개하는 몇가지 공소사실은 모두 하급심(下級審)에서 유죄판결을 선고받은 사안에 관한 것으로서 피고인측의 온갖 항변에도 불구하고 판결문의 범죄사실로서 거의 글자 하나도 고침이 없이 그대로 인용된 것들이다.

(1) 사례 1 ── 교내시위에 관한 공소사실

피고인은 ○○○신학대학 ○○과 4년생으로서 동교 민족민중투쟁특별위원회(속칭 '삼민투위') 위원장인 자인바,

1. 1985.4.19. 13 : 00경 서울 서대문구 냉천동 소재 동교 아레오바고 광장에서 '4월혁명 25주년 기념식'이라는 명목 아래 학생 250여명을 모아놓고, 「4월혁명 25돌을 맞이하여」 제하의 성명서를 낭독·배포한 다음, 위 250여명의 학생들과 함께 스크럼을 짜고 교내 일원을 선회하면서 '수입개방 절대반대', '매국방미 철회하라'는 등의 구호를 외쳐서 현저히 사회적 불안을 야기시킬 우려가 있는 집회 및 시위를 개최하고 …

위 사건에서 피고인이 개최하였다는 집회·시위가 어떤 이유에서 '현저히 사회적 불안을 야기시킬 우려가 있는 집회·시위'로 평가될 수 있는 것인지는 참으로 이해하기가 어렵다. 우선 위 시위는 완전히 평화적·비폭력적인 양상으로 전개되었다. 학생시위에서 흔히 볼 수 있는 투석행위조차도 전혀 없었다. 이같은 부류의 집회·시위로 인하여 사회의 민주적 기본질서에 대한 어떤 침해가 초래될 위험이 있다고는 말할 수 없다. 만일 학생들이 예를 들어 요즈음 문제가 되고 있는 일본교과서 왜곡시정 요구라든지 혹은 그밖에 정부에서 찬성하거나 동조하는 어떤 구호를 내걸고 위 시위와 똑같은 방식으로 시위를 한다고 가정해 보자. 이 경우 누구라도 그 시위를 '현저한 사회불안'을 야기하는 시위라고 하여 단죄해야 옳다고 말할 사람은 없을 것이다.

그렇다면 위 사건에서 집회·시위의 전개양상 ── 즉 성명서를 낭독·배포하고 수백명이 스크럼을 짜고 교내 일원을 선회하고 어떤 구호를 외치는 등의 행위양태 자체로부터 곧바로 무슨 '사회불안'성이 도출되는 것은 아님이 분명하고 문제는 결국 성명서의 내용, 구호의 내용에 있었던 것임을 쉽사리 알 수 있다. 성명서는 「4월혁명 25돌을 맞이하여」라는 제목만 밝혀져 있고, 내용은 전혀 적시(摘示)되어 있지 않은데, 위 제목 자체에 무슨 불법성이나 질서에 대한 위험성이 있다고는 도저히 말할 수 없으므로 결국 위 성명서는 문제될 것이 없다. '수입개방 절대반대'라든가 '매국방미 철회하라'는 구호는 정부의 경제·외

교 정책에 대한 비판적 견해를 다소 강렬한 표현으로 개진한 것에 불과하고 구호 자체에 무슨 반법질서성(反法秩序性)이나 민주적 기본질서의 파괴를 촉구하는 내용이 있는 것은 아님이 명백하다.

대학생들이 교내에서 이와같은 비판적 견해를 집단적으로 표명하였다고 하여 거기에서 어떤 사회질서에 대한 위협이나 혼란이 초래될 우려가 있는가? 공안당국적인 시각에서는 다음과 같이 말하는 것이 가능할지도 모른다. 학생들이 '매국방일 반대'라는 자극적인 구호를 외치는 것을 방치해두면 그것이 이러저러한 경로를 통하여 일반시민들에게 널리 전파될 수 있다. 그 결과 방일반대의 거센 사회여론이 조성되고 정부가 이 여론에 승복하지 않고 방일방침을 계속 밀고 나아가게 된다면 시내 한복판에서 어느 날 갑자기 대규모의 '매국방일 반대' 군중집회나 시위가 일어날지도 모른다. 그 진압과정에서 충돌이 야기되고 이에 자극된 흥분한 시위군중들이 정부 관공서를 습격하는 사태까지도 예상할 수 있다. 혹은 무장을 하고 김포가도로 몰려나가서 실력으로 방일을 저지하려고 기도하게 될지도 모른다. 이같은 사회혼란을 예방하려면 일이 커지기 전에 교내시위부터 못하도록 봉쇄하여야 하지 않겠는가!

공안당국이 우려하는 위와같은 사태가 절대로 일어나지 않는다고 보장할 수 있는 사람은 물론 아무도 없다. 세상일이란 한치 앞을 내다볼 수 없는 것이고 한 가지 일이 발단이 되어 전혀 예상 밖의 엉뚱한 일들이 일파만파(一波萬波) 격으로 일어나는 일도 얼마든지 있는 것이다. 그러나 문제는 과연 학생들의 교내시위가 명백히 그리고 즉각적·직접적으로 위와같은 사회혼란을 초래할 위험이 있느냐, 즉 그 시위가 사회질서에 대한 어떤 '명백하고 현존하는 위험'으로 평가될 수 있는 것이냐 하는 점에 있다. 위 공안당국의 사태발전 예상은 너무나도 많은 불확실한 가정에 바탕을 두고 있다. 따라서 학생들의 교내시위가 위와 같은 혼란사태를 초래할 위험이 '명백히' 존재한다고는 도저히 말할 수 없다. 뿐만 아니라 학생들이 방일반대의 구호를 외치는 데에서부터 흥분한 시위군중이 김포가도로 몰려가 실력행사를 하는 등의 혼란사태에 이르기까지는 거쳐야 할 여러 단계가 있는 것이므로 학생들의 교내시위가 '직접적·즉각적으로' 사회혼란을 야기할 위험 —— 즉 '현존하는' 위험이 있다고는 도저히 말할 수 없다.

요컨대 방일반대의 교내시위라는 원인사태에서 곧바로 김포가도의 혼란이라는 결과를 도출한다는 것은 대단한 논리적 비약을 무릅쓰지 않으면 불가능하다. 만약 이같은 비약이 허용될 수 있는 것이라면 정부시책에 대하여 비판적인 견해를 표명하는 일체의 집회나 시위가 모두 사회혼란을 유발하는, '현저히 사회불안을 야기할 우려가 있는' 집회·시위로 단죄되어 금압될 수 있게 될 것이다. 이것이 얼마나 가공할 사태인가는 설명이 필요없을 줄로 믿는다. 만약 정부시책에 대하여 동조하는 집회·시위만 합법화되고 비판적인 집회·시위는 일체 허용되지 않는다고 한다면 '집회·시위의 자유'란 전혀 존재하지 않는 것이나 마찬가지이다. 왜냐하면 각국의 헌법이 집회·시위의 자유에 관한 보장규정을 두고 있는 이유는 바로 국가권력의 비위에 거슬리는 비판적인 집회·시위를 권력의 간섭이나 탄압으로부터 보호하려는 데에 있는 것이기 때문이다. 따라서 구호의 내용이 반정부적인 것이라는 이유만으로 집회·시위를 금압하는 것은 집회 및 시위의 자유의 '본질적인 내용을 침해'하는 데 해당하는 것으로서 헌법이념에 위배되는 사태이다.

(2) 사례 2 —— 3명의 근로자가 가두에서 유인물을 배포하고 구호를 외친 사건에 관한 공소사실

　피고인 김○○은 ○○제과공업주식회사 생산3과에 근무하다가 … 퇴직된 자이고 동 김○○은 동 회사 생산2과에 근무하다가 … 정직 3월의 징계처분을 받은 자이고 동 이○○은 동 회사 생산2과에 근무하다가 … 면직된 자인바 피고인 등은 동년 3.5. 동 회사 공원인 공소외 김○○, 김○○, 박○○ 등과 같이 ○○제과 노동조합 민주화추진위원회를 결성하여 동 회사 노동조합 집행부와 대립하여오던 중,
　1. …
　2. 피고인 등은 공모·공동하여, 피고인 김○○가 회사내 유인물 배포 등 사규위반으로 1985.8.6. 정직 3월의 징계처분을 당하게 되자 피고인 등은 동월 20. 12:00경 서울 영등포구 영등포 로터리 소재 심지다방에 모여 회사측의 조치를 비난하고 아울러 정부의 노동정책을 비판하는 내용의 가두시위를 선동하기로 결의하고 … 돌아다니며 시위장소를 물색한바 서울 종로구 세종로 157의 1 소재 삼보빌딩과 같은 구 종로 2가 8의 소재 장안빌딩이 사람의 왕래가 많은 곳이고 출입이 자유로워 건물내 침입이 용이하다는 사실을 확인하고 … 동 김○○, 동 김○○는 위

삼보빌딩 옥상에, 동 이○○은 위 장안빌딩 옥상에 각 올라가 시위를 선동하기로
하고 메가폰, 유인물, 머리띠, 플래카드 등 준비물을 나누어 가진 후 동 김○○,
동 김○○는 동월 27. 17 : 50경 위 삼보빌딩 앞에 집결하여 동 빌딩 1층 계단으로
침입하여 7층 옥상에 올라가 동일 18 : 00경 지나가는 행인들을 상대로 동 김○○
는 위 유인물(해고자를 복직시켜라, 정부는 민주노동운동 탄압 말라는 내용임——필자)
150매를 살포하고 동 김○○은 "현정권은 노동운동 탄압 말라, 학원안정법 철회하
라"라는 문구의 플래카드를 게시하고 메가폰으로 "현정권은 구속된 노동자를 즉각
석방하라" 등 구호를 외치고 동 이○○은 동일 17 : 55경 위 장안빌딩 앞에 이르러
동 빌딩 1층 계단으로 침입하여 4층 옥상에 올라가 동일 18 : 05경 지나가는 행인
들을 상대로 "해태제과는 노동운동 탄압 말고 해고자를 복직시켜라"라는 문구의 플
래카드를 게시하고 위 유인물 50매를 살포하고 메가폰으로 "해태제과는 노조민주
화운동 탄압 말라" 등 구호를 외쳐 현저히 사회적 불안을 야기시킬 우려가 있는
시위를 각 선동한 것이다.

이 사건은 원래 구속영장이 법원에서 일차 기각되었다가 나중에 재신청에 의
하여 발부되었던 사건이다. 일차 신청시의 영장기각사유는 3명의 해고근로자는
길거리에서 '해고자 복직' 등 구호를 외치고 유인물을 배포했다는 사실만으로는
현저히 사회적 불안을 야기시킬 우려가 있는 시위를 한 것이라고 보기 어렵다는
취지였던 것으로 알려지고 있다.

이 사건에서도 구호의 내용 자체에 질서파괴성은 없다. 해고자 복직, 노동운
동탄압 중지, 학원안정법 철회 등은 그 주장하는 내용의 당부는 어떻든간에 민
주사회의 구성원으로서 마땅히 공개적으로 표명할 권리가 있는 성질의 주장이
다. 이같은 주장의 표명이 기업주측이나 정부당국측의 관계자들에게 어떤 심리
적 불안감을 조성할는지는 알 수 없으나 그것이 객관적인 사회혼란이나 민주적
기본질서의 침해를 초래할 만한 '명백하고 현존하는 위험'을 안고 있다고 할 수
없다는 것은 앞서 방일반대 학생시위에 관하여 살펴본 바와 마찬가지로 분명하
다. 여하한 시위에서도 시위참가자들의 주장에 대하여 반대의 이해관계를 가진
개인 또는 집단이 심리적 불안을 느낄 가능성은 시위의 성질상 당연히 예상되는
것이므로 이같은 심리적 불안이 있다고 하여 '사회불안'을 초래하는 시위라고
단죄할 수는 없다.

그렇다면 행위양태에 무슨 문제가 있는가? 유인물을 배포하고 구호를 외치는 것은 어떤 집회·시위에서나 통상적으로 수반되는 일이므로 아무런 문제가 될 것이 없다. 이 사건의 경우에는 지극히 사소한 폭력이나 파괴행위도 없었다.

마지막으로, 공소사실의 결론처럼 위 피고인들이 과연 '시위를 선동'한 것이라고 볼 수 있는지를 살펴보자. 겨우 3명이 이 빌딩 저 빌딩으로 분산되어 구호를 몇마디 외친 것 따위로는 '시위'를 한 것이라고 보기 어렵고, 또 피고인들이 자기 자신들에게 시위를 '선동'한 것이라고 말할 수는 없는 이치이므로, 결국 공소사실의 취지는 피고인들이 타인들 —— 즉 지나가는 행인들에게 시위를 하라고 '선동'하였다는 데 있는 것이라고 볼 수밖에 없다. 그런데 피고인들이 행인들에게 시위를 선동했다고 볼 근거가 있는가? 첫째로, 당시 배포한 유인물이나 외친 구호의 내용 중에 남을 보고 시위를 하라고 촉구하는 내용은 전혀 포함되어 있지 않다. 둘째로, 당시 피고인들은 퇴근시간인 저녁 6시경에 장안빌딩 아래 대로로 지나다니는 통행인들이 가장 많은 것을 예상하여 장소와 시간을 선택한 것인데, 그 무차별적인 퇴근길의 시민들이 해고근로자 3명이 나눠주는 '해고자 복직' 등 내용의 유인물을 받아 읽었다고 하여 그 자리에서 걸음을 멈추고 해고근로자들의 주장에 동조하는 시위를 전개하게 되리라고 예측한다는 것은 백치가 아닌 한 불가능한 일임이 명백하다. 그렇다면 어느 모로 보나 피고인들이 행인들에게 시위를 선동한 것이라고 단정할 수 있는 근거는 전혀 없다. 뿐만 아니라, 가령 백보를 양보하여 '시위를 선동'한 것이라고 하더라도, '현저히 사회적 불안을 야기할 우려가 있는 시위'를 선동한 것이라고 볼 근거는 어디에 있는가? 위 공소사실 중 피고인들이 선동하였다는 시위의 성격·내용·양태에 관하여 밝히고 있는 것은 '정부의 노동정책을 비판하는 내용의 가두시위'라는 것이 그 전부이므로, 결국 공소관청의 견해는 정부의 노동정책을 비판하는 시위는 곧 '현저히 사회불안을 야기할 우려가 있는 시위'가 된다는 데 귀착한다고 볼 수밖에 없다.

요컨대 위 사건에서 피고인이 된 3명의 해고근로자들이 한 행위는 일반시민들에게 자신들의 고통과 울분을 호소하고 노동운동탄압의 실상 및 학원안정법 반대의 의견을 전달함으로써 유리한 사회여론을 환기하려고 한 것이 그 전부이다. 이런 행위가 '사회질서'의 이름으로 불법화되어야 한다면, 그 사회질서란 누구를 위한, 무엇을 위한 질서인 것이며, 집회 및 시위의 자유라는 헌법조문에 대하여 우리가 대체 어떠한 의미를 부여할 수 있는 것인가 하는 문제가 근본적으로 재검토되어야 할 것이다.

(3) 사례 3 —— 회사내에서의 임금인상시위에 관한 공소사실

피고인 최○○, 동 서○○, 동 서○○, 동 정○○, 동 김○○, 동 이○○은 공소외 김○○, 동 강○○, 동 추○○, 동 김○○, 동 안○○, 동 구○○ 등과 공동하여,

가. 1985.4.25. 19 : 00경 위 노동조합 사무실에서 임금인상교섭에 관한 공청회라는 명목으로 조합원들을 동원하여 집단시위를 하여 회사에 압력을 가하기로 합의한 다음 피고인 최○○, 동 이○○, 공소외 문○○, 동 연○○ 등이 조합원들에게 연락하는 한편 공소외 강○○는 조합사무실 칠판에 공청회 일시, 장소를 기재하여 조합원들에게 알리고, 동월 26. 18 : 40경 회사 제2공장 운동장에서 공소외 김○○은 메가폰을 들고 그곳에 모인 조합원 약 150여명에게 임금인상과 해고근로자 복직 등에 관한 협상이 결렬되었으니 조합원들은 단결하여야 하며 힘을 합하여 회사와 싸워야 한다고 주장하고, 피고인 김○○, 동 정○○, 공소외 강○○는 조합원들로 하여금 대열을 이루게 한 후 선두에 서서 임금인상, 해고근로자 복직 등 구호와 노총가, 흔들리지 않게 등 노래를 선창하고, 피고인 최○○, 동 서○○, 동 서○○, 동 이○○, 공소외 추○○ 등은 대열의 외곽과 중간에서 위 구호를 외치고 노래를 따라 부르며 위 조합원들과 함께 회사 제1공장, 제2공장 운동장 및 식당 등을 선회하는 등 동월 27. 15 : 40경 해산시까지 현저히 사회적 불안을 야기시킬 우려가 있는 시위를 할 것을 선동하고, …

위 사건에서도 '임금인상, 해고자 복직' 등의 구호나 「노총가」, 「흔들리지 않게」 등의 노래 및 "조합원들은 단결하여야 하며 힘을 합하여 회사와 싸워야 한다"는 주장 자체에 무슨 불법성, 반사회질서성이 있는 것은 전혀 아니다. 또 행위양태를 보더라도 회사내에서 노동조합원들이 모여서 노래를 부르고 구호를 외치고 함께 운동장을 선회한 것만으로 사회의 민주적 기본질서에 무슨 침해가 초래된다고는 도저히 말할 수 없다. 결국 위 시위와 관련하여 무슨 '불안'이라고 할 만한 것이 있을 수 있다면 그것은 임금인상을 회피하려는 회사 경영진

측의 어떤 심리적 불안감일 뿐이다. 기업주의 불안감을 가지고 '사회적 불안'이라고 말할 수는 도저히 없다. 그것은 어디까지나 '회사적 불안'일 뿐이다. 기업주의 심리적 안전을 보호하기 위하여 국민의 가장 기본적인 권리인 표현의 자유 —— 집회·시위의 자유가 금압되어야 한다고 말할 수는 없는 법리인 이상, 도대체 위 사건에서 근로자들의 행위 중 어떠한 요소가 '현저히 사회적 불안을 야기할 우려'를 낳게 하였다는 것인지 도무지 이해하기 어렵다.

위 임금인상시위의 배경은 이러하다. A회사는 연간 수십억원씩의 흑자를 내고 있었다. 그런데 근로자들의 기본임금은 월 10만원에도 미달하는 처지였다. 임금인상시기가 되어 노조와 회사 사이에 임금인상교섭이 전개되었다. 10여 차례의 노·사협의가 진행되었으나 임금결정의 전권을 쥐고 있는 사장은 협의에 한번도 제대로 출석하지 않았고 협의에 참여한 회사간부는 교섭타결에 거의 성의를 보이지 않고 시일을 끌기만 했다.

노·사간의 임금인상교섭이 잘 이루어지지 않을 경우, 특히 그것이 회사측의 노골적인 무성의로 말미암은 것일 경우, 근로자들에게는 어떤 선택수단이 있는가? 현행 노동쟁의법규 아래서는 사실상 파업 등의 쟁의제기를 통한 해결의 길이 봉쇄되어 있다는 사실은 누구도 부인할 수 없다. 여기에서 근로자들은 임금인상 실현을 위한 거의 유일한 수단으로서 위 시위를 선택하게 되었던 것이다.

이같은 정황을 고려할 때, 위 임금인상시위를 '사회불안'이라는 이름으로 단죄하는 사태의 정치적 의미는 더욱 명확히 드러난다. 즉 가장 완벽하게 평화적으로 진행된 위 시위마저도 불법화되어야 한다면 어떤 종류의 임금인상을 위한 집회나 시위도 모두 불가능해진다. 그 경우 근로자들은 임금인상 등 근로조건 향상을 위한 노사협상과정에서 아무런 압력수단도 갖지 못하고 오직 회사측의 선심만을 기대해야 하는 처지가 될 것이다.

이것이 '집시법'이 옹호하려고 하는 '사회질서'의 진면목이라면, 그것은 민주사회의 기본이념에 의하여 거부되어야 할 질서, 인간의 존엄성을 파괴하는 억압과 침묵의 노예적 질서, 보다 정확하게 표현하자면 민주적 기본질서의 반대물인 '반질서'라고 하지 않을 수 없다.

4. 맺는 말

표현의 자유의 이념이 서구 민주주의의 발전과 더불어 현재와 같은 모습으로 활짝 개화하게 된 것은 사실이나, 그 사상적 연원은 비단 서구만이 아니라 동양의 역사에서도 풍부히 발견된다. 이러한 의미에서, 표현의 자유를 서구적 가치라고 보는 견해는 일면적이며 피상적인 것으로서 취할 바가 적다고 생각된다. 한편 사회주의 진영의 나라들에서도 혁명 초기에는 부르조아적 이념으로서 매도되었던 표현의 자유에 대한 관심이 근래에 이르러 현저히 제고되는 추세를 보이고 있는 것 같다.

1970년대의 '유신'체제가 우리에게 남긴 가장 잔혹한 해독 가운데 하나는 아마도 표현의 자유의 운명에 관한 것이 될 것이다. 유신체제 아래서 표현의 자유는 '서구적 가치'로서 매도되었고 노골적으로 부정되었다. 그것은 '국적 없는 교육'이 배출해낸 '서구 민주주의적 환상'에 사로잡힌 일부 극소수 지식인들의 정신적 사치에 지나지 않는 것이었다. '국가안보'와 '민족의 생존·번영'이라는 지상과제 앞에서는 그것은 아무런 가치도 인정받을 수 없는 허무였으며, 심지어는 반가치였다. 유신헌법을 '비방'하거나 헌법개정논의를 하는 것만으로도 15년 이하의 징역을 받기에 충분한 극악범죄가 되었다. 대통령이 그때그때 금지하는 종류나 내용의 발언을 하는 행위, 대통령이 그때그때 금지하는 종류의 집회나 시위에 참가하는 것만으로도 중대한 반국가범죄가 되었다. "사법부가 독립되어 있지 않다"고 말한 사람들이 '사실왜곡, 허위사실 날조'라는 죄목으로 중형에 처해졌다. 요컨대 권력의 비위에 조금이라도 거슬리는 일체의 언동이 범죄가 되었다. 사람들은 침묵을 배워야 했고, 표현의 자유는 빈사상태에 빠져들었다.

이같은 유신체제의 유산은 오늘날에 이르기까지도 우리의 표현의 자유의 운명 위에 그 어두운 그림자를 무겁게 드리우고 있다. 미술전시회장에 경찰관들이 난입하여 그림을 뜯어낸다든지 경범죄처벌법 위반을 사유로 하여 서적과 유인물들에 대한 대량압수·수색 소동이 벌어진다든지 하는 일들은 모두 표현의 자유에 대한 '유신이념'적인 경멸을 반영하는 사태라고 할 수 있다. '집단'행동이라든지 '정치적' 언동이라든지 하는 수식어는 아직도 여전히 무언가 불순하고 위법한 사태, 모종의 '질서'를 파괴하는 사태를 지칭하는 음산한 의미로 사용되고 있다. 그리하여 으레 '용납할 수 없다'라는 결론이 뒤따를 것을 예상케 한다.

앞서 몇가지 사례들을 통하여 살펴본 '집시법' 규정의 운용실태에 의하면, 정부에 대하여 비판적인 일체의 집회·시위가 '현저히 사회불안을 야기할 우려'가 있다는 이유로 단죄될 위험 앞에 놓여 있다고 해도 과언이 아니다. 물론 실제로 모든 비판적인 집회나 시위에 대하여 정부가 '집시법' 규정을 적용하여 처벌을 하고 있는 것은 아니며 또 그렇게 한다는 것이 현실적으로 가능한 일도 아니다. 예컨대 대도시의 간선도로에서 수십만의 군중이 운집한 가운데 수시간씩 도시교통을 마비시켜 진행된 야당의 개헌추진 집회와 시위에 대해서는 위 집시법 규정이 적용되지 않았다. '사회불안을 야기할 우려'로 말하자면 실제로 집시법 위반으로 입건·처벌된 그 어떤 집회·시위에 있어서도 이 개헌추진 집회·시위의 경우보다 더한 예는 없었을 것이다. 앞서 본 세 가지 사례의 경우에는 더 말할 것도 없다. 이것은 위 집시법 규정이 어떤 합리적이고 일관된 적용원칙이나 기준이 없이 그때그때의 권력의 편의에 따라 자의적으로 집행되고 있음을 보여준다. 문제는, 일단 어떤 비판적인 집회나 시위에 대하여 공권력이 집회나 시위는 거의 틀림없이 위 집시법 규정에 의하여 '현저히 사회불안을 야기할 우려'가 있는 집회·시위로 판정되게끔 되어 있고 여기에 대하여 헌법에 보장된 국민의 '표현의 자유'라는 것이 하등의 실질적인 방어수단이 될 수 없게끔 되어 있는 것이 오늘의 법현실이라는 데 있다.

'표현의 자유'는 그토록 무력한 것인가? '사회질서'란 그토록 고요한 것, 소리도 없고 움직임도 없는 것, 죽음에 가까운 것인가? 그같은 침묵의 '질서'가 옹호됨으로써 민주주의는 옹호되는 것인가, 아니면 파괴되는 것인가?

(청암 송건호 선생 회갑기념문집, 1986. 12)

부천경찰서 성고문사건 변론 요지

1

변호인들은 먼저 이 법정의 피고인석에 서 있는 사람이 누구인가에 대하여 이야기하고자 합니다. 권양 ── 우리가 그 이름을 부르기를 삼가지 않으면 안 되게 된 이 사람은 누구인가? 온 국민이 그 이름은 모르는 채 그 성만으로 알고 있는 이름없는 유명인사, 얼굴없는 우상이 되어버린 이 처녀는 누구인가? 그녀는 무엇을 하였는가? 그 때문에 어떤 일을 당하였으며 지금까지 당하고 있는가? …에 대하여 이야기하고자 합니다. 국가가, 사회가, 우리들이 그녀에게 무엇을 하였으며 지금까지도 하고 있는가에 대하여 이야기하고자 합니다.

그리고 눈물 없이는 상기할 수 없는 '권양의 투쟁' ── 저 처참하고 쓰라린, 그러면서도 더없이 숭고하고 위대한 인간성에의 투쟁에 대하여, 그리하여 마침내 다가올 '권양의 승리', 우리 모두의 승리에 대하여 이야기하고자 합니다. 진흙탕 속에서 피어난 해맑은 연꽃처럼 오늘 이 법정을 가득히 비추고 있는 눈부신 아름다움, 그 백설 같은 순결, 어떤 오욕과 탄압으로도 끝내 꺾을 수 없었던 그 불굴의 용기와 진실을 위한 눈물겨운 헌신에 대하여 이야기하고자 합니다. 그리하여 지금 이 법정에서 이룩되어야 할 일이 무엇인지에 대하여 이야기하고자 합니다.

2

언제부터인가 우리 사회에는 '운동권학생'이니 '위장취업자'니 하는 낯선 이름으로 불리는 젊은이들의 무리가 등장하였습니다. 공안당국의 눈에는 이 젊은이들은 단순한 하나의 치안교란요인, 질서파괴를 위한 선동꾼, 아무 일 없이 잘 돌아가고 있는 태평성대에 일부러 혼란을 조성하기 위하여 태어난 하나의 이방인집단, 피도 눈물도 인간적 감정도 없는 정신적 기형아, 불가사리처럼 사회를 좀먹는 괴물, 심지어는 악마로까지 보일는지 모릅니다. 실제로 권양에 대한 성고문사건에 관한 검찰 수사결과 발표가 있을 때 도하 각 신문에 함께 보도된 '공안당국의 분석'에 의하면 이 젊은이들은 상투적으로 거짓말과 조작을 일삼는 사기꾼처럼, 목적을 위해서는 어떤 비열한 짓도 서슴지 않고 저지르는 패륜아, 심지어는 인륜도덕과 성까지도 도구화하는 이념적 냉혈동물인 것처럼 묘사되고 있습니다.

그러나 이같은 공안당국적 시각(視角)은 지극히 명백한 한 가지 사실 —— 즉 이 젊은이들은 바로 우리 사회에서 태어나서 우리 사회에서 자라난 우리의 아들딸이요 형제자매라는 사실, 그들은 태어날 때부터 '운동권'으로 태어난 것은 아니라는 사실, 그들이 '운동권'에 뛰어들고 '위장취업'자가 되게 된 것은 이 사회에 엄연히 존재하는 병폐 —— 이 젊은이들의 순결한 양심으로 하여금 도저히 소리치지 않을 수 없도록 만드는 온갖 불의와 비리, 억눌린 사람들의 아픔, 그리고 그 아픔을 결코 외면할 수 없다는 도덕적 결단 때문에 비롯된 것이라는 사실을 고의로 외면하고 있습니다.

1960년대 이래의 경제성장과정에서 가장 큰 공헌을 하고서도 그 성과로부터는 철저히 소외되어온 대다수 노동계층의 현실, '선진조국'을 운위하게 된 오늘에 이르기까지도 기본급 10만원 미만짜리가 허다한 살인적 저임금과 세계적으로 가장 혹심한 장시간 중노동, 열악한 작업환경에 시달리면서 멸시와 천대 속에서 인간 이하의 생활을 강요당하고 있는 노동자들의 아픔, 남들이라면 한창 부모 품에서 재롱을 부릴 나이인 열세살의 어린 소녀시절부터 소음과 먼지로 뒤덮인 숨막히는 작업장 원단더미 속에 파묻혀 십년여일하게 눈이 오나 비가 오나 변소 갈 틈도 없이 잔업에 철야에 뼈빠지게 노동을 하였으나 남은 것은 병든 육신과 지칠 대로 지친 영혼밖에는 아무것도 없는 스물세살 미싱사의 눈물, 노동조합을 결성하려 하였다는 이유만으로 사형선고나 다름없는 해고를 당하고 블랙리스트에 올라 아무도 받아주지 않는 구로공단의 뒷골목을 힘없이 배회하는 해고노동자들의 탄식, 기본급 10만원을 요구하였다는 이유로 회사폭력배들에게 머리채를 끄잡힌 채 각목과 발길질로 집단폭행을 당하고 그것도 모자라 집회 및 시위에 관한 법률 위반혐의로 구속된 구속노동자의 분노, 그리고 이 절망적인 상황 속에서도 끝내 포기할 수 없었던 인간다운 삶의 꿈 때문에, 그것을 관철하기 위한 마지막 수단으로서 꽃다운 젊은 목숨을 스스로 불길 속에 던져넣는 분신노동자들의 잇따른 참혹한 죽음――바로 이런 것들이 보다 유복한 환경 속에서 자라난 이 젊은이들, 어쨌거나 대학까지 다닐 수 있었던 행운을 타고난 이 젊은이들로 하여금, 더이상 그 행운에 안주하고 있을 수 없도록, 더이상 그 부모들이 기대하는 대학졸업의 경력에 걸맞는 안일하고 안전한 삶의 길을 갈 수 없도록 만들고 그 대신에 '운동권'과 '위장취업'의 험난한 가시밭길을 스스로 선택하지 않을 수 없게 만드는 가장 기본적인 원동력이라는 사실, 이 무엇보다도 중요한 사실, 누구도 부인할 수 없는 사실을, 우리는 결코 외면해서는 안 됩니다. 우리가 인정하지 않을 수 없는 것은, 이 젊은이들은 우리 사회에서 오랜 동안 기성세대가 보여주지 못했던 놀라운 도덕적 용기를 보여주고 있다는 사실입니다. 일제 36년의 이민족지배와 외세에 의한 분단의 쓰라린 역사를 거치면서 우리 민족의 도덕적 건강성은 심대하게 훼손되었고 사회적 양심은 거의 마비되다시피 하였습니다. 우리의 최근세사는 불행하게도 권선징악의 교훈에 친하지 못합니다. 반민족적·반민주적·반사회적 행위에 대하여 응당한 응징이 가해진 일이 없었고 한편 수많은 항일투사와 그 자손들의 불우한 생애가 웅변적으로 보여주듯이 민족과 사회에 대한 애정과 헌신에 대하여 그 어떤 정신적 보상조차도 주어진 일이 없었습니다. 이같은 왜곡된 역사 속에서 우리들 대다수의 기성세대는 일찍부터 부모들과 선배들과 사회로부터 힘 앞에 순종하고 체제에 순응하며 그 안에서 자기만의 안일을 추구하는 지극히 이기적인 인간, 비겁하며 왜소한 인간이 되도록 교육받으면서 자라났습니다. 우리들 기성세대의 뇌리에 깊이 주입된 '명철보신(明哲保身)'의 처세철학에 의하면,

불의한 권력에 대한 저항이란 한낱 계란으로 바위 치기에 지나지 않는 어리석은 짓이었고 가난하고 억눌린 이웃에 대한 관심이란 곧바로 개인적인 몰락과 패가망신의 길을 가리키는 위험표지판 이외의 아무것도 아니었습니다.

이같은 기성세대의 눈으로 볼 때, 오늘의 젊은이들이 대학출신자에게 보장되어 있는 기득권을 포기하고 노동자들의 고통에 동참하기 위하여 일생을 걸고 노동현장에 취업하고 있는 것은 참으로 이해하기 어려운 사태로 비칠는지도 모릅니다. 그러나 우리들 기성세대는 우리들의 척도로 이 젊은이들을 판단하려 들어서는 안 됩니다. 우리가 분명히 인식하지 않으면 아니 될 것은, 이제 우리 사회에 하나의 새로운 세대, 기성세대와는 다른 세대, 그들의 양심을 스스로 속이지 않고 정직하게 표현할 줄 아는 젊은 세대가 자라났다는 사실입니다. 이 새로운 세대는 민주화의 국민적 갈망을 불러일으킨 4·19의 감격으로부터 시작된 60년대와 노동자들의 인간다운 삶에 대한 사회적 관심을 일깨운 전태일의 죽음으로부터 시작된 70년대, 그리고 광주사태라는 엄청난 민족적 참화로부터 시작된 80년대의 시련을 거치면서 서서히 회복되어온 우리 민족의 도덕적 원기와 사회적 양심을 대변하고 있습니다. 물론 이 젊은이들 중 일부가 일시적으로나마 현실의 벽 앞에 부딪쳐 절망한 나머지 파괴적 충동에 휩싸일 위험이 있을 수 있다는 것을 부인하지 않습니다. 그러나 이같은 부작용은 우리 사회가 이 젊은이들의 항의와 비판을 경청하고 거기에 대하여 성실하게 대응할 자세를 갖추게 될 때, 그리하여 민주적 기본질서가 확립되고 사회정의를 위한 진지한 노력이 기울여지며 사회의 도덕적 건강성이 회복되게 될 때에, 자연히 치유되고 해소될 수 있는 문제이고, 또 반드시 그같은 과정을 통하여서만 치유되고 해소될 수 있는 문제라고 우리는 확신하는 바이며, 그같은 부작용이 일어날 우려가 있다는 이유만으로 이 젊은이들이 노동현실에 대하여 관심을 갖는 것 자체를 탓하거나 억압하려 들어서는 안 된다는 것을 우리는 분명히 말해두고자 합니다.

거듭 강조하거니와, 본 변호인단은 이 젊은이들이 노동현실에 관심을 가지고 노동현장에 뛰어들고 있는 것 자체에는 아무런 문제삼을 것이 없으며, 오히려 이 젊은이들이 보여주고 있는 놀라운 도덕적 용기야말로 우리 사회의 밝은 내일을 예감케 하는 무엇보다도 소중한 징후이며, 본의건 아니건 알게 모르게 기성

사회의 부패와 사악에 동참하고 있는 우리 기성세대들 중 누구도 이 때묻지 않은 순결한 젊은이들을 일방적으로 매도하거나 단죄할 수가 없다는 것을 선언합니다. 만약 정부 당국이 진실로 사회의 안녕질서와 평화를 이룩하는 데 관심을 가지고 있다고 한다면, 이 새로운 세대를 섣불리 백안시하거나 이단시하기 이전에 무엇보다도 먼저 뜨거운 애정으로 이들을 포용하여야 할 것이며, 물리적인 탄압과 처벌로 이들을 꺾으려는 헛된 시도를 할 것이 아니라 마땅히 우리 사회의 누적된 비리와 병폐를 척결함으로써 근원적인 해결을 모색하여야 한다는 것을 우리는 충심으로 권고하고자 합니다.

3

이 자리에 피고인으로 서 있는 권양은 이같은 새로운 세대의 젊은이 중 한 사람입니다. 그녀는 성실한 공직자 가정의 막내딸로서 이렇다 할 생활의 어려움을 알지 못한 채 순탄한 성장과정을 밟았으며 타고난 명민한 자질로 원주여고를 수석으로 졸업하고 서울대학에 진학하였습니다. 변호인들은 당시 원주법원에 재직하였던 어떤 분으로부터, 권양이 서울대학에 합격하였다는 소식이 전해지자 법원 직원들이 권양의 부친에게 경사라고 축하의 인사를 하고 권양의 부친이 흐뭇해하던 일이 눈에 선한데 그 권양이 이런 일을 당하게 되다니 실로 감회가 무량하다고 하는 말을 들은 일이 있습니다. 어느모로 보나 권양은 우리 사회에서 가장 양명하고 축복받은 환경과 여건 속에서 자라난 젊은이 가운데 한 사람이라고 말할 수 있습니다. 1979년 10월 26일 박대통령 피살소식이 전해졌을 때 당시 여고 2년생이었던 권양은 동급생들과 함께 목을 놓아 통곡을 했습니다. 그때까지만 해도 학교와 사회에서 가르친 대로 '유신만이 살 길'이며 박대통령만이 우리나라를 영원히 영도할 수 있으며 '한국적 민주주의'만이 우리나라의 현실에 맞는 유일한 정치체제라고 조금도 의심 없이 철석같이 믿고 있었던 이 순진한 소녀에게, 박대통령의 피살소식은 너무나도 큰 충격이었습니다. 그러나 정작 더욱 엄청난 충격이었던 것은, 박대통령이 피살된 바로 그 순간부터 아무도 더이상 유신체제의 정당성에 대하여 말하지 않게 되었으며, 오히려 날이 갈수록 유신체제를 공공연히 비판하고 부정하는 목소리들이 높아졌으며, 엊

그제까지만 해도 그토록 유신만이 살 길이라고 외치고 박대통령을 위대한 영도
자로 추켜세우던 세상사람들이 일변하여 박대통령의 장기집권욕과 독재 그리고
그 아래서의 부패와 비리를 거론하게 된 사실이었습니다.

국민학교 시절 이래 여고 2년생이 되기까지 기성세대로부터 귀에 못이 박이
도록 배웠고 그래서 의심 없이 믿어왔던 것이 실은 거짓이었으며 속은 것이었다
는 이 어처구니없는 진실 앞에서, 기성세대와 사회에 대한 그녀의 신뢰는 산산
조각으로 부서지고 말았습니다. 권양은 이때부터 상당히 오랜 기간 동안 신문
을 보지 않게 되었으며 이것이 계기가 되어 정의와 진실에 대한 관심, 정치와
사회의 현실에 대한 의식이 싹트기 시작했다고 술회하고 있습니다.

대학에 진학한 후 권양은 노동자들의 아픈 현실에 대하여 알게 되었습니다.
그리하여 번민을 거듭하던 끝에 같은 세대의 다른 많은 젊은이들처럼 대학생으
로서의 특권을 포기하고 스스로 노동자가 되어 노동자들의 권리를 증진시키는
데에 헌신하기로 결단을 내렸습니다. 그래서 가명으로 어떤 공장에 취업하였고
그로부터 불과 며칠 만에 가명 입사 사실이 발각될까 우려한 나머지 자진 퇴사
하였습니다. 이것이 권양이 한 일의 전부입니다. 변호인들은 여기에 무슨 잘못
이 있는지를 묻고자 합니다. 누가, 무슨 권리로, 이러한 권양의 행위를, 그 양
심의 표현을 단죄할 수 있는가를 묻고자 합니다.

검찰은 아마도 이렇게 말할 것입니다. "권양은 노동현장에 취업하였기 때문
에 구속된 것이다." 그러나 이것은 사실일는지는 몰라도 진실은 아닙니다.
1984년 4월 24일 노동부는 "앞으로 각 기업체에서 근로자를 신규채용할 때에는
학력과 경력은 물론 본인의 면담 등을 통해 신상심사 등 취업희망자의 신원조회
를 철저히 하도록" 지시하였습니다. 정부와 기업측에서는 대학출신 노동자들이
불법적 쟁의를 선동하고 있다고 대대적으로 선전하면서 이들을 해고조치하기
시작하였고 1985년 이후부터는 대학출신 노동자들이 학력은폐의 수단으로 작
성·제출한 타인 명의의 이력서나 주민등록증 때문에 형사입건되는 사례가 빈
번하였던 것입니다. 이것으로 보면 당국의 의도는 대학출신자의 노동현장취업
자체를 저지하려는 데 있는 것이고 주민등록증 변조 등을 사유로 한 형사처벌은
이 취업저지의 목적을 달성하기 위한 하나의 수단일 뿐인 것이 명백합니다.

당국은 대학생출신 노동자들이 순순한 노동자들과는 달리 생계를 위해서가

아니라 노동운동을 할 목적으로 노동현장에 취업하는 것이 마치 무슨 불순하고 불법적인 일인 것처럼 주장하고 있습니다. 그러나 우리 헌법의 민주적 기본질서는 노동운동의 자유를 그 불가결의 일부로 포함하고 있는 것이며, 대학생이든 누구든 그 양심에 따라 노동자로서 직업을 선택하고 노동운동에 헌신할 수 있는 권리는 우리 헌법이념상 당연히 시인되는 것입니다. 이 점에서, 노동운동 자체를 불온시하는 당국의 견해는 위헌적인 발상이라는 사실을 지적하고자 합니다.

기업체들이 대학출신 노동자들을 채용하지 않으려 하는 것은 결국 노동자들의 권리의식과 노동운동의 발전을 저지하기 위한 부당한 의도에서 나온 것이며, 이같은 부당한 의도는 우리 헌법의 인간적 존엄성의 이념에 반하는 것이므로 법의 비호를 받을 수 없는 것이라고 하지 않을 수 없습니다. '위장취업'은 이같은 기업주측의 부당한 의도로부터 직업선택의 자유와 노동운동의 발전이라는 정당하며 합헌적인 목적을 방어하고 관철시키기 위하여 불가피하며 유일한 수단입니다. 따라서 대학출신자가 남의 이름을 빌려 노동현장에 취업하고 그 때문에 위조 또는 변조하는 행위는 도덕적으로도 도저히 비난받을 수 없는 행위일 뿐만 아니라 전체적인 법질서의 관점에서도 시인되어야 할 적법한 행위라고 우리는 주장합니다. 즉 이것은 사회상규에 위배되지 않는 정당행위로서 위법성이 없습니다. 따라서 우리는 권양의 행위가 도덕적으로 결백할 뿐만 아니라 법률상으로도 무죄라고 주장합니다.

그러나 실정법상의 유·무죄의 문제를 떠나서, 우리가 권양의 행위에 관하여 진정으로 묻고자 하는 것은, 그것이 그토록 엄청난 범죄였는가, 6월 7일 토요일 깊은 밤에 부천경찰서의 불꺼진 한 조사실에 두시간 가량이나 갇혀 금수와 같은 형사 하나와 단 둘이 대면한 가운데 노예처럼 뒷수갑을 채우고 처녀의 부끄런 알몸을 발가숭이로 벗기우고 필설로 이루 형언할 수 없는 야만적인 능욕과 고문을 당했어야 마땅할 만큼 엄청난 범죄였는가, 그것도 부족하여 '공안당국'으로부터 만천하 공개리에 저 견딜 수 없는 모욕, "혁명을 위해서는 성도 도구화하는" 이념적 냉혈녀요, 있지도 않은 성고문 사실을 허위조작하여 수사기관의 위신을 실추시키고 국가의 공권력을 무력화시키려 한 추악한 마녀인 것처럼 터무니없는 모략중상을 당하여도 좋을 만큼, 한 인간으로서 또 한 처녀로서의 마지막 자존심마저도 그토록 여지없이 짓밟혀도 좋을 만큼, 그토록 엄청난 범죄였는가, 또 그처럼 철저하고도 잔혹한 인간적 파괴와 오욕을 당하고 나서도 아직껏 여기에 이렇게 묶여 있어야 할 만큼, 그 분노와 절망에 지칠 대로 지친 영혼과 육신을 억지로 지탱하면서 수개월 동안이나 차디찬 철창 속에 갇혀 있어야 할 만큼, 그토록 엄청난 범죄였는가, 하는 물음입니다.

변호인들은 깊은 분노로 말합니다. 이 재판은 거꾸로 된 재판입니다. 여기에 묶여 서서 재판받아야 할 것은 이 연약하고 순결무구한 처녀가 아니라 바로 이 처녀에게 인간의 탈을 쓰고서도 차마 상상할 수 없는 추악한 만행을 저지른 문귀동, 우리 사회의 법질서와 인권과 인륜도덕을 그 근본에 이르기까지 남김없이 유린하고 우리로 하여금 인간성에 대한 마지막 신뢰마저도 지닐 수 없게 만든 극악극흉한 범죄를 저지른 문귀동 바로 그 사람인 것입니다. 아울러 문귀동의 범행을 교사·방조하였던 모든 사람들, 문귀동을 비호하고 그 범행을 은폐하려고 들었던 모든 사람들이 그 책임의 경중에 따라 여기에 서서 재판을 받아야 할 것입니다. 문귀동이 의법처단되지 않는 한, 권양에 대한 이 재판은 원천적으로 불의한 사태인 것이며, 어떠한 이유로도 정당화될 수 없습니다.

국민들 어느 누구도 문귀동이 기소유예처분을 받고 바깥세상을 활보하고 있는 터에 권양이 묶여서 재판을 받고 있는 사태를 도저히 납득하지 않을 것이라는 것이 변호인들의 확신입니다.

따라서 권양은 더이상 묶여 있어서는 안 되며, 바로 이 자리에서 즉각 석방되어야 한다고 우리는 주장합니다.

4

권양이 부천경찰서에서 당했던 일, 저 입에 올리기조차 끔찍스럽고 더러운 만행의 자세한 경위에 대하여 우리는 더이상 말하고 싶지 않습니다. 권양이 어떤 일을 당했는가는 이제 온 세상에 알려져 있고, 정부당국이 그토록 그 진상을 은폐하려고 온갖 노력을 기울였음에도 불구하고 이제 권양의 주장의 진실성을 의심하는 사람은 아무도 없게 되었습니다.

그동안 신문에서 이 전대미문의 성고문사건에 대한 보도를 막으려는 당국의 집중적인 보도통제노력 때문에 권양의 주장내용조차 제대로 보도되지 못하고 있을 때, 성고문의 진상을 국민에게 직접 알리려는 정당·사회단체의 폭로대회가 매번 경찰의 필사적인 제지로 방해되었을 때, 성고문에 항의하던 사람들이 숱하게 잡혀들어가고 유인물들이 수없이 압수되었을 때, 검찰이 그 실제 수사 결론과는 상반되는 터무니없는 '수사결과 발표'라는 것을 하고 '공안당국'이 권양에 대하여 온갖 욕을 퍼부었을 때, 고등법원에 제기한 재정신청이 누구도 납득할 수 없는 전후 모순되는 이유설시 아래 어처구니없이 기각되었을 때, 그때마다 권양의 진실은 그것을 끝내 은폐하려는 강대한 권력의 힘 앞에 부딪쳐 차단되고 좌절되어버린 것처럼 보였지만, 실제로는 바로 그 진실을 필사적으로 은폐하기 위하여 허둥대는 권력의 모습에 의하여 한단계 한단계 승리의 길로 전진을 거듭하였던 것입니다. 임금님의 귀가 당나귀 귀라는 진실은 끝내 알려질 수밖에 없는 것이었습니다. 진실은 감방 속에 가두어둘 수가 없습니다.

만약 아직도 그 진실을 믿으려 하지 않는 사람들이 있다면, 진실을 대면하기를 두려워하는 사람들이 있다면, 우리는 서울고등법원의 재정신청기각 결정문을 읽어보라고 권하고 싶습니다. 이 법원 결정문은 그 이유설시에서 이렇게 말하고 있습니다.

"피의자 문귀동의 이 사건 피의사실 중 피의자 문귀동이

가. 1986. 6. 6. 04 : 20경부터 06 : 30 사이에 부천서 수사과 조사계 제5호 조사실에서 위장취업과 관련하여 연행된 피해자 권양을 상대로 5·3인천소요사태 수배자와의 관련 및 소재에 관하여 … 추궁하였으나 그녀가 모른다면서 이에 응하지 않자 젖가슴을 들추어보고 그녀의 바지지퍼를 끌러내린 다음 같은 경찰서 수사과 형사계 근무 순경인 피의자 이홍기를 불러 입회시킨 가운데 그녀에게 화난 소리로 '이년' '저년' '옷 벗어' 등 폭언을 하고 '5·3사태관련 여자아이들도 나한테 걸리면 금방 다 자백했어'라고 은근히 진술을 강요하면서 위협을 하여도 불응하자 그녀의 티셔츠 위로 젖가슴을 3, 4회 만지고 위 이홍기 순경을 향하여 '이년 안 되겠군' '고춧가루 물 가져와'라고 말하며 마치 고춧가루 물로 고문할 것처럼 위협하는 등 인신구속에 관한 직무를 보조하는 사법경찰로서 그 직무를 행함에 당하여 형사피의자에 대하여 가혹한 행위를 하고,

나. 같은 해 6. 7. 20 : 30경 그녀의 재킷과 남방셔츠를 벗게 한 후 건너편

제3호 조사실에서 일하던 순경 김해성에게 수갑을 가져오게 하여 위 권인숙의 양손을 뒤로 돌려 수갑을 채우고 '거짓말하지 마라'며 고함을 지르고 그녀를 세면바닥에 무릎 꿇게 하다가 약 30분 후인 그날 21 : 00경 위 제1호 조사실과 바로 붙은 위 조사계 북서쪽 구석에 있는 피고인의 방인 제2호 조사실로 그녀를 끌고가 그때부터 그날 23 : 00경까지 사이에 불도 켜지 않아 실내가 어둡고 약 12미터 떨어져 있는 무기고 앞 외등의 불빛에 의하여 겨우 사람을 식별할 수 있는 그 방안에서 단 둘이서 피고인은 북쪽으로 난 피고인의 책상 앞 창가에 앉아 위 권인숙을 가까이 오라고 하여 그녀의 바지단추를 풀고 지퍼를 내린 후 자기 바로 앞에 놓여 있는 철제의자에 그녀를 앉게 하고 그녀 가까이 다가 앉으면서 그녀의 상의를 모두 올리고 양손으로 젖가슴을 만지면서 '간첩도 결국은 분다, 너 같은 독한 년은 처음 본다'고 하면서 그녀가 정말 모른다면서 신음소리를 내자 '신음을 내면 아무도 없는데 무슨 소용이 있느냐'고 겁을 주고 욕설을 하면서 그녀의 허리부분과 상체를 어루만지는 등 추행을 함으로써 인신구속에 관한 직무를 보조하는 사법경찰로서 그 직무를 행함에 당하여 형사피의자에 대하여 가혹한 행위를 한 사실은 인정된다."

'추행을 한 사실은 인정된다'고 말하고 있습니다. 문귀동이 불 꺼진 방에서 권양에게 뒷수갑을 채우고 무릎을 꿇게 한 채 권양의 상의를 모두 올리고 권양의 바지단추를 풀고 지퍼를 내리고 양손으로 젖가슴을 만지고 허리부분과 상체를 어루만지는 등 추행을 한 사실이 인정된다고 말하고 있는 것입니다.

이것이 다른 문서도 아닌 법원의 결정문입니다. 더구나 그것도, 국민의 편에 감연히 서서 재정신청을 받아들인 재판부가 아니라, 우리가 의심하기로는 필경 권력의 유형·무형의 압력 앞에 견디지 못하여 사법권의 존엄과 법관의 긍지를 스스로 저버리는 재정신청기각이라는 부당한 결론, 권력의 의도에 맞는 결론을 내린 재판부가 작성한 결정문인 것입니다.

이 법정문이 나옴으로써, 이제 그 누구도, 경찰·검찰 '공안당국' 또는 그밖의 그 어떤 측도 더이상 권양의 진실 앞에 도저히 저항할 수 없게 되었다는 것을 우리는 분명히 지적하고자 합니다. 권양의 성고문 주장이 허위조작이냐 진실이냐 하는, 저 한동안 세상을 소란하게 하고 우리를 통분으로 질식케 하였던 어리석은 논쟁은 이제 이것으로 끝장난 것입니다. 권양의 완벽한 도덕적 승리로 결판이 난 것입니다. 권양을 모함하였던 모든 사람들에게, 권양의 피해주장을 운동권세력의 상투적인 허위조작이라고 매도하였던 모든 사람들에게, 우리는 이제 입이 있으면 말해보라고 요구하고 싶습니다. 누가 더이상 권양에게 돌을 던질 수 있는지 나서보라고 요구하고 싶습니다. 누가 과연 목적을 위해서는 수단을 가리지 않고 상투적인 허위조작과 모략을 일삼는 거짓말쟁이인지, 어느 쪽이 과연 목적을 위해서는 성과 인륜도덕마저도 도구화하기를 서슴지 않는 세력인지는 이것으로써 명백히 판명이 났습니다.

물론 이 고등법원 결정문이 권양의 주장내용을 액면 그대로 전부 인정하고 있는 것은 아닙니다. 문귀동의 범행사실 중에서도 가장 극악하고 추잡한 대목 —— 특히 "손으로 음부를 만지고 자신의 성기를 꺼내어 음부에 비비는" 추행을 한 대목에 한해서는 이를 "인정하기가 어렵다"고 이 결정문은 설시하고 있습니다. 다른 것은 지극히 세부적인 하나하나의 정황사실에 이르기까지 다 권양의 주장대로 사실로 인정하면서도 어째서 이 마지막 대목만은 '인정하기가 어렵다'고 하는 것인가 —— 요컨대 이 대목만은 문귀동이 끝까지 부인을 하고 있고 당시의 주변상황으로 보아 문귀동이 "그토록 저열하고 비정상적인 방법으로 추행을 한다는 것은 일반경험칙상 수긍하기 어렵다"는 것입니다.

그러나 이것은 삼척동자도 믿지 않을 자가당착적인 궤변입니다. 우리는 묻노니, 그렇다면 명색이 형사라는 자가 조사받는 처녀를 불 꺼진 방에 가두어놓고 뒷수갑을 채우고 무릎을 꿇려놓고 웃옷을 다 벗겨 알몸으로 만들고 바지지퍼까지 내리고 젖가슴을 주무르고 '허리부분과 상체'를 어루만지는 것은 그다지 '저열한' 일이 아니고 그다지 '비정상적 방법의 추행'이 아니라는 것입니까? 그런 정도의 추행은 '정상적'인 추행으로서 '일반경험칙상 수긍'할 수 있다는 것입니까? 그처럼 정상적인 윤리감정을 갖춘 인간이라면 상상도 할 수 없는 불법무도한 비정상적 추행이 실제로 일어난 것을 인정하는 터에 어떻게 거기서 불과 반 발짝 더 나아간 것밖에 안 되는 추행만은 주변상황으로 보아 도저히 일어날 수 없다고 판단할 수 있다는 것인지 우리는 도무지 이해할 수 없습니다.

법원이 이처럼 그 누구도, 아니 그 자신조차도 설득시킬 수 없는 허약한 자가당착적 논거를 가지고 문귀동의 범행사실 중 그 일부분만을 억지로 부인하지 않으면 안 되었던 사태에 대하여, 우리는 우리가 열망하여마지않는 사법권의 독립을 위하여 진실로 애석하고 슬프게 생각하는 바이며, 이에 대하여 엄중히 항의하는 바입니다.

5

회고하건대, 저 잔약한 체구의 처녀가 지난 6월 6일과 7일 부천서에서 저 무도한 야수적 능욕을 당하고, 산산이 파괴된 인생의 절망과, 겪어보지 않은 사람이라면 누구도 그 깊이를 알 수 없는 비통한 자기모멸감과 수치심 그리고 출구를 알 수 없는 치떨리는 분노에 시달리면서 경찰서 보호실에서 유치장으로, 다시 교도소의 감방으로 짐짝처럼 넘겨질 때에, 그 순간순간마다 그녀의 뇌리를 무겁게 짓눌렀던 것은 오직 자기파괴와 죽음에의 충동, 그리고 한시도 떠나지 않은 악몽 속의 가위눌림뿐이었습니다. 그녀는 이미 죽은 목숨이나 다름없었습니다.

그러나 우리의 권양은 이 죽음과 같은 절망을 뚫고 부활했습니다. 견딜 수 없는 것을 견디고 참을 수 없는 것을 참아내며 실로 위대한 결단과 용기로 진실을 위하여 일어섰습니다. 여기에 이르기까지 권양이 겪은 저 전인미답의 지옥과 같은 고통과 번민, 좌절과 망설임, 그 악몽의 시간에 대하여 우리는 실로 눈물 없이는 말할 수가 없습니다.

오직 진실을 위하여, 오직 인간의 존엄성을 위하여, 권양은 처녀로서의 수치심과 명예를 모두 내던져버렸으며, 처녀로서는 차마 밝힐 수 없는 것을 만천하에 밝히기 위하여 입을 열었습니다. 이 모든 것을 건 눈물겨운 결단은 우리들의 잠들어 있던 양심에 엄청난 충격을 주었고 엄청난 감동을 불러일으켰습니다. 권양의 외로운 절규는 저 두꺼운 감방의 벽, 저 엄청난 억압의 벽을 헐고 나와 마침내 세상사람들의 가슴가슴에 닿았습니다. 많은 선의의 사람들이 그녀와 함께 일하기 시작했습니다. 추기경에서 이름없는 시골 촌부에 이르기까지, 노동자와 학생에서 공무원에 이르기까지, 실로 그 수효를 알 수 없는 많은 사람들이 방방곡곡에서 소리 없는 외침으로 권양을 성원하고 축복하였으며 권양의 영혼이 피로써 내건 인간성과 진실의 깃발 아래로 모여들었습니다. 혹은 교도소로 혹은 변호인들의 사무실로 수없는 사람들이 위로와 격려의 서신을 보내왔습니다. 어떤 가정주부는 변호인들에게 보낸 서신에서 "나는 왜 이 나라에 태어났는지, 나는 왜 딸을 낳았는지, … 권양을 위하여 기도를 하려면 목이 멥니다"라고 호소하였습니다. 부천경찰서로 몰려가 항의하다가 체포된 사람들도 있었고 인천지방검찰청에 신나통을 들고 들어가 시위를 하다가 현주건물방화죄로 구속기소되는 여대생들도 생겨났습니다. 어느 고위공무원은 이같은 상황에서 더이상 공무원으로 양심을 속이고 남아 있을 수가 없다고 양심선언을 발표하면서 전국의 공무원에게 "권양의 고통과 용기에 동참하여 진실을 말하고 거짓을 폭로하는 국민의 공무원이 될 것"을 호소하기도 하였습니다. 명동성당과 해인사를 비롯해 전국 곳곳에서 성고문을 규탄하는 기도회와 집회가 잇따라 개최되었습니다. 이 권양의 대열에는 남녀노소의 구별도, 도시와 농촌, 사회계층의 구별도, 수녀와 승려, 신부와 목사, 종교의 구별도 없었습니다. 우리 변호인들도 이 대열에 동참하여 미미한 노력이나마 보탤 수 있었던 것에 대하여 이것을 더없는 일생의 영광으로 생각하는 바입니다.

우리가 권양과 더불어 요구한 것은 진실이었습니다. 이 사건의 진상을 있는 그대로 파헤치고 문귀동을 비롯한 모든 관계자들을 의법처단함으로써 다시는 이같은 추악한 공권력 범죄가 재발하지 않도록 보장하라는 것이었습니다. 너무나도 당연한 요구였으며, 아무 지나칠 것이 없는 요구였습니다. 우리 사회의 인륜도덕과 법질서를 위하여, 인권상황의 개선을 위하여 반드시 받아들여지지 않으면 아니 되는 필수적인 요구였으며 정치적 견해와 이념의 차이를 초월하여 양식 있는 사람, 눈물이 있는 사람, 우리 자녀들의 내일을 걱정할 줄 아는 사람이라면 누구나 받아들이지 않으면 안 되는 최소한도의 요구였습니다.

그런데 이같은 권양의 눈물겨운 요구에 대하여, 모든 국민들의 간절한 열망에 대하여, 국가의 공권력은 과연 무엇을 하였으며, 지금껏 무엇을 하고 있는가를 우리는 묻지 않을 수 없습니다.

먼저 범행당사자인 경찰은 무엇을 하였는가?──만약 경찰이 그 스스로의 사명, 국민의 혈세로 유지되고 국민의 재산과 생명의 안전을 책임지고 범죄로부터 국민의 인권과 법질서를 최전선에서 보호해야 할 경찰로서의 사명을 조금이라도 염두에 두었더라면, 적어도 이 사건에서만큼은, 다른 사람도 아닌 경찰관이 다른 장소도 아닌 경찰서 안에서 피의자를 이처럼 있을 수 없는 추악한 패륜의 범죄를 저지른 이 사건에 있어서만큼은, 마땅히 스스로 범행전모를 철저히 파헤치고 국민 앞에 솔직히 진상을 공개하고 사과하였어야 옳을 것입니다. 그럼에도 불구하고 경찰은 처음부터 전조직을 총동원하다시피 하여 새빨간 거짓말을 조작하면서 범행 일체를 은폐하려고 나섰고 한걸음 더 나아가서 적반하장격으로 권양을 거짓말쟁이로 몰아붙였습니다.

우리는 문귀동이 당초에 그토록 당당하게 범행사실을 부인하고 나서고, 만천하를 상대로 감히 터무니없는 조작된 알리바이까지 들고나오면서 권양을 조사한 횟수와 시간 등 가장 기초적인 사실에서부터 거짓말을 일삼고, 심지어는 후안무치하게도 권양을 상대로 명예훼손죄와 무고죄로 고소까지 제기하는 것을 보고, 이것이 과연 막강한 경찰조직의 뒷받침을 배경으로 삼지 않고서도 있을 수 있는 일인가, 문귀동 한 개인의 결단만으로 가능한 일인가 하는 의혹을 품지 않을 수 없었습니다. 아니나다를까, 우리의 이러한 의혹은 검찰 수사과정에서 명백한 현실로써 입증되었습니다. 문귀동은 실제로는 6월 6일 새벽과 6월 7일 아침, 그리고 6월 7일 밤 9시경부터 11시경까지의 세 차례에 걸쳐 권양을 조사하였고 6월 7일 밤의 마지막 조사 때에는 입회 형사가 전혀 없는 가운데서 조사하였는데, 검찰의 수사를 받을 때 문귀동은 진술하기를 자신이 권양을 6월 7일 저녁 7시반경부터 9시반경 사이에 세명의 형사를 입회시킨 가운데서 단 한 차례 조사하였을 뿐이며 6월 6일에는 아예 부천경찰서에 출근한 사실조차 없었고 당일 송추로 놀러 갔었다고 거짓말을 하였습니다. 그런데 이 점에 관해 조사받기 위해 검찰에 불려나온 부천경찰서 서장, 수사과장 이하 모든 형사들은 하나같이 입을 맞추어 이 문귀동의 거짓말을 완강하게 뒷받침하다가 제반 객관적인 관계증거에 의하여 허위임이 탄로되자 비로소 진술들을 번복하였습니다. 이런 일이 어떻게 있을 수 있습니까? 경찰이 어찌 이럴 수 있습니까? 피의자들이 범행사실을 자백하지 않고 거짓말을 한다고 해서 질책을 하고 마치 당연한 일인 양 고문까지 일삼는 그 경찰이, 어떻게 이처럼 경찰서 하나의 조직을 총동원하여 엄청난 거짓말을 꾸며대며 집요하게 검찰을 기만하고 수사업무를 방해할 수 있습니까? 이처럼 스스로 하나의 범죄조직, 범행은폐조직으로 전락해버린 경찰에게 우리가 어떻게 더이상 범죄수사와 법질서유지의 책임을 맡길 수 있겠습니까?

경찰은 그 명예와 위신의 실추를 막기 위하여 성고문의 범행을 은폐하려고 하였던 것인지 모르겠으나, 이제 경찰의 명예와 위신은 정작 성고문범행 자체보다도 오히려 그 범행을 은폐하려 들었던 경찰의 부도덕성 때문에 여지없이 실추되었습니다. 경찰이 그 실추된 명예와 위신을 조금이나마 회복하려면, 지금이라도 이같은 범행은폐의 과오에 대하여 국민과 권양 앞에 사과하고, 경찰 조직 내부의 성고문범행 관련자는 물론이요 그 범행은폐책동에 공모가담하였던 일체의 관계자들도 남김없이 적발하여 지위 고하를 막론하고 의법처단하여야 할 것이며, 우리는 바로 이것을 경찰에 요구합니다. 만약 경찰이 이것을 끝내 거부할 때에는, 우리는 경찰에 대하여 도덕적 파산을 선고하지 않을 수 없게 될 것입니다.

범죄수사의 주체이며 인권옹호직무의 담당자인 검찰은 무엇을 하였는가 —— 이것을 생각할 때에는 우리들 변호인들은 분노보다도 먼저 슬픔이 앞선다는 것을 고백하지 않을 수 없습니다. 우리는 검찰이 이 성고문사건의 수사에 있어서 전례없이 진지하고 성실한 자세로 진실을 추구한 사실을 알고 있으며 그 노고가 많았던 것을 인정합니다. 이 사건에서 검찰은 인천지검의 수사인력을 총동원하다시피 하여 사건당사자인 권양과 문귀동, 그리고 43명의 참고인들을 상대로 연일 불철주야로 집중적인 조사를 전개하였습니다. 그 결과 검찰은 문귀동과 부천서 간부진 및 형사들이 조작해낸 모든 거짓진술들을 낱낱이 타파하였고 권양의 모든 주장이 진실임을 더이상 의심할 여지가 없을 정도로 명백하게 드러내었습니다.

그런데 "폭언·폭행은 있었으나 성 모욕행위는 없었다"는 검찰 수사결과 발표는 대체 어떻게 된 일입니까? 서울고등법원 재정신청사건 재판부는 다른 독자적인 증거조사는 일체 시행하지 않은 채 오로지 검찰 수사기록에만 의거하여 앞서 말씀드린 바와 같이 문귀동의 성추행 사실을 인정하였습니다.

이것은 무엇을 말하는가?—— 적어도 문귀동이 권양의 웃옷을 완전히 벗기고 바지지퍼를 내리고 젖가슴을 주무르고 허리와 상체를 주무르는 등의 성고문을 한 사실만은 검찰 수사기록상 명백하게 드러나 있다는 것을 말하는 것입니다.

그럼에도 불구하고 검찰이 이처럼 '수사기록상 명백한' 성추행 사실마저도 끝내 부인하려고 든 것, "젖가슴을 주무른 것은 아니고 티셔츠를 입은 가슴 부위

를 주먹으로 서너 차례 쥐어박은 것"이라고까지 강변하여야만 했던 것을 우리
는 대체 어떻게 이해하여야 할 것입니까?

이 수사결과 발표에서 검찰은 단순히 문귀동의 성고문 범행을 부인하는 데
그치지 않고 한걸음 더 나아가 권양이 "폭행사실을 성 모욕행위로 날조·왜곡
함으로써 자신의 구명과 아울러 일선 수사기관의 위신을 실추시키고 반체제 혁
명투쟁을 사회 일반으로 확산시켜 정부의 공권력을 무력화시키려" 하였다고 악
의적인 중상모략을 하기까지에 이르렀습니다.

검찰이 이처럼 그 자신의 실제 수사결론과는 너무나도 동떨어진, 너무나도
상반되는 어처구니없는 '수사결과 발표'를 하게 된 데 대하여, 변호인들은 일찍
이 검찰 발표과정에 검찰권의 독립적 행사를 저해하는 외부세력의 작용이 개입
된 것이 아닌가 하는 의혹을 피력한 바 있습니다. 그러나 그것이 사실이든 아니
든 검찰은 그 소신에 어긋난 수사결과 발표, 진실을 왜곡·은폐하고 전국민을
기만·우롱하고, 권양의 명예와 자존심을 여지없이 유린한 그 수사결과 발표에
대하여 전적인 책임을 져야 할 것이며, 그 책임을 다른 누구에게도 전가할 수
없다는 것을 우리는 분명히 말해두고자 합니다. 우리는 이제 서울고등법원의
결정문 내용이 밝혀짐으로써 검찰의 수사결과 발표가 고의적인 허위발표였음이
명백히 드러났음에도 불구하고, 아직껏 검찰에서 국민 앞에 이렇다 할 사과나
해명의 말 한마디가 없고 아무도 책임을 지는 사람이 나타나지 않고 있는 데
대하여 엄중히 항의합니다. 검찰의 직분을 진정으로 아끼는 마음에서, 우리는
검찰이 이 사태를 시정할 것을 요구합니다. 지금이라도 늦지 않았으니 종전의
발표내용을 철회하고 그 경위를 해명하고 사건의 진상을 백일하에 공개할 것을
요구합니다. 서울고등법원 결정으로 적어도 문귀동이 권양을 상대로 제기한 명
예훼손 등의 고소가 무고임이 명백히 드러난 이상, 문귀동을 무고죄로 추가 입
건하여 즉각 구속할 것을 요구합니다. 그리고 다른 모든 것을 떠나서, 검찰이
권양에게 가한 저 부당하고 부도덕한 정신적 학대에 대하여 사과하는 의미에서
라도, 권양에 대한 이 사건 공소를 즉각 취소할 것을 요구합니다. 만약 검찰이
이 중 어느 것도 하지 않을 때에는 우리는 그 본래의 사명에 부응하는 '진정한
검찰'을 갖지 못한 비애에서 벗어날 수가 없게 될 것입니다.

국민의 기본권의 마지막 보루라고 불리어지는 사법부는 무엇을 하였는가

—— 오늘날의 사법부의 유감스런 현실에 대하여 우리는 굳이 장황하게 말씀드리려 하지 않습니다. 그러나 그 현실에도 불구하고, 우리는 적어도 이 성고문 재정신청사건에 관해서만큼은 사법부에 대하여 한가닥 기대를 저버리지 않고 있었습니다.

전국민의 이목이 집중된 이 사건에서 사법부의 올바른 결정을 탄원하기 위하여 166명이라는 우리 법조사상 초유의 대규모 변호인단이 권양을 대리하여 재정신청에 나섰습니다. 이것은 사법부가 우리 사회의 법질서와 인권과 인륜도덕의 존폐가 걸린 최후의 방어선이 되다시피 한 이 사건에 있어서만큼은, 어떤 일이 있더라도 행정권력의 압력으로부터 벗어나서 그 최소한도의 양식에 입각한 올바른 결정을 내리게 되기를, 그리하여 법의 존엄과 사법권의 독립이 아직 건재함을 보여주게 되기를 간절히 바라는 재야 법조계의 한결같은 열망의 표현이었습니다. 국민 누구나가 납득하지 아니하는 문귀동에 대한 기소유예 결정, 검찰 스스로도 납득하지 아니할 그 상식에 어긋난 기소유예 결정을 그래도 명색이 사법부에서 설마 그대로 시인할 리가 있겠는가, 결정을 하지 않은 채 시일을 끄는 일은 있을지언정 차마 재정신청을 기각하기야 하겠는가 하는 것이 우리의 솔직한 심정이었습니다. 그러나 우리의 이같은 기대는 물거품으로 돌아갔습니다.

앞서 말씀드린 바와 같이 이 재정신청사건을 심리한 서울고등법원은 문귀동이 저지른 야수적인 성고문 사실을 대부분 인정하였습니다. 뿐만 아니라 이에 대하여 평가하기를 "살피건대 우리 헌법 제9조가 선언하고 있는 바와 같이 인간의 존엄과 가치를 근본 규범으로 하는 자유민주주의 국가에 있어서 인신구속에 관한 직무를 집행하는 경찰관이 형사피의자를 위협하고 특히 여성으로서의 성적 수치심을 자극하여 신체적·정신적 고통을 가하는 위와같은 인권침해는 용납될 수 없는 중대한 범죄행위로서 다시는 이러한 일이 발생하지 않도록 엄히 응징하여야 함은 마땅하다 할 것이다"라고 설시하기까지 하였습니다.

그럼에도 불구하고 위 법원은 그 결론에 있어서는 천만뜻밖에도 문귀동에 대한 검사의 기소유예 처분을 상당하다고 시인하면서 재정신청을 기각하였습니다.

'용납될 수 없는 중대한 범죄행위', '다시는 재발하지 않도록 엄히 응징되어야 마땅할' 행위에 대하여 기소유예 처분을 한 것이 적절하다니, 도대체 이같은 자가당착이 어디에 있으며, 도대체 이것이 법관의 양식으로써 있을 수 있는 일이겠습니까?

더욱이 위 법원 결정문이 기소유예 처분이 상당하다는 논거 중의 하나로서 "문귀동이 … 그동안 이 사건으로 인한 비등한 여론과 피의사실로 인하여 형벌에 못지않은 정신적 고통을" 받았다는 점을 들고 있는 데 이르러서는 우리는 실로 망연자실, 할말을 잃지 않을 수 없습니다. 그렇다면 사회여론의 지탄을 받는 극악범죄일수록 형사처벌은 가벼워져야 옳다는 말인지, 국가는 범죄자의 응징과 범죄의 예방을 사회여론에 내맡기고 뒷전에 물러나 있어야 한다는 말인지, 검찰과 법원은 대체 무엇 때문에 존재한다는 말인지 도무지 알 수가 없습니다. 어째서 우리 사법부가 이처럼 어불성설의 궤변까지 동원해가면서 한사코 문귀동에 대한 기소유예 처분을 옹호하여야 하는 것인지 도무지 알 수가 없습니다. 마치 이 나라에는 문귀동 한 사람의 인권만이 존재하고 있는 듯한 환각마저도 일어납니다. 우리 변호인들은 이른바 가정파괴범들의 소행에 비하여 문귀동의 범행이 과연 어느 만큼이나 덜 흉악하고 덜 파괴적인 경미한 범행으로 평가될 수 있는 것인지를 묻고자 합니다. 가정파괴범들에 대하여는 "스스로 인간이 되기를 포기했다"고 하는 이유로 일말의 동정도 없이 사형을 선고하기를 주저하지 않는 바로 그 사법부가, 어떤 의미에서는 단순한 가정파괴범보다도 더욱 가중스럽고 더욱 용서받지 못할 야수적 만행을 저지른 문귀동에 대해서만은 유독 자상하기 짝이 없는 태도로 온갖 있는 정상, 없는 정상을 다 들추어내어가며 용서를 하여야 한다고 말하고 있는 이 사태를 우리는 대체 어떻게 받아들여야 할 것입니까? 우리는 이것이 사법부의 본의일 수는 없다고 생각합니다. 우리는 모든 확신을 가지고 말하거니와, 이것은 결코 독립된 사법부가 스스로의 법률적 양식과 양심에 입각하여 내린 판단일 수가 없습니다.

여기에 이르러 우리는 오늘 우리 사법부의 몰락을 봅니다. 아무리 뼈아프더라도 이 말을 들어주십시오. 사법부는 그 사명을 스스로 포기한 것입니다. 한 그릇의 죽을 얻는 대가로 장자상속권을 팔아넘긴 에서처럼, 사법부는 한갓 구구한 안일을 구하기 위하여 국민으로부터 위탁받은 막중한 사법권의 존엄을 스스로 저버린 것입니다. 우리는 이 사태에 대하여 사법부에 몸담고 있는 법관

개개인들만을 비난할 생각은 추호도 없습니다. 이 사태가 우리 모두의 책임이라는 것을 인정합니다. 그러나 적어도 사법부로서는 이 사태의 책임을 다른 누구에게도 전가하려 들어서는 안된다는 것을 강조해두고자 합니다. 용기가 없는 사법부, 스스로의 사명을 스스로 저버린 사법부는 국민의 신뢰와 지지를 기대할 자격이 없습니다. 우리는 비통한 심정으로 말하거니와 이 재정신청 기각결정으로 인하여, 이제 더이상 사법부의 독립성을 믿는 사람은 거의 없게 되었다고 하여도 과언이 아닐 것입니다. 사법부의 존립근거 자체에 대하여 의문을 제기하지 않을 수 없게 하는 이 사태의 위험성에 대하여, 사법부에 몸담고 있는 모든 법관들이 깊이 통찰하고 사법권의 존엄을 스스로 지키기 위한 건곤일척의 몸부림을 시작하지 않으면 아니 될, 더이상 늦출 수 없는 역사적 순간이 도래하였다고 우리는 믿습니다.

국민의 알 권리와 표현의 자유를 지키는 민주주의의 보루라는 언론은 무엇을 하였는가——우리는 일선 취재기자들을 비롯하여 제도언론에 몸담고 있는 많은 사람들이 이 사건에 개인적으로 깊은 관심을 가지고 제한된 여건 아래서 최소한으로나마 권양의 진실을 세상에 알리려고 숨은 노력을 기울였던 것을 알고 있습니다. 이 사람들의 선의는 오래 기억될 것입니다. 그러나 우리는 지금 제도로서의 언론 전체가 이 사건에서 보여준 무책임하기 짝이 없는 편파보도, 권력에 대한 굴종과 국민에 대한 배신의 타락상에 대하여 이야기하고자 합니다. 언론은 이 사건에서 성고문의 진상을 은폐·왜곡한 검찰의 수사결과 발표내용이나 아무런 근거 없이 등뒤에서 칼을 찌르듯 일방적으로 권양에 대하여 악의적인 비방·중상을 퍼부은 이른바 '공안당국의 분석'내용이란 것은 액면 그대로 대문짝만하게 보도하였으나, 권양측의 주장내용에 대하여는 거의 보도하지 않았습니다. 심지어는 권양이 주장하는 성고문 피해사실의 내용이 구체적으로 무엇인지조차 제대로 보도하지 않았습니다. 권양이 당한 성고문의 내용이 국민들에게 알려진 것은, 이 엄청난 만행에 공분을 느낀 숱한 시민들과 사회단체들이 성고문 내용을 알리는 유인물 등을 자발적으로 인쇄 또는 복사해서 주위사람들에게 손에서 손으로, 입에서 입으로 전달한——그같은 매스컴 이전시대를 방불케 하는 수공업적 통신과정을 통해서였습니다. 과연 이럴진대, 비대할 대로 비대해진 제도언론은 대체 무엇 때문에, 무엇을 위하여 존재하는 것입니까? 언론은 국민의 알 권리를 충족시켜야 할 그 가장 기본적인 사명을 스스로 저버림으로써, 언론의 존재이유와 존립근거 자체에 근본적인 물음을 제기하지 않을 수 없게 하는 위험한 사태를 스스로 자초한 것이라고 해야 할 것입니다.

우리는 문공당국이 수시로 각 신문사에 이른바 '보도지침'이라는 것을 시달해 온 사실을 알고 있습니다. 그 내용 중 일부를 폭로한 자료가 시중에 유포된 것을 본 바에 의하면, 이 성고문사건에 관한 검찰 수사결과 발표 당시를 전후하여 문공부는 연일 집중적으로 성고문사건에 관한 '보도지침'을 시달하였고, 거기에서 보도해야 할 기사와 보도되어서는 안 될 기사, 보도할 기사의 크기와 보도 내용에 이르기까지 상세한 '지침'을 제시하였습니다. 우리는 당시 각 일간지에서 실제로 보도되었던 내용이 위 문공부 '보도지침'을 거의 그대로 준수한 것이었음을 발견하고 경악과 분노를 금할 수 없었습니다. 묻노니, 모든 언론이 이처럼 정부권력의 홍보자료로 전락해버린 이 암담한 사태는 대체 언제까지 계속되어야 하는 것입니까?

우리는 모든 언론인들이 이 사태의 책임을 스스로 통감하고 다른 누구에게도 전가하지 말기를 호소합니다. "힘 앞에서는 어쩔 도리가 없었다"고 말하지 마십시오. 만약 그같은 변명이 통할 수 있는 것이라면, 히틀러 치하에서 수백만의 유대인을 학살하는 데 가담한 사람들 중 어느 누구도 용서받지 못할 사람이 없을 것입니다. 언론의 자유는 쟁취되어야 하는 것이며, 이 싸움에 앞장서야할 것은 누구보다도 언론인들 자신이라는 것을 우리는 강조하고자 합니다. 언론인들 스스로가 자신의 직분을 지키기 위하여 몸부림치지 않는 한, 언론의 자유는 어느 누구에 의해서도 주어질 수 없습니다. 그리고 이 몸부림은 지금 당장 시작되어야 합니다.

우리는 권양의 변호인들로서, 언론에 대하여 우선 무엇보다도 권양의 명예회복을 위한 조치를 취할 것을 요구합니다. 검찰 발표내용이나 '공안당국의 분석' 내용이 전혀 터무니없는 것으로 드러났음을 분명히 밝혀주기를 요구합니다. 그동안의 모든 편파보도를 시정하고 권양을 근거 없이 비방·중상하는 숱한 기사들이 보도된 경위를 일일이 해명할 것을 요구합니다. 어떤 어려움이 있더라도 이것을 해낼 때에만, 언론은 자신이 그동안에 권양에게 가한 부당한 박해──한 연약한 처녀로서는 감당할 수 없을 정도로 엄청난 박해에 대하여 책임을 면

제받을 수 있게 될 것이며, 무엇보다도 언론 스스로의 존재이유를 되찾을 수 있게 될 것입니다.

6

이제 이 사건을 계기로 하여, 우리는 국가와 권력의 존립근거에 대해 근본적인 물음을 제기하지 않을 수 없게 되었다고 생각합니다. 국가란 그 구성원인 국민의 인간적 존엄과 가치를 보장하고 실현하기 위해서만 존재할 정당한 이유를 지니는 것입니다. 만약 국가의 공권력이 거꾸로 국민의 인간적 존엄성을 훼손하고 인간적 가치의 실현을 제약하는 파괴적 힘으로 작용하게 된다면, 그같은 공권력은 더이상 존재하여야 할 의의를 상실하게 되는 것입니다.

이 성고문사건의 진전과정을 통하여 우리는 우리 국가와 사회의 모든 기성의 권력과 권위들이 심각한 도덕적 위기에 봉착하고 있음을 똑똑히 볼 수 있었습니다. 이제까지 우리가 경찰과 검찰과 사법부 그리고 언론에 대하여 말한 것은, 우리 국가와 사회가 권양에게 가한 온갖 부도덕하고 비열한 박해의 일단에 지나지 않는 것이며, 우리가 봉착하고 있는 전반적인 도덕적 위기의 한 징후에 불과한 것이었습니다. 본 변호인단은 확신하거니와, 이 도덕적 위기야말로 그 어떤 군사적·정치적 혹은 사회경제적 위기보다도 앞서는 우리 국가와 사회의 가장 근본적인 위기인 것이며, 이것이 정당하게 극복되지 아니하는 한 우리들과 우리 자녀들의 앞날은 실로 암담한 것이 될 것입니다.

바로 이러한 위기의 순간에, 권양은 하나의 놀라운 기적으로 우리에게 다가왔습니다. 지난 7월 7일 변호인들이 인천소년교도소로 그날까지 열흘째 단식을 계속하고 있던 권양을 찾아갔을 때, 권양은 배가 쓰리고 머리가 어지럽다고 하면서도, "이 분노를 그대로 삭일 수가 없다, 차가운 교도소 마룻장을 베고 숨이 끊어지는 그 순간까지도 진실을 밝혀내고야 말겠다"고 말했습니다. 이 목숨을 건 진실에의 열정 하나만으로, 권양은 끝내 이 불의한 세상의 온갖 권세를 이겨내었습니다. 권양이 그토록 열망하였던 진실, 다시는 이 땅의 딸들이 자신과 같은 불행을 겪는 일이 없어지도록 하기 위하여, 국가공권력에 의하여 인간의 존엄성이 이처럼 여지없이 짓밟히는 사태가 더이상 지속되지 않도록 하기 위하여 권양이 그토록 밝히려고 열망하였던 진실은, 마침내 그 모습을 드러내었습니다. 이 진실을 밝히기 위하여 권양이 바친 그 모든 눈물겨운 희생과 헌신은 우리나라 인권의 역사에서 두고두고 뜨거운 감사의 정과 더불어 기억될 것입니다.

권양은 우리에게 '진실에의 비밀은 용기뿐'이라는 교훈을 온몸으로 가르쳐주었습니다. 우리는 이제 이미 혼탁하고 타락한 세대의 신화가 되어버린 권양의 투쟁에서, 일찍이 김수영 시인이 노래하였듯이 "어째서 자유에는 피의 냄새가 섞여 흐르는가를" 배웠습니다.

권양이 처음으로 우리에게 다가왔을 때는 슬픔과 절망으로 왔으나, 이제 우리는 가슴 가득한 기쁨과 희망으로 권양의 승리에 대하여 증언하고자 합니다. 우리는 권양이 이미 도덕적인 승리를 거두었다고 말한 바 있으나, 이제 머지않은 장래에 현실적으로도 완벽한 승리를 거두게 될 것을 믿어 의심치 않습니다. 이 엄청난 사건의 진실은 만천하에 낱낱이 공개될 것이며, 그 진실을 왜곡하고 은폐하려 들었던 모든 어리석고 비겁한 책동은 하나도 남김없이 타파될 것입니다.

이 진실의 최종적인 승리를 위하여, 지금 이 자리에 선 우리 모두는 권양이 우리에게 바친 헌신에 만의 일이라도 보답할 수 있도록 각자의 최선을 다할 것을 약속하여야 한다고 믿습니다.

이제 저 잔혹하였던 여름과 가을을 지나, 권양은 이 법정에 섰습니다. 우리가 마지막으로 눈물로써 호소하고자 하는 것은, 이 빛나는 영혼의 아름다움을 간직한 순결무구한 처녀는 이 시대의 모든 죄악과 타락과 불의를 속죄하는 제물로서 역사의 제단 앞에 스스로를 바쳤으며, 우리들 중 누구도 이 시대에서 가장 죄가 없는 이 처녀를 더이상 단 한시라도 차디찬 감옥 속에 갇혀 있게 하는 죄악의 공범자가 되어서는 안 된다는 사실입니다.

우리의 권양, 온 국민의 가슴속 깊은 곳에 은밀하고 고귀한 희망으로 자리잡은 우리의 권양은, 즉각 석방되어야 합니다.

1986.11.21.

134

위 피고인의 변호인

변호사 고 영 구   변호사 조 준 희
변호사 김 상 철   변호사 홍 성 우
변호사 박 원 순   변호사 황 인 철
변호사 이 돈 명   변호사 손 태 봉
변호사 이 상 수   변호사 황 산 성
변호사 조 영 래   변호사 이 태 영

인천지방법원 귀중

1987년

공권력이 법정신을 위배해서야

1

세월에 대한 느낌이나 평가는 사람마다 다를 수 있을 것이다. 지난 1986년을 기적적인 수출신장과 수십억달러의 국제수지 흑자를 기록한 행운의 해로 기억하는 사람도 있을 것이고 혹은 아시안게임에서 일본을 제치고 중공과 1위 다툼을 벌인 영광의 해로 기억하는 사람도 없지 않을 것이다.

그러나 행인지 불행인지는 모르되 직업상 어쩔 수 없이 경제지표나 스포츠 성적보다는 '법질서'라든지 '인권'이라든지 하는 문제에 더 큰 관심을 지니고 살아가게끔 되어 있는 필자와 같은 사람에게 있어서는 지난 1986년, 특히 그 마지막 몇달간은 빈번하게 상궤를 벗어난 공권력 행사로 인하여 법질서가 밑바탕에서부터 뒤흔들린 지극히 불행한 시간으로 기억되는 것을 어쩔 수가 없다.

우선 지난 한해 동안 구속된 정치범의 수효가 3,400명이 넘는다는 한 가지 사실만으로도 우리는 사태가 근본적으로 잘못되었음을 단언할 수 있다. 인구 4천만명 정도의 단일민족으로 이루어진 나라에서 전시도 아닌 터에 1년 사이에 3,400여명이 정치적 이유로 투옥되기에 이르렀다는 것은 그 어떤 이유로도 정당화될 수 없는 비정상사태라고 하지 않을 수 없으며, 여기에서 우리는 하나하나의 구속사례를 살펴보기 이전에 이미 공권력이 온당한 자제력과 균형감각을 잃고 방만하게 발동된 일이 많았으리라는 지레짐작을 품을 만한 이유가 있다고 생각한다.

'건대사건' 때는 1,300명에 가까운 대학생들이 한꺼번에 구속되었다가 그 뒤 얼마 만에 그 중 9백여명이 풀려나오는 기록이 수립되었는데, 이것 역시 정상적인 일이 아님은 말할 필요조차 없다. '부천서사건'의 처리, 건대사건의 진압, 재야단체 해산, 신민당 서울개헌대회의 봉쇄 등 지난해 하반기의 신문지면을 큰 활자로 장식했던 잇따른 일련의 공권력 발동과정에서 우리는 '법'이라는 이름 아래 진정한 법의 정신과 논리와 양식이 유린당하는 뼈아픈 일들을 거듭거듭 목도해야 했다.

공권력이 법률의 명문규정을 정면으로 어긴 사례의 하나로서는 건대사건 관련학생들에 대한 영장 없는 구금을 들 수 있다. 법은 분명히 사람을 영장 없이 구속하지 못하도록 하고 있고 부득이하여 미리 구속한 경우라도 일정시간(서울과 같이 지방법원이 있는 곳에서는 48시간) 이내에 영장을 발부받지 못하면 반드시 석방해야 한다고 명하고 있으며 여기에 어떤 예외도 두고 있지 않다.

그런데도 건대사건의 경우 학생들이 경찰에 체포된 지 48시간이 훨씬 지난 후에 구속영장이 신청되었고 법원도 이것을 묵인한 채 영장을 발부하였으며, 심지어는 영장발부를 '보류'한 채 소명자료를 더 가져오기를 기다려 나중에 발부한 예까지도 있었다. 이 일은 도하 각 일간신문에 크게 보도되었다. 즉 온 천하가 지켜보는 가운데에서 법의 명문규정이 공공연히 유린당하고 있었던 것이다.

법의 형식을 갖추었을는지는 몰라도 법의 진정한 정신과 취지를 어긴 공권력 행사의 사례로서는 이돈명(李敦明) 변호사에 대한 구속조치를 들 수 있다. 다른 것은 다 그만두고라도, 우리 사회에서 다른 누구보다도 '도주와 증거인멸의 우려'가 없다고 하여야 할 이변호사에 대하여 구속영장이 발부된 것은 법에 정한 '도주와 증거인멸의 우려'라는 구속의 요건을 사실상 형해화해버린 결과가 된다 하지 않을 수 없다.

'성고문'의 피해자인 권양에 대한 실형선고와 가해자인 문형사에 대한 기소유예조치는 법의 궁극적인 기반인 건전한 상식과 논리에 반하고 국민들의 공론과 일반적 법감정에 어긋나는, 형평을 잃은 법적용의 대표적 사례였음은 더 말할 필요도 없다.

이밖에도 숱한 쓰라린 일들이 있었으나, 무어니무어니해도 공권력과 법질서 사이의 긴장이 가장 위험한 상태에 이르렀던 것은 신민당 서울대회 때의 일이었을 것이다. 이 대회를 사흘 앞둔 1986년 11월 26일자 동아일보 사회면을 보면, "경찰, 신민 서울지구당사 모두 봉쇄" "재야 260여명 가택연금" "29일엔 중앙당사도 통제"라고 하는 큰 활자들이 눈에 뜨인다. 서울대회를 저지하기 위한 '전국갑호비상'에 따른 경찰의 방침이라는 것이다. 참으로 놀라운 일이었다.

말이 좋아서 '부드러울 연(軟)'자를 써서 연금이라고 부르고 있으나, 사람을 그 의사에 반하여 강제로 집에 가두는 것이 그 실질임은 누구도 속일 수 없다. 알고 보면 '경(硬)'금도 그런 경금(硬禁)이 없다. 법에 무슨 근거가 있는가? 아무 근거도 없다. 그러니 가택연금이란 쉽게 말해서 아무 법적 근거 없이 사람을 강제로 감금하는 불법적 행위, 법 파괴행위 외의 아무것도 아니다.

경찰이 서울대회날 260여명의 재야인사를 가택연금하겠다고 공공연히 밝힌 것은 그날 경찰권력의 이름으로 260여건의 범죄행위를 저지르겠다고 공언하는 것이나 조금도 다를 것이 없다. 또 경찰이 아무 법적 근거도 없이 정당의 당사를 봉쇄한다고 하는 것은 복수정당제의 보장과 정당활동의 자유라는 헌법상의 대원칙을 정면으로 부정하는 것이나 같다. 언필칭 '의회주의'가 강조되고 있는 나라에서 어떻게 이런 일이 가능하단 말인가?

그런데 그후의 사태발전은 참으로 기상천외한 것이었다. 동아일보 1986년 11월 29일자 보도를 보자.

> 경찰은 신민당 중앙당사에서 옥외가두방송을 할 경우 압수수색에 들어가기 위해 28일 오후 법원으로부터 신민당 중앙당사에 대한 압수수색영장을 발부받았다. 경찰은 그러나 신민당측이 가두방송을 않고 있어 29일 오전 현재 영장집행을 보류중이다. … 이 영장에는 신민당 노경규(盧璟圭) 총무국장이 집시법 위반 피의자로 기재돼 있고 압수대상은 유인물·확성기·플래카드·앰프 등 시위용품으로 돼 있다. … 경찰은 그러나 옥내집회의 경우도 가두방송이 심해지면 압수·수색을 실시할 방침이다. … 한편 경찰은 28일 이민우(李敏雨) 신민당 총재의 종로·중구 지구당 등 8개 지구당 사무실을 추가로 압수수색했다.

참으로 신축자재하고 '탄력적'인 법절차의 운용이라고 하지 않을 수 없다. 위 기사에서 '압수수색'이라든지 '영장집행'이라는 말이 실질적으로는 신민당사의

'폐쇄' 혹은 집회의 '강제해산'과 같은 뜻을 가진 말로 사용되고 있음을 간파하기란 세상물정을 다소간이라도 아는 사람에게는 그리 어려운 일이 아니다. 경찰은 '압수수색영장의 집행'이라는 '법'의 외투를 걸치고 신민당 집회의 봉쇄라는 '정치'의 목적을 관철한 것이다.

비슷한 사태는 그보다 보름쯤 앞서 있었던 민통련 해산 때도 일어났다. 당시 당국은 민통련에 대하여 해산명령을 내렸다가 그것이 법에 근거가 없는 조치라고 하여 여론의 비판에 부딪히게 되자, 역시 '압수수색영장 집행'으로 문제를 해결했다. 당시의 동아일보(86.11.12) 기사를 인용하면 다음과 같다.

> 검찰과 경찰은 자진해산 명령이 내려진 민통련 중앙본부와 서울 등 4개 지부 사무실 … 에 대한 압수수색영장을 11일 밤 법원으로부터 발부받아 12일 오전 압수수색을 단행했다. … 경찰은 이들 사무실에 대한 압수수색 직후부터 출입을 통제, 차단함으로써 이들 사무실의 정상기능이 사실상 정지됐다. … 강본부장은 또 이날 새벽 민통련 본부 등에 대한 압수수색조치 이후 민통련 사무실에 경찰력을 배치, 출입통제를 하고 있다고 밝히고 이는 경찰이 사무실을 강제 폐쇄하는 것이 아니라 수색영장의 집행기간이 10일간으로 돼 있고 수색이 완전히 끝나지 않았기 때문에 영장에 따라 출입통제를 실시하고 있는 것이라고 설명했다.

작은 사무실 하나를 수색하는 데 10일간이나 걸릴 까닭이 무엇이 있겠는가. 여기서도 공권력이 '압수수색영장의 집행'이라는 '법'의 외투를 걸치고 민통련의 해산과 사무실 폐쇄라는 본래의 의도를 관철한 것이 사태의 진상임을 이해하기에 어려울 것은 아무것도 없다.

내놓고 불법·무법을 감행하는 것보다야 그래도 법의 형식을 빌려서 무엇을 하려고 드는 편이 더 낫지 않겠는가라고 한다면 더 할 말은 없다. 그러나 법이 그 본래의 목적을 벗어나서 그때그때 편리한 대로 공권력의 의도를 미화하기 위한 한낱 장식품처럼 사용되는 일이 자꾸 되풀이되다 보면 그 해독이 어디에 이를지 실로 측량하기 어렵다는 사실을 잊어서는 안 된다.

요즈음 정부·여당을 포함하여 누구나가 민주화를 말하고 있는데 민주화가 되기 위하여 가장 먼저 시정되어야 할 것이 있다면 바로 이런 일이라고 할 것이다. 경위야 어찌되었든 법원의 압수수색영장 발부조치가 야당집회를 저지하기 위한 경찰의 '전국갑호비상' 계획의 한 수단으로 활용되는 그같은 사태가 시정되지 않는 상태에서 민주화를 말한다는 것은 의미가 없는 일이다.

1986년, 특히 그 마지막 몇달 동안에 우리는 실로 심각한 법질서의 위기상황을 겪었다고 생각된다. 민주화를 바라보기 위하여 우리는 우선 이 위기에서 헤어나오지 않으면 안 된다. 이 위기는 누구에게도 도움이 되지 않는다. 공권력의 철저한 자성이 요구된다.

2

새해에 들어서면서 부쩍 민주화의 논의가 무성하고, 어쩌면 무슨 구체적인 '민주화조치'가 취해질 듯한 낌새마저도 보이는데, 우리는 과연 순탄하게 민주화의 길로 나아가게 될 것인가. 그것을 도저히 낙관할 수 없게 만드는 일들, 묵은해의 어두운 기억에서 채 벗어나기도 전에 다시 우리의 가슴을 가위눌리듯 답답하게 만드는 일들이 신정연휴가 지나기 무섭게 잇따라 일어나고 있다.

그 한 가지. 보도에 의하면 정부 각 부처와 산하기관 및 국영기업체 등에 '공직자 자녀 단속지침'이란 것이 시달되었는데 이 지침에 의하면 '운동권'에 가담된 것으로 밝혀진 자녀를 둔 공직자는 학부모 자신은 물론 해당 기관장 및 상급자 등이 연대책임을 지게 될 것이라고 한다.

이것이 사실이라고 한다면 이것은 공권력의 행사가 건전한 양식과 법정신으로부터 벗어난 표본적 사례의 하나라고 하지 않을 수 없다. 헌법 제6조는 분명히 "공무원은 국민 전체에 대한 봉사자이며 국민에 대하여 책임을 진다. 공무원의 신분과 정치적 중립성은… 보장된다"라고 규정하고 있는데 위 '단속지침'에는 위 헌법의 정신이 한 톨도 반영되어 있지 않다.

공직자는 국민을 위하여 무정량의 복무의무를 지니고 있기는 하나 그렇다고 하여 인격적으로 예속되거나 독립된 개인으로서의 존엄성을 몰수당하고 있는 것은 아니다. 하물며 국민이 아닌 권력의 사병이거나 노예인 것은 더더욱 아니다. 따라서 직무수행과는 아무 관계가 없는 가정내의 문제 때문에 문책을 당해야 할 이유가 없다. 더욱이 공직자가 자기 자신도 아닌 자녀의 정치적 성향 때문에 신분상 불이익을 받게 되는 일종의 역연좌제가 창설된다면 그것은 전근대

적 신분질서로의 퇴행이라고 말하지 않을 수 없다. '운동권' 자녀를 둔 학부모
인 공직자 본인이 그럴진대 하물며 그 상급자에게까지 연대책임을 묻겠다고 하
는 것은, 상급자가 하급자를 전인격적으로 지배할 뿐만 아니라 하급자의 자녀
까지도 지배할 권한을 가지고 있다고 하는 명백히 시대착오적인 발상법을 전제
로 하지 않고서는 도저히 이해할 수 없는 일이다.

이 '자녀 단속지침'이 앞으로 과연 어떤 효과를 거두게 될지는 물론 미지수이
다. 공직자 가정의 자녀들은 그들이 '운동권'에 뛰어드는 것을 말리려고 애쓰는
부모의 얼굴을 어떤 눈으로 바라보게 될까? 부모의 온갖 설득과 애원과 호소를
오로지 실직을 면하기 위한 필사적인 몸부림으로만 받아들이게 되지는 않을까?
나는 이 잔인한 '자녀 단속지침'이 수많은 공직자들의 가정평화를 교란하고, 부
모 자녀 간의 천륜마저도 파괴하게 될 것을 우려한다.

공직자라고 해서 이처럼 가장 소중하고 내밀한 인간적 가치마저 희생하도록
강요당해야 할 이유는 없다. 이 점에서, 이 '자녀 단속지침'은 인간적 존엄성을
근본규범으로 하는 우리 헌법이념에 대한 노골적인 도전이라고 하지 않을 수
없으며, 이같은 사태가 시정되지 않고서는 민주화로 나아가기를 기대하기가 어
려운 것이다.

그 두 가지. 4백명에 가까운 학생들이 구속기소되어 있는 '건대사건'의 첫
공판기일을 며칠 앞두고, 법원의 '한 고위관계자'가 다음과 같이 사건처리의
'방침'을 밝힌 것으로 보도되었다. 즉 단독재판부에 배당된 사건의 경우에는 가
능한 한 첫 공판 때 심리를 종결하고 다음 공판에서 바로 선고에 들어가도록
할 방침이라는 것. 특히 "학생들이 조용히 재판을 받고 자숙하는 빛을 보일 경
우 1심 단계에서 큰 폭으로 관용을 베풀어 새 학기에 학교에 돌아가 공부를 계
속할 수 있도록 하겠다"는 것.

실로 믿어지지 않는 이야기이나 도하 각 신문에 크게 보도되었는데 그 뒤 아
무런 부인이나 해명이 없었던 터이니 무턱대고 믿지 않을 도리도 없다. 이것이
사실이라면 곧바로 우리나라 사법권과 형사재판제도 운용의 근본에 관계되는
다음 두 가지 의문이 제기된다.

우선, 재판은 누가 하는 것인가? 헌법 제104조를 보면 "법관은 헌법과 법률

에 의하여 그 양심에 따라 독립하여 심판한다"고 되어 있다. 그러니 '건대사건' 학생들을 재판하는 것은 각 사건의 담당법관들이다. 그 이외의 어느 누구도 그 재판에 용훼하여서는 안 된다.

그런데 위 보도된 '방침'을 보면 '건대사건' 학생들의 재판은 '법원의 한 고위관계자'가 도맡아서 하고 있는 듯한 착각에 빠지지 않을 수 없다. '고위관계자'가 '자숙의 빛을 보이는 학생들에 대한 대폭 관용조치'의 방침을 이미 결정하였다면 각 사건의 담당법관들은 그 고위관계자의 방침을 집행하는 도구밖에 아무것도 아니라는 것인지 '판사동일체의 원칙'이 새로이 채택되기라도 한 것인지, 참으로 알 수 없는 노릇이다.

다음에, 형사재판에서 판결은 무엇을 토대로 해서 내리는 것인가? 법관이 그 공판절차에서 직접 심리한 결과를 토대로 해서 내리는 것이다. 공판절차 밖에서 법관이 사사로운 경로로 사건에 대한 선입견을 가지게 되는 것은 형사소송법이 크게 꺼리는 바이다.

이 '예단(豫斷) 배제의 원칙'을 관철하기 위해서 법은 법관이 공판에 들어가기 전에 공소장 하나를 제외하고는 사건기록을 아무것도 볼 수 없도록까지 하고 있다. 요컨대 담당법관이라 할지라도 공판이 개시되기 전에는 사건에 관하여 아무것도 모르게 되어 있고 따라서 그 자신이 장차 어떤 판결을 내리게 될지를 전혀 예측할 수 없게끔 되어 있는 것이 형사재판제도이다.

그런데 담당법관도 아닌 '법원의 한 고위관계자'는 어떻게 해서 공판이 개시되기도 전에 이미 그 수많은 '건대사건'의 내용을 다 파악하고 "자숙하면 큰 폭으로 관용을 베푼다"는 결론까지 내려놓고 있는 것일까? 혹 사건내용을 파악하기 전에 결론부터 먼저 나온 것은 아닌가? 그렇다면 그 결론은 어떤 과정을 통해서 형성된 것인가?

대폭 관용을 베푼다는 결론이 그저 반가워서 이 문제를 따지고 들고 싶은 마음이 내키지 않는 사람도 있을 것이다. 그러나 이와 반대의 경우, 즉 어떤 대형사건의 공판이 개시되기 이전에 '법원의 고위관계자'가 '중형으로 다스릴 방침'을 발표하였을 경우를 한번 상정해본다면 이것이 얼마나 심각한 사태인가가 확연하게 드러날 것이다. 법관의 독립과 재판의 공정성이 한낱 허구로 전락하였음을 법원 스스로가 광고하고 있는 것이나 마찬가지인 이 서글픈 사태. 그것이 근본적으로 시정되지 않는 한 민주화를 말하기가 불가능하다고 하지 않을 수 없다.

그 세 가지. '김근태씨 고문사건'에 관해서 재작년 연말에 대한변협 인권위원들이 관련경찰관들을 검찰에 고발한 일이 있는데, 만 1년이 지나 검찰이 "증거가 없다"고 하는 이유로 무혐의 결정을 내렸다. 이 결정은 우리를 새삼스레 막막한 절망감 속으로 몰아넣는다.

고문이란 성질상 밀실범죄이다. 고문의 현장을 직접 목격한 증인 같은 것은 애초부터 기대할 수가 없는 노릇이고, 피해자 본인의 진술과 경우에 따라서는 고문 직후 신체에 남아 있는 상처 등 고문흔적 정도가 고문사실을 입증하는 증거가 될 만한 것의 전부이게 마련이다.

김근태씨의 경우 본인은 1, 2심 공판과정을 통하여 시종일관 자신에게 가해진 고문의 내용을 구체적으로 소상하게 진술하였고, 그 내용은 세상에 널리 알려졌는데 이에 대하여 그의 주장이 날조라고 하는 적극적인 반론은 제기된 것이 별로 없었던 것으로 기억된다. 또 김근태씨는 검찰에 송치된 직후 신체에 남아 있는 고문흔적에 관한 증거보전신청을 제기하였는데, 법원은 조사할 필요가 없다고 하면서 그 신청을 기각하여 결국 증거보전을 하지 못하고 말았다.

그후 1년이 흐른 지금에 와서 검찰은 "고문의 증거가 없다"는 이유로 무혐의 결정을 내린 것이다. 이 무혐의 결정이 타당한 것인지 아닌지 하는 것은 항고나 재정신청 등 법절차내에서 따져야 할 문제이므로 여기서는 더 말하지 않는다.

다만 한 가지 확실하게 말할 수 있다고 생각되는 것은, 이 정도로 세상의 이목을 집중시켰고 또 그런대로 증거자료가 풍부했던 고문사건에 있어서조차 고문경찰관에 대해 무혐의 결정이 내려진 이상, 우리는 앞으로도 상당기간 동안 고문경찰관이 처벌되는 일을 좀처럼 보기 어렵게 될 것이고 따라서 고문이 근절되는 것을 희망하기가 어렵게 되었다는 것이다.

우리가 민주화를 입에 올릴 수 있기 위해서는 다른 백 가지를 다 못하는 일이 있을지언정 최소한 고문을 근절시키는 일 하나는 해내지 않으면 안 된다. 이 점에서 김근태씨 고문경관에 대한 검찰의 무혐의 결정은 우리로 하여금 정부·여당의 민주화 의지를 좀체로 신뢰하기 어렵도록 만들고 있다.

금년이 우리나라 정치사에 있어서 중요한 분수령이 될 것이라는 사실은 누구나 예감하고 있다고 해도 좋을 것이다. 민주화를 향해 전진하느냐, 아니면 '역풍' 속에서 뒷걸음질치느냐? 나는 누가 무어라 해도 종국적으로는 민주화의 장래를 낙관하는 축에 속한다.

그러나 우리가 또다시 숱한 선의의 사람들의 순정이 짓밟히는 일을 겪지 않고 더이상 무의미한 역사적 낭비와 희생을 치르는 일이 없이 가장 확실하고도 신속하게 민주화로 나아갈 수 있기 위해서는 무엇보다도 먼저 공권력이 그 자제력을 되찾아 법과 양식에 충실하게 행사되는 것이 절대적으로 요청된다는 사실을 거듭 강조하고자 한다.

공권력이 법의 명문규정을 공공연히 위반하고, 법정신을 일탈·왜곡하고, 논리와 상식을 무시하고 국민적 법감정과 공론을 역행하는 사태, 요컨대 법질서의 기초가 공권력에 의하여 파괴되는 사태가 다시는 없도록 확고하게 보장되어야 한다. 법이 공권력의 목적에 봉사하는 것이 아니라 공권력이 법의 목적에 봉사하는 바로 그것이 민주화의 요체인 것이다.

붓이 여기에 이르렀을 때, 서울대학생 박종철군이 치안본부 대공분실에서 조사를 받다가 사망하였다는 참혹한 소식을 들었다. 아아, 무엇을 더 말하랴. 눈앞이 캄캄하고 손발이 떨려 더이상 붓을 옮길 수가 없다. 슬프다. 이 나라는 어디로 가는가? 천도(天道)는 살았는가, 죽었는가?

(신동아, 1987. 2)

'검찰권의 독립' 바란다

지난 2월 7일의 고 박종철군 추도대회는 잘 훈련된 방대한 경찰병력의 진압작전에 의해 성공적으로 '저지'되었는지도 모른다. 그러나 그날 오후 2시 서울 무교동 일대를 뒤덮으며 울려퍼진 자동차들의 경적소리는 누구도 저지할 수 없는 새로운 시대의 물결, '인권'의 물결이 밀려들고 있음을 우리에게 분명히 보여주었다. 이제 인권상황의 획기적인 개선은 더이상 유예할 수 없는 절박한 민족사적 과제가 되었다. 적어도 '고문근절'의 의지에 관한 한 움직일 수 없는 확고한 국민적 합의가 형성되었으며, 국가 공권력이 스스로 법과 인권을 짓밟고 야만적인 가혹행위와 살인의 도구로까지 전락되는 사태가 더이상 어떤 명분으로도 정당화될 수 없게 되었다는 것은 누구의 눈에도 명백하다. 박종철군은 죽었고 그 뼈마저 한줌 가루가 되어 쓸쓸한 강바람에 자취도 없이 흩날려갔지만, 땅속에서 핏소리로 울부짖는 그의 외로운 넋은 뜨거운 역사의 숨결로 우리 모두의 가슴에 살아남아 있다. 이제 아무도 역사의 시계바늘을 '박종철 이전'으로 되돌려놓을 수 없을 것이다.

이 새로운 사태에 대하여 정부는 올바로 대응하고 있는가. 그렇지 못하다고 본다. 형사 2명이 고문범인으로 구속되고 내무부장관과 치안본부장이 갈렸어도, 경찰관들이 고문을 안하겠다는 결의대회를 하고 신임 치안본부장이 부산 박군의 집에 찾아가 큰절을 해도, 국민들의 가슴에 맺힌 응어리는 그것으로 풀어지지 않는다. 그 까닭은 지극히 간명하다. 정부가 말이 아닌 실천과 행동으로 '고문근절'의 의지를 보여주지 못하고 있기 때문이다. 진실로 고문근절의 의

지가 확고하다면, 무엇보다도 먼저 지금까지 알려진 모든 고문피해사례들에 대하여 그 진상을 철저히 조사·공개하고 관련자들을 의법처단하는 조치부터 취하여야 할 것이며, 이 이상 확실하고 효과적인 고문방지책이 있을 수 없다는 것은 너무나도 알기 쉬운 일이다. 그런데도 박군의 죽음 이후 아직까지 당국이 이 일에 착수한 기미는 전혀 보이지 않는다. 이 점과 관련하여 특히 검찰의 역할과 책임을 생각해보지 않을 수 없다.

최근 대한변협이 '검찰권의 독립'을 위한 검찰청법 개정안을 내놓은 데 대하여 검찰로부터 이런저런 반응이 나오고 있는 모양이나, 다른 문제를 떠나서 이 시기에 왜 변협이 새삼 '검찰권의 독립'을 강조하지 않을 수 없게 되었는가 하는 점은 우리 모두가 깊이 새겨볼 필요가 있으리라 믿는다. 고문방지대책의 일환으로 정부내에 인권옹호를 위한 특별기구를 두는 문제가 거론된 것은 검찰의 입장에서 보자면 실로 기가 막히는 이야기다. 왜냐하면 원래 '인권옹호를 위한 정부내의 기구'로서 설치된 것이 다름아닌 검찰이기 때문이다. 법령상 '인권옹호 직무의 담당자'로 명시된 검찰이 엄연히 존재하고 있는데도 다시 옥상옥 격으로 별도의 무슨 특별기구가 필요한 것처럼 되어버린 —— 바로 이것이 본래의 좌표를 잃어버린 오늘의 검찰의 모습이다. 어째서 이렇게까지 되었는가. 검찰이 그 인권옹호의 직분을 스스로 포기하다시피 등한히 해왔기 때문이라고 말하고 싶다. 박군사건 이전에도 숱한 고문피해 주장이 제기되고 있었지만 그 중 검찰이 자발적으로 진상조사에 나서서 사건 전모를 밝히고 고문경찰관 기타 관계자들을 의법처단한 예가 단 한번이라도 있었던가. 김근태씨나 권양 사건의 경우처럼 온 세상에 알려진 고문사건에 있어서조차도 끝내 아무도 고문 때문에 형사처벌을 당하지 않았다. 특히 김근태씨 사건에 있어서는 고소제기 후 1년이 지나서, 피해자와 고문경관 사이의 대질신문 한 차례도 시행되지 않은 상태에서 '증거 없다'는 이유로 무혐의 처분이 내려졌다. 이런 일이 아직까지 시정되지 않고 있는 형편이니 정부의 '고문근절 의지'를 어떻게 신뢰할 수 있겠는가. 결국 그 숱한 고문피해자들의 주장이 전부 거짓말이 아닌 바에야, 검찰은 고문과 가혹행위를 사실상 묵인하고 방치해왔다는 비난을 면하기 어려울 것이다. 박종철군의 죽음은 바로 그 연장선상에 있는 것이고 따라서 검찰은 박군의 죽음에 대한 도덕적 책임을 통감하고 어떤 형태로든 그의 죽음에 보답하기 위한 자기쉐신의 몸부림을 보여야 할 입장에 있다고 믿는다.

그러나 박군사건 이래 지금까지 검찰이 국민에게 보여준 것은 구태의연한 실망스러운 모습뿐이었다. 다른 고문사건을 파헤치는 것은 고사하고 정작 박군사건의 처리에 있어서조차도 믿기 어려울 정도로 무기력하고 불투명한 자세로 일관하였다. '탁'하고 치니까 '억'하고 죽었다는 식의 국민을 우롱하는 범행은폐기도의 전모가 어째서 전혀 밝혀지지 않고 있는가. '범인 없는 현장검증'이라는 촌극까지 무릅쓰며 범인들을 사회의 이목으로부터 보호하는 것이 과연 옳은 일인가.

대전의 성지원사건만 해도 그렇다. 그 수용시설 안에 사람들이 불법으로 감금당하고 있는 것은 누가 보아도 분명한 일이고 그 안에서 죽어간 숱한 사람들의 사인에 대하여 깊은 의혹이 제기되고 있는 상황이다. 이처럼 중대한 인권유린사태가 밝혀진 마당에 어째서 곧바로 강제수사권을 발동해서라도 수용시설 내부로 들어가 수용자들을 면담·조사하고 납치·감금·가혹 행위의 경위와 의문의 사인을 파헤치지 않는 것인지 이해할 수가 없다.

이것은 법 이전에 하늘로 머리를 두고 있는 인간의 양심의 문제다. 검찰이 정작 이 일은 제쳐두고 야당의원들과 원생들이 승강이를 벌인 일만을 조사하고 있는 것은 본말을 뒤바꾼 조치다.

검찰에 무언가 근원적인 변화가 있어야 한다는 것은 이제 누구나가 느끼고 있는 일이다. 박군의 죽음으로 시작된 새 시대, '인권의 시대'는 진정으로 법질서와 인권을 위해 헌신하는 독립된 검찰——새로운 검찰을 부른다.

(동아일보, 1987. 2. 23)

동트기 직전이 가장 어둡다

"민심이 흉흉하다"는 말이 요즈음처럼 실감이 나는 때도 드물었던 성싶다.

지난 한두달 사이에 모르긴 모르되 적지 않은 사람들이 똑같은 증세 —— 신문만 펴들면 속이 메스껍고 가슴이 답답하고 머리가 터지는 듯한 —— 그런 병명도 모르고 처방도 없는 증세로 고생이 막심했을 것으로 짐작된다.

용팔이는 어디로 갔나? 이 삭막한 도시의 아스팔트 위로 홀연히 각목과 쇠파이프로 무장한 용사들을 거느리고 전설처럼 나타난 용팔이. 그 건장한 청년들이 백주에 숱한 경찰병력이 포진하고 있는 한가운데서 시민들과 신당(新黨) 지구당원들을 상대로 각목과 쇠파이프를 휘둘러대며 한껏 몸을 푼 후에 유유히 사라져갔을 때, 우리는 빛바랜 사진처럼 아득한 세월 너머로 가물거리는 옛이야기들, 자유당·백골단·땃벌떼·"백주의 테러는 테러가 아니다"…이런 어휘와 관련된 연상들이 뜻하지 않게 뇌리에 되살아나는 것을 어찌할 수가 없었다.

한국의 정당정치사에 큼직한 족적을 남긴 용팔이, 내무장관이 애타게 찾고 있다는 그 용팔이는 대체 어디로 사라졌기에 이 봄이 다 가도록 일자 소식이 없나.

용팔이가 실종된 것보다 더욱 답답한 일은 지난 1년간 전국민의 관심과 열의를 모아가며 온 나라를 들끓게 하던 개헌논의가 하루아침에 거짓말처럼 실종된 일이다. 이런 일도 일어날 수 있으리라고는 차마 예상하지 못했다. 내각책임제가 옳으니, 대통령제가 옳으니 하던 그동안의 개헌논의가 지금 생각하면 속절

없을 뿐이다.

이렇게 하여 합의개헌의 무대는 간단히 철거되고 한동안 뜸했던 "법대로!"의 구호가 다시 전면에 등장했다. 야당 국회의원들이 잇따라 구구각색의 죄명으로 기소되어 재판을 받고, 일간신문의 정치면 정당관련 기사에 '검찰'이니 '소환'이니 '국가모독죄'니 국가보안법'이니 하는 용어들이 또다시 빈번히 나타나게 되었다. 마치 여당이 아니라 검찰이 야당의 정치적 맞수인 것 같은 착각이 일어날 지경이다.

정치인들의 발언이 정치적으로 타당하냐 아니냐, 국민의 뜻을 대변하느냐 아니냐의 관점에서가 아니라 형벌법규에 저촉되느냐 안 되느냐의 관점에서 1자 1구에 이르기까지, 아니 행간(行間)의 숨은 뜻에 이르기까지 면밀히 분석·검토되기 시작했다. 이런 것이 우리의 '법치주의'라고 한다면 너무나 서글픈 이야기다.

심지어 어떤 신문의 논설에서 "만사를 '법대로'만 할 것이 아니라 '상식과 정도(正道)'에 따라야 할 것"이라는 주장을 편 것을 읽으며 가슴이 꽉 막히는 듯한 답답함을 느꼈다. '법대로'라는 말이 '상식과 정도에 따르는 것'의 반대되는 의미로 사용되다니! 법이란 원래 상식과 정도에 따라야 하는 것인데.

'상식과 정도'에 어긋나는 법은 법의 겉모습만 갖추었을 뿐 기실 법이 아니며 법의 반대물인 것이다.

가뜩이나 울적한 심사만 쌓여가는데 불난 집에 부채질하듯 "현대자동차 수준에도 못 미치는 한국의 정치"라는 외신의 평가가 바람결을 타고 전해졌다. 50년대말의 '쓰레기통의 장미꽃'론(論)보다 덜 모욕적으로 들릴지 모르나 창피스럽기는 매일반이다. 현대자동차를 만들어낸 것을 보면 분명히 저력이 있는 개명한 민족임에 틀림없는데 정치는 어째서 그 모양인가. 외국사람들이 이런 의문을 가지는 것도 무리가 아니다.

그러나 과연 그것이 사태의 전부일까. 용팔이, 각목, 국가모독죄 논쟁, 이런 것들이 '한국정치'의 전부인가. '한국정치'라는 자동차는 전혀 희망이 없는가.

나는 그렇지 않다고 본다. '한국정치'라는 자동차의 원동기에는 아무런 이상이 없다. 매우 튼튼하다. 몇가지 부품들이 잘못되어 있을 뿐이다. 무엇을 보고 이렇게 말하는가.

작금 각계각층에서 표출되고 있는 우리 국민들의 민주역량, 물처럼 유연하면서도 스미지 않는 곳이 없어 마침내 모든 장벽을 허물고 제 갈 길을 가고야 말 것을 예감케 하는 우리 국민의 힘, 그것을 믿기 때문이다. 작년의 개헌서명에 참여한 교수들이 그후 당했던 갖가지 불이익을 고려한다면 13일 현재 전국의 시국선언 서명교수가 작년의 수준을 훨씬 넘어선 43개 대학 1,380명에 달했다는 신문보도는 어찌 보면 하나의 기적 같기도 하다.

이 대열에 대학교수와 성직자들만이 아니라 대학원생들, 문인들, 연극인들, 화가들, 영화인들까지도 대거 참여하고 있는 것을 보면서 우리는 새로운 시대를 향한 역사의 도도한 흐름을 실감한다. 특히 충격적이었던 것은 금융노조 산하 몇몇 조합이 대한노총의 호헌지지 성명을 자기들의 뜻이 아니라고 반박하고 나선 일이었다. 대기업에 소속된 봉급생활자들로서 이른바 '보통사람들'을 대변한다고 할 수 있는 은행원들이 보여준 이같은 시민적 용기는 "현대자동차를 만들어낸" 바로 그 한국민들의 높은 정치적 수준을 유감없이 보여주고 있다 하겠다.

박해를 각오하고 발언할 수 있는 국민은 민주주의를 하기에 필요·충분한 자격을 갖추고 있는 것이다.

요사이 얼마 동안의 우울한 일들에만 사로잡혀 지나치게 낙담할 것은 없다. 원래 동트기 직전이 가장 어두운 법이 아닌가.

(중앙일보, 1987. 5. 16)

최루탄과 경적

1987년 6월 10일 오후 7시 반쯤에 누가 날보고 이 세상에서 가장 센 것이 무엇이냐고 물었더라면 나는 잠시도 머뭇거리지 않고 "최루탄이요, 최루탄!" 하고 대답했을 것이다. 그때 나는 수도 서울의 심장부인 광화문 거리를 서성거리다 느닷없이 어느 방향에서 불어닥친 것인지 알 수 없는 일진광풍(一陣狂風) 속에 휩싸였는데, 어찌나 맵고 따갑고 쓰라리고 숨막히고 다급하였던지 민주화고 뭐고 세상만사를 까맣게 잊어버리고 그저 일념으로 최루탄 냄새가 없는 곳을 찾아 사냥꾼에 쫓기는 한 마리 짐승처럼 뛰고 또 뛰었다. 그런데 딱한 일은 정작 어느 쪽으로 뛰어야 할지를 알 수가 없는 것이었다. 걷잡을 수 없이 흐르는 눈물 너머로 사방을 둘러보아도 어느 곳이 과연 최루가스가 없는 낙원인지 분간이 되지 않았고 뛰면 뛸수록 점점더 깊숙히 독가스지대의 한복판으로 들어서고 있는 것이나 아닌가 하는 불안감에 가슴이 덜컥 내려앉는 순간도 있었다. 아찔한 일이었다. 60년대초에 최루탄과 첫 인연을 맺은 이래 어언 4반세기의 세월이 흘렀고 그동안 수시로 때를 맞추어 그 매운 바람을 쏘이면서 그 성능이 나날이 향상되는 것을 익히 겪어오기는 하였으되, 일찍이 이날처럼 곧바로 사람을 잡을 듯한 지독한 가스를 맛본 적은 없었다. 최루탄 가스 속에 포위되어 질식사하는 일이 가능하리라는 실감이 든 것도 이때가 처음이었다.

최루탄의 맹위(猛威)가 여기에 이르매, 부득불 몇마디 말로써 그 공덕을 기리고 그 성미를 달래지 않을 수 없다.

크도다 ! 최루탄이여. 바람을 타고 사람의 무리를 뒤쫓으매, 사람들은 네가 동으로 몰면 동으로 밀려가고 서로 몰면 서로 밀려가며 눈 깜짝할 사이에 사면 팔방으로 흩어지니 그 황급함이 이루 말할 수 없구나. 예부터 이르기를 인중승천(人衆勝天)이라, 사람의 무리는 하늘보다도 승하다고 하였으되, 그 사람의 무리란 것도 네 앞에서는 한낱 짚단과 같고 검불과 같으니 너는 필시 하늘보다도 높은 것이 분명하다.

크도다 ! 최루탄이여. 너는 가지 못하는 곳이 없고 아무도 차별함이 없으니, 갓난아이를 안은 주부가 탄 시내버스 속으로도 파고들고 제1야당 총재의 승용차도 넘보며 학교와 병원, 주택, 상가, 교회, 성당을 가리지 않고 넘나드는구나. 너는 실로 '어느 곳에나 존재하는 자'로다.

크도다 ! 최루탄이여. 전국 각지에서 네 무용담이 우레와 같이 들려온다. 광주 원각사의 법당 안으로 성큼 뛰어들어 영겁의 미소 속에 잠든 부처님의 단꿈을 깨웠으니, 아마도 천상천하유아독존(天上天下唯我獨尊)의 부처님께 '매운 맛'을 보여드린 것은 동서고금을 통틀어 네가 처음이 아닐는지. 마산에서는 네가 한번 공설운동장의 높은 담을 넘어들어가매 이역만리 이집트에서 언감생심 하늘 높은 줄 모르고 한국 축구에 도전하려고 찾아왔던 나일과 피라미드의 후예들이 그대로 땅바닥에 주저앉아 눈물만 흘리다가 돌아서는구나. 이제 너의 명성이 사해(四海)에 전파되면 앞으로는 어리석은 이방인들이 함부로 스포츠 한국에 덤벼들기를 삼가하게 될 것이로다.

크도다 ! 최루탄이여. 네가 없었더라면 이 세상의 질서가 어찌될 뻔하였는지, 실로 모골이 송연하다. 이제 네가 단순히 냄새로 사람들을 쫓을 뿐만 아니라 70미터를 직선으로 나는 탄환의 위력으로써 인명을 살상할 수 있다는 사실이 알려짐으로써 온 천하가 너의 위엄 앞에 전율하고 있다.

그러나 최루탄이여 ! 사물의 이치가 항용 그렇듯이 너의 영광이 절정에 다다른 이 순간에 나는 너의 몰락이 준비되고 있음을 본다. 열흘 붉은 꽃이 없고 달도 차면 기우는 법. 자고로 공명을 이루고 나면 조용히 몸을 빼어 물러나는 것이 우리 선현들의 처신이었건만 너는 나아갈 줄만 알고 물러설 줄을 모르니 내 너를 위하여 이것을 슬퍼하노라.

돌이켜 생각해보면 너는 애초부터 만능은 아니었다. 지난 4반세기 동안 네

독성이 갈수록 흉맹해져왔음에도 불구하고 거리의 혼동은 좀체로 수그러들지
않고 도리어 더욱 거센 기세로 확산되고 있지 않은가? 너의 큰 약점 중의 하나
는 그 공격의 무차별성에 있으니 데모를 하는 사람이건 길 가는 행인이건 가리
지 않고 엄습하여 남의 눈에 억지눈물을 고이게 한다. 그 뒤끝이 좋을 리가 있
겠는가? 너의 치명적인 약점은 순발력에 비하여 지구력이 크게 모자란 점에 있
으니 사람들은 네 매운맛을 그다지 오래 기억하지 않는다. 당장 다급한 지경만
모면하고 나면 얼마 전까지의 위축감 대신에 새삼스런 분노가 치밀어오른다 …

　원래 밑도끝도없이 시작한 글이었지만 이쯤 써내려가니 어느 정도 분도 풀리
고 최루탄에 관한 일을 벌써 얼마간 잊을 만하였다. 밤이 깊어 잠을 청할 무렵
이 되어서는 최루탄 대신에 오로지 경적소리만이 —— 이날 오후 6시 광화문
일대를 뒤덮으며 버스, 자가용, 택시, 용달차 등 온갖 차량들에서 일제히 울려
퍼졌던 그 경적, 경적, 경적소리만이 나의 상념을 가득 메우고 있었다. 그 경
적소리에 보낸 연도의 시민들의 박수와 환호. 차창 밖으로 손을 흔들며 지나가
던 승객들. 그 경적 뒤에 숨쉬는 거대한 역사. 고문과 폭압을 용납하지 않으
며, 거짓과 배신을 규탄하며, 민주헌법과 인간다운 삶을 열망하는 압도적인 민
심. 이런 것들을 생각하는 사이에 나는 점차로 담대해지는 느낌이었다. 그렇
다. 민의의 물결이 갈수록 더 큰 파도로 끊임없이 밀어닥칠 때, 최루탄이 세면
얼마나 세겠는가? 내 가슴을 온통 뒤흔들어놓았던 그 경적소리를 다시 듣기 위
해서라면 나는 또다시 최루탄 가스 속을 이리저리 뛰는 졸경을 치르기를 마다하
지 않으리라 ….
　그후 6·26대행진 때 나는 정말로 6·10 때보다 더 지독한 최루탄 가스 속을
헤매며 6·10 때보다 훨씬 더 크고 장엄한 경적소리를 듣게 되었다. 그 경적소
리와 함께 우리의 민주화는 마침내 분수령을 넘어섰다. 이제 최루탄이 모든 것
위에 우뚝 솟아 있는 것처럼 보였던 저 기이한 시대는 다시는 우리의 삶 속으로
되돌아오지 않을 것이다. 지금 누가 나에게 이 세상에서 최루탄보다 더 센 것이
없느냐고 묻는다면 나는 서슴지 않고 "경적이 최루탄보다 세지!"하고 대답할
것이다.

(가정조선, 1987. 7)

민주의 새 시대는 국민의 것

동이 터온다. 길고 지루한 밤의 터널을 지나 그토록 그리던 새벽. 드디어 동이 터온다. 보았는가. 온 누리를 뒤덮은 민주의 깃발. 모든 것을 압도하는 민주국민의 물결이 출렁거리기 시작한 것을.

이한열군의 장례행렬을 따라 연세대학교에서 시청 광장까지 걸어가면서 나는 한 시대가 끝나고 새로운 시대가 시작되는 분기점이 눈앞에 다가왔음을 온몸으로 절감했다. 이것은 1894년의 동학농민혁명 이래 1세기에 걸친 혹독한 시련과 수난 속에서도 연면히 이어져온 우리의 꿈 —— 인간의 존엄과 민족 자주의 새 시대를 열기 위한 우리의 국민적 노력에 있어서 지극히 중요한 순간이다. 한 가지 확실히 말할 수 있는 것은 이제 해방 후 국민주권주의에 입각한 민주정부를 표방한 지 40여년 만에 비로소 국민이 명실상부한 나라의 주권자로 등장하게 되었다는 사실, 그리고 1961년의 5·16군사정변으로부터 시작하여 만 26년 간 우리 젊음의 모든 기간을 끊임없는 좌절과 울분과 비탄의 음울한 색조로 온통 칠해버린 저 질식할 듯한 어둠의 시대가 마침내 역사의 지평선 너머로 사라져가고 있다는 사실이다.

기억하자. 여기에 오기까지 우리가 이미 충분한 대가를 치렀음을. 1980년 5월의 광주. 그 엄청난 참화 속에서 오늘의 굳건한 민주역량이 배태되어나온 것이다. 전태일에서부터 박종철, 이한열군에 이르기까지 역사의 제단 앞에 하나밖에 없는 목숨을 던지는 젊은이들이 줄을 이어 나타난 것은 차라리 하나의 신화에 가깝게 느껴진다.

푸른 수의를 입은 어느 여학생이 법정의 최후진술에서 "도대체 이 땅의 젊은 이들이 앞으로 얼마나 더 죽어야 나라가 바로잡힌단 말입니까. 자유여, 민주여, 어서 오라!"고 절규하다가 끝내 말을 맺지 못하고 울먹이던 광경을 우리는 언제까지고 잊지 못한다.

이제 이한열군의 주검과 함께 그를 죽음으로 몰고 간 죄많은 시대도 땅속에 묻으며 우리는 새로운 시대를 맞이할 채비에 나서야 한다. 무엇보다 먼저 우리는 이 시대가 누구의 것인가를 분명히 알아야 한다. 이 시대는 더이상 집권세력의 것이 아니요, 고관대작이나 대기업가들의 것도 아니다. 그런가 하면 야당의 것도, '양김(兩金)씨'의 것도 아니다. 이 점에 대하여 추호라도 착오가 있어서는 안 된다. 이 시대는 누구의 것인가. 지극히 평범한 대답이 기다리고 있다. '국민'의 것이다. 그렇다. 먼 들판의 이름없는 풀처럼 바람이 불면 한쪽으로 눕고 바람이 지나면 또다시 일어나면서 그 끈질긴 생명력으로 뿌리에 뿌리를 뻗어 마침내 얼어붙은 억압의 대지를 뚫고 민주주의의 찬연한 봄을 꽃피울 민주국민의 것이다.

지난 6월 29일 노태우 민정당 대표가 직선제 개헌 등 민주화조치를 밝히는 성명을 발표했을 때 부산의 한 택시 운전기사는 이렇게 말했다. "6·10 이후 시위가 계속되면서 하루 수입이 1~2만원씩이나 줄어들었지만 안 벌리는 데 대한 불평을 하지 않았다. 민주주의라는 게 얼마나 소중한 가치인지를 길거리에서 뼈저리게 느끼고 경적을 울리면서 시위에 적극 동참했는데 이제 보니 나도 민주화에 한몫을 한 것 같아 으쓱해진다."

그렇다. 이 시대는 이 택시기사의 것이며 또 그와 마찬가지로 각자의 처소에서 갖가지 방식으로 '민주화에 한몫을 한' 수많은 이름없는 영웅들의 것이다. '민주화에 한몫을 한 것 같아 으쓱해지는' 이 티없이 맑은 민주시민들의 자부심이 이 시대를 지킬 것이며, 그 자부심을 손상하거나 그 앞에 도전해오는 어리석은 세력들은 모두 역사의 도도한 흐름 앞에 검불처럼 흩어져 휩쓸려가고 말 것이다.

그날 시청 앞을 대하(大河)처럼 유유히 굽이쳐 흐르던 백만 인파는 참으로 아름답고, 참으로 부드러웠다.

백만 인파가 휩쓸고 지나간 자리에 아무것도 파괴되거나 약탈당한 것이 없었다고 하는 것은 세계 최고의 문화민족이 아니고서는 기대할 수 없는 일이다. 권력은 이 백만 군중의 기다림 앞에 숙연하고 겸허한 자세로 서야 한다. 그들의 침묵을 우레보다 더 무겁게 받아들이고 철저하고도 통렬한 자기반성을 통하여 타산과 술수를 초월한 근원적이고 성의 있는 민주화조치를 지체 없이 추진해나가지 않으면 안 된다.

예컨대 '양심수'를 석방한다고 하면서 온 나라가 다 아는 대표적인 양심수 다수를 그대로 묶어둠으로써 오히려 문제 악화의 소지를 만들고 있는 것이라든지, '고문종식'을 내세우면서 온 나라를 분노로 떨게 한 '성고문'의 주범 문(文)모 형사나 김근태사건 등 숱한 고문사건의 범인들을 여전히 거리에 활보하도록 방치하고 있는 것 등은 아직도 시대의 흐름을 올바르게 이해하지 못한 처사라고 할 수밖에 없다.

이런 일부터 시정되어야만 '모두가 승리자가 되는' 민주화로의 대행진이 이루어지기를 기대할 수 있을 것이다.

(중앙일보, 1987. 7. 11)

직선제 개헌에 대해서

　6·10대회에서 6·26대행진을 거쳐 6·29선언에 이르기까지 세계를 뒤흔든 20일간에 우리 국민은 민주주의를 위한 명예혁명이라고 불러도 좋을 만한 위대한 역사를 체험하였다. 이 혁명의 모든 과정이 완결된 것도 아니고 도처에 복병처럼 도사린 위험이 전부 제거된 것도 아니기는 하나, 그럼에도 불구하고 이제 우리가 민주화의 분수령을 넘어섰으며 더이상 과거로 되돌아갈 수 없게 되었다는 것은 의문의 여지 없이 명백하다. 아직도 민주화의 전도를 의심하고 불안을 표시하는 사람들이 있는 듯하나, 나는 우리가 긴장과 경계를 늦추지 않는 가운데서도 기본적으로는 민주주의의 승리에 대한 건강한 낙관과 흔들림 없는 확신을 가지고 최종적인 승리를 향하여 한걸음 한걸음 확실하게 전진하지 않으면 안 된다고 생각한다. 헌법의 최종적인 수호자는 미사여구로 장식된 법전도 아니요, 대통령이나 국회나 사법부 등의 헌법기관도 아닌, 바로 국민들 자신의 민주역량이다. 그런 의미에서 우리는 이번 '6월혁명'을 통하여 비로소 진정한 민주헌정을 위한 굳건한 기반을 확보하게 되었다고 할 수 있다. 숱한 젊은이들의 목숨을 건 헌신과 희생, 그리고 질식할 듯한 최루탄 연기 속에서 수많은 용기 있는 시민들이 뿌린 눈물을 밑거름으로 하여 인간의 존엄과 사회정의가 구현되는 새 시대의 민주질서를 꽃피우는 것이 우리들에게 지워진 역사적 책무라고 한다면, 당면한 헌법개정작업은 이 역사적 책무의 수행을 위한 진지한 국민적 노력의 일환이 되어야 할 것이며, 결코 단순한 정권획득과 배분의 문제를 둘러싼 몇몇 정당·정파간의 이해관계 조정작업으로 그쳐서는 아니 될 것이다.

원래 이번 개헌논의의 주안점이 '유신' 이래 15년간 박탈당해왔던 국민의 정부선택권을 회복하자는 데 있었던 것이고 그것이 '대통령 직선제'라는 표현으로 집약되었던 것에 대하여는 긴 설명이 필요 없을 줄 안다. 그러나 '대통령을 내 손으로' 뽑는다는 것만으로는 충분치 않다. 대통령의 권한을 축소하고 그 지위를 격하시키는 일이 반드시 병행되어야 한다. 민주주의의 첫번째 계율은 모든 권력자를 의심하고 불신하라는 것, 어느 누구에게도 결단코 절대권력을 주어서는 안 된다는 것이다. 그런데 다 알다시피 1972년의 '유신헌법'은 대통령에게 사실상 입법·사법·행정의 삼권을 집중시키고 더욱이 "남자를 여자로 만드는 일말고는 무엇이든지" 뜻대로 할 수 있는 '긴급조치권'까지 부여함으로써 대통령을 거의 초헌법적인 절대권력자로 만들었다. 현행 헌법 또한 긴급조치권과 대동소이한 내용의 '비상조치권'을 대통령의 권한으로 규정하고 있다. 이같은 헌법환경이 대통령직에 대한 우상숭배를 낳는다는 것은 지극히 자연스러운 일이다. 이 시점에서 우리 자신의 의식 속에 '대통령'이란 과연 어떤 존재였던가를 냉철하게 돌이켜볼 필요가 있다고 생각된다. 대통령을 직접 지칭하는 것이 어쩐지 '불경(不敬)'스러운 일이 되는 것 같아 '고위층'이니 무어니 하는 야릇한 대명사를 쓰는 버릇이라든지, 나라의 '통치권'은 엄연히 주권자인 국민에게 있는 것인데도 불구하고 대통령을 '통치권자'라고 지칭한다든지, 박대통령 '시해(弑害)'사건이라는 봉건왕조적 표현이 그대로 자연스럽게 받아들여진다든지, 형법전 어디에도 '국가원수모독죄'라는 죄명이 없는데도 많은 국민들이 마치 그런 죄가 있는 것처럼 착각하고 있다든지 하는 것은 모두 무엇을 말하는가? 우리가 대통령을 결코 '동료시민'으로서 의식하고 있지 않다는 것, 신비스러운 후광에 싸인 우리와 다른 특수한 존재, 신성 불가침의 존재, 요컨대 '나랏님'이요, '왕'으로서 받아들이고 있다는 것을 말하는 것이다. 이같은 대통령 숭배를 타파하지 않고는 참된 민주사회의 성장을 기대하기가 어렵다. 새로 시행될 헌법에서 대통령의 권한과 지위 문제를 다룰 때 바로 이것이 주안점이 되어야 하리라고 생각된다. 이러한 견지에서 몇가지 제언하자면 다음과 같다.

첫째, 대통령의 지위에 관하여 '국가의 원수'라는 표현을 삭제하는 것이 좋겠다. 대신에 '행정권의 수반'이라고만 하면 족할 것이다.

둘째, 현행 헌법상의 대통령의 '비상조치권'은 완전히 삭제되어야 한다. 대통령의 긴급권은 계엄선포권 외에 제헌헌법 이래의 긴급재정처분권과 긴급명령권만으로도 충분한 것이다.

셋째, 비상계엄선포권의 발동요건에 관하여 엄격한 규정을 두는 것이 바람직하다. 대한변협의 개정안에 의하면 비상계엄은 전쟁 또는 전쟁에 준하는 사변에 있어서 "적의 포위공격으로 인하여" 사회질서가 극도로 교란된 지역에 선포한다고 규정하고 있다.

넷째, 대통령의 국회해산권을 없애는 것이 좋겠다. 내각책임제처럼 의회가 내각에 대한 불신임권을 갖지 않는 대통령중심제 아래서 대통령만이 일방적으로 국회해산권을 갖는다는 것은 입법권과 행정권 사이의 균형을 현저하게 파괴하는 것이며 대통령에 의한 의회지배와 독재에 길을 열어주는 일이 되기가 십상이다.

다섯째, 현행 헌법처럼 대통령이 대법원장과 대법원 판사의 실질적 임면권을 갖는 제도 아래서는 사법권의 독립을 기대하기가 어려우므로 법관추천회의에서 실질적으로 대법원장 및 대법원 판사를 선임하는 체제로 바꾸는 것이 바람직하다.

여섯째, 행정부 내부에서 대통령의 자의적인 권한행사를 견제하는 데 도움이 되도록 현재 심의기관으로 되어 있는 국무회의를 의결기관으로 격상시키는 것이 적절할 것이다.

마지막으로, 임기문제에 대해서 대한변협안(案)은 6년 단임제를, 현재 각 정파간 이해조정문제를 고려해 이보다 더 짧은 임기의 단임을 주장하는 견해가 있다.

그러나 우견(愚見)이지만 임기문제를 위인설법식(爲人設法式)으로 처리할 일은 아니라고 보며 역시 4년 임기 1차 중임허용 정도가 적절하지 않을까 한다.

한편 대통령 궐위시 임명된 국무총리로 하여금 그 권한을 승계하게 하는 것보다는 국민이 선출한 부통령이 그것을 승계하는 것이 타당하다고 생각되므로 부통령제를 신설하는 것이 바람직하다고 본다.

요컨대 우리는 이번 기회에 모든 헌법적 지혜를 동원하여 '나랏님'이었던 대통령을 '제1의 평민'으로 바꾸는 거대한 역사적 과업을 수행하여야 한다. 대통령의 권한이 너무 약화되어 문제가 생기는 것이 아닌가 하는 걱정을 할 필요는 없다. 위의 제언이 모두 받아들여지더라도 대통령은 여전히 막강한 행정권의 수반으로 남아 있는 것이며, 진정한 권위의 궁극적인 원천인 국민의 신뢰와 지지를 상실하지 않는 한 국정의 효율적인 수행에 아무런 지장도 받지 않게 될 것이다.

(동아일보, 1987. 7. 20)

지역감정과 후보 단일화

　부산, 광주, 대구 등지에서 잇따라 발생한 정치폭력사건들은 아직도 그 진상이 밝혀지지 않고 있다. 과연 어느 측의 계획적인 음모에 의한 조직범행인지 아니면 단순한 지역감정으로 인한 우발사고인지, 그저 각자 저 나름대로 추측하고 짐작할 뿐이지 확실하게 증거를 가지고 이렇다 저렇다 말할 수 있는 단계는 아닌 것 같다. 이 사건들을 보면서 한동안 잊고 있었던 '용팔이'의 안부가 새삼 궁금해진 사람들도 적지 않을 것이다. 그러나 그것이 누구의 소행이었든 간에, 이런 일이 가능하게 된 배경에는 뿌리깊은 '지역감정'의 문제가 자리잡고 있다는 사실을 부인하기는 어려우며 여기에 우리가 이 사건들을 비통한 심정으로 바라보지 않을 수 없게 되는 연유가 있다.

　이제 더이상 지역감정의 문제를 있어도 없는 것처럼 덮어두기만 할 때는 지난 것 같다. 이 문제를 엄연한 현실문제로서 정면으로 다루어 올바르고도 근본적인 해결방향을 모색하여야 할 때가 되었다. 흔히들 지역감정을 그저 무조건적으로 나쁜 것, 무조건 '해소'되어야 하고 또 해소되기만 하면 그만인 것처럼 이야기하고 있는데 나는 그런 관점이 과연 온당한 것인지 의심한다. 호남사람들의 지역감정과 영남사람들의 지역감정을 똑같은 차원에 놓고 평면적·무차별적으로 다루는 것은 문제가 있다.

　광주사건 직후 김영삼씨의 마산유세장에 예상을 넘는 엄청난 군중이 운집하였던 사태에서도 드러나듯이 영남사람들의 지역감정은 다분히 호남의 지역감정에 대한 역감정으로서의 성질을 지니고 있다. 그러나 호남사람들의 지역감정은 멀리 거슬러올라가자면 삼국시대 이래 천수백년, 그리고 가까이만 보더라도 박정희정권 이래 4반세기에 걸쳐 심화되어온 지역적 억압과 차별의 현실에 바탕을 둔 것이며, 그것이 근본적으로 시정되지 않는 한 결코 '해소'될 수가 없는 성질의 것이다.

거기에다가 다른 무엇보다도 1980년 5월 광주시민들이 겪은 엄청난 비극적 참화의 역사가 있다. 그 가슴속에 맺히고 쌓인 한과 분노가 어떠리라는 것은 누구나 넉넉히 짐작할 수 있다. 이것을 고려한다면 호남사람들에게 '지역감정'을 갖지 말라고 한다는 것이 애시당초 무리라고 하지 않을 수 없다. 어떻게 덮어만 두겠는가. 이러한 '지역감정'은 마땅히 있어야만 하고 지역적 억압과 차별의 부당한 현실을 타파하는 추진력으로서 활용되어야만 한다.

그러나 그럼에도 불구하고 오늘날 많은 국민들이 지역감정의 '악화'를 걱정하고 그 '해소'를 말하는 데에는 그만한 까닭이 있다고 생각된다.

첫째로, 너무나 당연한 이야기지만 우리가 수천년 동안을 하나의 언어, 하나의 문화, 하나의 혈통 속에 결합되어 살아온 한민족이기 때문이다. 지역감정의 문제는 어차피 한울타리 속에서 살 수밖에 없게시리 운명지어진 우리 민족공동체 내부의 문제라는 점에서, 이민족 지배 아래서의 '민족감정'의 문제와는 달리 취급될 수밖에 없다.

둘째, 이 시점에서 우리가 이룩하여야 할 최우선의 과제는 민주화이며 이것은 바로 지역문제를 올바로 해결하기 위한 결정적인 관건이 되기도 하는 것인데 영·호남의 민주세력이 지역감정 때문에 갈라서게 됨으로써 급기야는 민주화와 지역차별 현실의 타파라는 두 가지 과제를 전부 놓쳐버리고 마는 결과가 초래될 것을 우려하지 않을 수 없기 때문이다. 박정권 수립 이래 지역차별이 현저히 심화되어왔던 데서도 알 수 있듯이 국민적 지지에 바탕을 두지 않고 힘에 의존하여 지탱되는 정치권력이 존속하는 한 지역문제의 근본적인 해결을 기대할 수 없다. 이 현실을 직시한다면 이번 대통령선거가 마치 무슨 지역간의 대항전인 것처럼 그려지게 된 것이 얼마나 빗나간 사태진전인가를 쉽게 알 수 있다.

영남사람들은 호남사람들의 심정을 이해하려는 노력을 기울여야 할 것이며 호남사람들은 지역적 억압의 주된 책임이 군부통치에 있다는 사실을 직시하고 지역감정이 영남사람들 일반에 대한 무차별적인 적대감정으로 치닫는 것을 스스로 경계해야 할 것이다.

지금은 아득히 먼 옛날이야기처럼 되어버렸지만 지난 6월 온 국민이 거리를 자욱히 뒤덮은 최루탄 가스 속에서 눈물과 마음과 목소리를 하나로 합하여 직선제 개헌과 민주화를 외쳤을 때 거기에 '호남사람'과 '영남사람'의 구별이 어디 있었는가. 다시 그 6월의 감격으로 되돌아갈 수는 없는 것인가.

이것을 위하여 나는 양김씨가 지도력을 발휘하여 후보 단일화의 애국적 결단을 내려주기를 기대한다. 이것은 군정종식과 민주화의 문제일 뿐만 아니라 실로 민족의 백년대계에 관한 문제이기도 하다. 보기에 따라서는 양김씨 중 누가 되든, 양보하는 사람은 그 자체로써 이미 5년 임기의 대통령이 이룩할 수 있는 모든 업적보다도 훨씬 더 위대한 역사적 업적을 이룩한 것이 될는지도 모른다.

이제 며칠 남지 않았다. 투표용지가 양김씨의 기호와 성명이 나란히 적힌 채로 인쇄에 들어가기 전에, 온 국민을 다시 6월의 감격으로 들끓게 할 수 있는, 다시 민주화의 열망 속에 하나로 결집시킬 수 있는 기쁜 소식이 있기를 고대한다. 그러나 잊지 말자. 민주화도, 민족의 장래도 바로 우리들 자신의 것이며 우리 후손들 모두의 것임을. 설령 지도자들이 우리를 속이고 그것 때문에 우리가 일시적 좌절을 겪는다 해도, 우리는 결코 포기할 수 없으며 끝내 그 좌절을 딛고 아무도 막을 수 없는 민족사의 도도한 흐름 속에서 되살아나고야 말 것이라는 것을.

(동아일보, 1987. 11. 21)

좌담 : 국민의 힘은 위대했다
6월사태에 대한 평가와 전망

최 장 집 고려대 교수·정치학
조 영 래 변호사
최 재 현 서강대 교수·사회학

조영래 6·10국민대회로부터 6·18, 6·26 평화대행진을 거치면서 국민들의 민주화 열기는 글자 그대로 분출했습니다. 이러한 국민들의 노도와 같은 민주화 열기는 급기야 6·29노태우선언으로 이어졌고 7월 1일 전두환 대통령은 노선언을 전폭 받아들인다는 담화를 발표했습니다. 그래서 국민은 승리했다, 또는 '명예혁명'이었다는 얘기까지 나오고 있습니다. 우선 이 일련의 상황진전을 '6월사태'라고 이름붙인다면, 지금 단계에서 6월사태를 어떻게 평가할 수 있겠는지부터 이야기를 풀어가볼까 합니다.

6월사태는 시민혁명의 초기단계

최장집 저는 6월사태를 보면서 우리나라 정치변화의 패턴(유형)이 잡히는 것을 느꼈습니다. 주지하다시피 60년 4·19 때 학생을 중심으로 중산층이 대거 참여해서 시민혁명적 성격의 정권교체가 있었고, 그 다음이 80년 봄에 있었던 민주화에의 계기였습니다. 그리고 이번이 세번째 계기가 아닌가 싶습니다. 지금까지의 민주화 계기를 통해 볼 수 있었던 정치변화의 유형은, 시민 혹은 민중의 대규모 데모를 통해, 좀더 극적인 표현을 쓴다면 대규모 봉기를 통해 정권이 격변적으로 교체됐다는 것입니다. 기존제도의 틀 속에서 선거를 통하거나 질서정연한 합법절차를 거쳤던 것이 아니라 민중봉기적 과정을 거쳤던 것입니다. 이번 6월사태의 특징도 그런 면에서 80년 봄의 상황과 비슷합니다. 그런데 이번 사태를 좀더 정리해본다면, 거의 국민혁명·시민혁명의 시작, 또는 초기단계라고 볼 수 있을 것 같습니다. 4·19는 시민의 정치참여의 결과로 사회의 구조적 변화가 일어났던 것이 아니었습니다. 초기단계에서 위로부터의 부분적 개혁과 정치변화를 거쳐 마무리되는 성격을 보였죠. 80년의 상황도 비슷했습니다. 부마사태 등을 겪으면서 예기치 않은 방법에 의해 대통령이 암살되자 새로운 정치체제가 들어섰던 것 아닙니까. 그러나 지금은 80년과는 양상이 완전히 다릅니다. 시민들의 요구가 완전히 표출, 부각되기 전에 노태우선언이 나왔어요. 즉 위로부터의 선점적 개입이 나와 교착상태로 들어간 것으로 보입니다.

최재현 6월사태는 실정법이 허용하는 집회·시위의 범위를 벗어난 집회·시위를 통해, 물러서지 않으려 하는 정부의 의사가 꺾였다는 점에서 시민혁명의 긴 과정 중의 자그마한 하나의 클라이맥스였다고 평가하고 싶습니다. 그러나 지금 시점에서 볼 때, 6월의 잇따른 시위에 이은 위로부터의 후속조치만 가지고 시민혁명이 성공했다고 보기에는 시기상조일 것입니다. 그 이유는 노태우선언 발표로 뭐가 이루어진 듯 느껴지지만 사실은 하시라도 그 선언이 또다른 선언으로 바뀔 가능성이 잠재해 있다고 보기 때문에 조심스런 전망을 하지 않을 수 없습니다. 그럼에도 불구하고 우리는 현재 4·19 이래 사실상 가장 큰 시민혁명을 향한 봉우리에 서 있는 것만은 틀림없는 것 같습니다. 이 봉우리에서 다시금 하강할 수도 있고 더 올라가서 최정상에 설 수도 있는 분기점에 서 있는 느낌입니다.

조영래 60년 4월과 80년 봄 그리고 이번 사태를 비교해주셨는데, 제 입장에서는 60년의 기억은 분명치 않습니다. 지금처럼 생생하게 체험하지 못했기 때문인데, 어떻든 이번 사태는 60년, 80년보다 훨씬 광범위한 시민의 참여가 있었고 그 열기에 있어서도 과거를 능가한 것으로 보입니다. 우리 현대사를 민주주의를 향한 장정(長征)이라고 본다면, 이번 사태는 그 긴 도정(途程)에서 결정적 분수령을 이루었다고 볼 수 있겠습니다. 물론 모든 문제가 해결된 것도 아니고 혁명이 완결된 것도 아니며 지금의 흐름을 뒤집으려는 장애물이 복병처럼 도사리고 있기는 하지만, 민주화로의 추세는 이제 돌이킬 수 없는 상황에 이르렀다고 봅니다. 저는 6월을 보내면서 이런 점들을 피부로 느꼈습니다. 이제는 이 흐름을 뒤집을 수는 없겠구나, 약간의 굴곡이 있을지는 모르지만 도도한 역사 속에서 민주화시대는 도래했구나 하는 느낌입니다. 80년 봄의 좌절, 광주사태 등을 겪으며 치른 값비싼 희생이 밑거름이 돼서 민주역량이 질적으로 튼튼하게 자라온 결과가 아닌가 생각합니다. 이번 사태의 의의는 명예혁명이라는 점에 있다고 봅니다. 김용옥(金容沃) 교수도 말했듯이 대통령은 우리 의식 속에 '나랏님'으로 자리잡고 있었습니다. 그런데 그 '나랏님'이 불과 두달 만에 4·13조치를 거둬들였습니다. 기독교, 천주교, 불교는 말할 것도 없고 한의사, 간호원, 치과의사 들까지 들고일어나자 직선제를 받아들이지 않을 수 없었던 거죠. 굴복한 겁니다. 그 의의를 결코 과소평가할 수 없습니다. 지금으로부터 우리는 경계와 긴장을 늦추지 않으면서도 근본적으로는 낙관을 가지고 최종 승리를 향해 한걸음 한걸음 전진하는 자세를 가져야 할 겁니다. 그런데 우리가 막연하게 시민혁명이라는 말을 쓰고 있는데, 서구의 부르조아혁명 또는 프롤레타리아혁명이라는 틀에 맞을 만한 것인지, 그리고 어떻게 평가돼야 할 것인지, 또 혁명의 주도적 계층은 누구인지 하는 점에 대해 진단을 해주셨으면 합니다.

최재현 오늘날의 개념으로는 시민보다는 국민이라는 개념이 더 정확할 것 같습니다. 국민 개개인의 법적 신분을 확인·보장해주는 것이 시민사회의 대전제이고 그런 사회가 곧 법치국가랄 수 있는 거죠. 즉 법질서 속에서 개개인의 인신적 자유가 누구를 막론하고 보장되는 것이 시민사회 형성의 으뜸 원리라 할 수 있습니다. 그런데 우리 사회에서는 이 원리가 통용이 안 돼왔습니다. 그러다가 박종철군 사건 등 일련의 사건을 통해 그 원리가 중요한 이슈로 부각됐습니다. 앞으로 어떤 정부가 들어서든 신체의 자유가 보장되지 않는다면 정권의 정당성을 인정받을 수 없다는 인식이 확대됐습니다. 즉 서구의 시민혁명이 우리 식으로 되풀이되고 있으며 우리 식으로 구현되고 있다고 할 수 있습니다. 그러나 다른 한편에서는 분배질서와 여러 계층간의 상치되는 이익·갈등을 상호 조정해가는 과정에 있습니다. 서구의 시민혁명보다 1세기 이상 더 나아간, 복지국가에서의 사회과정이 우리에게 급격히 몰아닥치고 있습니다. 이런 비

(非)동시적인 것의 동시적 존재가 바로 지금 우리 사회의 위상(位相)입니다. 정치질서와 분배질서가 뒤엉켜, 시대적으로 앞선 것과 뒤진 것이 한꺼번에 진행되고 있는 겁니다. 따라서 19세기적 의미의 시민혁명 주도세력과 지금 한국의 시민혁명 주도세력과는 큰 차이가 있습니다. 서구의 경험에 근거를 두고 있긴 하지만 복지국가를 지향하는 일련의 사회과정 주축세력이 같이 가담하고 있기 때문에 우리의 현재 경험은 독특한 사회과정 모델을 만들어가고 있는 것으로 봅니다.

6월사태의 주도세력

최장집 서구에서는 1789년의 프랑스혁명이 모델이 되고 있습니다. 그후 1848년에 두번째의 획기적 변화가 있었고, 19세기 후반과 20세기 초반에 걸쳐 유럽에서는 사회주의 정당과 노동조합 세력의 확대를 통해 세번째의 정치·사회적 변화가 일어납니다. 저는 우선 시민권(市民權)을 세 가지로 분류해보고자 합니다. 그 첫째가 고전적·자유주의적 내용의 기본적 시민권입니다. 인신보호, 표현의 자유 등을 망라하는 법적 권리가 이 범주에 들 것입니다. 둘째는 정치적 자유입니다. 사회적인 다양한 이해관계에 기반을 둔 정치적 결사 및 단체를 조직하는 것을 말합니다. 개인적 투표권과는 그 의미가 다르죠. 다음, 세번째가 사회·경제적 권리입니다. 사회적인 부(富)와 성장의 과실(果實)로부터 골고루 혜택을 받을 수 있는 권리를 말합니다. 우리나라의 경우, 해방 후부터 지금까지, 특히 60~70년대에 압축적으로 사회변화를 경험했습니다. 우리가 지금 겪고 있는 급격한 사회변화란 것도, 고전적·자유주의적 개념의 시민권과 경제적 부의 재분배 욕구 등이 동시적으로 폭발되고 있는 것입니다. 그럴 수밖에 없는 것이, 우리나라에서는 짧은 시간 속에서 사회변화가 이루어지고 있기 때문입니다. 그리고 매스컴이나 일반인들이 민주화에 대해 이해하는 시각(視角)이 제도적 민주화에만 너무 초점을 두는 듯싶습니다. 사실 87년의 6월사태는 80년 광주사태의 연속이라고 볼 수 있고, 80년 이래 사회정치적 변화의 산물이라고 할 수 있습니다. 6월사태에서 중산층이 큰 역할을 했다는 평가를 받고 있습니다. 즉 그들이 고전적 의미에서의 제도적 민주화를 부르짖었습니다. 그러나 그 기저(基底)에는 아직 표출되지 않은 또다른 사회 세력·계층의 목소리가 웅크리고 있습니다. 부의 격차에 따라 분화된 소외계층들의 목소리는 앞으로 표출될 수밖에 없을 것이고, 그렇다면 이 문제를 어떻게 제도적으로 해결하느냐는 것이 관건이 될 것입니다. 그러나 제도적 절차만 마련한다고 해서 민주화가 될 수 있다는 생각은 적절치 못합니다. 우리 사회는 계층간의 갈등을 비롯한 복잡한 문제들을 안고 있기 때문에 앞으로 극복해야 할 과제가 많은 것입니다.

조영래 6월사태에 있어 주도적 역할을 한 세력은 학생이었습니다. 학생들이 결정적 역할을 한 것은 틀림이 없는데, 그들은 이번에 얼마 전까지와는 다른 행태를 보였습니다. 그들이 외치는 구호나 행동양식 등에서 과거와는 색다른 모습을 보여주었죠. 이런 변화는 어떤 계기를 통해 나타난 것인지, 종래의 전술·전략에 근본적 수정의 필요성을 느끼고 변화한 건지 분석해볼 필요가 있을 것 같습니다. 비근한 예로 86년 5·3인천사태와 이번 6월사태를 비교해보면 판이한 모습을 보이지 않았습니까.

최재현 시위에 동원된 인적 자원에 있어서 굉장한 변화가 있었습니다. 학생들의 경우만 보더라도 급진적·적극적 학생들뿐만 아니라 평소 온건하고 소극적이었던 학생들도 대거 참여했습니다. 이런 현상은 학생들에게서만 나타난 것이 아니었죠. 어느 도시에서건 시위·농성현장에서 나타난 모습은 과거와는 무척 달랐습니다. 이전 같았으면 냉담하고 비난까지 하던 샐러리맨들이 상당수 시위에 적극 참여 내지 동조하는 양태를 보였습니다. 이것은 중요한 변화입니다. 이런 거대한 변화가 집권세력으로 하여금 정치일정을 급격히 전환하게 만든 것입니다. 그 이유는 뭡니까. 간단합니다. 집권자가 무리한 정치일정을 국민에게 일방적으로 강요했기 때문에 이에 항거하는 국민들의 공감대가 확산된 것입니다. 이런 국민의 공감을 조직화할 수 있는 '민중주의 전략집단'이 존재하고 있다는 사실, 그리고 그 집단의 응결력이 강하고 그 저변이 넓다는 사실은, 그들이 조직력을 통해 대량시위를 조직화해냄으로써 유감없이 입증됐습니다. 그러나 그런 전략집단 구성멤버의 내부에서도 여러 형태의 사회경제적 이익을 둘러싼 갈등이 얼마든지 있을 수 있습니다. 현재로선 그 갈등이 덮여져 있는 상태지만 언젠가는 표출될 것으로 보입니다. 새로운 갈등이 잠재하고 있는 거죠.

최장집 6월사태를 주도한 사회세력은 학생 중심의 운동권과 중산층의 연합이라고 볼 수 있겠습니다. 그 연합을 핵으로, 가장 광범위한 콘센서스가 그 어느 때보다 확산된 것입니다. 그리고 학생운동의 방향은 86년 건국대사태를 분기점으로 해서 상당히 달라진 것으로 보입니다. 어떤 운동이든지 시행착오를 거치게 마련인데, 학생들 역시 반성과 반추를 통해 방향을 다시 잡았어요. 즉 작년까지는 사회 하부계층에 기반을 둔 전위적 사회운동, 다시 말하면 급진화를 거듭해나가다가 중산층의 호응이 미약함을 인식한 겁니다. 급진화과정에서 그들이 느낀 것은, 이대로 나아가다간 반(反)권위주의 정치체제 인식의 확산마저 제대로 이룰 수 없겠구나 하는 반성이었습니다. 그래서 과격한 구호와 요구사항들이 퇴조했습니다. 학생들은 이 과정에서 도시 중산층이 광범하게 공감할 수 있는 것이 무엇인지 깨달은 것입니다.

조영래 6월사태는 민주주의를 목표로 한 제계층간의 연합·연결의 가능성을 보여주었습니다. 과거에는 하층민중의 전위조직에 기반을 둔 급진적인 젊은 세력들, 즉 운동의 핵심세력들이 광범한 국민 제세력의 연합에 신뢰를 두지 않았는데, 이번 6월사태과정을 통해 그러한 인식은 잘못된 것이었다는 사실이 입증됐습니다. 가두에서 학생들을 강력히 지지한 사람들은 누구였습니까. 넥타이 맨 중산층과 상인들이었죠. 이것은 깊은 의미를 지니는 것입니다. 그러면 무엇이 그것을 가능하게 했습니까. 그 지독한 최루탄을 무릅쓰고 그들이 하나 되게 만든 것은 무엇입니까. 그것은 바로 오랜 기간 계속돼온 군부통치에 대한 반대, 군부통치에 대한 염증이 모든 민간세력을 단결하게끔 만든 것입니다. 군부·강권·독재정치의 종식 그리고 문민(文民)정부에 의한 민주주의 정치질서에 대해 모든 세력이 동일한 이익을 발견했고, 따라서 국민적 합의가 이루어진 거죠. 그런데 그런 국민적 합의가 6월에 폭발적으로 표출된 이유는 어디에 있습니까. 85년 2·12총선에서 국민의 압도적 다수가 민주화를 열망하고 있다는 사실을 표로써 드러냈었습니다. 이후 국민들은 우여곡절 끝에 개헌논의가 시작되자 거기에 일말의 기대감을 가지고 기다렸습니다. 이때 국민들은 급진화 운동세력이 나와도 큰 호응을 보이지 않았습니다. 그러다가 4·13조치가 나와 개헌논의는 원점으로 돌아갔습니다. 국민들 눈앞에는 또다시 7년 혹은 그 이상의 군부통치가 보이는 듯했습니다. 바로 이 불길한 예감에서 비롯된 절망감이 6월 사태를 불러일으킨 결정적 동인(動因)이 됐습니다. 그리고 박종철군 고문치사·은폐조작 사건, 부천서 권모양 성고문사건 등 민주질서가 우리에게 얼마나 중요한 것인가 하는 점을 일깨워주는 일련의 사건들이 겹쳤다는 점도 6월사태를 가능하게 만들었습니다. 학생들은 현질에 대한 인식을 투철히 하게 됨으로써 독선적·일방적·관념적 급진성을 수정하고, 대중성을 획득할 수 있는 구호를 외쳐 국민의 호응을 얻었습니다.

미국의 공개적 개입

이번 사태에서의 미국의 역할 그리고 한국 군부의 역할은 어떻게 보아야 할까요. 미국은 자신들의 공개외교가 승리를 거두었다고 자화자찬하고 있고, 시거 국무성차관보를 노벨평화상 후보라고까지 얘기하고 있습니다. 또 노대표와 기타 집권층 그리고 군부는 어떤 역을 맡았던 것 같습니까.

최장집 80년 '광주'와 87년 6월은 연속선상에서 보아야 합니다. 미국의 대한(對韓)정책도 그와 관련지을 수 있을 겁니다. 광주사태 당시 한국군의 이동과 관련해 미국의 역할 내지 책임이 줄곧 제기돼온 문제이기 때문입니다. 역사의 진행을 본다면, 어느 한 과정이 막을 내리고 난 뒤에라야 그 의미를 알 수 있습니다. 80년 광주의 충격과 여파는 바로 그해, 그 다음해에는 잘 느껴지지 않았었습니다. 그런데 이번 6월사태 속에서 우리는 '광주'의 여파를 느낍니다. "세계에서 유일하게 반미구호가 안 나오는 나라가 한국"이라는 말까지 있었던 이 땅에서 극적인 변화가 일어난 겁니다. "미제(美帝) 물러가라"는 구호가 등장하더니 보편화됐습니다. 미국도 이것을 알았습니다. 미국은, 반미성향이 학생으로부터 시작해 국민 사이에 널리 퍼지게 되면 미국의 이익과 부딪치게 된다는 것을 누구보다 잘 알고 있습니다. 한국은 그만큼 미국에 있어 지정학적·경제적으로 중요한 존재입니다. 과거 미국은 기존의 정부를 일방적으로 지원, 결과적으로 군부·권위주의 정치체제를 지원하게 됐고 불가분의 유착관계까지 맺었습니다. 그러나 미국은 이번엔 '광주'의 교훈을 상기한 듯싶습니다. 미국은 또 한번의 '광주'가 있으면 기존 남한정부의 존립문제만 걸린 것이 아니라 남한의 체제 자체가 위협을 받게 될 것이라는 판단을 한 것 같습니다. 그래서 미국은 한국정부에 대해 강경조치를 쓰지 말 것을 종용한 것으로 보입니다. 이런 징후는 여러 군데에서 나타났습니다. 종래 백악관이나 국무성이 적극적 표현을 쓰지 않았었음에 비춰보면 이번에 미국은 구체적·공개적으로 개입한 흔적이 드러나게 보이지 않습니까. 미국의 긍정적 역할은 일단 인정할 수 있을 것 같습니다.

조영래 그러나 4·13에서 6·10까지를 놓고 볼 때 미국이 적극적으로 민주화의 방향으로, 즉 4·13 철회→개헌의 방향으로 움직였다고 볼 수는 전혀 없습니다. 결국 미국의 역할이란, 큰 혼란 없이 갈등을 어떻게 푸느냐 하는 것이고, 이 작업에 미국이 수동적으로 개입한 것입니다. 1차적으로 중요한 역할을 한 것은 말할 것도 없이 국민의 의사표시였습니다. 미국은 한국민의 민주화 열기가 미국의 이익을 위협하지 않는 선에서 뒷수습을 했을 뿐입니다. 이런 판에 미국이 자신의 역할에 대해 자화자찬을 했다는 보도를 접하며 우스운 생각이 들었습니다. 아마 우리 국민들의 적극적인 움직임이 없었더라면 미국은 현정부의 정치일정을 지지했을 겁니다.

최장집 미국의 대외정책은 크게 두 줄기에 의해 좌우됩니다. 그 하나는 정치의 안정을 바라고 급진세력의 사회변화 시도에 반대하는 보수적 입장의 행정부 쪽입니다. 이것은 미국의 일관된 정책기조이기도 합니다. 그리고 또 하나는 여론입니다. 미국의 정책은 여론의 민감한 영향권내에 있습니다. 미국의 정책은 4·13에서 6·10 사이에 급격히 변한 것으로 보입니다. 4·13조치가 아무 문제 없는 것으로 비췄다면 미국은 4·13조치를 그냥 받쳐주었을 것입니다. 그러나 한국내에서의 혁명적이라 할 만한 민주화 열기가 미국의 전 매스컴을 통해 미국여론에 큰 영향을 주었습니다. 거기다, 이제는 미국사회에서 상당한 영향력을 가지고 있는 재미교포들의 입김도 작용했습니다. 이렇게 해서 여론이 미국의 기존 정책기조를 바꾼 것입니다.

조영래 우리나라의 문제가 미국 국내문제화한 일은 우리로선 처음 겪는 일인 듯합니다. 이번 사태를 통해 우리 국민의 움직임이 미국민에 영향을 끼쳤고, 결과적으로 미국의 정책에 변화를 일으켰습니다. 즉 미국은 여론에 밀려 소방수 역할을 하지 않을 수 없었고 강력한 공개외교로 나올 수밖에 없게 만들었습니다. 저는 이번 같은 혁명적 사태를 겪으면서 국민들 의식에도 큰 변화가 일어났으리라고 봅니다. 정치의식의 변화랄까요.

신민의식이 시민정신으로

최재현 민주주의 사회를 얘기할 때, 제도를 먼저 갖춰야 민주사회로서 공고해지느냐, 아니면 민주적 시민의식이 먼저 갖춰져야 민주사회로서 제구실을 할 수 있느냐는 논의가 있는 것으로 압니다. 저는 이 문제에 대해 우선 이런 생각을 해봅니다. 우리나라같이 왕조(王朝)의 전통이 뿌리깊은 사회에는 아직도 '신민(臣民)근성'이 남아 있다는 거죠. 예를 들어, 제복을 입은 경찰관이 거리에서 주민등록증을 보자고 했을 때 우선 가슴이 덜컥 내려앉는다든지, 임의동행 요구를 받고도 아무 저항 없이 같이 간다든지 하는 습성들은 신민근성 또는 신민의식의 잔재라고 할 수 있습니다. 그런데 박종철군 고문치사사건이 일어나자 우리 사회에서는 인신의 자유 등에 관한 첨예한 토론이 벌어졌습니다. 그러면서 광범한 합의가 이루어진 문제가 곧 '구속영장 없이는 난 안 간다'는 것이었습니다. 이러한 토론 그리고 이러한 합의과정은 신민의식이 시민정신으로 발전해가는 결정적 계기가 됐습니다. 민주화란 어느 누구도 부정할 수 없는 대전제이자 목표입니다. 민주화의 과정에서 중요시돼야 할 부분이 그 절차입니다. 그 절차 속에서 민주적 심성이 길러져야 합니다. 지난 6월의 명동성당 점거·해산과정을 보면 민주적 절차란 것이 얼마나 고귀한 것인가 하는 점이 뚜렷이 부각됐습니다. 서로 조정을 하고, 그 조정을 통해 일단 의사결정이 되면 그에 승복할 줄 아는 정신이 강화돼야 합니다. 우리가 흔히 얘기하는 시민사회, 시민혁명, 시민정신이란 표현에서의 '시민'이란 관료화한 국가권력에의 대응개념입니다. 거대한 제도의 안팎에서 구체적 이익의 갈등을 조정하는 구체적인 과정을 통해 시민정신이 한 단계씩 다져져야 합니다. 시민정신의 확산이라는 장기적 목표 아래, 그 전제조건으로서 자유로운 의사표현의 분위기가 조성돼야 합니다. 그러기 위해서는 제도적 외피(外皮)가 만들어져야 합니다.

최장집 우리나라처럼 왕조적·유교문화적 전통이 뿌리깊은 사회에서는 권위주의적 정치체제의 유지가 비교적 용이했던 점이 있었습니다. 이런 풍토 속에서 민주주의의 발전과 민주주의의 제도화를 기대하기는 어려웠던 것도 사실입니다. 정치문화란 지속적으로 천천히 변화해가는 경향을 지니고 있습니다. 비민주적 권위주의 정치체제가 장시간 세력을 구축해올 수 있었던 것도 그런 점과 연관지을 수 있을 겁니다. 그러다가 때로는 4·19나 이번 6월사태 같은 의식(意識)의 폭발현상이 나타나기도 합니다. 국민들이 자신의 진정한 힘을 의식하지 못하고 있다가 집단적인 의식주체를 발견하고, 스스로 경험을 통해서 이를 인식하게 되는 것입니다. 이를 계기로 새로운 정치문화의 창출이 이루어지고 변화를 가져오게 되는 거죠. 누적돼온 것들이 이런 계기를 통해 폭발적으로 드러나면서 구조적 변화를 가능하게 만드는 겁니다. 최근 학생운동에 있어서도 중요한 변화가 있었습니다. 작년까지만 하더라도 몇몇 주도적 학생들이 이념토론을 이끌고, 그 나머지 학생들은 필요하다고 느끼면 그에 따르는 행태를 보였었습니다. 그러던 것이, 금년 들어서는 밑으로부터의 토론을 통해 구조적 변화를 일으키기 시작했습니다. 소위 운동권학생들의 논리나 행동양식에 대해 괴리 또는 이질감을 느끼던 다수의 학생들이 참여의식을 갖게 된 겁니다. 그러자 당연한 결과로 다수학생이 동원될 수 있었죠. 그 저변이 눈에 보이지는 않았지만 중요한 변화입니다. 6월사태를 체험하면서 국민들은 '아, 우리의 힘은 굉장한 것이구나' 하고 자신을 확인할 수 있었습니다. 예전 같으면 공권력에 대해 일단 겁부터 먹었던 시민들이 이젠 공권력보다 무서운 자신들의 힘을 깨달은 것입니다. 공권력이 힘을 가지려면 우선 도덕성을 잃지 말았어야 합니다.

조영래 시민들이 공권력을 한번 이기고 나면, 그 경험을 하기 전과 후의 시민의식은 완전히 별개가 됩니다. 혁명을 겪기 전과 후의 국민의식이 완전히 다르듯 말예요. 6·10대회 이후 명동성당에서 학생·시민들이 농성하고 있을 때 명동 금융가의 샐러리맨들이 점심을 먹으러 나왔다가 대규모 시위를 벌이지 않았습니까. 이때 제가 아는 한 은행원의 얘기는 많은 것을 시사해주었습니다. 그 친구는 학교 다닐 때 데모 한번 해본 일이 없는 친구입니다. 그 친구는 이렇게 얘기했습니다. "나는 그때 점심을 먹으러 나갔다가 나도 몰래 발걸음이 명동성당 쪽으로 향했다. 그런데 웬 할머니 한분이 성당으로 가려 하는데 전경들이 할머니를 가로막았다. 그래서 옥신각신하게 됐다. 자연히 그 주위에 시민들이 많이 몰려들었고, 시민들과 전경들 사이에 시비가 일었다. 이 소동은 어렵지 않게 시위로 발전했다. 나도 구호를 외치면서 시위행렬에 참여했다. 나중에 회사로 돌아와보니 회사동료들 중 상당수가 '나도 데모했다'고 하더라. 우리는 '후련하다' '한번 더 했으면 좋겠다'는 얘기를 나눴다." 이런 변화가 곧 역사를 발전시키고 민주화로 나아가는 원동력이 될 것이라는 느낌입니다.

현상황은 불안한 힘의 균형상태

최재현 저는 6월사태를 지켜보면서, 다음과 같은 점이 지적돼야 하겠다고 느꼈습니다. 사실 학생들은 강의에 안 들어가도 되고, 얼마든지 자기 의사에 따라 시위에 참여할 기회가 보장돼 있다고 할 수 있습니다. 이에 비해 직장생활을 하는 시민들의 입장은 점심시간 등을 이용할 수가 있었죠. 그런데 이보다 그 수에 있어 훨씬 방대한 계층인 기층민중집단이 이번 사태에 적극가담했다는 증거는 전혀 보이질 않습니다. 그렇다면 역사적 격변에 의해 얻어질 혜택 또는 성과는 그 격변의 현장에 참여하지 못한 기층집단에게 얼마나 돌아갈 수 있느냐 하는 문제가 제기됩니다. 실제로 매스컴은 시위로 거둔 승리를 중산층이 주도해 얻어낸 것으로 보도했습니다. 그러면 승리에 따르는 혜택이 중산층에게만 돌아갈 공산이 크다고도 보여지는 것입니다. 만약 그렇게 된다면 앞으로 민주화의 과정에서 중산층과 노동자계급 간에 분배를 둘러싼 근본적 이해대립이 일어날 소지는 충분히 있습니다. 노동자가 혜택을 받지 못한다면 자연히 그들로부터의 요구가 터져나올 것이고, 여러 형태의 시위가 예상되는 것입니다. 이때 중산층은 어떻게 대응할지 관심거리가 아닐 수 없습니다. 따라서 중요한 점은 민주화의 과정에서 중산층만이 아니라 그 하부계층의 발언통로가 마련돼야 한다는 것입니다. 인신의 자유, 언론·출판의 자유 못지않게 중요한 것이 분배정치의 문제이기 때문입니다.

최장집 물론 영등포라든가 경인공업지대에서 노동자들이 주축을 이루지 못했던 것은 사실인 듯싶습니다. 그러나 이것을 현상적으로만 보아서는 곤란할 것 같습니다. 86년 아시안게임 이후 그리고 4·13조치를 전후해서 노동자 등 민중세력이 받은 탄압은 지대한 것이었습니다. 학생들조차도 그 탄압의 실상을 제대로 알고 있지 못했습니다. 그러한 탄압에 의해 가장 약화된 부분이 바로 노동자계층이었습니다. 그러나 6·29노태우선언이 나오지 않았더라면 그 열악한 조건 속에서라도 노동자 등 제반 민중세력이 전면 동원됐을 거라고 봅니다. 노대표 선언이 나옴으로써 불안한 힘의 균형상태를 이루고 있는 것이 현시점에서 보는 6월사태입니다. 위로부터의 '잠정 휴전상태'라 할까요. 이런 저간의 사태를 이해할 필요가 있을 것 같습니다.

　조영래　6월사태를 중산층에 의한 혁명이라고 보는 데는 무리가 있을 것 같습니다. 제가 보건대는 중산층 이상으로 기층민중들이 해낸 역할이 있었습니다. 학생들이 끊임없이 투쟁을 할 수 있었던 것은 기층민중이 지속적인 관심을 쏟아주었기 때문입니다. 조직노동자나 기층민중들은 학생들 속에서 정치적 대변자를 찾아내고 있습니다. 이런 분위기 속에서 학생들은 대대적으로 결집할 수 있었죠. 그간의 가혹한 탄압에 의해 노동자들은 위축됐고, 여러 형태의 제약조건 속에 놓여 있었지만, 6월사태의 과정에서 노동자들이 배제됐다고 말하기는 어려울 것 같습니다. 다만 노동자들이 동원된 시기나 그 순서가 다른 계층들과 좀 달랐을 뿐이었습니다. 6월사태는 전국민적 참여하에 이루어진 것입니다. 한마디 덧붙이자면, 해외에 나가 있는 우리 교포들도 6월사태를 지켜보면서 민족적 자존심과 명예를 회복했으리라는 것입니다. 그간 가져왔던 콤플렉스를 극복하는 하나의 계기가 됐을 겁니다.

　최장집　6월사태는 국민 대 국민, 개인 대 개인 간의 국제적 관계에 있어 민족적 자존심 고양의 일대 계기가 된 것은 틀림없습니다. 한국이 국제사회에서 경제발전국으로 알려져 있는 것은 확실한데 외국인들이 6월사태를 보면서 궁금해한 점은 "왜 갑자기 이렇게 터져나오나" 하는 것이었습니다. 외국인들은 6월사태를 통해 "한국인들도 밥만 잘 먹는다고 만족치는 않는다"는 것을 느낀 듯합니다. 무릎을 꿇고 산다는 것에 대한 가열한 저항을 그들은 본 것입니다. 저는 72년의 7·4남북공동성명 때 미국인, 일본인 들을 만나면 어깨가 으쓱해지는 걸 느낀 적이 있습니다. 그런데 지금은 그때보다 그 자부심의 정도가 훨씬 더합니다.

　최재현　이제껏 소위 자유세계의 동반자란 의미는 경제적·군사적 동반자를 지칭해온 것이 사실입니다. 그러나 6월사태를 계기로 우리나라는 민주적 가치와 민주적 기본질서의 동반자 반열에 올라섰다는 자부심을 가지게 됩니다. 하나의 고지를 점령한 느낌입니다. 그것은 외부로부터의 시혜에 의한 것이 아니라 우리 국민 스스로의 힘으로 얻은 것이기 때문입니다. 그러나 우리가 지금 달성한 성과는 멀고 험한 시민혁명의 초입단계에 불과하다는 점을 깨달아야 할 것입니다. 아직도 여러 고비를 넘어야 합니다. 우리는 지금까지의 자부심이 자칫 감상주의 또는 자만심으로 전락하지 않도록 경계해야 할 것입니다.

　　조영래 저희 세대만 해도 어렸을 적부터 민족적 열등감을 버리지 못하고 성장했습니다. 그 연원에는 일본 제국주의가 뿌려놓은 악질적 요소들이 자리잡고 있으며, 거기에다가 더욱 우리를 열등감에 찌들게 만든 것이 곧 장기간에 걸쳐 이 나라를 쥐고 흔든 군부독재정치였습니다. 그런 정치체제 밑에서 숨을 쉬어온 우리는 은연중 우리 자신이 2등국민이요, 민주주의를 할 능력이 없는 국민인 것으로 자인(自認)해왔습니다. 이런 인식이 민주화를 바라는 열망에 찬물을 끼얹는 역할을 한 것도 사실입니다. 외국인들은 한국의 정치를 가리켜 "현대차 수준에도 못 미치는 정치"라고 비아냥거렸고, "일본 곁에서 돈 몇푼 벌었는지는 몰라도 정치적으로는 미개국(未開國)"이라고 내려다보았습니다. 그러나 우리는 80년 광주와 87년 6월 한국에서 거대한 감격을 되풀이 맛보았습니다. 80년의 광주는 며칠 동안 완전히 행정 마비상태에 빠졌었지만 오히려 범죄발생 건수는 그 이전보다 떨어지는 현상을 보였습니다. 바로 이 점 하나만 가지고도 미국사회와 우리 사회를 확연하게 비교할 수 있습니다. 우리는 선진민족입니다. 그리고 87년 6월은 또 어땠습니까. 때로 화염병이 날고 차량이 불타기도 했지만 그건 전체상황에 비춰보면 크게 문제가 안 됩니다. 엄청난 군중이 거리로 쏟아져나와 경찰이 제어능력을 상실했지만 민간부분에는 하나도 피해를 입히지 않았습니다. 우리 국민의 순수한 민주적 정열은 혼란 속에서도 고도의 자제력을 보였습니다. 우리 민족은 세계 어느 민족 못지않게 민주주의를 할 자격을 충분히 갖추고 있음을 입증한 것입니다. 87년 6월 우리 국민은 맨주먹으로 막강한 물리력에 대항해 이겼습니다. 이 승리를 통해 우리 국민은 자신의 민주역량에 대한 새로운 자각과 자부심을 가지게 됐습니다. 저는 이같은 자각과 자부심이 앞으로 우리나라의 민주주의를 굳히는 데 있어 결정적 역할을 할 것으로 봅니다. 87년 6월의 정신은 이제 다시는 그 치욕적인 군사통치, 독재의 나락으로 떨어지지 않게 하는 결정적 쐐기가 될 것입니다. 이제 또다시 민주화에 대해

반동세력이 준동할 수는 없을 겁니다. 우리는 이런 때일수록 들뜨지 말고 신중해야 할 테지만, 자부심을 가지고 민주화의 길로 나아가면 큰 문제는 없을 것으로 봅니다. 그러면 이제 문제는 우리 사회 제계층간의 갈등을 어떻게 조정해가면서, 민주사회를 향한 공동전선을 어떻게 유지해갈 수 있느냐 하는 점일 것입니다.

보수·혁신의 양당정치 돼야

최재현 우선 단기적 관점에서는, 선거를 통한 정권교체를 한다고 하니까 지금의 추세가 역전되지 않도록 경계를 늦추지 말아야 할 것입니다. 일례를 들면, 선거기간중 국민운동본부 등의 제단체가 선거감시운동을 대대적으로 벌인다든지 하는 방법들이 있을 겁니다. 그리고 중·장기적으로 보자면, 여러 이익집단들의 활동이 활성화돼야 합니다. 그러자면 이익집단 상호가 상대를 대화의 상대자로 인정해야 하며 활성화란 것도 서류상의 활성화가 아닌, 실제적 활성화를 위한 장치가 마련돼야 합니다. 여기서 중요한 점은 민주시민의식의 계발을 위한 교육일 것입니다. 학교교육은 말할 것도 없고 사회교육의 테두리내에서 다각적으로 시민의식을 배가시켜나가야 합니다. 그래서 우리 사회 어떤 분야에든 잔존해 있는 권위의식을 척결해야 합니다.

최장집 민주화란 제도적 절차만 마련된다고 해서 이루어지는 것이 아닙니다. 민중이 구체적으로 정치적 권리를 행사하고 경제·사회적 혜택을 누릴 수 있어야 합니다. 민주화는 말처럼 쉬운 것이 아니고, 지금의 우리 단계는 시작에 불과합니다. 우리 국민의 의식과 교육수준은 높은 데 비해 정치는 저차원에 머물러온 게 사실입니다. 사회는 다원화해가면서 고도의 변화를 해온 데 비하면 정치는 낙후성을 면치 못했죠. 또 우리 사회가 안고 있는 커다란 문제로, 제도권과 비(非)제도권의 극심한 불균형현상을 지적할 수 있습니다. 현재의 제도권은 거대한 사회구조를 반영, 소화해내기에는 너무 좁습니다. 이에 비해 비제도권은 제도권보다 훨씬 방대한 세력을 형성하고 있습니다. 이 괴리를 메워가는 것이 곧 민주화과정입니다. 따라서 제도권은 대폭 확대돼야 합니다. 다양한 이익집단들이 조직화돼야 할 것입니다. 또한 정치제도의 재편성이 이루어져야 합니다. 구체적 예를 들자면, 6월사태의 주역 중 하나인 국민운동본부 같은 비제도권의 세력들이 어떤 방법으로든 합법공간내로 진입돼야 합니다. 그리고 현재 노동조합법에 의해 묶여 있는 노동자들의 정치적 집단으로서의 참여문제는 앞으로 반드시 논의돼야 할 것입니다. 노동자가 개별적 시민으로서 투표에 참여하는 것과, 정치적 대표체계의 형성을 통해 '노동자로서' 투표에 참여하는 것과는 엄청난 차이가 있습니다. 노동자가 '노동자로서' 정치에 참여하는 문제는 필히 해결돼야 할 문제입니다.

최재현 앞으로 예측 가능한 어떤 '위험'에 대비하는 의미에서라도, 방대한 노동자층의 이익을 대변할 수 있는 정당이 활동할 수 있는 공간을 마련해주어야 합니다. 기존정당들의 양보가 있어야 할 것입니다.

조영래 현재 우리나라의 보수야당은 노동자의 현실을 제대로 이해하지도 못하는 게 아닌가 하는 생각도 듭니다.

최재현 보수야당은 광범한 계층의 불만들을 흡수해내야 할 것입니다. 그 동안의 현실적 제약들 때문에 정책개발을 제대로 하지 못했다는 야당의 '변명'을 들은 적이 있습니다만, 앞으로 그런 제약들이 없어지더라도 현재의 야당이 정책개발을 제대로 하지 못하면 어쩌나 걱정이 드는 것도 사실입니다.

조영래 지금까지 우리 사회의 중산층과 노동자가 연합전선을 이룰 수 있었던 것은 군부정치 종식이라는 공통과제가 있었기 때문입니다. 그러나 이 과제가 해결된 후에 당장 닥쳐올 문제는 계층간의 갈등을 여하히 해소하느냐 하는 것입니다. 노학연대(勞學連帶)를 외치는 '각성된 지식층', 즉 기층민중 속으로 파고들어가 민중과 삶을 함께하는 학생들이 점점 늘어가는 마당에 근본적 갈등요인들이 해소되지 않는다면 그들 지식층은 사회혁명의 방향으로 치달을 것은 불을 보듯 뻔한 현실입니다. 그들의 사회혁명이 현실적으로 가능한지, 불가능한지 하는 문제는 별도로 놓고 보더라도 말이죠. 지금껏 권위주의적 정치체제에 의해 인위적으로 제압돼온 노동운동은 이제는 더이상 눌러버릴 수만은 없는 한계상황에 이르렀습니다. 공장생활을 하는 어린 여공들이 기본급 10만원 이하에 허덕이면서 당하는 수모와 학대는, 이게 도대체 어느 시대의 일인지 분간이 안 가도록 만들고 있습니다. 학생들은 그 현장에 뛰어들어, 인간성 회복을 실현하겠다는 결의에 차 있는 것입니다. 이러한 현실 속에서 우리 정치는 보수와 혁신의 양당(兩黨) 정치로 가야 합니다. 기층민중의 이익을 대변하는 정당이 나와야 합니다. 보수정치권의 입장에서도 근본적인 사회안정을 위해서는 그 길밖에 없다는 사실을 인식해야 할 것입니다.

(월간조선, 1987. 8)

1988년

'관계기관대책회의' 정체를 밝혀라

지난해 12월 선거에서 노태우씨는 '민주화'의 장미빛 공약을 내세우고 거기다가 상당한 '집권프리미엄'을 보탬으로써 대통령에 당선되었다. 그런데 아직도 안주할 곳을 얻지 못하고 구천을 헤매던 고 박종철군의 원통한 넋이 또다시 우리에게 돌아옴으로써 이 장미빛 약속은 실로 숨돌릴 겨를도 없이 가차없는 역사의 시험대 위에 올려지고 말았다.

과연 '위대한 보통사람들의 시대'가 시작된 것이라면, 그리고 노태우씨가 언명했듯이 대통령도 더이상 '각하'가 될 수 없다면, 이른바 '관계기관대책회의'라는 것도 더이상 신성 불가침의 특별한 존재로 남아 있어서는 안 된다. '관계기관'이라는 으스스한 한마디 말 앞에만 부닥치면 으레 모든 진실이 숨을 죽인 채 자취도 없이 실종되고 말아야만 했던 시대는 이제 이것으로 끝나야 한다. '관계기관대책회의'의 정체를 밝히라. 안상수(安商守) 검사로 하여금 법령상 보장된 정당한 수사권의 행사를 포기할 수밖에 없도록 만든 '검찰 상부의 압력'과 '검찰 외부의 압력'의 진원지였으며 동시에 부천서 성고문사건에서 검찰로 하여금 스스로 파헤친 사건의 진실을 스스로 덮어버리는 해괴한 사태를 연출하도록 만든 배후 사령탑이기도 했던 '관계기관대책회의'.

그것이 과연 무슨 대책을 위한 회의였는지 ── 무도한 공권력의 잔학행위에 희생된 한 젊은이의 무고한 주검을 앞에 놓고 그 진실을 철저히 밝혀내어 잘못을 바로잡음으로써 다시는 그같은 참혹한 희생이 재발되지 않도록 예방하는 대책을 강구하기 위한 회의였는지, 아니면 그 진실을 왜곡조작하고 잘못을 덮어

180

버림으로써 앞으로는 그같은 참혹한 희생이 재발하더라도 떠들썩한 '사회문제'로 비화되는 일이 없도록 예방하는 대책을 강구하기 위한 회의였는지부터 밝혀야 한다.

나아가 그 '대책회의'의 구성원은 누구누구였으며 언제 어디서 몇번이나 모여서 어떤 내용의 논의를 했으며 결정사항과 그 집행과정은 어떠하였는지에 이르기까지 한 점의 의혹도 남김없이 백일하에 밝혀야 한다. 만약 이것이 이루어지지 않는다면 노태우씨의 '민주화' 약속은 출발에서부터 여지없이 깨어지는 것이고 그렇다면 그 장미빛 약속에 이끌려 그에게 던져진 표는 모두 정치적·도덕적·역사적 의미에서 '원인무효'가 된다고 말하고 싶다.

이번 일에서 우리들 '보통사람들'을 가장 혼란스럽게 만드는 것은 과연 누가 누구를 수사하여야 하는가 하는 물음이다. 애초에 경찰이 저지른 고문살인사건의 수사를 범행당사자인 경찰에게 내맡긴 것부터가 잘못이었고 그 때문에 마침내는 당시의 경찰총수가 구속되는 사태까지 초래되었다. 그런데 검찰 자신의 직무유기 등 위법행위와 검찰에 대한 '상부' 또는 '외부'의 압력의 개입이 문제되고 있는 이 시점에 와서는 과연 누가 수사의 주체가 되어야 할 것인가.

'관계기관대책회의'에 검찰도 한 당사자로서 참석하였다면, 그리고 그 결정사항을 충실히 집행함으로써 결과적으로 공권력 전체의 유기적인 작용에 의한 범행은폐와 축소조작에 가담한 것이라면 검찰이 과연 그 '대책회의'에 관한 의혹을 샅샅이 파헤쳐 국민 앞에 공개해주기를 기대할 수 있을 것인가. 이러한 경우에 국회의 국정조사권이 발동되어야 한다는 것은 너무나 당연하다. 그러나 국법상 범죄수사의 주체인 검찰은 수사권을 스스로 포기하고 국정조사만을 기다리고 있어야 옳은가. 이것은 이 나라의 법질서를 위하여 실로 기막히는 물음이다.

검찰이 범인축소조작 사실을 인지하고서도 석달이 지나도록 수사에 착수하지 않은 데 대하여, 그것을 직무유기로 보지 않는 것이 검찰의 견해라고 하는 신문보도는 나의 눈을 의심케 한다.

"정치상황이 어지러워 수사를 미루었다"고 하니 이것이야말로 법을 정치의 시녀로 타락시키려는 '관계기관대책회의'적 발상이라 하지 않을 수 없다.

대체 언제부터 검찰이 이토록 시국동향에 민감한 정치분석가들로 메워지게 되었는가. 형사소송법이나 검찰청법에 혹 검찰의 범죄수사는 정치상황에 따라 좌우되어야 한다는 규정이라도 있었던가. '검찰의 정치적 중립'은 어디로 갔는 가. 이것은 직무유기에 대한 변명이 아니라 도리어 자백이다.

고문살인을 한 범인들을 인지하고서도 시국동향 때문에 석달씩이나 그대로 국민의 신체와 생명을 다루는 경찰관직을 수행하도록 내버려두고 있다가 사제단의 폭로성명 등 또다른 시국동향 때문에 어쩔 수 없이 수사에 착수하였다면 검찰의 '직무유기의 고의'는 더없이 명백하게 입증된 것이다. 이것을 아니라고 하고 사건을 '적당한 선에서' 수습하려고 한다는 것은 그야말로 손바닥으로 하늘을 가리려는 것과 같다. 전직 치안본부장까지 구속했으니 그 정도면 국민들도 어지간히 가라앉지 않겠느냐고 생각하는 것인지 모르겠으나 시대의 물결은 이미 이같은 구태의연한 '대책회의'적 발상으로 따라잡을 수 있는 범위를 훨씬 벗어난 지점에서 도도하게 흘러가고 있음을 깨달아야 할 것이다.

검찰의 직분을 아끼는 충정에서 말한다. 박종철군 사건의 수사는 이번으로 세번째이다. 검찰이 똑같은 사건을 가지고 온 국민이 지켜보는 가운데에서 그때마다 매번 '철저한 진상규명'을 호언하면서 재수사에 재수사를 거듭해가고 있다. 동서고금을 통하여 이런 부끄러운 일이 달리 있었는지 나는 알지 못한다. 왜 이렇게 되었는가. 다른 누구를 탓할 것도 없이 검찰이 용기를 갖지 못하고 검찰권의 독립을 지켜내지 못했기 때문이다. 더이상 이런 일이 없도록 하기 위하여 오직 단 한 가지 길——즉 다른 모든 것을 버리고 국민의 뜻 앞에 '항복' 하는 길밖에는 없다. 그야말로 '발상의 대전환'을 이룩하여 '관계기관대책회의' 의 굴레를 벗어던지고 진실을 요구하는 국민의 편에 서서 거꾸로 '관계기관대책회의'에 고삐를 씌우는 길밖에는 없다.

이 일을 기탄없이 해낼 수 있기 위해서는 무엇보다도 먼저 직무를 유기한 검찰 자신의 과오부터 솔직히 시인하고 누구나가 납득할 수 있는 공명정대한 법적 조치를 취하여야 한다. 검찰이 어떤 태도를 취하든간에 이 수치스러운 공권력 범죄의 진상은 끝내는 낱낱이 밝혀지고야 말 것이다.

박종철군에 대하여 우리 모두는 영원한 공동의 채무자들이다. 그 채무를 갚는 길은 진실을 위하여 용기 있게 발언하고 민주주의와 인간다운 삶의 권리를 위해 굽힘 없이 행동하는 길밖에 없다.

만약 이번에 우리가 '관계기관대책회의'를 이겨내지 못한다면 우리는 언제까지나 한낱 '대책'의 대상에 지나지 않는 존재로 남아 있게 될 것이다.

(동아일보, 1988. 1. 19)

노태우씨의 가방 속에 든 것

1972년의 '유신' 이래 지난 십수년간 우리는 오직 한 가지 논쟁 —— 체육관에서 대통령을 뽑는 일이 옳은가 그른가, 보다 솔직한 표현으로 바꾸어 말하자면 권력이란 정규군대의 총구멍에서 나와야 하는가 투표소의 붓두껍에서 나와야 하는가 하는 민주주의의 가장 초보적인 원리에 관한 논쟁 하나에만 온통 매달려 있었다. 온 나라를 끊임없이 갈등과 대결의 소용돌이 속으로 몰아넣고 수없이 많은 젊은이들의 순정을 그토록 무참히 희생시켰던 이 어리석은 논쟁 때문에 우리는 산업화·도시화와 개방의 물결 속에 휩싸인 역사적 격변기에 제기되는 온갖 정치·경제·사회·문화적인 과제들에 올바로 대처할 겨를을 갖지 못하였다.

향후 몇년 사이에 그동안 쌓인 과제가 어떤 방식으로 해결되는가에 따라 우리가 진정한 의미의 '선진사회'에 올바로 진입하느냐 여부가 결정될 것이며, 이러한 의미에서 노대통령의 정부는 매우 이례적인 역사적 도전 앞에 직면해 있다고 생각된다.

노대통령이 아직 대통령 당선자의 지위에 있을 때 서류가방을 손수 들고 다니고 와이셔츠 바람으로 정권인수 준비를 위한 회의에 참석하는 등 새로운 정치 스타일을 선보인 것은 많은 사람들에게 신선한 인상을 준 것이 틀림없으며 개중에는 막연한 기대감에 가슴 설렌 이들도 없지 않았으리라 짐작된다. 그렇다. 이처럼 산적한 새 시대의 과제를 해결하려면 서류가방을 손수 들고 다니는 새로운 스타일이 상징하는 바와 같은 적극적이고 진지한 자세가 필수적으로 요청된다. 그러나 이번 조각(組閣)작업의 결과가 말해주듯이 참신한 스타일이 반드시 참신한 내용을 보장하는 것이 아니라면 우리는 가방을 든 노대통령의 모습을 지켜보는 것보다 훨씬 큰 관심을 가지고 그 가방 속에 든 것이 과연 무엇인가를 주의 깊게 지켜보지 않으면 안 된다.

그 가방 속에는 무엇이 들어 있는가? 내가 불안한 심정으로 특히 주목하고 있는 것은 다음 몇가지다.

첫째, 새 정부의 최대 최우선의 당면과제라고 할 수 있는 광주사태의 해결에 관하여 어떤 방안이 들어 있는가. '민주화합추진위원회'가 이 문제에 대하여 장시간에 걸쳐 토의하고 관계자의 증언을 공개리에 들은 끝에 '정부의 공식사과'를 건의하는 결론을 내린 것은 광주사태를 '폭도들의 반란'으로 규정지어왔던 과거에 비하면 확실히 진일보한 자세임에 틀림없다. 그러나 진상조사와 처벌문제는 덮어두는 것이 좋겠다고 하는 쪽으로 결정을 내린 것은 참으로 놀랍고 이해하기 어려운 일이었다. 진상이 밝혀지지 않는 터에 어떻게 사태의 성격규정을 하고 또 '사과'는 무엇 때문에 한단 말인가. '피해보상'은 무엇에 근거해서 하며 '위령비'는 누구를 위해서 세운단 말인가. 진실을 땅속에 파묻어둔 채로 화해를 하는 법이 있다는 말은 일찍이 들어보지 못했다. 그것은 화해의 제의가 아니라 차라리 모욕에 가깝다 해야 할 것이다. 아무리 뼈아픈 것이 될지라도 진실은 철저히 밝혀내야 하며 진정한 화해는 거기에서부터 출발해야 한다. 이 점에서 나는 노대통령의 가방 속에는 '민화위'의 결론보다는 나은 것이 들어 있기를 희망한다.

둘째, 구시대와 확고히 결별하고 구시대적인 독재의 잔재를 철저히 청산하기 위한 성의 있는 방안이 들어 있는가. 왕조시대의 상왕제도가 부활한 듯한 환각마저 불러일으키는 시대착오적인 '국가원로자문회의법' 시행령의 내용을 볼 때나, "전(全) 회장은 회장직을 물러났기 때문에 처벌할 수가 없다"고 하는 기괴한 결론으로 끝난 새마을본부의 비리에 관한 처리과정을 볼 때는 이 점에 관하여 절로 의구심을 품지 않을 수 없게 된다. 지난번 '대사면'조치에서 많은 양심수들이 제외되고 정치적 수배자들이 거의 해제되지 않았으며 시대착오적인 탄압입법의 표본이라 할 수 있는 사회안전법의 수감자들이 한 사람도 석방되지 않은 사실은 우리의 실망을 더욱 가중시킨다. 이 사람들의 수난이 적어도 '유신적' 또는 '제5공화국적'인 정치상황과 밀접 불가분의 관계가 있는 것만은 틀림없고 그 중에는 잔혹한 고문의 피해자들도 상당수 포함되어 있는 터인데, 그 수난이 그대로 계속되어야 한다면 어디에서 '제6공화국'과 '새 시대'의 시작을 읽을 수 있을 것인가.

셋째, 우리 사회체제의 가장 아픈 취약부분이라고 할 수 있는 노동문제를 정당하게 해결할 획기적인 방안이 들어 있는가. 작금의 현대엔진사태를 보면 매우 불길한 예감이 드는 것을 어쩔 수가 없다. 형식적인 법절차의 문제를 떠나서 도대체 투표조합원 1,163명 중 1,113명의 지지를 얻어 출범한 노조 집행부를 불법화하면 누구를 상대로 '노사간의 대화와 협조'를 추구하겠다는 것인가. 이것은 결국 노동조합과 노동자들의 존재를 인정하지 않는 것이나 다름없고, 그렇다면 노사간에는 적나라한 탄압과 저항의 극한사태밖에는 남을 것이 없는 것이 너무나도 분명하다. 새 정부의 노동정책의 진면목이 설마 이런 것이 아니기를 바랄 뿐이다.

지금까지 노대통령의 가방 안에 무엇이 들어 있는가에 대하여 이야기했으나 기실은 그 속에 무언가가 들어 있다고 생각한 것이 착각이라고 말해야 할지도 모르겠다. 어쩌면 그 속에는 아직 아무것도 들어 있지 않고 우리 국민들이 스스로 그 가방을 채워넣어야 하는 것인지도 모른다. 그렇다. 민주화란 권력자의 선의로 주어지는 하사품이 아니다. 이 시대를 끌고 가야 할 것은 바로 우리 국민들 자신의 각성되고 단결된 민주역량이며, 우리가 잠들지 않는 한 아무도 우리의 앞길을 막을 수 없다. 꽃샘추위가 한창인데도 봄은 어김없이 우리에게 다가오고 있다.

(동아일보, 1988. 3. 8)

새 시대를 위한 반성

모두들 입만 열면 '새 시대'를 이야기하는데, 이것은 과연 새 시대인가? 그렇다. 1987년 6월 우리 국민의 위대한 민주역량이 눈을 떴을 때, 구시대는 죽었다. 이제 총칼이나 금권이나 그 어떤 비인간적인 우상들로서도 더이상 인간다운 삶을 지향하는 국민들의 열망을 억누를 수는 없게 되었다. 이러한 의미에서 이것은 분명히 '새 시대'이다.

그러나 저마다 '새 시대'를 입술 끝에 달고 다니는 사람들이 모두 이같은 새 시대의 참뜻을 가슴속 깊이 아로새기고 있는 것인지는 지극히 의심스럽다.

새 시대에 올바로 대처하려면 무엇보다도 먼저 구시대의 잘못에 대한 철저한 비판과 반성으로부터 출발하지 않으면 안 된다. 이것이 제대로 되고 있는가?

전두환씨의 공직사퇴성명을 들으며 나는 무한한 감회에 젖었다. 그 서슬 푸르던 권력자가 쇠고랑을 찬 동생의 잘못을 사과하며 한 사람의 평범한 시민으로 내려앉는 이 순간을 위하여, 얼마나 많은 희생이 치러졌던가? 이제 구시대는 자신의 입으로 스스로를 부정하였다. 그런데 구시대를 부정하였기 때문에 어디론가 끌려갔던 수많은 사람들이 아직도 우리 곁으로 돌아오지 않고 있는 것은 대체 무엇으로 설명될 수 있는가? 이것을 시정할 줄 모르는 사람들은 '새 시대'를 말할 자격이 없다. 다시 한번 모든 양심수의 석방을 촉구한다.

전경환씨의 범죄사실이 하나둘 신문에 폭로되기 시작할 무렵 어떤 사람들은 이렇게 말했다.

"이런 식으로 하면 다음부터는 한번 권력을 잡은 사람은 절대로 권력을 내놓지 않으려고 들게 되지 않을까."

그러나 새 시대가 어떤 것인지를 이해하는 사람들은 이런 소심한 걱정에 사로잡히지 않고 도리어 이렇게 말할 것이다.

"그래, 철저히 파헤쳐놓아야만 다음부터는 권력을 잡은 사람들도 절대로 이런 비리를 저질러서는 안 된다는 교훈을 얻게 될 것 아닌가."

그렇다. 권력자들에게 국민을 깔보아서는 안 된다는 교훈을 주는 것, 이것이 바로 민주화이다. 지금 이 시간의 가장 중요한 과제는 구시대의 비리──그 중에서도 특히 권력 핵심부에서 저질러진 온갖 엄청난 비리에 대하여 철저히 진상을 밝혀내고 법의 제재를 가하는 일이다.

전경환씨가 불법적인 수단으로 모은 재산의 규모가 79억원뿐이리라고는 아무도 믿지 않는다. 더욱이 전두환씨의 친인척들 중에서 부정한 수단으로 거액의 치부를 한 사람이 전경환씨 한 사람뿐이었으리라고는 아무도 생각하지 않는다. 이것을 밝혀야 한다. 모든 국민들이 의혹의 눈길로 바라보고 있는 것을 그대로 덮어두려고만 한다면 새 정부 또한 구시대를 올바로 반성하지 못하고 있다는 사실을 스스로 입증하는 꼴밖에는 되지 않는다.

이것은 '전직대통령에 대한 예우'와는 전혀 별개의 문제이다. '예우' 때문에 법을 굽히는 일이 있어서는 안 된다. 전두환씨의 사퇴성명의 의미는 어디까지나 그 자체로써 평가되어야 할 일이다. 나는 새 정부가 행여라도 전두환씨의 사퇴성명을 받아내는 대가로 그의 일족의 비리를 더이상 추궁하지 않고 눈감아주기로 하는 식의 부도덕한 암거래를 한 일이 없었기를 희망한다.

구시대의 잘못을 가장 뼈아프게 반성해야 할 기관 중의 하나는 사법부일 것이다. 지난 수년간처럼 사법부가 국민들로부터 그토록 철저히 외면당하고 불신의 대상이 된 적은 일찍이 없었다.

이 사태에 대하여는 누군가 책임을 지는 사람이 있어야 한다. 또 최소한 부천경찰서 성고문사건이나 강신옥(姜信玉) 변호사 사건처럼 종전에 사법권의 독립이 지켜지지 못하였던 것이 나중의 재판으로 명백하게 드러난 표본적인 사례들에 관해서만큼은 그 경위를 국민들 앞에 공개적으로 해명하고 사과하는 용기를 발휘하는 것이 옳을 것이다. 그것이 어렵다면 적어도 법원 내부에서만이라도 그렇게 된 원인을 철저히 가려내어 앞으로 다시는 같은 잘못을 되풀이하는 일이 없도록 스스로 경계하고 다짐하는 자기쇄신의 몸부림이 있어야 할 것인데, 아직껏 그런 기미조차 엿보이지 않는 것은 답답한 노릇이다. 거듭 말하거니와 현재의 법원 수뇌부는 외부의 압력으로부터 사법권의 독립을 지키는 방파제로서의 사명을 다하지 못한 데 따른 책임을 져야 한다. 만약 새 국회 개원과 더불어 새로 구성될 사법부에서 이렇다 할 수뇌부의 개편이 없다고 한다면 그것은 새 정부가 '6공화국'이 아니라 '5·5공화국' 정부임을 입증하는 확실한 증거가 될 것이다.

구시대의 망령이 아직껏 가장 완고하게 둥지를 틀고 있는 곳 중의 하나는 노사관계 분야이다. 오늘날의 노사문제에 대하여는 사람에 따라 여러가지 견해차이가 있을 수 있으나, 한 가지 확실한 것은 이제 노동조합의 존재 자체를 부정하고 노동자들의 요구와 단결을 원천적으로 봉쇄하는 방식으로는 아무 문제도 해결할 수 없게 되었으며 그것이 더이상 그 누구에게도 도움이 될 수 없게 되었다는 사실이다. 그럼에도 불구하고 곳곳에서 들려오는 '구사대' 폭행의 소식. 그것을 어지간하면 그저 못 본 척 방관하고 있는 정부.

자유금융노련이나 청계피복노조 등 신규노조에 대하여 법령상 신고접수 후 3일 이내에 내어주게끔 되어 있는 노조설립 신고필증을 몇달씩이나 질질 끌면서 내어주지 않고 있는 노동당국의 그야말로 구시대적인 행정노선. 그리고 막강한 재벌회사가 조합원들의 압도적인 지지로 선출된 노조 집행부를 인정하기를 끝내 거부하고 온갖 힘을 동원하여 파괴하려고 든 것이 발단이 되어 급기야는 사상자가 생기고 20여명의 노동자들이 구속되는 불상사까지 빚은 현대엔진사태.

구속중인 현대엔진노조 권용목(權容睦) 위원장에게는 올해 다섯살 난 구훈이라는 아들이 하나 있다. 지난 주말 내가 권위원장을 접견하러 울산에 내려가서 보니 이 아이는 내내 "훈이 아빠 석방하라, 좋다 좋아! 현대가족 합세하라, 좋다 좋아!" 하는 노래를 반복하여 부르고 있었다.

"석방이 뭔지 아느냐"고 물어보니 구훈이는 "우리 아빠가 웃으며 집으로 막 달려오는 것"이라고 대답하였다.

이 다음에 크면은 아빠를 잡아간 순사들을 혼내주는 '장고'가 되겠다라고도 하였다.

구시대가 무엇인지를 아는가? 바로 이런 것이 구시대이다. 이 다섯살짜리 아이의 짓눌린 가슴이 활짝 펴질 수 있도록 새 시대의 민주질서를 확고하게 정착시키는 일에 모든 사람이 자기 몫의 노력을 다 바쳐야 한다고 말하고 싶다.

(동아일보, 1988. 4. 15)

언론자유 확보가 인권의 보루

'자유냐, 빵이냐?' 하는 물음이 한동안 열병처럼 유행했던 적이 있다. 아마도 50년대나 60년대에 청소년기를 보낸 사람치고 이 종잡기 어려운 문제를 놓고 친구들과 얼굴을 붉혀가며 토론을 해보지 않은 사람이 드물었으리라고 생각된다. '자유냐, 빵이냐?'─── 이 간단명료하고 웅변적인 것처럼 보이는 질문은 그 표현의 지나친 추상성 때문에 자칫하면 사람들을 비생산적이고 무의미한 말의 미로 속으로 끌고 가기 쉽다. 만약 이 질문이 암시하는 것이 '자유'와 '빵'은 서로 아무런 관계가 없는 혹은 심지어는 '스승을 따르자니 사랑이 울고, 사랑을 따르자니 스승이 운다'는 식의 양자택일적·이율배반적인 가치라고 한다면 그 속에서 말하는 '자유'란 지극히 특수한 개념의 자유다.

노예적 생존의 굴레에 묶인 사람들을 인간다운 삶의 지평으로 인도할 수 있는 것은 말의 자유, 단결의 자유, 개인적 및 집단적인 행동의 자유다. '자유냐, 빵이냐?'라니! 이처럼 오도되기 쉬운 물음이 한 시대를 뒤흔든 것은 우리 사회가 겪어온 격심한 사상적 혼란과 그 속에서 형성돼 나온 하나의 거대한 역사적 곡해를 반영하는 것이다. 이같은 혼란과 곡해의 시기에 '인권'이란 용어가 마치 빵과 아무런 관계가 없는 '자유'의 별칭에 지나지 않는 것처럼 받아들여진 일이 있었다. '유신체제'는 '인권'의 이념을 아예 드러내놓고 경멸했다. "자유니 민주니 하는 서구적 환상에 사로잡힌 일부 몰지각하고 국적 없는 사대주의적 지식인들"─── 이것이 '인권'을 주장하는 사람들에게 유신체제가 찍어놓은 낙인이었다. 그러나 미리 결론부터 말하건대 이것은 맹랑하기 짝이 없는 부당한 낙인이었고, 그 재앙은 우리 모두의 삶 속에 아직도 아물지 않은 깊숙한 상처로 남아 있다.

인권이란 무엇인가? 인간다운 삶을 가로막는 온갖 형태의 속박으로부터 해방을 지향하는 이념이다. 이 특권 없는 사람들을 위한 해방의 이념은 프랑스혁명과 미국독립전쟁의 깃발이었을 뿐만 아니라 동학혁명과 3·1운동의 깃발이기도 했다.

'인권'을 우리의 역사발전과는 아무런 관계도 없는, 외부로부터 '이식'된 서구적 가치로 보는 것이야말로 문자 그대로 국적 없는, 서구적 환상에 사로잡힌 사대주의적 발상인 것이다.

'인권'이라는 일반개념 아래 구체적으로 어떤 내용의 권리가 유형화되어 제시되고 그 중 특히 어느 것이 강조되는가 하는 것은 당대의 억압의 역사적·사회적 특성과 밀접한 관계를 맺는다. 이러한 의미에서 인권에 관한 각종 선언은 각기 당대의 민중적 고통을 반영하는 거울이라고도 할 수 있다. 예컨대 봉건적 신분질서의 질곡에 대응하여 거주·이전의 자유와 직업선택의 권리가 선포되고 중세교회의 독단이나 전체주의적 교조의 획일적 지배가 인간성의 다양한 요구를 억압하고 사람들의 인격적 통일성을 해체시키는 파괴적 폭력으로 작용하는 곳에서는 종교의 자유와 사상·양심의 자유에 대한 갈망이 싹튼다. 근로대중이 급격한 산업화과정의 진전을 위한 한낱 소모품으로 희생되고 그들이 흘리는 땀방울이 그들 자신과 그 후손들의 인간적 발전을 위한 밑거름이 아니라 타인의 자본축적을 위한 밑거름으로 되고, 말뿐인 곳에서는 그같은 '소외된 노동'의 아픔을 씻어내기 위한 노동운동의 자유와 노동자들의 제반 권리의 확보가 인권문제의 초점으로 부각되게 마련이고, 소수민족·소수인종·소수종교에 대한 차별이 현저한 곳에서는 동등권의 요구가 최대의 인권문제로 등장하게 되기도 한다. 이제 우리의 인권상황을 이야기하려고 하면 무엇보다도 먼저 반세기 가까이 지속되고 있는 비극적인 민족분단의 현실에서부터 출발하지 않으면 안 된다. 해방 직후 한반도의 남쪽에 살던 사람들이 모두 자본주의 체제를 지지했던 것도 아니고 북쪽에 살던 사람들이 모두 공산주의를 신봉하였던 것도 아니다.

그럼에도 불구하고 남과 북이 이데올로기를 달리하는 두 개의 정치단위로 분열되어 서로 적대하게 된 것은 말할 나위 없이 한갓 강대국 권력정치의 소산이었을 뿐, 우리 민족사의 주체적 발전의 요구와는 전혀 무관한 일이었다. 이처럼 외세에 의해 강요된 분단의 현실은 구조적으로 우리의 인권에 대한 적대적·파괴적인 현실이었고, 그것을 인위적으로 유지하기 위한 모든 노력은 온갖참혹한 인권탄압의 원천이 될 수밖에 없었다.

'북괴위협'이라는 한마디는 정치적 반대의 자유를 일시에 얼어붙게 하는 마술의 주문(呪文)이었고 '고무·찬양' 또는 '이적행위'의 서슬 푸른 위협은 학문의 자유와 언론의 자유를 언제라도 권력이 허용하는 한계 안에 묶어둘 수 있는족쇄가 되기에 충분하였으며, '좌경·용공'이라는 딱지는 노동자들을 비롯한기층민중들의 자주적 단결과 생존을 위한 몸부림을 철통같이 봉쇄하는 봉인이되기에 충분하였다. 그 속에서 죽음과 같은 침묵은 계속되었고 이같은 절망적인 상황을 돌파하기 위해 전태일의 분신, 박종철과 권인숙의 희생, 4·19와 광주시민항쟁의 유혈 등이 상징하는 바와 같은 숱한 비극적 영웅들의 극한적인헌신과 희생을 앞장세운 우리 국민의 장구하고 끈질긴 노력이 필요했다.

긴급조치와 광주학살의 역사적 반동기에 그 정점에 이르렀던 반인권의 물결은 1987년의 6월혁명을 분수령으로 하여 결정적으로 퇴조했다.

이제 우리는 인권을 위한 '전략적 공세'의 국면으로 접어들었고, 우리들의 시민적·정치적 자유와 사회적·경제적 권리의 모든 영역에 걸쳐 인간다운 존엄에 어울리는 삶의 수준을 확보하기 위하여 그 어느 때보다도 확실하고도 신속하게 전진하지 않으면 안 된다.

그러면 최우선적인 비중을 갖는 전략적 고지는 무엇일까?

'언론의 자유', 그것이라고 말하고 싶다. 자유롭고 책임 있는 언론의 존재야말로 인권의 승리를 약속하는 가장 확실한 담보다.

(한겨레신문, 1988. 5. 15)

'처분대상'일 수 없는 '인간'

"사회안전법 앞에 서본 인간이라면 누구나가 흡사 눈에 보이지 않는 거대한 괴물 앞에 알몸으로 선 절망감을 느끼지 않을 수가 없을 것이다. 비정한 관료체계는 내가 알 수 없는 때에 내가 알 수 없는 방법으로 나의 '동태'를 조사하고 보고서를 작성한다. 나는 그것을 열람할 수가 없으므로 그 보고서가 나를 어떻게 표현하고 있는지도 모른다. … 심의위원들은 거의 뻔한 내용인 '동태보고서'를 건성건성 훑어보고는, 아마도 그날 점심식사를 어느 식당에 가서 어떤 메뉴로 해결할 것인가를 결정하는 것보다 훨씬 쉽게 보안감호처분 2년 갱신을 의결할 것이다. 이리하여 나는 또다시 두번을 이 싸늘한 한평짜리 감방에 감금되어 있어야 한다 …"

이 글이 어느 나라, 어느 시대의 상황을 묘사한 소설의 한 구절이었던가 하고 고개를 갸웃거릴 사람도 있을지 모르겠다. 그러나 이것은 서준식씨가 1987년 3월 청주보안감호소에서 집필을 끝내고 서울고등법원에 제출한 「나의 주장」이란 문서의 첫머리에 나오는, 즉 바로 지금 이 순간 우리들의 삶 곁에서, 아니 그 한가운데서 일어나고 있는 끔찍한 현실에 대한 이야기이다.

징역 7년의 형기를 다 복역하고도 사회안전법이라는 '거대한 괴물' 때문에 자그마치 10년을 더 갇혀 있어야만 했던 서준식씨. 10년 동안 인간이 아닌 하나의 '처분대상'에 지나지 않았던 그 서준식씨가 드디어 석방됐다. 그러나 수감될 당시에 20대 초반의 앳된 대학생이었던 서씨는 이제 40대의 중년에 접어들었고, 그 사이에 아들의 석방 소식을 하루하루 애타게 기다리던 그의 노모는 세상을 떠났다. 법률의 이름으로 한 인간의 삶이 이토록 처절하게 파괴당하고 있을 때 우리는 어디에 있었던가?

이제 더이상 외면해서는 안 된다. 사회안전법은 유신체제가 만들어낸 온갖 악법 가운데서도 가장 표본적인 인권탄압법이다. 이 법에 의하면 법무부장관은 국가보안법 위반죄 등으로 복역한 경력이 있는 정치범 전과자들에 대하여 '재범의 위험성'을 근거로 '보호관찰', '주거제한', '보안감호' 등 세 종류의 보안처분을 과할 수 있다. 그 중 가장 무거운 '보안감호'처분은 "죄를 다시 범할 현저한 위험이 있다고 인정되는 자"를 '보안감호소'라는 이름의 감옥 안에 감금해두는 처분인데, 그 기간은 '2년'이라고 하나 필요에 따라 얼마든지 갱신할 수 있게 되어 있다. "죄를 다시 범할 현저한 위험이 없으면 될 것 아니냐" 하는 부질없는 반문을 하지 말아주기 바란다. 지금껏 그런 사유로 법원에서 구제를 받은 사람은 단 한명도 없었다.

서준식씨의 「나의 주장」에 보면, 그와 함께 보안감호소에 갇혀 있는 사람들의 평균 나이는 만 63세. 그 대부분이 환자들이고 그 중 70세 이상의 노인만도 열댓명이나 된다. 팔다리가 잘려나간 불구자들도 있고 간암·위장암·뇌낭충증 등 불치병으로 죽기 직전까지 갇혀 있었던 사람들의 참혹한 이야기도 소개되고 있다. 우리가 인간이라면 이런 일을 더이상 외면할 권리는 없다. 큰 역사의 눈으로 보면 결국 민족분단의 비극의 속죄양에 지나지 않을 이 보안감호처분 대상자들, '사회안전'을 위협할래야 할 능력조차 없는 이 버림받은 사람들의 숫자가 얼마인지, 그들이 누구누구이며 어떤 사람들인지, 한명도 공식적으로 밝혀진 적이 없다.

서준식씨는 그들 가운데 바깥세상에 이름이 다소라도 알려진 거의 유일한 사람이다. 그 책임감 때문에 그는 간단한 '전향서' 한 장만으로 진작 석방될 수도 있었을 것을 끝까지 마다하고 고독과 절망에 몸서리치면서도 온몸으로 사회안전법에 맞서 싸워왔다. 사회안전법은 '개정'될 수 있는 법률이 아니다. 오늘날 '민주주의'를 한다는 나라치고 이런 식의 정치범에 대한 보안처분제도를 두고 있는 나라는 지구상 어디에도 없다. 사회안전법은 폐지되어야 한다.

(한겨레신문, 1988. 5. 26)

비리와 의리

　지금 지역과 계층의 차이를 초월하여 온 나라의 마음을 하나로 묶고 있는 것이 있다면 그것은 바로 전두환씨 일족의 비리에 대한 한결같은 분노일 것이다. 하나하나 들추어질 때마다 악취가 코를 찌르는 듯한 친인척들의 갖가지 비리는 그만두고라도, 수백만원의 여유가 없어서 일평생을 단칸셋방 신세를 면치 못하는 국민이 수두룩한 터에, 그런 나라의 국정을 책임진 대통령 한 사람의 안락을 위해 일해재단 영빈관이니 청남대니 지방청와대니 하는 건평 수백평짜리 초호화건물들이 몇채씩이나 세워지고 그 때문에 수백억원의 돈이 낭비되었으니 그 한 가지만으로도 이미 사태가 심상한 수단으로는 수습될 수 없는 단계에 들어섰음을 능히 짐작할 수 있다.

　전(前)대통령인 전두환씨를 소환, 조사해서라도 5공화국 비리의 진상을 철저히 파헤쳐야 할까? 나는 압도적인 다수 국민의 여론이 그것을 원한다고 본다. 그러나 한편 그것을 하지 말자는 사람, 해서는 안 된다고 생각하는 사람도 없지 않은 것이 또한 사실이다. 그들의 논거는 대충 이런 것이다. 나라 체면도 생각해야 하지 않느냐, 어쨌거나 전직 국가원수인데 예우상 그럴 수 있느냐, 평화적 정부이양을 한 공로가 있지 않느냐는 것 등이다. 노대통령이 청와대 4자회담에서 밝힌 견해도 바로 이러한 논리에 입각한 것이었다. 청와대 대변인의 발표내용에 따르면 "대통령은 비리와 부정척결에 성역이 없다는 의지에 변함이 없다는 점을 분명히 한 뒤, 다만 법적인 문제를 정치적인 문제로 다루는 것은 법치국가에서 바람직하지 않으며, … 특히 전직 대통령에 대해서는 그분이 평화적 정부교체를 이룩한 공적도 높이 평가해야 한다"고 강조했다.

이러한 논리가 과연 타당한 것인가를 검토해보자.

먼저 '나라의 대외적 체면'에 대해 말한다면, 나는 전직 대통령에게 어떤 비리가 있을 때 그것을 조사하여 진상을 밝히는 것이 나라의 체면에 크게 손상을 주는 일은 아니라고 생각한다. 필리핀은 2월혁명 이후 마르코스 대통령 일족의 부패상을 낱낱이 파헤치고 심지어는 대통령관저였던 말라카낭궁을 개방하여 이멜다 소유의 온갖 고급의류, 보석, 3천 켤레의 구두까지 그대로 일반에게 공개 전시하고 있지만, 그것 때문에 나라의 체면이 상한 것이 아니라 오히려 나라 체면이 섰다. 체면을 지키는 길은 그것을 깨끗이 청소해내는 길밖에 없다.

다음 '평화적 정부이양을 위한 공로'를 참작해야 한다는 주장에 대하여 나는 이것을 전적으로 그르다고 말할 생각은 없다. 역사에 가정을 달 수 없다고는 하지만, 만약 전씨가 작년 6월에 국민들의 민주화 요구를 거부하고 끝내 버티었더라면 어찌 되었을까를 한번쯤 생각해보지 않을 수가 없다. 버틸 수 있었는데도 자발적으로 내놓았건, 버틸 수 없어 부득이 내놓았건 간에 6·29선언으로 직선제 개헌과 전씨의 퇴임이 기정사실화되었을 때 많은 국민들이 안도의 한숨을 내쉬었던 것은 사실이다. 남의 물건을 강제로 탈취해가서 실컷 써먹을 대로 써먹다가 제자리에 갖다놓은 것이 무엇이 그리 칭찬받을 일이냐고 말할 수도 있겠으나, 어쨌건 끝까지 안 돌려주려고 버티다가 쌍방간에 불필요한 희생을 초래하는 것보다 나은 것은 사실이다. 이것을 전혀 참작하지 않을 수는 없을지 모른다.

그러나 이것을 두고 '공로'라고까지 말한다는 것은 아무래도 어색하지 않은가. 이것은 다만 참작될 만한 하나의 '정상(情狀)'에 지나지 않는다. 그리고 그 정상을 어느 정도 어떻게 참작할 것인가는, 허물이 어떤 것이며 얼마나 큰 것인지가 밝혀진 다음에 결론단계에서 비로소 결정될 문제이다. 그 '공로' 때문에 조사조차도 하지 않고 넘어간다면, 따라서 어떤 엄청난 부정과 비리를 저질렀건 그 때문에 국민들에게 어떤 피해를 끼쳤건 묻지 않고 다 묵인해주고 그로 인해 취득한 재산까지도 그대로 유지하게 해주어야 한다고 하면 대체 '평화적 정부이양'이란 것이 무슨 의미가 있겠는가.

전직 국가원수에 대한 예우상 조사를 하지 않는 것이 좋다는 주장은 그 논거가 더욱 빈약하다. 오늘날의 '국가원수'가 왕조시대의 임금과 구별되어야 할 점이 있다면, 후자(임금)는 법 위에 있었고 전자(국가원수)는 이념상 법 아래 있다는 것이다. "성역이 인정될 수 없다"는 것은 너무나 당연한 이야기이다.

"법적인 문제를 정치적인 문제로 다루는 것은 법치국가에서 바람직스럽지 않다"라고 하는 말이 무엇을 뜻하는 것인지도 분명치 않으나, 사실은 이것이야말로 우리가 현정부에 대해 하고 싶은 말이다. 일해재단 설립 때 전씨 개인이 낸 돈이 20억원이라는 보도가 있었다. 그게 사실이라면, 그의 30년 가까운 군인생활과 7년의 대통령 재직기간중의 봉급을 한푼도 안 쓴 것으로 치고 다 합산해도 이 액수에는 까맣게 못 미치는 것이 계산상 명백하다.

상식적으로 보면 전씨가 일해재단에 그의 전재산을 바쳤을 리는 없으니 그의 재산규모는 20억원을 훨씬 초과할 것이 분명하다. 그렇다면 정상적인 수입으로는 설명될 수 없는 이 거대한 재산이 어떤 과정을 거쳐 형성되었는가 하는 의혹이 당연히 제기되며, 이것 한 가지만으로도 수사 개시의 단서가 되기에 충분하다. 여느 사람의 경우였다면 벌써부터 검찰청 특수부의 촉각이 움직였을 것이고 국세청의 자금출처조사가 발동되었을 것이 거의 틀림없다.

이밖에도 전임자이며 오랜 친구인 전씨에 대한 노대통령의 '의리'문제가 있을 것이다. 그리고 이것이야말로 표면에 거론되는 이러저러한 논리보다도 더욱 강력한 힘으로 노대통령의 발을 묶는 족쇄가 되고 있을지도 모른다. 그 '의리'를 헌신짝같이 내팽개쳐버리라고 권할 생각은 추호도 없다. 다만 이것은 '친구간의 의리'로 좌지우지하기에는 너무나도 엄청난 문제라는 사실을 절대로 잊지 말기를 당부하고 싶다.

의리가 무겁지 않은 것은 아니나, 옛사람도 말했듯이 의리를 지키는 일보다 앞서야 할 것은 어진 바탕(仁)을 잃지 않는 일이요, 그보다 앞서야 할 것은 덕(德)을 펴는 일이요, 그보다 더 앞서야 할 것은 도(道)를 세우는 일이다.

제5공화국의 비리를 척결하는 일은 "묵은 상처를 다시 헤집는 일"이 아니다. 이것은 나라의 뼈대를 바로잡는 일이며 새 시대의 기초를 다지는 일이다.

(동아일보, 1988. 5. 31)

누가 반성해야 하는가

오늘 내일 하면서 벌써 몇달을 끌어오던 양심수 석방문제가 요즈음에 들어서면서 참으로 묘한 쪽으로 흘러가는 것 같다. 며칠 전 법무부장관이 "양심수는 없다"고 하는 소신을 밝히고 나선 데 이어, "구속자의 석방은 … 자신의 잘못을 반성하고 있는 기결수를 매달말에 실시되는 가석방으로 풀어주는 방식이 될 것"이라고 하는 당국의 방침이 신문보도를 통하여 전해졌다. '잘못을 반성하는 기결수'라 …. 왕년에 어디서 많이 들어보던 소리 같다. 아니, 천천히 기억을 더듬어보면 불과 1년 전까지만 해도 수시로 무슨 일이 있을 때마다 귀가 따갑도록 듣던 소리인 것이 틀림없다.

그런데 그것이 어째서 마치 까마득한 유성기 시절의 흘러간 옛노래가 어느 날 느닷없이 안방의 브라운관에 다시 등장한 것처럼 그렇게 새삼스럽게 엉뚱하고 어리둥절하게 느껴지는 것일까? 나이 사십에 벌써 건망증이 찾아든 것인가?

그렇다. 지난 1년간 '6·29선언'이다, 항복이다, 국민화합이다, 민주화다, 새 시대다, 보통사람이다, 보통사람들의 위대한 시대다, 원탁이다, 와이셔츠다, 가방이다, 제5공화국 비리 청산이다, 인권이다, 구시대와의 단절이다, 대화정치다, 제도권 수렴이다, 무어다, 무어다 하는, 실로 정신을 차리기 어려울 정도로 현란한 구호의 홍수 속에 파묻혀 지내는 사이에 나는 지극히 단순하면서도 중요한 한 가지 사실 —— 바로 그 사람들이 그 자리에 그대로 앉아 있다는 사실을 까맣게 잊어버리고 있었던 것이다. 건망증도 이만저만이 아니다.

그런데 한편 생각해보면 나뿐만이 아니라 지금 양심수들에게 '반성'을 요구하고 있는 그 사람들도 나 못지않게 건망증에 시달리고 있는 것같이 느껴진다. 그들은 오늘날의 양심수 석방논의가 노대통령이 '6·29선언'에서 시국사범에 대한 전면적인 석방·사면·복권을 공약한 데서 비롯되었다는 사실, 그리고 그 '6·29선언'은 노대통령 자신도 인정하였듯이 '국민에 대한 항복'의 선언이었다는 사실을 잊어버리고 있는 것 같다. 원래 현집권층은 국민들의 민주화 요구를 부당하게 탄압해온 구시대의 잘못에 대한 반성의 표시로서 양심수의 석방을 약속하였던 것이다. 이것이 어떻게 지금에 와서는 거꾸로 '반성하는 양심수의 석방' 정책으로 쉽게 둔갑할 수 있었는지, 알다가도 모를 노릇이다.

또 한 가지, 애초에 그들은 '국민화합조치'의 일환으로 양심수의 석방을 약속하였다. 그리고 광주사태나 제5공화국 비리문제에 관하여 그들은 '국민화합'을 위해 과거의 잘잘못을 들추어낼 것 없이 적당한 선에서 덮어두자고 말한다. 그렇다면 수많은 무고한 시민을 학살하고 온 나라를 들어먹다시피 한 그런 엄청난 범죄에 대해서는 그토록 관대한 태도를 취하면서 어떻게 유독 양심수들에 대해서만은 끝까지 '과거의 잘못'을 고집스레 내세우면서 뉘우칠 것을 강요하는가? 이것도 알기 어려운 노릇이다.

'반성'을 하려는 양심수가 지나치게 적은 것도 걱정거리였던지 '반성의 기준을 완화'한다는 기상천외한 발상까지 나오고 있다. 우리 국어를 타락시켜가면서까지 이런 구차한 짓을 할 것 없이 차라리 양심수 석방 약속을 백지화한다고 분명하게 선언하는 편이 떳떳하지 않겠나 생각된다.

그리고 야당들도 아예 그렇게 알고 정신 똑바로 차리고 확실한 대책을 세워 나가야 옳을 것으로 생각된다.

(한겨레신문, 1988. 6. 9)

독립과 존엄 지키는 사법부

소장법관들의 성명서 「새로운 대법원 구성에 즈음한 우리의 견해」가 발표되던 날, 밤늦게 집에 돌아온 나는 일기장에 이렇게 썼다. "잔잔하고 부드러운 어조. 그러나 내 가슴에는 우레처럼 울려온다. 그동안 사법부를 뒤덮고 있던 오욕과 불신의 먹구름이 일시에 걷히는 것을 보는 듯한 감격과 희열을 느낀다."

어쩌면 내가 겨우 한 장의 성명서에 지나치게 들뜬 것인지도 모르겠다. 그러나 1971년의 '사법파동' 이래 지금에 이르기까지 17년의 세월에 걸친 사법부의 굴종과 침묵의 역사를 아는 사람들 그리고 신분상의 제약이 있는 젊은 법관들이 이 절벽과 같은 침묵을 깨뜨리고 "사법부의 반성과 쇄신"을 외치게 되기까지 어떤 고뇌와 용기와 결단이 필요하였는지를 이해하는 사람들은, 나를 보고 터무니없이 들떠 있다고 비웃지는 않으리라고 믿는다.

어떤 사람들은 "판결로만 말해야 할 법관들이 어떻게 이런 집단행동을 할 수 있느냐"고 힐책한다. 법원 고위간부들 중에는 특히 이런 생각을 가진 분들이 많은 것 같은데, 그렇다면 서울 부근의 어느 지방법원에서 그리 멀지 않은 지난날에 있었던 일 한 가지를 소개할까 한다. 이것을 꼭 실화라고 생각하지 말고 들어주면 더욱 좋겠다.

어느 날, 즉결심판을 담당하게 된 갑이라는 젊은 판사가 법정에 들어가려고 나서다가 법원장인 을판사의 호출이 있어 법원장실로 불려갔다. 을판사는 갑판사에게 그날 심리될 사건 중 시국과 관련이 있는 어떤 사건을 거론하면서 당국에서 특별히 주시하는 사건이니 피고인들 전원에게 최소한 15일 이상씩의 구류를 선고해달라고 신신당부했다. 갑판사가 법정으로 들어가서 막상 사건을 심리해보니, 그 사건은 얼마 전 같은 법원 동료인 병판사가 담당하여 무죄를 선고하였던 것을 경찰이 다시 즉심청구를 해온 사건이었다.

이런 경우에는 법률상 면소(免訴)판결을 선고하여 즉시 석방을 하게 되어 있는데 갑판사는 고민 끝에 법원장의 체면을 생각하여 눈 딱 감고 구류 3일씩을 선고하고 나왔다. 그 뒤 법원장실로 다시 불려가서 힐난을 당한 갑판사가 사건 내용을 설명하며 "법률상 문제가 있어서 어쩔 수 없었다"고 해명을 하니, 법원장인 을판사는 화를 버럭 내며 이렇게 말하는 것이었다. "이 사람아, 법률상 문제가 없는 사건이었다면 내가 왜 그렇게 신신당부를 했겠는가. 법을 떠나서 판결해달라고 일부러 부탁을 한 것 아닌가." 젊은 후배법관에게 '법을 떠나서' 판결할 것을 지시한 이 법원장은 그후 순조롭게 승진가도를 달려 대법관이 되었다.

한편 갑판사나 병판사와 같이 법과 양심에 따라 '판결로만 말'하려고 노력하였던 많은 젊은 법관들은 이번 '사법부 쇄신' 성명의 가담자가 되었다. '법을 떠난 판결'은 이미 판결이 아니다. 이들로 하여금 '판결로 말'할 수가 없도록 만든 사람들이 과연 누구인가를 묻고 싶다.

폐일언하고 결론부터 얘기하면 이번 새 사법부의 구성에 있어서 대법원장은 물론이요, 현재의 대법관 전원이 교체되어야 한다. 한분 한분의 자질이나 능력을 개별적으로 따져서가 아니다. 사법부 쇄신의 대의명분을 위해서이다. 이번 서명법관들이 통렬하게 지적하였듯이 "사법부에 대한 신뢰의 상실과 그 역할에 대한 회의적 분위기는 이제 더이상 방치할 수 없는 상태라는 것은 … 국민 누구에게나 명백하다."

그렇다면 사태가 여기에 이르게 된 데 대한 역사적 책임을 묻고 사법부 전체의 뼈저린 참회와 쇄신의 결의를 천명하는 표상으로서, 적어도 대법원에 한해서는 전면 개편이 단행되어야 한다는 것은 너무나도 당연한 시대적 요청인 것이다. 후임 대법원장은 어떤 사람이 되어야 할까. 마땅한 인물이 없다고 말하는 사람들이 많다. 사법부 역사 40년에 배출된 그 숱한 인재들 중에서 대법원장감 하나 성하게 남아 있는 사람이 없다니 …… 사법권이 '외풍'에 의해 얼마나 처참하게 유린되었는지를 웅변으로 보여주는 기막힌 이야기이다.

그러나 '대법원장감'의 자격요건에 대한 굳어진 통념을 깨고 주위를 살펴보면 인물은 얼마든지 찾을 수 있다고 생각된다. 지금은 비상한 개혁을 필요로 하는 비상한 시기이며, 비상한 시기는 비상한 인물을 요구한다. 정년이니 나이니 재조(在朝) 경력이니 하는 따위의 형식적인 자격기준을 다 내던져버리고 단 한 가지의 기준만을 채택하자.

즉 투철한 인권의식과 새 시대의 헌법이념으로 무장되어 어떠한 외풍에도 흔들림이 없이 사법부의 독립과 존엄을 굳건히 지켜낼 수 있는 사람이어야 한다. 지금까지의 행적에 비추어 그럴 만한 용기와 결의를 갖추었다고 객관적으로 인정될 수 있는 사람이어야 한다.

노태우 대통령이 과연 정치권력의 비위를 거스를 용기가 있는 인물을 대법원장에 임명하려 하겠는가 하고 비관적으로 생각하는 사람이 많다. 당연한 걱정이겠지만 비관할 것까지는 없다고 생각한다.

왜냐하면 헌법상 임명권은 대통령에게 있지만 동의권은 '여소야대'의 국회에 있기 때문이다. 대통령과 국회의 의사가 끝까지 일치하지 않을 경우 헌정공백을 막기 위해 어느 쪽이 양보하는 것이 '정치도의'일까. 국무총리 문제라면 국회가 양보하는 것이 옳을지 모르나 적어도 대법원장 문제에 있어서만큼은 대통령이 양보하여 국회가 원하는 인물을 임명하는 것이 '정치도의'에 합당하다.

대통령을 보좌하는 국무총리는 대통령의 뜻에 맞는 인물이 무방하겠지만 행정권력의 독주를 견제할 임무를 지닌 사법부의 수장(首長)은 국민의 뜻에 적합한 인물이 되어야 할 것이기 때문이다. 야권3당은 이것을 절대로 오해해서는 안 된다. 권력과 친한 사법부를 구성할 것인가, 국민과 친한 사법부를 구성할 것인가는 민주화를 위한 일대 분수령이며, 그 선택의 권한과 책임은 전적으로 야권3당에 달려 있다. 젊은 판사들이 '판결로만 말'할 수 있는 사법부 속에서 긍지를 느끼며 일하는 날이 올 수 있도록 온 국민의 뜨거운 격려와 관심을 요청한다.

(동아일보, 1988. 6. 17)

과오 있는 법관들 스스로 물러나길

재작년초에 대학가에서 개헌서명운동을 위한 집회에 참석했다가 경찰에 붙잡혀간 1백수십명의 학생들이 전원 구속된 일이 있었다. 당시까지만 해도 이런 규모의 무더기 구속사태는 보기 드문 일이었고, 더구나 '전원구속'이라는 것도 거의 전례없는 일이었기 때문에 마음 약한 우리들로서는 놀란 가슴을 진정하기가 어려웠다. 더욱 놀라웠던 것은 이 학생들이 연행된 직후에 경찰의 '연행학생 전원구속 방침'이라고 하는 보도가 나오고 그 다음날엔 검찰에서 역시 같은 발표를 하더니 뒤이어 법원에서 연행학생 전원에 대한 구속영장이 발부된 사실이었다. 이쯤 되면 사람을 구속하는 것이 판사의 직권인지, 아니면 검찰 또는 심지어는 경찰의 권한에 속하는 일인지조차 알기 어렵게 되어버리는 것이고, 이 무렵 법원이 '검찰 또는 경찰의 영장 담당부서'로 전락했다는 혹평이 나오게 된 것도 어쩔 수 없는 일이었다.

이런 일은 그후 건국대사태에서도 더 큰 규모로 되풀이되었으나 다만 영장 담당 판사들 가운데 약간의 '반발'이 있어서 영장이 신청된 피의자들 중 그야말로 일부 극소수가 영장기각 또는 '보류'로 풀려나게 되었다는 것이 이번에는 도리어 충격적인 일로 받아들여지게끔 되었다.

그 전해 초여름에는 경찰이 문공부 직원들과 함께 대학가의 서점들을 압수수색영장도 없이 급습하여 진열된 서적들을 대량으로 수거해간 일이 있었다. 이때 영장 없는 불법 압수수색을 비난하는 세간의 여론이 비등한 것은 너무나도 당연한 일이었다. 그런데 참으로 놀라운 것은, 그 직후부터 경찰이 매번 법원에서 압수수색영장을 틀림없이 받아내어 보란 듯이 '합법적'으로 서점들과 사회단체 사무실을 뒤지며 서적이고 유인물이고를 닥치는 대로 쓸어가는 것이었다. "왜 법관이 발부한 영장도 없이 제멋대로 뒤지고 쓸어가느냐"고 경찰을 비난하던 우리 국민들로서는 닭 쫓던 개 지붕 쳐다보는 실정이었다고나 할까, 참으로 망연자실하지 않을 수 없었다. '인권의 마지막 보루'라고 하는 사법부에 걸었던 우리의 애달픈 기대가 너무나도 속절없이 무너지는 순간이었다. "길거리에서 개헌서명을 받는 행위도 처벌대상이 된다"고 하는 식으로 마구잡이로 법이 집행되던 그 어두운 시절에 시국사건에 무죄판결이 난 일이 몇건이나 있었던가? 그 숱한 고문피해자들의 호소에 법원이 귀를 기울인 일이 단 한번이라도 있었던가? 이제 와서 되돌이켜 생각하기도 싫은 이런 얘기들을 장황하게 늘어놓는 것은 지금 이 순간 사법부를 위하여 무엇이 이루어져야 할 것인지를 다 함께 숙고해보자는 뜻에서이다.

사법부는 '혁명적'이라고 해도 좋을 정도의 비상한 개혁과 쇄신을 필요로 하며, 이것을 위해서는 우선 무엇보다도 비상한 개혁에 적합한 인물, 권력에 저항할 '배짱'이 있고 '재야기질'이 있는 인물이 전국 법관의 인사권을 한손에 쥔 사법부의 수장으로 선임되어야 한다. 현직 대법관 등 사법부의 '현체제' 안에서 중추적 역할을 담당해온 사람을 또다시 대법원장으로 임명한다는 것은 언어도단의 일이다. 둘째로, 법관들 스스로가 지금까지의 사법권 침해사례를 조사·수집하고 사법부의 권위가 실추된 원인을 하나하나의 사안에 비추어 구체적으로 분석하여 적어도 앞날을 경계할 자료로서 활용해야 한다. 셋째로, 현저한 과오가 있는 법관들은 그들이 봉직하여온 사법부의 앞날을 위하여 스스로 물러나야 한다. 김용철 대법원장이 젊은 법관들의 충정을 감싸면서 퇴임하는 모습은 보기에 좋았으나 서명파동이 있기 전에 진작 자발적으로 그렇게 하지 못했던 것은 참으로 애석하다. 이것을 거울삼아 스스로 인책의 결단을 내리는 법관들이 늘어난다면 사법부에 대한 국민의 신뢰가 급속도로 회복될 것으로 생각한다.

(한겨레신문, 1988. 6. 23)

노태우 정부의 시험대,
전두환 조사와 광주문제

1

"파괴는 건설의 어머니"라고 하는 말도 있거니와, 새 시대는 구시대의 철저한 청산에서부터 출발한다. 새 국회가 본격적으로 가동하면서부터 올림픽에 이르는 기간중에, 구시대가 남긴 최대의 숙제 두 가지 —— 즉 광주사태와 제5공화국 비리에 대한 진상조사와 규명의 문제가 어떻게 처리될 것인가에 따라 우리가 진정한 의미의 '새 시대'로 순탄하게 돌입할 수 있을 것인지 여부가 결정된다고 해도 과언이 아닐 것이다.

이 역사적 쟁점을 둘러싸고 집권세력과 국민 사이에 아직도 합의가 이루어지지 않은 채 팽팽한 긴장이 계속되고 있는 것은 매우 불행한 일이다. 집권세력의 일각에서는 아예 국회 안에 진상규명을 위한 특별조사위원회를 구성하는 것조차 반대하려는 움직임까지 나오고 있다. 야당들 또한 이 문제에 대하여 얼마나 확고한 태도를 지니고 있는지 의심스럽다.

단적인 예로, 광주학살진상을 조사할 국회 특별위원회의 구성을 둘러싸고 평민당과 민주당이 각기 "피해당사자가 위원장을 맡는 것은 적당치 않다"(평민)느니 또는 "피해당사자가 아닌 제3자가 위원장을 맡는 것은 적당치 않다"(민주)느니 해가면서 특히 위원장 자리를 서로 상대방에게 떠넘기려고 다투고 있는, 실로 웃지 못할 촌극이 눈앞에 벌어지고 있는 것을 우리는 본다. 노련한 정치가들의 흉중을 이루 다 헤아릴 수는 없는 노릇이겠지만, 어쨌거나 지난 양대 선거 기간을 통하여 두 정당이 각기 "피해 당사자라야 광주문제를 올바로 해결할 수 있다"(평민)라거니, 혹은 "피해 당사자가 아닌 제3자야말로 광주문제를 더 잘 처리할 수 있다"(민주)라거니 하면서 서로 다투어 주장하던 것을 분명히 기억하고 있는 국민들로서는 심사가 매우 착잡해지는 것을 어찌할 수가 없다. 이런 판국이니 이번엔들 무엇이 제대로 시원스레 밝혀지겠는가. 또다시 어물어물 구렁이 담 넘듯 넘어가는 것이 아닌가 하고 일찌감치 체념에 빠지는 사람도 없지 않다.

과연 사태는 그렇게 흘러가고 말 것인가? 나는 절대로 그럴 수 없으리라고 본다. 이유는 간단하다. 국민들이 결코 그것을 허용하지 않을 것이라고 직감하기 때문이다.

"묵은 상처를 다시 헤집어내서 국민화합에 무슨 도움이 되겠는가?"라고 말하는 사람들은 한 가지 매우 중대한 착각을 범하고 있다. 그들은 마치 이 '묵은 상처'가 저절로 딱지가 가라앉고 또 아물어가고 있는 것쯤으로 착각하고 있는 것이다. 이것은 피해 당사자들의 아픔과 국민들의 심정이 어떤 것인지를 조금치도 헤아리지 못하는 정치적 불감증의 소치이다. 광주사태와 제5공화국 비리가 우리 역사에 남긴 상처는 세월의 흐름과 함께 저절로 아물어가기는커녕 도질대로 도져서 이제는 어떤 진통을 무릅쓰게 될지언정 더이상 수술을 늦출 수 없는 절박한 단계에 들어섰다.

'광주학살사진전'에 가보라. 그 참혹한 상처 하나하나가 하늘로 입을 벌리고 그날의 악몽을 증언하며, '진실'과 '정의'를 외치고 있는 것을 생생하게 느낄 수 있다. 늦은 밤 지하철을 타보면 하루의 고된 일과를 마치고 돌아가는 차 안에서 석간신문을 펼쳐든 서민들의 눈빛이 그날도 어김없이 사회면을 가득 메운 전씨 일가·이씨 일가의 비리 소식에 새삼스런 놀라움과 노여움으로 타오르는 것을 발견할 수 있다. 그들의 가슴속에 소리없이 쌓여가는 울분과 원한, 그리고 이러한 일을 가능하게 하였던 '체제'에 대한 뿌리깊은 불신과 경멸은 이제 어떤 정치적 술수로 얼버무려 덮을 수 있는 한계를 훨씬 벗어나 있음을 나는 직감한다. '묵은 상처'라고 말하는 것은 너무나도 안이한 현실인식이 아닌가 싶다.

당연한 이야기이지만 구시대를 청산하는 데는 진통이 따른다. 구체제 아래서 배양된 기득권의 온존을 위하여 몸부림치는 구세력의 완강한 저항 앞에 정면으로 맞서는 험난한 과정을 거치지 않고는 구시대의 청산을 기대할 수 없는 것이 사물의 당연한 이치이다. 봄바람처럼 부드럽고 달콤하고 원만하게, 누구의 비위도 건드리지 않는 '국민화합'적인 방식으로 구시대가 청산될 수 있다면 얼마나 좋으랴마는, 그러나 이것은 이 죄많은 사바세계에서는 한갓 백일몽에 지나지 아니한다. 이같은 냉엄한 현실로부터 우리의 눈을 가리려는 사람들, 낡은 껍질이 깨어지는 아픔에 대한 우리들의 본능적 공포를 부채질하고 그것을 회피하라고 우리를 유혹하는 사람들은 우리로부터 새 시대를 빼앗아가려는 사람들이다.

제5공화국 비리와 광주사태 문제를 처리하는 과정이 결코 순탄하지 못하리라는 것은 누구나 예상하고 있다. 마음속으로는 철저한 진상규명과 처벌을 원하면서도 구세력의 반발에 대한 우려와 불안 때문에 이 문제를 덮어두거나 혹은 지연시키는 것이 현실적으로 현명한 방책이 되지 않을까 하고 판단하는 사람들도 적지 않을 것이다. 집권세력은 은연중에 '군의 존재'를 암시하면서 이러한 우려와 불안을 더욱 확산시킨다.

광주사태 문제의 경우에는 특히 사정이 나쁘다. 이 문제는 성질상 군 내부의 일부 인사들이 불가피하게 연루될 수밖에 없는 문제이고, 집권세력은 이 문제를 파헤치는 것이 군을 '모욕'하고 '자극'하는 일이 될 것이라고 경고하고 있다. 뿐만 아니라 지난 양대 선거를 거치면서 '지역감정의 악화'라는 현상이 초래되는 과정에서 실로 통분스럽게도 광주사태 문제마저도 마치 하나의 '지역문제'인 것처럼 비쳐지게 되어버린 감이 없지 않고, 집권세력이 이러한 취약점을 십분 활용하여 국론을 양분시키려고 할 가능성은 충분히 예견할 수 있다. 평민당과 민주당이 서로 광주사태특위의 위원장을 맡기를 회피하는 지경에 이른 것도 이러한 사정과 무관하지 않을 것이다.

광주문제도 그렇긴 하지만, 제5공화국 비리문제는 구정권의 최고책임자였던 전두환 전대통령의 책임문제로 곧바로 연결된다는 점에서 일촉즉발의 긴박감과 같은 것을 자아내고 있다. 전두환씨 개인의 비리는 자연인인 그 한 사람의 문제로 그칠 수 있을지 모르나, 구체제의 권위의 상징인 그를 역사의 심판대 위에 올려세운다는 것은 구체제 가담세력 전체에게 마치 이제껏 그들을 감싸고 있던 보호방벽이 일시에 무너지는 듯한 충격적인 사태로 받아들여지게 될 수 있다.

어떠한 경우에도 전직 국가원수, 특히 전씨처럼 절대권력의 화신이었던 사람을 심판대 위에 세운다는 것은 간단한 일이 아니다. 구체제가 폭력적으로 붕괴된 프랑스혁명의 경우에도 한낱 필부로 전락한 루이 16세를 법정에 세우기까지에는 엄청난 진통과 갈등이 따랐다. 하물며 엊그제까지 권좌에 앉아 있다가 이른바 '평화적 정부이양'을 하고 내려온 전씨에게 어떤 사법적 조치를 취한다는 것이 과연 가능할 것인가? 폭력혁명으로 전씨를 축출한 것도 아니고 더욱이 투표에 의한 실질적인 정권교체마저도 이룩해내지 못한 우리가 그를 심판대 위에 올려세울 때에 뒤따를 수 있는 '왕당파'의 반발을 극복해낼 힘이 과연 있을 것인가? 이것은 과욕이 아닌가? 이러한 무리한 과욕이 도리어 '반동'과 '역행'을 초래하게 되는 일은 없을 것인가?

미지의 앞날에 대한 막연한 두려움이 우리에게 이러한 불안과 우려와 끝없는 머뭇거림을 더하게 하고 있는 것도 무리가 아니라 할 것이다. 그리고 이 모든 것이 한낱 근거 없는 기우에 불과하다고 잘라 말하기는 어려운 것이 사실이다. 그렇기 때문에 일의 완·급과 강·온을 현명하게 조절해나아갈 수 있는 국민적 지혜가 어느 때보다도 절실히 요청된다. 그러나 이 모든 어려움에도 불구하고 한 가지 우리가 분명하게 확인해두지 않으면 안 되는 것은, 이 일은 절대로 회피할 수 없는 일이고 또 회피해서도 안 될 일이라는 사실이다.

2

광주사태와 제5공화국 비리의 진상을 규명하는 과제를 우리가 결코 포기할 수 없는 이유는, 이것이 우리의 미래를 위하여 반드시 필요한 일이기 때문이다. 이 문제를 이 정도 선에서 덮어두고 넘어가자고 주장하는 사람들은 우리를 보고 "앞날을 위해 해야 할 일이 산적해 있는데, 언제까지나 과거의 일에 연연해 있으려고 하는가?" 하고 '질책'하는데, 우리의 생각도 바로 그렇다. 우리는 과거의 일에 집착할 여가가 없다. 이 지긋지긋한 과거를 한시라도 빨리 청산해버리고 미래를 향하여 전진하고 싶다.

그러나 불행하게도 과거란 그저 덮어버린다고 하여, 그저 잊어버린다고 하여 자동적으로 청산될 수 있는 것이 아니다. 미래는 과거와 분리되어 있지 않으며, 현재를 매개로 하여 과거와 깊숙히 연결되어 있다. 지금 우리의 발목도 광주사태와 제5공화국 비리라는 과거가 만들어놓은 매듭에 묶여 있으며, 이 매듭을 올바로 풀지 않고는 아무리 우리가 앞을 향하여 나아가려고 발버둥쳐도 점점 그 매듭을 꼬이게만 할 뿐 허사가 되고 만다.

생각해보라. 우리 군인들이 우리 시민들에게 총부리를 겨누어 수없는 무고한 목숨이 희생된 사태가 일어났는데, 이 일이 왜 일어났는지, 어떻게 일어났는지, 누가 무엇을 잘못하였는지조차 밝혀지지 않은 채 그냥 넘어간다면, 우리에게 어떤 앞날이 있을 것인가? "명령을 따라야 하는 군의 특수성" 때문에, "똑같은 상황이 재현된다면 똑같이 행동할 수밖에 없을 것"이라고 하는 기막힌 고백까지 나오고 있는 상황에서, 우리가 우선 무엇보다도 과거의 악몽에서 어떻게 벗어날 수가 있겠는가? 이 상태에서 그저 군을 신뢰하라고 말하는 것은 어차피 공허한 이야기가 될 수밖에 없다. 제5공화국 비리문제도 마찬가지이다. 이것을 바로잡지 않고 그냥 덮어둔 채, 무엇으로 '깨끗한 정부'를 보장할 것이며, 어떻게 국민들에게 정부를 신뢰하라고 말할 수 있겠는가?

『육조단경(六祖壇經)』에 이르기를, "참회란 무엇인가? 두번 다시 잘못을 짓지 않는 것(終身不作)을 참(懺)이라 하고, 지난 잘못을 아는 것(知於前非)을 회(悔)라 한다"라고 하였다. 광주사태나 제5공화국 비리를 한두 개인의 잘못으로 돌리고 그들에게 모든 책임을 뒤집어씌운다는 것은 실정법의 세계에서는 어떨는지 몰라도 신의 앞에서는 온당한 일이 되지 못할 것이다. 이 어두운 역사에는 우리 모두의 낙인이 찍혀 있으며, 하늘에 사무친 이 엄청난 죄악으로부터 '알리바이'를 주장하며 깨끗한 손을 내밀 수 있는 사람은 우리 중에 그리 많지 않을 것이다. 우리가 '진상규명'을 요구하는 것은 누구를 공격하거나 해치려고 하기 이전에 무엇보다도 '참회'를 위해서이다. 지나간 일이 무엇이 어떻게 잘못되었는지를 철저히 가려내고 그것을 통렬히 뉘우치는 과정을 거침으로써 앞으로 두번 다시 똑같은 잘못을 되풀이하지 않을 보장을 얻어낼 수 있기를 바라기 때문이다.

"전비(前非)를 묻지 말자"라고 하는 말이 진상조사작업의 포기를 뜻하는 것이라면, 그것은 과거의 어둠 속으로 되돌아가자고 하는 말과 다를 것이 없다. 전비를 묻지 않고는 참회가 있을 수 없고, 참회가 없이는 진정한 '국민화합'도 있을 수 없다. 해방 이래 지금에 이르기까지 숱한 정치적 격변을 겪으면서도 우리가 아직껏 한번도 과거의 잘못을 단죄하는 청산의 과정을 거치지 못하고, 한번도 '전비를 묻지 않았던' 것이 우리의 역사에 얼마나 심대한 해독을 끼쳤는지를 이 시점에서 깊이 반성하지 않으면 안 된다. 그것으로 과연 진정한 '국민화합'이 이룩되었는가? 진정한 '과거로부터의 단절'이 이룩되었는가? 그렇지 않다. '친일파 숙청'의 역사적 과업을 이룩하지 못한 채 출범한 우리 정부의 '정통성'의 문제가 젊은 세대들에 의해 아직까지도 끊임없이 거론되고 있는 판이다. 오늘날 젊은 세대가 기성세대와 기성질서에 대하여 품고 있는 뿌리깊은 불신과 경멸도 그 연원을 거슬러올라가면 여기에 닿는다. 이러한 상황이 언제까지나 계속되어야 옳은가?

'친일잔재'와 '유신잔재'를 청산하지 못한 데 뒤이어 '제5공화국 잔재'마저도 그대로 후손들에게 물려주어야 옳은가? '평화적 정부이양을 한 공로' 때문에 지난 7년간의 민족사를 모두 말소해버려도 좋은가? 이것을 좋다고 하는 사람들은 훗날 우리 자손들이 배우고 가르치게 될 역사책에 다음과 같은 기록이 남아도 무방하다고 생각하는 것인지도 모르겠다.

1980년 5월 광주에서 수백명인지 수천명인지 알 수 없는 시민들이 군인들에 의해 살해된 사태가 일어났다. 이 사태를 계기로 전두환정권이 수립되었는데, 전씨의 대통령 재임기간 7년중 전씨 부부와 그 일족에 의해 수백억원대인지 수천억원대인지 혹은 수조원대인지 그 규모가 밝혀지지 않은 권력형 비리가 저질러졌다는 소문이 나돌았다. 그러나 그후 전씨가 평화적 정부이양을 한 공로가 있다고 하여 국민화합적 차원에서 이 두 가지 사태의 진상을 덮어두기로 하는 국민적 합의가 이루어졌기 때문에, 당시 광주에 왜 군대가 투입되었으며 누구의 결정에 의해 투입되었는지, 발포 명령자는 누구이며 투입된 군인의 수효와 소속과 지휘체계는 어떠했으며 작전상황은 어떠했는지, 전씨 일족의 비리의 내용은 무엇이며 관련자는 누구누구이며 어떻게 그런 일이 가능했는지 하는 등등의 정확한 사건 전말에 대하여는 아직까지도 알 길이 없고 그저 미확인의 풍설만이 전해지고 있을 뿐이다. 이 문제들과 관련하여 책임을 지거나 처벌을 받거나 기타 어떤 형태로든 불이익을 당한 사람은 물론 아무도 없었다 …

우리는 이러한 기록을 용납할 수가 없다. 민주화니 새 시대니 하는 거창한 구호를 말하기 이전에, 인간의 가장 원초적인 정의감을 짓밟고 최소한의 양식과 이성마저도 여지없이 조롱하는 그같은 범죄적인 역사책에 우리 후손들의 순결한 심성이 더럽혀지는 사태를 결단코 용납할 수 없기 때문에, 우리는 광주사태와 제5공화국 비리에 대한 철저한 진상조사를 요구하는 것이다.

'정치보복'을 원하는가? 그렇지 않다. 거듭 밝히거니와 우리가 원하는 것은 무엇보다도 '참회'이다. 정치보복을 하지 않는다는 것이 법과 정의를 굽힌다는 것과 같은 뜻이 될 수는 없고, 더욱이 '참회'마저도 면제한다는 뜻이 될 수는 결코 없다. 만약 모든 진실이 숨김없이 밝혀져 책임소재가 분명히 되고 거기에서 우리가 충분한 역사적 교훈을 얻게 된다면, 누가 되었든 자신의 잘못을 허심탄회하게 드러내고 통렬히 뉘우치는 사람에 대하여는 법과 정의의 질서가 허용하는 범위내에서 얼마든지 관대한 처분이 있을 수 있다. 그러나 진상조사는 뒷전으로 미뤄둔 채 그저 누가 무엇을 잘못했기에 누가 누구에 대하여 유감스럽다는 것인지조차 분명하지 아니한, 어정쩡한 '유감의 표시'만으로 사태가 마무리될 수는 없다. 어떠한 경우에도 '철저한 진상조사'는 우리의 양보할 수 없는 최소한의 요구이다.

우리가 군을 '모욕'하려 한다거나 '자극'하려고 한다는 것은 천부당만부당한 소리이다. 누구의 군대인데 모욕하려 하겠으며 누구를 위하여 도움이 될 일이라고 일부러 자극하려 들겠는가? 그 경위야 어찌되었든 광주사태의 와중에서 국군과 시민이 적대하여 살육전을 벌인 사실을 우리는 잊을 수 없으며, 이것이 이 사태의 가장 비극적인 요소 가운데 하나이기도 하다. 이 역사의 응어리가 올바로 풀리지 않고서는 국민과 군 사이의 진정한 신뢰관계가 회복되기를 기대할 수 없다는 것, 그리고 이 역사의 응어리를 푸는 열쇠는 '진실'밖에 없다는 것은 너무나도 분명한 사리이며, 바로 그렇기 때문에 우리는 더더욱 절박하게 진상규명을 요구하는 것이다. 진실을 밝히자는 우리의 요구에는 아무런 선입견도 개재되어 있지 않고 아무런 전제조건도 붙어 있지 않다. 이 사태에 관련되었던 군인들 중에서, 사회여론이 당시의 군의 어려운 처지나 군인의 특수한 행동규범을 이해하지 못하고 그들을 일방적으로 매도하기만 해왔다고 하는 울분을 품고 있는 사람이 있다면, 그들에게도 적절한 변소(辯疏)의 기회가 주어질 수 있을 것이며, 우리는 그것을 듣는 데 결코 인색하지 않을 것이다.

"시민들만이 아니라 군도 광주사태의 피해자이다"라는 말도 충분히 음미되어야 한다. 중요한 것은, 가해자든 피해자든 모든 관계자들이 그동안 막혔던 가슴을 열고 그들이 체험한 진실을 밝힘으로써 당시의 모든 상황이 객관적으로 재현되어 국민들에게 충실히 전달될 수 있게 되어야 한다는 것이며, 그 상황 속에서의 관계 당사자들의 행동에 대하여 허심탄회한 비판과 토론을 통한 정당한 평가가 내려짐으로써 앞날을 위한 철저한 반성의 계기가 마련되어야 한다는 것이다. 군이 국민의 비판을 겸허하게 경청할 자세만 갖추고 있다면 이러한 작업이 군과 국민 사이의 관계를 개선시키면 시켰지 악화시킬 우려가 있을 까닭이 만무할 것이다.

제5공화국 비리에 관한 진상조사에 있어서도, 만약 정부가 말하듯이 떠도는 풍설 중에 근거 없는 낭설이거나 사실보다 과장된 것이 많다고 한다면, 전두환씨 등 관련 당사자들에게 그것을 해명할 수 있는 기회가 충분히 주어질 것이다. 만약 전씨가 결백하다면 자진하여서라도 진상조사를 요청하여 그 결백을 증명할 일이요, 만약 전씨가 떳떳지 못하다면 한시바삐 모든 것을 털어놓고 국민에게 사죄하는 것이 마땅하다. 진상조사 자체를 '정치보복'이라고 하는 이유로 마다하는 것은 전혀 설득력이 없다.

이 문제에 관하여 노대통령과 그의 정부가 매우 곤혹스런 처지에 놓여 있다는 것은 누구나 짐작하는 일이다. 노대통령은 제5공화국 헌법 아래서 전두환씨에 의해 집권당의 대통령후보로 지명되었고 제6공화국 헌법 아래서 국민의 직접선거 절차를 거쳐 대통령으로 당선되었다. 이 기묘한 태생(胎生)과정은 노정권에게 이른바 제5공화국의 '상속자이자 청산인'이라는 이율배반의 지반 위에서서 오이디푸스적 고뇌 속에 끝없이 방황을 거듭하지 않을 수 없는 숙명을 선고하였다. "제5공화국 비리조사에 성역을 두지 않겠으되 다만 전 전대통령 내외에 대한 조사는 반대한다"든지 또는 "광주사태에 대해 사과와 보상은 하겠으나 진상조사는 할 수 없다"든지 하는 노정부의 자가당착적인 논리는 바로 이 '상속자이자 청산인'이라는 노정부의 자가당착적인 지위를 그대로 반영하는 것이다. 그러나 '오이디푸스'가 그를 낳은 아버지를 살해하고 왕이 되지 않으면 안 되었던 자신의 운명을 정면으로 받아들이고 신들의 모든 저주 앞에 당당하게

맞서 나아갔듯이, 노대통령과 그 정부 또한 그를 낳은 제5공화국을 자신의 손
으로 단죄하고 청산하지 않으면 안 되는 자신의 운명을 정면으로 받아들이고
뼈를 깎는 아픔을 견디며 새 시대로 나아가는 결단을 내려야 한다.

3

　대국을 살피건대, 작년 6월의 전국민적인 민주항쟁을 분수령으로 하여 집권
세력과 국민 사이의 힘의 균형은 역전되었다. 노대통령 자신이 정직하게 시인
하였듯이, 6·29선언은 '국민에 대한 항복'의 선언이었고, 이 항복의 선언이
있었기 때문에 국민들은 평화적인 방식에 의한 민주화의 길을 선택하고 집권세
력에게 철저한 자기쇄신의 기회를 허용하였던 것이다. 만약 집권세력이 지난
대통령선거에서의 승리를 두고 자만에 빠진 나머지, '항복'을 위해 치켜들었던
두 팔이 '만세'의 표시로 바뀐 것이라고 판단한다면 그것은 엄청난 착각이다.
과거의 어두컴컴한 태반 속으로 되돌아가는 것은 이미 불가능하다. 한번 민주
주의 쪽으로 기울어진 역사의 저울은 되돌려놓을 수 없으며, 국민이 주인 되는
새 시대는 노정권 의지와 관계없이 이미 시작되었다. 온갖 불법무도한 전횡과
비리로 얼룩진 제5공화국의 어둠을 청산하는 일은 6월명예혁명의 당연한 과실
로서 국민에게 약속된 것이고, 노정부는 바로 이 약속의 밑바탕 위에 자리잡고
있다.

　노대통령이 이 약속을 성실히 지키려고 할 때에 부딪치게 될지도 모르는 모
든 난관은 종국적으로는 전국민적인 민주역량의 뒷받침에 의해 넉넉히 극복될
것이고, 그 과정에서 노대통령이나 그 정부가 설령 어떤 현실적인 좌절을 겪는
일이 있다 할지라도 역사 속에서는 그들이 패배자로 기록되는 일은 결코 없을
것이다. 그러나 만약 노정부가 이 약속을 지키기를 거부한다면, 그것은 자신의
존립기반 자체를 스스로 부정하는 결과일 뿐이며, 그 경우 따르게 될 오욕은
실로 쓰라린 것이 될 것이다. 노정부는 지금 엄정한 역사적 선택의 갈림길 위에
서 있고 시간은 매우 촉박하다. 낡은 탯줄을 단호하게 끊어내어버리고 새 시대
를 분명하게 선택하기를 바라마지않는다.

(신동아, 1988. 7)

알 수 없어라, '백지투표'와 김종필 총재

가결될 것이 기정사실로 굳어진 것처럼 보였던 정기승 대법관에 대한 대법원장 임명동의안이 국회에서 아슬아슬한 차이로 부결되고 뒤이어 '이일규 사법부'가 탄생하는 과정을 지켜보노라면 알듯 알듯 하면서도 모르는 게 한두 가지가 아니다.

우선 힘깨나 쓰고 말깨나 하는 사람들이 어째서 너도나도 핏대를 올려가며 '백지투표'를 문제삼고 나서는지 영문을 알기 어렵다. 어떤 일간지에서 백지투표가 '무기명 비밀투표'를 규정한 국회법에 '명백히 위배'된다고 말하는데 국회법 조문을 한번이라도 읽어보고 그런 말을 하는 것인지 궁금하다. 국회법에는 대통령이 환부한 인사에 관한 안건은 '무기명 투표'로 표결한다고만 되어 있다. '비밀투표'란 말은 눈을 씻고 찾아보아도 없다.

어떤 사람들은 백지투표가 투표의 비밀을 보장하는 '국회법의 정신'에 어긋난다고 비난하는데, 국민들의 감시의 눈길로부터 벗어나서 자신의 은밀한 이해관계에 따라 '자유롭게' 투표를 하고 싶어하는 국회의원이 있다면 그에게는 대단히 안된 일이지마는, '국회법의 정신'은 그러한 '투표의 비밀'을 그다지 좋아하거나 존중하지 않는다. 국회법상 의원들의 표결방식은 기립에 의한 공개표결이 원칙으로 되어 있고 헌법개정안은 아예 '기명투표'로 표결하도록 되어 있다.

이번과 같이 '인사에 관한 안건'에 예외적으로 무기명 투표를 인정하는 취지는 의원들이 인사대상이 된 당사자에게 불리한 투표를 하더라도 그 당사자와의 사적인 '인간관계'에 흠이 가는 일이 없도록 보호함으로써 공정한 투표를 유도

하려는 데 있는 것이지 국민의 감시로부터 투표의 비밀을 지키려는 데 있는 것이 결코 아니다.

이번의 백지투표가 '비민주적'이라고 비난하고 있는 사람들은 대체 민주주의란 것을 어떻게 이해하고 있는지 모르겠다. 그들의 눈에는 사법부의 독립과 쇄신을 열망하는 국민의 의사를 외면하고 재조·재야 법조계의 압도적인 반대여론을 짓밟아가면서 일부 야당과의 '산술적 정치거래'만을 믿고 굳이 무리한 대법원장 인선을 강행하려 한 정부·여당의 태도는 그다지 '비민주적'이 아닌 것으로 비치고, 여기에 맞서서 '공작정치'의 손길을 단호히 뿌리치고 '산술적 정치거래'의 책임소재를 국민들의 눈앞에 분명히 드러내기 위하여 평민·민주 등 야당의원들이 스스로 선택한 '백지투표'라는 하나의 표결방식만이 그토록 '비민주적'으로 비치는 것인가?

백지투표를 그토록 거세게 비난하는 사람들이, 백지투표를 불가피하게 만든 '산술적 정치거래'의 장본인이라고 할 만한 김종필 총재에 대해서는 일언반구 말이 없는 것도 알 수 없는 노릇이다. 김종필씨는 나에게는 영원한 수수께끼의 인물이다. 나는 그를 판단할 수 없다.

지난 대통령선거 때 그는 현집권세력을 '고약한 사람들'이라고 매도했는데 요즈음에 와서 그가 "인사권자의 의사를 존중한다"느니 하는 발언을 하는 것을 보면 현집권세력을 그다지 '고약하게' 생각하고 있지 않은 듯도 싶고, 오히려 유신시절에 그가 자주 '통치권자의 고유권한' 운운하던 말만 자꾸 연상이 된다.

대법원장 인선문제에 관하여 "다른 사람들의 생각이 반드시 우리보다 앞서간다고 할 수 없다"고 말하는 것을 보면 그는 사법부의 실정을 법조인들보다도 더 잘 아는 전지전능한 천재 같기도 하고 삼십대에 중앙정보부를 창설했던 '고독한 선구자'의 면모를 언제까지나 간직하고 있는 신비의 인물 같기도 하다. '여소야대'란 과연 무엇인가? 그것을 알기 위하여는 우선 김종필씨가 누구인가를 묻지 않을 수 없다.

(한겨레신문, 1988. 7. 7)

'총은 쏘라고 준 것'인가?

　민주주의는 참으로 의심이 많고 걱정이 많다. 국가권력을 믿을 수가 없어서 입법·행정·사법의 3권으로 쪼개어 각기 독립된 3부에 맡겨놓고, 그나마도 미덥지 못하여 그 3부가 서로 감시하고 견제할 수 있도록 갖가지 세심한 장치를 마련해놓았다.

　국회에서 통과된 법률안에 대한 대통령의 거부권도 그 중 한가지다. 국회란 이념상 국민들이 직접 뽑은 대표자들로 구성된 국민대표기관이며, 따라서 국회의 의사는 곧 국민의 의사로서 존중되어야 한다. 이것이 대원칙이다. 그러나 그 뽑힌 대표자들이 애초부터 국민이 실수로 잘못 고른 사람일 수도 있고 또 그렇지 않다 할지라도 임기 도중에 '변질'되지 말란 법도 없으니, 경우에 따라서는 국민의 대표기관이라는 국회가 도리어 국민의 의사와 이익에 명백히 반대되는 배신적인 입법활동을 하는 뜻밖의 결과가 생기지 않는다고 장담할 수가 없다. 이러한 예외적인 경우에 대비하여 '의회의 독재'를 견제하기 위한 비상수단으로서 대통령에게 부여되고 있는 것이 바로 '거부권'인 것이다.

　그런데 적절한 경우에 적절히 사용되면 기사회생의 묘약이 될 수 있는 비상이 자칫 잘못 쓰이면 생사람을 잡는 독약이 되어버리듯이, 대통령의 거부권이라는 비상수단 역시 함부로 남용되면 민주주의를 파괴하는 위험천만한 폭약이 될 수 있다. 4·19 직전에 시위군중에 대하여 발포명령을 내렸던 책임자가 "총은 쏘라고 준 것이다"라고 말했다고 하지만, 이 말이 정당화될 수 없는 것과 마찬가지로 대통령의 거부권도 헌법상 규정되어 있다고 하여 무턱대고 아무때나 행사될 수 있는 것이 아니다.

이번에 노대통령이 국회에서의 증언·감정에 관한 법률안과 국정감사법안 등에 대해 거부권을 행사한 데 대해서 우리는 과연 거기에 합당한 근거가 있었는지를 따져보고 앞으로도 이런 사태가 무작정 반복되어 좋을 것인지를 심각하게 생각해보아야 할 것 같다.

우선 정부·여당 쪽에서 이 법안들이 '삼권분립의 정신에 위배'되는 '위헌법률'이라고 주장하고 나온 데 대해서, 나는 대체 이 법안들의 어떤 내용이 헌법의 어떤 조항에 위배되며 어째서 '삼권분립의 정신'에 위배된다는 것인지 반문하고 싶다. '구인제'를 두고 논란을 하는 것 같은데, 서독 헌법 제44조를 보면 연방하원은 재적의원 4분의 1 이상의 요구가 있으면 국정조사권을 발동하여 증거조사를 할 수 있고, 그 증거조사에는 불출석 피의자에 대한 강제연행 규정 등을 포함하는 '형사절차에 관한 규정들'을 준용하도록 되어 있다. 미국의 경우에는 의회 출석을 거부하는 증인에 대해서는 '의회모독죄'를 적용하여 아예 의사당 옆에 감금시설까지 차려놓고 우리 무술경위쯤 되는 국회 관리를 시켜 회기 동안 감금해둘 수 있도록 하고 있다.

그러니 구인제를 두고 위헌이니 뭐니 하며 국민을 우롱하는 것은 아무래도 거부권 행사의 진정한 동기를 숨기기 위한 구차한 연막에 불과한 것이 아닐까 싶다. 그 진정한 동기가 무엇인지는 누구나 안다. 전두환씨가 국회 증언대에 불려나오는 일이 그렇게도 끔찍한 일인가? 전씨가 안심하고 국회의 권위를 모독할 수 있도록 비호해주는 것이 과연 현정부가 할 일인가? '자진해명'이란 것이 과연 현정부가 내세운 '제5공화국 비리척결'의 귀착점이었던가? 이번의 거부권 행사로 국민 누구나 이런 의문을 품게 되었다. 아무래도 '총은 쏘라고 준 것'이라는 잘못된 관행이 생겨버린 것 같다.

(한겨레신문, 1988. 7. 21)

'관계기관대책회의'는 아직도 안개 속에

지난 7월 23일 인천지방법원에서 문귀동 형사에 대한 유죄판결이 선고됨으로써 '성고문'이라는 신조어를 낳은 이 전대미문의 패륜적인 공권력 범죄에 대한 사법적 판단이 마침내 그 모습을 드러내었다. 이 판결에서 인천지방법원은 조영황 지정변호사가 권인숙씨의 고소사실을 그대로 인용하여 작성한 공소장 내용을 전부 사실로 인정했다.

이로써 권인숙씨의 폭로내용이 한치의 틀림도 없는 진실이었음이 2년 남짓이 흐른 지금에 와서야 비로소 국가에 의해 확인된 것이다. 이것은 의심할 나위 없이 권인숙씨의 승리이며 또한 진실을 요구한 국민의 승리이다.

그러나 국가는 이것으로써 면죄되었는가? 문형사 한 사람을 감방 속에 집어넣음으로써 그 책임을 다했는가? 그렇지 않다. 이것은 국가가 이 사건을 정당한 방향으로 해결하고 공권력의 도덕성을 회복하기 위하여 마땅히 취해야 할 일련의 조치의 시작일 뿐이다. 권인숙씨의 폭로내용이 전부 진실임을 인정한 이상, 이것을 출발점으로 삼아 그동안 국가가 저질러온 숱한 과오를 재조명해 보고 일일이 시정해나아가지 않으면 안 된다.

우선 무엇보다도 시급한 일은 검찰이 이 사건에 관하여 1986년 7월 16일 발표한 수사결과 내용을 스스로 시정하는 일이다. 당시 검찰은 문귀동의 폭언과 폭행, 즉 "티셔츠를 입은 가슴 부위를 손으로 3~4회 쥐어박은" 폭행사실만이 인정될 뿐 '성적 모욕행위' 부분은 사실이 아닌 것으로 밝혀졌다고 발표했다. 이제 그 발표내용이 허위였음이 명백히 드러난 이상 검찰로서는 마땅히 스스로 그 허위발표 내용을 철회하고 어째서 그런 허위발표를 하게 되었는지 그 경위를 밝히고 관계자의 인책과 국민에 대한 사죄 등 후속조치를 취해야 할 것이다. 검찰이 아직 이것을 하지 않고 쓰다 달다 말 한마디 없이 침묵을 지키고 있는 것은 대체 국민 알기를 어떻게 알고 그러는 것인지 이해하기 어렵다.

법원 역시 마찬가지이다. 어째서 재정신청을 기각하는 이해할 수 없는 일이 일어나게 된 것인지 해명하고 책임소재를 밝혀야 옳다고 생각한다.

검찰이나 법원이 저지른 그 뼈아픈 과오의 배후에 이른바 '관계기관대책회의'가 있다는 사실은 이미 세간에 알려질 대로 알려진 일이다. 이 사건의 내막을 다소 짐작하고 있는 사람 중의 하나로서 단언하건대, 이 사건 수사검사들이나 재정신청 담당법관들 가운데는 진실을 규명하기 위하여 숨은 노력을 기울인 사람들이 없지 않았고, 만약 '관계기관대책회의'의 압력이 없었더라면 검찰의 명예와 법원의 신망이 이 사건으로 인하여 그토록 처참하게 짓밟히는 일은 결코 일어나지 않았을 것이다. 나는 지금까지도 이것을 못내 애석하고 분하게 여긴다.

'관계기관대책회의'의 정체는 여전히 막막한 안개 속에 휩싸여 있다. 이것이 백일하에 드러나지 않는 한 사법부의 독립과 검찰의 중립을 기약할 수 없으며 우리들의 인권을 위협하는 구시대의 악몽은 사라지지 않는다.

'관계기관대책회의'의 정체를 밝혀낼 주된 책임은 어디에 있는가? 법원이나 검찰의 관계자들이 '양심선언'을 통하여 그 정체의 일단을 폭로할 것을 기대해 볼 수도 있고 정부가 스스로 밝히는 것을 기대해볼 수도 있으나 모두 쉽지 않은 일이다. 국민의 대표기관으로서 국정조사권을 가진 국회가 의당 이 일을 해내야만 한다. 감히 말하건대 이것을 방치하는 것은 국회의 직무유기이다. 지체없이 국정조사권을 발동하기를 촉구한다.

(한겨레신문, 1988. 8. 4)

어느 철도기관사와의 대화

며칠 전 철도기관사 한분(편의상 '김씨'라고 해둔다)이 내 사무실을 찾아왔다. 지난번의 파업사태로 구속된 동료기관사들의 변론을 부탁하기 위해서였다. 우리 둘 사이에 오간 대화내용 중 일부를 소개하면 다음과 같다.

조 파업까지 가게 된 데는 근무시간 문제가 제일 큰 쟁점이 되었다면서요.

김 결국 그렇지요. 기본시간이, 조합에서 합의해둔 것이 월 244시간인가 그런데 저희들은 그걸 192시간으로 단축해달라고 한 거죠. 그런데 저 사람들은 김창한 위원장하고 새로 합의한 224시간인가 그 아래로는 더 안 되겠다고 못박았어요. 말이 244시간이지 실제로는 대기시간, 출발준비시간까지 치면 300시간도 넘어요. 한번 일하러 나가면 24시간 넘어 걸리는 일이 많은데 계산되는 시간은 15시간도 되고 그래요.

조 중간역에서 교대하도록 해달라는 요구도 있었던 것 같은데……

김 아 참, 그게 중요한 건데. 저희는 모든 열차가 중간에서 교대토록 해달라고 했죠. 지금은 서울서 출발하면 기관사들이 교대를 못하고 부산까지 가야 하는데요. 기관차에 변소가 없으니 가다가 대소변이 급하면 소변은 비닐봉지에 받아 바깥으로 버리고 대변은 신문지를 깔고 봐야 하는, 이런 참 인간 이하의 생활을 저희가 하고 있습니다. 그런데 저쪽에서는 무궁화호만 교대를 해주겠고 새마을은 안 되겠다는 겁니다. 저희가 대소변 얘기를 했더니 청장이 하는 말이 글쎄…… 이러데요. 기관사가 둘이니 한 사람씩 교대로 뒤칸으로 가서 보면 되

지 않느냐구요. 기관사실에서 뒤로 가는 연락통로도 없거든요. 그래서 저희가
하도 열이 받쳐서 청장 같으면 150km로 달리는 찻간에서 난간을 타고 뒤로 갈
수 있겠느냐고 반박했습니다.

조 기관사들 봉급수준이 상당히 높다고 신문에 났던데 실제로는 어떻습니
까.

김 내 참…… 그것 때문에 저희가 고통을 많이 받고 있는데요. 저희가 기
가 막혀서 한번 뽑아봤습니다. 기관사 5년 근무한 사람이 —— 기관사 5년이면
줄잡아 기관조사 5년 정도를 한 후에 기관사를 하게 되니까 실제로는 10년 경
력입니다. 뽑아보니까 상여금, 정근수당 다 합쳐서 월평균 64만 얼마가 나와
요. 저쪽에서 발표한 게 87만원입니다. 하도 어이가 없어서 청장을 허위사실
유포죄로 고소하자는 말까지 나왔습니다.

조 기관사 근무 1년 정도면 봉급수준이 어떤가요.

김 제가 기관사 된 지 만 2년인데요. 전부 다 합해봐야 평균 50만원 정도
돼요. 세금 제하고 어쩌고 하면 상여금 없을 때 보통 들어오는 것이 32만원 정
도 됩니다.

조 그걸로 생활하실 만한가요.

김 (웃으며) 아유, 막막하죠, 뭐. 저는 부모님 계시고 동생들까지 모두 일곱
식군데요. 어림이나 있나요.

조 수당 올려달라는 것도 있었죠.

김 예, 수당이란 게 82년도에 한번 인상되고 그후로는 그대로입니다. 저쪽
에서는 시간외수당 현실화는 도저히 못 들어주겠다고 못박아버리데요.

조 직업병 같은 것은 어떤가요.

김 그게 가장 문제예요. 난청이 제일 무섭고요. 거의 모든 승무원이 위장병
이 있다시피 해요. 식사를 제대로 못 먹으니까요. 야간에 잠을 못 자고 쇳가루
가 눈에 자주 들어오니까 시력이 나쁘게 되고요. 시력이 급격히 떨어지는 사람
이 많아요. 브레이크 잡을 때는 쇳가루가 엄청나게 눈에 들어와요. 안과에 가
면 의사들이 다 놀라요. 그밖에도 많죠. 청량리 전기기관차 같은 데는 2만 5천
V 전기 가지고 하니까 위험이 더 높아요.

조 건강진단은 제대로 하는가요.

김 공무원들 의례적으로 1년에 한번 받는 거 그거죠, 뭐. 거의 다 그저 정상으로 나오고 그래요.

조 일할 때 졸리지는 않나요.

김 안 졸릴 수 있나요. 미치게 졸린 때가 많지요. 야간에 졸지 말라고 커피를 주는데요. 봉지커피를 주는데 기관차에 끓는 물이 없으니 그냥 가루로 맨입에 털어넣는데 습관화된 사람이 많습니다.

조 파업까지 안 갈 수는 없었나요.

김 글쎄 뭐라고 말씀드려야 할지. 오죽했으면 파업까지 했겠습니까. 쌓이고 쌓인 거지요. 저희가 7월 15일부터 농성에 들어갔는데요. 19일부턴가는 우리 요구 안 들어주면 26일 0시부터 파업에 들어간다고 예고를 하고 각 매스컴에 얘기까지 했는데 전혀 반응이 없데요. 철도청 쪽에서 한번 나와보지도 않아요. 나중에 차장이 23일인가 그저 한번 둘러보러 나와서 한달에 280시간 차를 타더라도 재미로 탄다고 생각하면 견디기 좋지 않느냐고 하는 소리나 해서 화만 돋우고 가버리고요.

조 청장이 나온 게 언제였죠.

김 25일에 나왔는데 협상이라고 한 게 마지막날인 그날 하루예요. 파업할 테면 해보라는 거죠.

조 연행될 때는 어땠나요.

김 26일 오후 2시 넘어서 사이렌 불고 닭장차가 들어와 서더니 공권력이 들어갈 테니 반항 말라고 하데요. 김창한 위원장이 "자진해서 조용히 나가자. 우리가 뭐 크게 잘못한 거 있느냐"고 해서 모두 일렬로 조용히 나왔죠. 그전부터 저희가 의논하기를 공권력이 들어오면 조용히 끌려가기로 했거든요. 열흘 동안 농성하면서도 조합사무실 유리창 하나 건드리지 않았으니까요.

조 연행된 후에 일하겠다는 각서를 쓰고 풀려나왔다면서요.

김 (웃으며) 예, 쓰라고 하니까 썼죠.

조 기분이 어떻든가요.

김 (웃으며) 기분이야 안 좋지요, 뭐.

조 파업 후에 기관사들의 고충이 신문에 많이 보도도 되고 했던데 새로 협상이 되어 개선될 조짐이 있나요.

김 조합하고 협상을 새로 한다고 하데요. 그렇지만 저희는 이제 그런 거 다 필요 없어요. 우리 요구하는 거 다 안 들어줘도 좋으니 그저 구속된 사람들만 풀어달라, 이렇게 여기저기 사정만 하고 다닙니다. 돈 몇푼이 문제가 아니라, 우리 마음이 이렇게 불안해서야 어떻게 운전을 하겠습니까. 다 일없어요 ……

"다 일없다"고 내뱉듯이 말하는 김씨의 눈동자 속에서 언뜻 막막한 좌절과 더불어 분노의 빛이 스치는 것을 본 것은 나의 착각이었을까.

'어떤 일이 있더라도' 열차는 운행되어야 한다고 호통을 칠 권리가 우리들에게 과연 있는 것인지.

더욱이 국가가 1,400여명의 기관사들을 한꺼번에 잡아들여놓고 각서를 받는 방식으로 노동을 강제하는 것이 과연 우리가 지향해온 민주사회의 모습이 될 수 있는지 다같이 다시 한번 생각해보아야 할 것 같다.

(동아일보, 1988. 8. 5)

'폭력혁명'과 '무분별'과 질서

얼마 전에 발표된 조선일보·한국갤럽의 여론조사 결과에 따르면, 노태우 대통령과 야권의 세 김씨 중에서 노대통령이 가장 높은 국민적 인기를 누리고 있는 것으로 나타났다고 한다. 이 여론조사 결과를 절대시하여 노대통령의 모든 정책을 정당화하는 근거로 삼고 싶어하는 사람도 있겠고, 또 반대로 그것을 아예 터무니없는 것이라고 부정하여버리고 싶어하는 사람도 있겠지만 나는 좀 달리 생각한다. 야권의 세 김씨가 모두 수십년에 걸쳐 하나하나의 행적에 대하여 국민의 관심과 주시의 표적이 되어왔던 것과는 대조적으로, 노대통령은 애초에 이렇다 할 국민적 기대나 관심을 모으고 있지 않았던 터에 지금부터 겨우 1년 남짓 전의 일인 '6·29선언'을 통하여 '혜성'처럼 역사의 무대에 등장한 이래 듣기에 아름다운 여러가지 민주화의 약속만을 거듭해오고 있는 상태인 것이다.

그러니 많은 사람들이 아직 노대통령에게 어떤 장미빛 기대를 품고 있다고 해서 의아하게 생각할 일도 아니겠고, 그렇다고 해서 이것을 노대통령의 현실적 정책에 대한 확고한 국민적 지지로 확대해석해서도 안 될 것이다. 노대통령의 현실적 정책에 대한 역사의 시험은 이제부터 서서히 본격적인 단계에 들어서고 있는 듯이 느껴진다. 이 시점에서 노대통령이 행여나 자만에 빠지거나 방심한 나머지 '6·29선언' 당시의 초심을 저버리는 일이 절대로 있어서는 안 된다고 강조하고 싶다. 이렇게 말하는 것은 엊그제의 광복절 경축사를 듣고 못내 마음에 걸리는 것이 있었기 때문이다.

노대통령은 "현재 우리가 민주주의를 진전시켜나가는 데서 직면하고 있는 두

가지 도전"으로서, 첫째로는 "폭력혁명으로 자유민주주의 체제를 전복하여 계급독재 체제를 세우겠다는 세력", 그리고 둘째로는 "욕구와 갈등의 무분별한 분출로 … 민주주의의 틀을 위협하고 있는 사회 일각의 현상"을 들었다. 그런데 이 문제에 대하여는 우리가 들뜨지 말고 더 냉철한 사고를 할 필요가 있다고 생각한다. 첫째, "폭력혁명으로 … 계급독재 체제"를 세운다는 것이 과연 우리 사회의 제반 현실적 조건 아래서 가능한 일인가? 적어도 현재와 예견 가능한 장래에는 불가능한 일이라고 보아야 온당할 것이다. 그렇다면 그 위험을 지나치게 과장하여 민주주의의 진전을 정지시키거나 혹은 역류시킬 이유로 삼으려는 일이 있어서는 안 될 것이다. 둘째, "욕구와 갈등의 표출"이라는 것은 민주사회의 본질적인 양상인 것이며 민주화조치란 바로 이것을 시인하고 허용하는 데에 그 핵심적 의의가 있다.

'무분별한 분출'이란 것은 물론 바람직하지 않다. 그러나 구체적으로 어떤 것이 허용할 수 없을 정도로 '무분별'한 것인가에 대해서 국가권력이 성급하게 일방적인 판정을 내리려 들어서는 안 된다. 노대통령은 '6·29선언'을 했을 때 그동안 독재체제 아래서 억눌려온 국민 각계각층의 욕구가 분출되는 것을 당연히 예상했으리라고 생각된다. 과거의 억압이 지나쳤던 만큼 반사적으로 오늘의 '욕구분출'이 다소 '무분별'하게 비칠는지도 모르나 아직껏 '민주주의의 틀을 위협'할 정도의 일이 있었다고는 생각되지 않는다. '선진국으로 가는 새로운 질서'는 진정한 민주질서 이외의 다른 것이 될 수 없으며 그것을 세우기 위해서는 국민도 그렇겠거니와 정부 또한 끈질긴 참을성을 발휘하지 않으면 안 된다. 만의 하나라도 '편리하고 좋았던 구시대의 질서'로 복귀하고 싶은 유혹에 사로잡혀 모두에게 돌이킬 수 없는 재앙을 초래하는 일이 없기를 바란다.

(한겨레신문, 1988. 8. 18)

과거의 동굴로 돌아가자는 사람

오랜 시간을 컴컴한 동굴 속에서 헤매다가 밝은 바깥세상으로 빠져나올 때는 조심조심 눈을 뜨지 않으면 갑자기 햇빛을 쏘여 눈이 멀어버릴 위험이 있다. 그러나 햇빛이 눈부시다고 해서 뒷걸음질쳐서 다시 동굴 속으로 기어들어가려고 한다면 그것처럼 어리석은 짓이 없다. 지금 우리는 길고 지루했던 구시대의 어둠을 지나 막 민주주의의 눈부신 햇살이 비치는 새 시대로 빠져나가려고 하는 역사적 순간을 경험하고 있다. 이것은 낡은 질서에서 새로운 질서로 옮겨가는 하나의 과도기이며, 이런 엄청난 변화의 시기에 수반되기 마련인 온갖 복잡다기한 갈등과 분규와 진통은 끊임없이 우리들의 국민적 지혜와 인내력과 도덕적 용기를 짓궂은 시험대 위에 올려놓는다. 이 시험을 두려워하는 사람들은 우리를 보고 되돌아가자고 말한다. 그들에게는 어둡고 축축한 과거의 동굴이 지내기가 좋았던 것이다.

요즈음 느닷없이 대두되고 있는 '우익궐기'론이나 그와 맥이 닿은 것으로 보이는 일련의 '체제수호' 움직임을 지켜보면서, 그것이 그 주창자들이 표방하는 것처럼 '좌익의 위협'으로부터 '자유민주주의 체제'를 수호하기 위한 것이라기보다는 민주화의 도전으로부터 구체제를 방어하려는 움직임이 아닌가 하는 의혹을 품게 된 사람이 적지 않을 줄로 생각한다. 유신체제와 광주항쟁, 그리고 제5공화국을 통하여 자유민주주의가 가장 암담한 존망의 위기에 처해 있었을 때 이 '우익의 대변자'들은 어디에 있었던가? 그때 그들이 자유민주주의 수호를 위한 '우익의 궐기'를 부르짖은 적이 있었던가? 내 기억으로는 그런 일이 없었다. 그런데 그들은 민주화의 희망이 가까스로 소생된 오늘에 와서 도리어 어떤 위기의식을 표출시키며 '체제수호'를 부르짖고 있는 것이다. 그들이 자유와 민주주의를 지키기 위해 광범위한 민주국민의 단결을 호소하고 있는 것이 아니라 오히려 민주주의를 압살해온 구체제로의 복귀를 꿈꾸는 '극우'세력의 궐기를 선동하고 있는 것이 아닌가 하는 의구심을 품기에는 이것만으로도 충분하다.

그들이 말하는 '좌익'의 개념이 무엇인지는 명확하지 않다. 과거의 동굴의 어둠침침함 속에서 모든 사회현상을 좌·우 양극의 대립으로 해소시켜버리는 이 분법적 사고에 길들어온 사람들의 눈에는, 오늘날 분출하고 있는 새로운 모든 것, 현상변화를 지향하는 모든 것 —— 심지어는 지난 대통령선거 때의 여당의 집권공약에 포함된 것들까지도 '좌익'적인 것으로 비칠지도 모른다. 그러나 그것은 아무래도 좋다고 치자. 중요한 것은 이러한 '좌익'현상이 과연 그동안 '우익의 궐기'가 부족했기 때문에 초래된 것이었던가 하는 물음이다. 역대 정권이 막대한 국가예산을 '체제유지비'로 소모하고 초법규적인 공권력을 휘두르면서 각계각층 국민의 민주화 요구를 '좌경용공'으로 몰아 '극우적 탄압'을 일삼아온 것이 유신 때부터만 쳐도 근 20년이 되었다. 그랬는데도 결과적으로는 있던 '좌익'이 죽은 것이 아니라 없던 '좌익'이 도리어 생겨난 것이 오늘의 현실이라고 한다면, 이제는 좀 달리 생각해볼 때도 되지 않았는가? '우익'이 '좌익'에 맞서서, '이론가는 이론으로, 조직가는 조직으로' 싸우라는 것까지는 좋다. 그러나 '완력가는 완력으로' 맞서 싸우라는 것은 대체 웬 말이며, 또 이같은 '우익테러' 주장을 편 글을 명색이 치안질서 유지의 책임자인 내무부장관이 10만 부씩이나 인쇄하여 산하 공무원들에게 배포한 의도는 무엇인가? '우익'의 도덕적 기반을 스스로 허물어뜨리는 이런 구시대적 행태가 어째서 아직까지도 계속 '돌출'하고 있는 것인지, 올림픽을 앞두고 참으로 부끄러운 일이다.

(한겨레신문, 1988. 9. 1)

이 허전함의 정체는 무엇인가

서울올림픽 개회식이 있던 날, 아침부터 텔레비전 앞에 못박힌 듯 앉아 있던 나의 가슴속에는 실로 억만 가지 감회가 엇갈려 지나갔다. 가을하늘은 드높았고, 현대감각을 살린 기하학적 구조의 웅장한 외곽건물로 둘러싸인 올림픽 스타디움 안에서는 온 세계의 시선이 지켜보는 가운데 화려하고 다채로운 개회식 행사가 펼쳐지고 있었다. 텔레비전에서는 '민족의 영광'을 말하는 아나운서의 감격에 들뜬 목소리가 흘러나오고 있었다. 그렇다. 외압과 침략, 분단과 폭압, 가난과 천대로 점철되었던 저 쓰라린 오욕의 역사를 딛고, 오늘 마침내 이 일을 보게 되다니. 어쩌면 이것은 하나의 꿈인 듯도 싶고 기적인 듯도 싶다. 천성이 매사에 굼뜨고 게으른 탓이라 개회식에 참석해야겠다든지 표를 구해봐야겠다든지 하는 생각을 이날껏 한번도 못해본 나다. 그러나 강 위로 실어 나른 큰북이 대회장으로 입장하는 순간에는, 불현듯 대회장으로 달려가서 그 북소리를 직접 귀로 들어보고 싶은 강렬한 충동을 느꼈다. 12년 만에 동·서 양진영의 대다수 국가들이 참여하는 '화해'의 올림픽을 주관하게 된 우리 국민의 긍지에 어울리게, 동·서 각국의 선수단이 입장할 때에 대체로 고른 박수소리가 터져나온 것도 옛날을 생각해보면 우리 스스로 놀라지 않을 수 없는 일이었다. 그렇다. 이것은 분명 하나의 축제이며, 우리의 5천년사에 기록될 하나의 엄청난 민족적 행사임에 틀림없다. 그러나 이 축제를 바라보는 우리의 가슴 한구석에 무언가 풀리지 않는 응어리처럼 쓸쓸하고 쓰린 회한이 남아 있는 것은 웬 까닭인가? 지난 7년간 그토록 막대한 투자를 해가며 국력을 총동원하다시피 심혈을 기울여 준비해온 이 엄청난 잔치가 막상 벌어지고 있는 이 마당에, 정작 주인인 우리들로 하여금 거리거리를 메운 축제의 감격으로 들끓지 못하도록 가로막고 있는 이 허전함의 정체는 무엇인가? 무엇보다도 먼저, 북녘의 형제자매들이 초대되지 못한 때문이다. 남·북한관계에 있어서 이 올림픽이 구체적으로 어떤 형태로 진행되었어야 옳을 것인가에 대해서는 말하지 않겠다. 중요한 것은, 그것이 어떤 형태가 되었건, 온 세계의 손님들이 초대된 이 축제에 정작 우리와 핏줄을 나눈 북녘의 동포들만이 유독 배제되는 그런 낯부끄러운 일은 결코 일어나지 말았어야 했다는 사실이다. 만약 어떤 형태로든 북한이 참가하기만 했더라면 이 올림픽이 우리 통곡의 민족사의 아픔을 치유하고 화해와 평화와 통일의 길을 여는 데 얼마나 큰 기여를 할 수 있었겠는가를 생각하면 참으로 분하고 한스럽다. 남·북의 관계당국이 이 일을 성사시키지 못한 데 대한 책임은 민족사 앞에 엄정히 가려져야 할 것이다. 또 한 가지, 이 잔치에서 밀려난 것은 북녘의 동포들만이 아니다. 이 잔치 때문에 일터나 살림터에서 쫓겨난 철거민들과 노점상들, 잔치에 혹 방해가 될까봐 더욱더 풀려나지 못하고 있는 양심수들, '평화구역' 속에 갇혀 삶의 고통을 호소하는 목소리조차 봉쇄당한 모든 소외된 사람들의 고뇌가 우리의 지척에 있기에, 우리는 축제의 감격에 열광하지를 못한다. 뿐더러, 아직도 버마의 일이 남의 일처럼 여겨지지 않을 정도로 민주화의 기반이 취약하다는 사실, '5공비리'와 광주의 상처가 아직껏 아물지 않고, 잔치가 파한 뒤의 불안이 여전히 말끔히 가시지 않은 이 우울한 현실이 우리의 거리를 무겁게 한다. 그러나 이 모든 회한에도 불구하고, 우리는 새로운 미래를 향한 거대한 희망과 확신이 서서히 우리의 가슴속에 자리잡아가고 있음을 느낀다.

잔치가 파한 뒤에 우리는 어떻게 되는 걸까 하는 걱정은 더이상 하지 말자. 무엇을 할 것인가만 생각하자. 국가적 지원이 가장 미미했던 민족문화행사가 전세계의 이목을 압도한 사실, 개인적으로는 안된 일이겠지만 전두환씨가 끝내 개회식에 참석할 수 없었던 사실이 상징하듯이, 이것은 그들의 잔치가 아니라 바로 '우리들의 잔치'인 것이다.

(한겨레신문, 1988. 9. 22)

개방 개혁으로 가는 길

연일 쾌청한 가을날씨가 계속되는 가운데 서울올림픽도 어느덧 중반을 넘어서고 있다. 지난 몇해 동안 시청 앞을 지날 때마다 어김없이 '서울올림픽 앞으로 ○○○일'이라는 전광판 글씨를 보며 살아야 했던 우리들로서는 올림픽이 끝난 후에 엄습하게 될 허탈감을 어떻게 견뎌내야 할지 벌써부터 걱정거리가 아닐 수 없다.

그동안 마치 온 나라가 올림픽을 위해서만 존재하기나 하는 것처럼 들떠 있었던 것은 확실히 지나친 일이었다. 이제는 꿈에서 깨어나 제정신을 차리고 우리들의 삶의 현실로 되돌아올 때이다. 그러나 그럼에도 불구하고 이 올림픽이 우리에게 어떤 의미에서건 하나의 엄청난 충격적 체험이었다는 사실, 그리고 그 체험이 우리의 지난날과 앞날을 갈라놓는 획기적인 전기가 될 것이라는 사실을 우리는 부인하지 못한다.

안방의 텔레비전에서는 하루에도 몇차례씩 공산권 나라들의 국가가 울려퍼지고, 길거리에는 수많은 동구권 사람들이 ── 개중에는 정보기관의 요원과 같은 사람들도 적지 않이 섞여 있을지도 모른다 ── 밀려다니는데도, 우리는 마치 아무 일도 없다는 듯 거짓말처럼 평탄한 심경으로 이것을 바라보고 있다. 엊그제 있었던 미국 대 중국의 농구경기에서는 우리 관중들이 일방적으로 중국팀을 응원하고 미국팀에 야유를 보내는 믿기 어려운 사태가 벌어졌다.

불과 며칠 사이에 연출된 '세계 속의 한국' '한국 속의 세계'를 통하여 우리가 이처럼 더이상 '적화(赤化)'의 피해망상증에 시달리지 않고 더이상 미국의 대국주의적 오만무례함을 용납하지 않는 우리들 자신의 새로운 모습을 발견하고 있다는 것은 참으로 놀라운 변화라고 할 만하다. 이같은 변화는 우리의 지난날이 얼마나 끔찍한 허구와 환상 위에 자리잡고 있었는지를 새삼스레 일깨워준다.

'올림픽 이후'에 우리는 어디로 가야 할까. 고르바초프의 신조어를 빌리는 꼴이 되지만, '개방'과 '개혁'으로 가야 한다고 생각한다.

우물쭈물하고 망설일 것이 아니라 대담하고도 신속하게 '개방'과 '개혁'을 추진하는 것을 분명하게 국정의 기본방침으로 삼아야 한다고 생각한다. '개방'정책의 핵심적인 내용 중 하나가 되어야 할 것은 사상·이념의 개방이며 이것은 학문의 개방, 정보의 개방, 언론의 개방을 통하여 구체적으로 실현되어야 한다. '문화대혁명' 당시 '봉건주의·자본주의·수정주의' 사상을 퍼뜨리는 '독초'라는 판정과 함께 모진 박해를 받았던 중국의 문호 파금(巴金)은 후일 임표(林彪)와 '4인방'의 사상탄압정책을 격렬한 어조로 비판하면서 "그들은 마치 책을 덜 찍어내고 안 찍어내는 것이 많이 찍어내는 것보다 좋은 일이며, 책을 안 읽는 것이 책을 읽는 것보다 낫기나 한 것처럼 굴었다. … 그들은 진시황의 제자였고 히틀러의 제자였다"라고 술회한 일이 있는데 이 말은 우리로서도 깊이 음미할 가치가 있을 것 같다. 공산주의 비판서적까지도 국가보안법 위반죄의 증거물로 심심찮게 등장하곤 했던 지난날에 비하면 많이 나아진 편이긴 하나, 아직도 칼 맑스의 「자본론」과 같은 고전적인 학술서적이 의연히 국가보안법 적용대상이 될 정도로 광범위한 금서정책이 유지되고 있는 것은 대체 무슨 합당한 근거가 있어서일까. 나로서는 거기에 아무런 근거도 있을 수 없다고 본다.

이것은 적어도 '동서 화해의 올림픽'을 개최한 나라로서는 수치스러운 일이다. 편식을 하는 사람이 건강을 유지하기 어려운 것이나 마찬가지로 '이단'을 무조건 백안시하고 지나치게 두려워하는 사회는 건강하게 성장하기가 어렵다. 서구의 연면한 좌파운동이 결과적으로는 서구 자본주의의 부패를 방지하고 체질을 강화하는 소금 역할을 해온 역사적 경험에서도 알 수 있듯이 이단을 폭넓게 수용하고 올바로 소화할 수 있는 능력은 사회의 균형과 발전에 필수적인 조건이 된다.

지금 우리 사회가 약간의 이단도 견뎌내기가 어려울 정도로 허약한 체질을 가지고 있다고 한다면 더 말할 것이 없겠지만 그러나 적어도 정부가 '7·7선언'을 한 데 이어 북한의 「로동신문」까지도 일반국민들에게 공개하겠다는 방침을 밝힌 마당이 아닌가. 그렇다면 '이념서적'들에 대하여 더이상 '책을 안 읽는 것이 읽는 것보다 낫다'라는 식의 폐쇄정책을 고수해야 할 이유가 있을 수 없다는 것은 너무나도 당연한 이치다. 정보나 언론의 개방문제에 있어서도 마찬가지다.

사회주의권의 다른 나라들에 대해서는 물론이요, 북한에 대해서도 보고 듣고 알리고 의견을 이야기하고 시시비비를 논하는 것을 더이상 봉쇄하거나 두려워해서는 안 된다고 생각한다. 위험하기로 말하자면 「로동신문」 이상 위험한 것이 어디 있겠는가. "학생들을 북한에 보내 몇달씩이고 살다 오게 하자"는 김수환 추기경의 제안처럼 적극적인 발상법이 대담하게 수용될 때에만 평화와 화해와 통일의 문제에 관한 진정한 국민적 합의가 형성될 수 있게 될 것으로 믿는다.

이같은 '개방'정책이 우리 사회 내부에 어떤 혼란과 동요를 초래하게 되지 않을까 하는 불안은 물론 근거가 없는 것이 아니다. 그러나 이것을 걱정한다면 마땅히 우리 체제의 취약점과 내부의 불만요인을 척결하기 위한 근본적인 '개혁'을 추진하여야 할 일이지 그것을 회피하고 '개방'을 포기할 일은 아니다. 이런 일은 우리가 '세계 속의 한국'으로 발돋움하고 더구나 통일을 지향하려면 어차피 정면으로 받아들여야 할 역사적 도전이라 할 것이고, 이것은 북한의 경우에도 매한가지가 될 것이다.

무엇을 어떻게 '개혁'해야 할 것인가는 국민 각계각층의 비판의 목소리를 겸허하게 경청할 자세만 갖춘다면 아무 어려움 없이 판별할 수 있을 것이다. "올림픽 후에 체제전복세력을 제거"하겠다는 정부의 방침이 혹 '체제비판의 봉쇄'를 뜻하는 것이 아니기를 바란다. '개방'과 '개혁'의 시대적 요청을 외면하거나 역행하는 세력은 누구든 우리의 미래에 관여할 수 없게 될 것이다.

(동아일보, 1988. 9. 27)

장기표는 무슨 죄가 그리 많은가

장기표씨와 내가 처음으로 만난 것은 1966년 가을 바로 이맘때, 그러니까 햇수로 쳐서 꼭 22년 전의 일이다. 그 무렵 어느 날 서울대학교 개교기념행사였던가 무언가로 효창운동장에서 교내체육대회가 열렸는데 1,500m 달리기 시합에 출전한 장기표씨는 맨 꼴찌로 뒤처져서 남들이 다 골인한 뒤에도 만장의 박수와 폭소를 한몸에 받으며 온전히 한 바퀴를 혼자서 마지막까지 달렸다.

행사가 끝나고 돌아오는 버스 안에서 내가 그에게 "실력도 안 되는 사람이 어째 출전할 생각을 했느냐"고 농담삼아 물어보았더니 그는 이렇게 대답하는 것이었다. "가을하늘 아래서 한번 마음껏 달려보고 싶습디다."

가을하늘은 그때처럼 맑고 높푸르건만, 이번에도 또 양심수 석방에서 제외된 장기표씨는 그 하늘 아래를 달려가지 못한다. '양심수 전면 석방'을 공약한 '6·29선언' 이후 벌써 몇차례나 석방조치가 있었는데도 그때마다 '탈락'되어 아직껏 철창신세를 져야 하는 그는 대체 무슨 죄가 그리 많은가? 내가 알기로도 장기표씨가 죄가 없지는 않다. 죄가 많다. 67년 어느 겨울밤 나는 동숭동 대학로를 끝없이 걷다 서다 하며 베트남 파병부대에 자원입대하겠다고 하는 그를 온갖 말을 동원해가며 만류하고 있었다. 그러나 그는 "죽고 사는 것은 하늘에 달렸고 나로서는 역사의 현장을 체험하지 않고는 배길 수 없다"고 하는 마지막 말로 나를 단념시키고 말았다. 그 역사의식이 그의 첫번째 죄였다. 가난한 농사꾼의 아들로 태어나 갖은 고생 끝에 서울법대까지 들어왔으면 육법전서 한 가지만을 의지해서 판검사로 출세하여 부모님을 기쁘게 해드릴 일이지 목숨을 걸고 역사의 현장을 체험하겠다는 것이 대체 무슨 망령된 생각인가? 70년 11월 13일 평화시장 재단사 전태일이 "근로기준법을 지키라"고 절규하며 스물둘의 젊음을 스스로 불살라 죽었을 때, 장기표씨는 누구보다도 먼저 성모병원 영안실로 달려가 그의 주검을 온몸으로 껴안았다. 그 이후 십수년 그는 끝없이 되풀이되는 투옥과 도피생활을 겪으면서도 언제나 고통받는 노동자들과 민중의 곁에 있었다. 배고픈 자와 함께 배를 곯았고, 아픈 자와 함께 앓았고, 통곡하는 자와 더불어 눈물을 흘렸고, 분노하는 자를 위하여 외쳤다. 바로 그 사랑이 죄였다. 그는 사랑 이외에는 아무것도 꿈꾸지 않았고 아무것도 가지지 않으려 했다. 그것이 죄였다. 모두가 외면하는 것을 무엇 때문에 쳐다보았단 말인가? 무엇 때문에 혼자 가슴을 앓아야 했단 말인가? 72년의 유신체제 수립, 그리고 80년 5공의 광주학살. 이런 무시무시한 일을 겪으며 사람들이 좌절과 침묵의 수렁 속으로 빠져들 때에, 그는 오히려 '군사독재 타도'의 결의를 더욱 굳히고 불철주야로 민주화운동의 재건을 위해 뛰어다녔다. 깡마른 체구의 한 병약한 인간에 지나지 않으면서도 불의한 권력 앞에 무릎 꿇기를 끝내 거부하는 그 '터무니없는' 자존심, '유연한 타협'을 모르는 그 지나친 강직함이 그의 죄였다. 장기표씨가 어떤 사람이냐고 누가 내게 물을 때면 나는 한마디로 "그는 순수한 사람이다"라고 대답한다. "창랑의 물이 맑으면 갓끈을 씻고, 창랑의 물이 흐리면 발을 씻는다"는 어부의 노래를 그는 알지 못한다. 세상이 다 취해도 홀로 깨어 있으려고 하는 그 지나친 순수함이 그의 병이요, 그의 죄이다.

이처럼 장기표씨의 수많은 '죄상'을 역력히 알고 있는 나로서도, 그가 매번 석방에서 탈락되는 데 대해서 한 가지 납득이 가지 않는 점이 있다. 그들은 언제나 장기표씨가 징역 7년이라는 형기의 3분의 1을 채우지 못하여 "가석방요건을 갖추지 못했다"고 말한다. 그 7년의 형기가 그다지도 신성하고 정당한가? 전경환씨가 징역 7년, 문귀동 형사가 징역 5년인데, 과연 장기표씨가 이 사람들보다 더 끔찍하고 용서받지 못할 대죄를 저질렀는가? 이해하기가 어렵다.

올해따라 가을날씨가 왜 이다지도 청명한지 아득한 하늘을 우러르면 알 수 없이 마음이 저려온다.

(한겨레신문, 1988. 10. 6)

파렴치의 시대

파렴치범들이 자신의 범행사실을 부인하는 수법에는 대별하자면 세 가지 유형이 있다고 할 수 있다. 첫째는 "몰랐다" "기억이 안 난다" 하는 식으로 발뺌하는 형. 그다지 지능이 높지 않은 범죄자들이 가장 애용하는 상투수법이다. 둘째는 "백주의 테러는 테러가 아니다" "성경을 읽으려고 촛불을 훔친 것은 절도가 아니다" 하는 식으로, 사실 자체는 시인하면서도 궤변을 내세워 죄가 안 된다고 둘러대는 형. 비교적 '강심장'이고 말마디깨나 하는 범죄자들이 상용하는 수법이다. 세번째는 이런저런 변명이 필요 없이 아예 얼굴에 '철판'을 깔고 뻔한 사실도 아니라고 무턱대고 잡아떼는 형. 얼핏 보면 쉬운 듯도 싶지만 기실은 이것은 어수룩한 보통 범죄꾼으로서는 흉내도 낼 수 없는 지극히 '난도(難度)'가 높은 고등수법에 해당한다. 이런 수법을 쓰는 사람은 '물증'만 없으면 피해자에게 도리어 죄를 뒤집어씌우기를 일삼기 때문에 특히 조심해야 한다.

국정감사를 계기로 하여 다시 원기왕성한 모습으로 무대에 등장한 '제5공화국'의 주역급 인물들이, 뜻밖에도 파렴치범들의 상투수법인 위 세 가지 범행 부인수법을 종횡무진으로 구사하고 있는 광경을 바라보는 우리의 심사는 참으로 착잡하였다. 어쨌거나 한 시대를 주름잡던 '점잖은' 분들이 이렇게까지 할 줄은 차마 몰랐다.

첫번째 유형인 '발뺌' 수법은 너무나도 자주 사용되어 만성이 되어버렸다. 5공비리 혐의자로 증언대에 선 사람들 거의 전부가 "몰랐다. 기억이 안 난다" 하는 말을 입에 붙여놓고 있다가 곤란한 대목에 부닥칠 때면 으레 내뱉고 있다.

염보현(廉普鉉)씨는 그 부인이 재벌기업으로부터 거액의 뇌물을 받은 사실을 까맣게 모른 채 우연하게도 그 재벌기업에 특혜를 주었다.

이규동(李圭東)씨는 경기도가 그에게 공짜로 기증한 나무들을 막대한 예산을 들여 사들여주고 총규모 174억원의 목동지구 조경공사에 그의 농장 묘목이 독점 공급된 일에 대하여 그저 그의 농장의 나무가 좋아서 그러려니 했을 뿐이고 그것이 대통령의 장인에 대한 특혜였다는 사실은 꿈에도 알지 못한다. 전기환(全基煥)씨는 그와 함께 용산경찰서에 근무했던 경찰동료들이 그의 동생인 전두환씨가 대통령이 된 후 갑자기 출세가도를 달렸는데 왜 그렇게 되었는지 정확히 알지 못한다. 다만 그 기간중에 다른 경찰서 출신들과는 달리 용산서 출신들만이 '각자 성실히 근무하여' 승진했을 것으로 추측하고 있을 따름이다. 이런 기묘한 '제5공화국의 우화'를 일일이 늘어놓자면 끝이 없다.

두번째인 '궤변'형의 대표적인 사례로는 이순자(李順子)씨와 허문도(許文道)씨의 경우를 들 수 있다. 이순자씨는 재벌기업들로부터 수백억원의 기부금을 거둬들여 '새세대육영회'와 '새세대심장재단'을 만들었는데 그것은 어디까지나 '소득의 재분배'를 위한 것이었고 기금마련과정에서 "대통령 부인이라는 지위를 이용해 찬조금을 내도록 강요한 적은 결코 없다"고 하며 기부자들이 '순수한 동기'에서 '아낌없이' 성금을 내놓은 것이라고 한다. '강하고 격한' 어조 속에 담긴 이 아름다운 말을 그대로 믿을 수 있었으면 얼마나 좋으랴만, 불행하게도 다음 몇가지 의문 때문에 그럴 수가 없다.

이순자씨가 대통령 부인이 아니었더라도 그처럼 거액의 기금을 모을 수 있었을까. 어째서 재벌기업들이 수많은 사회복지사업 중 하필이면 '새세대육영' 사업과 '심장재단' 사업에만 그처럼 대단한 열의를 보였을까. 국제상사, 연합철강 등을 인수하여 막대한 특혜를 누린 업체들이 어째서 기업규모에 걸맞지 않게 이례적인 거액의 '기부금'을 내었을까. 기부업체들에 대한 조세감면이나 금융 지원 등의 혜택이 결국 국민들의 부담으로 돌아가고 더욱이 그 업체 근로자들에게 임금으로 지급될 몫이 줄어드는 것까지 감안한다면 '소득재분배'라는 것이 누구에게서 누구에게로 '재분배'된다는 것인가. 왜 하필이면 전문경영인도 육영사업가도 아닌 이순자씨 본인이 수백억원대의 기금을 가진 '새세대육영재단'의 이사장직을 시종일관 맡아왔던가.

언론통폐합의 주역이었음을 떳떳이 내세우는 허문도씨의 말을 들어보면 6·29와 민주화의 1등공신은 아무래도 허씨라고 해야만 할 것 같다. 그는 '난세에 대응하는 혁명조치'로서 '언론개혁'을 했고 그 때문에 '언론의 독립성이 강화'되었고 "그 바탕에서 6·29선언이 가능하게 되었다"고 말한다. 그러나 이처럼 당당하게 '소신'을 밝힌 그로서도 차마 언론의 독립성을 강화시킬 목적으로 언론통폐합을 한 것이라고까지는 말하지 못하고 있다. 당시의 '혁명적 상황'이라든지 '혁명적 조치'라고 하는 것이 폭정을 타도하고 민주화를 지향한 것이 아니라 그 반대방향의 것이었다고 하는 사실, 그리고 언론통폐합이 언론통제의 고삐를 틀어쥐어 독재권력의 기초를 다지기 위한 조치였다고 하는 사실은 세상이 다 아는 일이다.

'언론의 독립성의 강화'는 언론통폐합이 상징하는 독재권력의 폭압에 대한 국민적 저항의 성과로서 쟁취된 것이지 언론통폐합에 의하여 '선사'된 것이 아니다. 그러니 허문도씨의 논리는 결국 "내가 네 아버지를 죽였기 때문에 네가 자립정신이 강화되어 오늘날 이만큼 성공하게 된 것이 아니냐" 하는 식의 궤변에 지나지 아니한다.

세번째인 '철판'형의 대표선수로는 뭐니뭐니해도 역시 김근태씨 고문경관들을 꼽아야 할 것 같다. 그들의 주장에 의하면 김근태씨는 물론이요, 남영동 대공분실에서 고문당한 사람은 박종철군 외에는 아무도 없는데 그 딱 한번 있었던 고문에 재수없게도 박군이 죽어나가서 '남영동'이 마치 고문의 대명사처럼 억울한 누명을 쓰게 되었다는 것이다. 실제로 고문을 안 당해본 사람이라면 도저히 알 수 없을 세부적이고 구체적인 상황묘사로 가득 찬 김근태씨의 고문피해 증언을 들으면서도 "어떻게 저렇게 거짓말을 잘할 수 있는가" 하고 감탄했다는 것이 그들의 변이다. 그저 놀라울 뿐이다. 그야말로 언어도단——더 말할 것이 없다.

이처럼 갖가지 절묘한 수법들이 동원된 결과, '제5공화국 비리조사'의 결론은 어떻게 되었는가. 잘못한 사람은 아무도 없고 '5공비리'라고 할 만한 것은 아무것도 없다는 결론이 나올 법도 하다. 적어도 민정당의 결론은 그런 것이 아닐까 싶다. 왜냐하면 그들은 시종일관 증언대에 나선 5공비리 혐의자들을 엄호하고 있었고 아무도 위증죄로 고발하려고 하지 않았으니까. 참, 민정당이 위

중죄로 고발하려는 사람들이 있기는 있다. 김근태씨와 그의 고문피해 주장을 뒷받침하는 증언을 한 홍성우(洪性宇), 김상철(金尙哲) 두 변호사. 그러니 결국 잘못한 것은 그들 세 사람뿐인 셈이다. 나더러 말하라면 이렇게 말하겠다. 참말이지 잘들 한다. 좋은 나라다.

(동아일보, 1988. 10. 25)

전씨, 증언대에 서야 한다

　연내로 매듭짓는다던 '5공청산' 문제가 연말이 가까워올수록 매듭은커녕 점점 더 방향감각을 잃고 표류를 거듭하고 있는 것 같다. 지금에 와서 보면 정부·여당측이 연내로 종결짓겠다고 하던 것이 5공청산의 과업 그 자체가 아니라 단지 5공청산 '논의'를 종결짓겠다는 뜻이 아니었나 하고 의심치 않을 수 없다. 6·29 이후 1년반, 그리고 노정권 출범 이후 아홉달이 지나도록 조야가 입을 모아 그토록 5공청산, 5공청산을 열창하였건만, 그 결과 지금 과연 무엇이 '청산'되었는가. 구여권이건 신여권이건 간에 5공의 주역이었던 인사들치고 진정으로 참회하고 과거의 잘못을 있었던 그대로 밝힌 사람이 있는가. 그들에 의하면 12·12도, 5·17도, 광주학살도, 언론통폐합도, 일해재단도, 부실기업정리도, 정치자금 뒷거래도 어느 것이나 막론하고 전부 '당시의 상황에서는 불가피한 조치'였고 우국충정의 발로였고 '통치권자'의 고도의 정치적 결단에 따른 '통치행위'였고 '하늘을 우러러 한점 부끄럼 없는 일'이었다. 잘못된 것은 아무것도 없다. 또 이런 문제들에 대한 정부·여당의 공식적인 견해가 과연 무엇인지도 전혀 분명히 되어 있지 않다. 청문회에 나온 5공의 주역들을 한결같이 감싸고 도는 민정당 의원들의 행태를 보면 민정당의 당론이 어디에 있는 것인지는 넉넉히 짐작할 만하다. 가장 놀랍고 실망스러운 것은, 그동안 누차에 걸쳐 '5공청산'을 국민 앞에 공약해왔고 현실적으로도 5공청산의 역사적 과업을 주도하여야 할 위치에 있는 당사자인 노대통령이 최근에 들어와서 12·12와 5·17을 정당화하려는 듯한 언동을 보이고 있다는 사실이다. 여기에 이르면 그

동안 그들이 그토록 내세웠던 5공청산이란 것이 과연 무엇을 뜻한 것이었는지, 왜 그것을 부르짖었는지를 근본적으로 의심치 않을 수 없게 된다. 이런 상태에서 '연내로' 5공청산 문제를 매듭짓겠다는 것은 곧 5공청산을 하지 않겠다는 것과 같다고 할 수밖에 없다.

"언제까지 과거에만 매달려 있을 수는 없지 않느냐" 하는 그들의 말은 우리의 귀에는 과거를 빨리 청산 단절하고 새 출발을 하자는 말이 아니라 그저 과거를 잊어버리자는 말로밖에 들리지 않는다. 지난 일을 이제 와서 일일이 들추어내어 따질 것이 무엇이 있느냐 하는 것은 언제나 그렇듯이 기본적으로 가해자의 논리이다. 가해자가 이같은 일방적 논리를 고집하는 한, 가해자와 피해자 사이의 진정한 화해란 불가능하다. 피해자로서는 지난 일을 있었던 그대로 들추어내어 분명히 따지고 넘어가야 할 절박한 필요가 있다. 가해자를 용서하고 말고는 이 최소한의 필요가 충족된 다음에야 비로소 논할 수 있는 문제이다. '5공'의 가해자인 집권세력이 그 피해자인 국민들의 이같은 입장을 깊이 이해하지 못하는 한, 5공문제는 결코 매듭지어질 수 없다. 지금으로 봐서는 5공문제가 연내로 매듭지어지기를 기대한다는 것은 터무니없는 환상이라고 하지 않을 수 없다. '보수대연합'이 아니라 그보다 더한 것이라도, 가사 현재의 여야 4당 정치인들 전원이 한 사람도 빠짐없이 합의를 본다고 하더라도, 그것만으로 5공문제가 매듭지어질 수는 없다.

돌이켜보면 5공청산 문제가 이렇듯 방향을 잃고 혼미상태에 빠지게 된 근본적인 원인은 그동안 우리들 사이에 무엇을 어떻게 청산해야 하며 왜 청산해야 하는지에 대한 분명한 합의가 없었기 때문이라고 할 수 있다.

우리에게 있어 '5공'은 대체 무엇이었는가. 광주학살과 고문과 권력형부패를 비롯한 '5공병'의 모든 추악한 증후의 배후에 깊숙이 자리잡은 병의 근원은, 모든 견제장치를 파괴하고 나선 적나라한 폭력의 지배 아래에서 인류의 문명이 우리에게 남겨준 질서와 원칙과 도리가 하나도 남김없이 무너지고 유린당한 데에 있었다. 부하가 상관을 체포하고 군인이 시민에게 총을 겨눈 데서 비롯된 5공의 태생과정이 상징하듯이 모든 것이 정도(正道)와 상궤를 일탈하였고, 있어서는 안 될 언어도단의 일들이 예사로 일어났다. 대통령과 경호실장이 재벌들에게 돈을 거둬들이고 경찰이 도둑질을 하고 부녀자를 강간하고 사람을 죽이고 검찰과 법원이 그것을 은폐하고 스승이 제자를 감시하고 언론이 진실을 못 본 체 외면하고 기업가가 '시류'에 영합하여 기업자금을 빼돌려 침묵과 불신이 지배한 어둠의 세월이었다. 이런 일이 두번 다시 없도록 하기 위해서는 어째서 이런 일이 일어날 수 있었는지를 철저히 규명하고 철저히 반성하지 않으면 안 된다. '5공'을 청산하여야 한다는 것은 바로 이처럼 무너진 질서와 원칙과 도리를 다시 일으켜세움으로써 새 시대를 위한 기초를 다져야 할 절실한 필요 때문인 것이며 따라서 그것은 '과거'에 속하는 일이 아니라 '미래'를 위한 작업인 것이다.

몇차례의 청문회를 거치면서 새삼스런 놀라움으로 우리에게 다가온 것은 동서고금의 역사에 유례를 찾아보기 힘들 정도로 국민적 지지기반이 취약하였던 전두환정권이 대체 어떻게 7년 동안이나 우리의 운명을 지배할 수 있었던가 하는 물음이었다. 우리의 민족사는 이 수수께끼를 명쾌하게 풀지 않으면 전진할 수가 없다. 지난 7년간 전두환정권을 지탱하는 데 협조해온 모든 세력이 그들의 과오를 명백히 시인하지 않고 '불가피'하였다는 변명만으로 일관하는 한 이 수수께끼는 풀릴 수가 없고, 이것이 바로 지금까지 일어나고 있는 일이다.

이 교착상태를 깨는 돌파구는 무엇인가. 전두환씨를 증언대에 세우는 일이다. 5공의 모든 죄상의 인격적 표현인 전씨 본인을 조사대상에서 제외시켜놓고 대체 무슨 다른 조사가 가능하겠는가. 전씨의 행위를 통치권자의 '통치행위'로 치부하여 불문에 부친다고 할 것 같으면 다른 수하 관련자들의 '불가피'한 행적들을 어떻게 단죄할 것이며 어떻게 그들의 반성을 촉구할 수 있겠는가. 그가 '국가원수'였다는 것이 그를 조사대상에서 제외시킬 근거가 될 수는 없다. 문제는 그가 '국가원수'가 되었기 때문에 일어났던 것이고 그가 국민적 동의 없이 '국가원수'가 되었던 것 자체가 바로 5공의 모든 죄악의 원천이었던 것이 아닌가. 5공청산 문제를 한시바삐 매듭지어야 한다는 데 대해서는 누구도 반대하지 않는다. 그것을 위해서는 한시바삐 전두환씨 본인에 대하여 모든 조사역량을 집중하지 않으면 안 된다.

(동아일보, 1988. 12. 16)

1989년

5공 망령 되살아나는가

"정상조업이라꼬요? 웃기지 마라 카이소. 우리들은 담 밖에서도 저 크레인만 보면 다 압니더. 크레인이 한개도 안 움직이는데, 조업률 70%, 80%라 카는 기 다 무슨 개소리란 말입니꺼? 현장작업자들은 일 하나도 안 하는 기라요."

'만세대' 부근 어느 골목길에서 나를 에워싼 주민들 중 현대중공업 제복을 입은 노동자 한 사람이 앞으로 나서며 내뱉듯이 말했다. 지난 4월 7일 오후의 일이었다. 이날 나는 대한변협의 울산사태조사단 활동을 위해 현지에 도착했고 그때부터 나흘간을 머무르다 돌아와서 이 글을 쓰고 있다.

지난 나흘 동안 나는 제5공화국의 망령이 다시 꿈틀거리며 되살아나고 있는 광경을 똑똑히 보고 왔다. 광주사태의 저 끔찍한 악몽이 숱한 사람들의 기억 속에 재현되고 있는 것을 보고 왔다. 불길한 소리를 한다고 탓하지 말아주기를 바란다. 지금 이 순간 우리는 진실을 똑바로 대면하지 않으면 안 된다.

현지에서 만난 어느 기자는 나에게 이렇게 말했다. "광주사태를 연상시키는 몇가지 특징이 여기서 나타나고 있다고 지적하는 사람들이 있습니다. 외지에서 투입된 병력들, 그 중에서도 특히 백골단이 광주사태 당시의 공수부대를 연상케 하는 것도 그렇고, 주먹밥이 다시 등장한 것이나, 폭도니 좌경용공이니 하고 몰아붙이는 것이나, 언론보도까지 일방적으로 노동자들에게 불리하게 돌아가는 것이 다 그때와 방불하다는 겁니다." 현대노동자 가족 1만 가구가 거주한다는 '만세대'아파트와 4천 가구가 거주한다는 '사천세대'아파트와 독신자숙소인 '오좌불'아파트가 자리잡고 있는 울산시 동구 전하동 일대는, 수백동에 달하는 아파트 곳곳을 물샐틈없이 무리를 지어 포진하고 있는 전투경찰과 백골단들로 인하여 계엄령 아래서도 좀처럼 볼 수 없는 삼엄한 살풍경을 이루고 있었다. '폭력경찰규탄 현대노동자 궐기대회'가 예정되어 있던 지난 8일과 그 이튿날인 9일 나는 만세대와 일산동 '번덕고개'를 비롯한 동구지역 곳곳에서 가눌 길 없는 울분을 토로하는 주민들과 수없이 마주쳤다. 지난달 30일의 '육해공' 3면 공격으로 시작되어 주택가 일대를 뿌연 최루탄 안개로 뒤덮기를 일삼았던 몇차례의 '진압'작전과정에서 아이들과 주부들, 노약자들을 가리지 않고 무고한 주민들이 당한 숱한 피해사례들에 대하여는, 누구나가 묻기만 하면 막힌 봇물이 터지듯 원성을 토해냈다. 문밖 골목길에 물을 뿌린 것이 화근이 되어 백골단으로부터 시위대를 돕는다는 이유로 욕을 얻어먹고 어린애가 있는 방안에 사과탄을 두 발이나 던져넣는 행패를 당했다는 어느 주부의 일이라든가, 아파트 마당에서 불발 최루탄을 가지고 놀다가 터지는 바람에 한쪽 눈이 실명상태가 된 어느 아이의 일이라든가, 그 숱한 이야기를 일일이 옮길 수는 없다.

내가 가장 귀에 못이 박이도록 자주 들은 이야기는 "우리가 무슨 간첩이냐, 뭐냐" 하는 절규였다. "남자들은 다 잡아가니 이젠 우리 여자들이 나서서 몰아내자" 하는 소리도 곳곳에서 들렸다. 경상도 말씨를 쓰는 어느 노동자의 아내는 내게 이렇게 말했다. "여기 사람들은 요즘 광주사태가 왜 일어났는지 이제 알겠다는 말을 많이 한다. 나도 예전에는 광주사람들을 욕하고 했는데 지금은 그게 후회가 된다. 지금은 모든 주민이 파업노동자들 편으로 돌아서서 완전히 뭉쳤다."

싸움이 일부 언론의 보도처럼 '운동권에 의한 대리전'으로 변질된 것이 아니라 '주민들과 공권력' 사이의 대결로 확산된 것이 사태의 진실이라는 것을 나는 직감할 수 있었다.

10일 오전 나는 변협조사단과 함께 현대중공업 회사 내부로 들어가 현장을 둘러볼 기회를 가졌다.

'조업이 잘 이루어지고 있는 실증'을 보여준다고 하면서 회사측이 우리를 안내한 몇몇 작업장에서 우리가 만난 수많은 노동자들은 경계심이 풀리자마자 이구동성으로 회사측과 '공권력' 그리고 언론보도에 대한 분노를 털어놓았다. '정상조업'이 대체 무슨 소리냐. 파이버(안전모) 쓴 사람이 몇이나 되나 세어보

라. 출근 안 하면 인사조치한다고 자꾸 편지가 날아오니까 할 수 없이 나오기는
하지만 생산요원들은 아무도 작업 안 한다. 우리도 한시바삐 작업을 하고 싶지
만, 파업지도부가 다 수배되고 잡혀가고 또 회사 안에 전경들이 우글거리는 속
에서 누가 일할 심정이 되겠는가. 공권력이 다 철수하고 고소 고발이 다 철회되
고 수배된 사람 다 해제되어 자유분위기 속에서 집행부선거가 치러지지 않으면
절대로 해결이 안 난다. 이 상태에서 강압적으로 선거해봐야 사태만 더 악화될
뿐이다 …

사태수습을 바라는 노동자들과 동구지역 주민들의 압도적인 여망이 어디에
있는지는 우리 조사단에게는 너무나도 명백했다. 도대체 정부나 회사측이 어째
서 이같은 여론을 올바로 파악하지 못하고 있는 것인지, 혹은 알면서도 고의적
으로 외면하고 있는 것인지, 참으로 이해가 가질 않았다. 파업노동자측만을 무
조건 편들려는 생각은 추호도 없다. 질서와 능률과 안정을 바라는 회사측의 입
장도 충분히 존중되어야 한다고 생각한다. 그러나 우리가 확신을 가지고 회사
측이나 정부당국에 충언하고 싶은 것은, 지금의 사태는 분명히 잘못된 방향으
로 가고 있으며, 이것은 그 누구를 위해서도 도움이 되지 않는 일이라는 사실이
다. 야3당의 총재들도 동해시를 잠시 젖혀두고 울산으로 달려가서 사태수습에
전심전력하는 것이 마땅하다고 믿는다. 현대중공업의 저 크레인들이 다시 활기
차게 움직이지 않는 한, 그리하여 어느 노동자가 내게 말했듯이 예전과 같은
직장을 되찾아 보람과 긍지를 느끼며 작업에 임할 수 있는 여건이 마련되지 않
는 한, 우리는 선진민주조국의 대열로 나아갈 수가 없다.

(동아일보, 1989. 4. 11)

공산주의의 위기

칼 맑스가 우리가 이해하는 바와 같은 '민주주의'란 것에 대해서 그다지 큰 신뢰를 품고 있지 않았던 것은 널리 알려진 사실이다. 그의 시대까지만 해도 민주주의는 고작해야 이제 막 싹이 트고 떡잎이 피어나기 시작하는 정도의 발전 초기단계에 있었다고 할 수 있다. 재산 없는 사람들이나 여성들에게까지도 완전한 참정권이 보장되게 된 것이나 노동자들이 노조결성권, 파업권 등을 인정받게 된 것은 훨씬 후의 일이었고 숱한 피비린내나는 투쟁과정을 거쳐서 이루어진 일이었다.

어떤 외국학자가 계산한 바에 따르면 프랑스혁명 후 보통선거권이 확립될 때까지는 만 80년이 걸렸고 언론의 자유가 제도화되기까지는 95년, 그리고 결사의 자유(단체결성의 권리)가 인정되기까지는 112년이 걸렸다고 한다. 그러니 19세기나 20세기초까지만 해도 다수의 비판적 사상가들이 민주주의를 한낱 '부르조아지의 은폐된 지배형태' 또는 심지어는 '부르조아독재'로까지 매도하고 있었던 것도 무리가 아니라 할 것이다.

이러한 사상사적 배경과 아울러 하필이면 유럽에서도 대의민주정치의 기반이 가장 취약했던 짜르 치하의 러시아에서 세계 최초의 사회주의 혁명이 발생하였던 현실적 사정은 그후 세계 각지에 잇따라 수립된 사회주의 정권들로 하여금 사상·언론의 자유라든지 법치주의, 복수정당제 등 민주주의의 제반 가치를 쉽사리 경시하고 심지어는 적대시하도록 하는 데 큰 영향을 끼쳤다. 그러나 볼셰비끼혁명 후 70년이 흐른 오늘 소련·중국과 동구권 각국을 온통 격변의 소용

돌이로 몰아넣고 있는 '개혁 개방'의 물결은 이같은 민주적 제반 가치가 단순한 '부르조아적 가치'가 아니라 보다 보편적인 인간사회의 요구를 대변하는 가치라는 사실, 그리고 그것을 부정해온 것이 뼈저린 역사적 과오였음을 실증하여주고 있다.

1961년의 소련 공산당 제22차 대회가 1980년까지 "… 전국민에게 남아돌아갈 만큼의 재화가 보장되는 … 공산주의 사회"를 실현시킨다는 야심적인 청사진을 제시하였던 것을 상기해보면, 오늘에 와서 고르바초프 서기장이 소련 사회의 위기징후로서 "경제성장의 둔화, 생산의 정체, 품질의 저하, 과학기술의 낙후, 주택·식료품·교통·보건의료·교육 등 점증하는 생활수요 해결의 실패" 등등을 열거하면서 "사태가 더이상 이대로 가서는 안 된다는 인식이 팽배하고 있다"는 고백을 하기에 이른 것은 실로 격세지감을 느끼게 하는 변화라고 할 것이다. 왜 이렇게 되었는가를 한마디로 설명할 수는 없다. 그러나 그 주된 원인 중의 하나가 '민주주의의 결여'에 있다는 사실, 즉 '민주주의 없는 사회주의'의 필연적인 귀결인 관료적 부패와 비능률의 폐해에 있다고 하는 사실은 이제 널리 받아들여지고 있다. 이것이 개혁(주로 경제개혁)과 더불어 개방(주로 정치적 민주화)이 함께 주창되고 있는 이유다. 필자는 달포 전에 소련을 다녀온 일이 있는데 그곳에서 만난 많은 시민들이 스딸린 이래의 자의적인 공권력 행사에 대해 통렬히 비판하면서 이른바 '사회주의적 법치주의'와 인권보장제도의 확립에 큰 관심을 보이고 있는 데 대해 강렬한 인상을 받았다.

그러나 기존체제의 상층부로부터 추진되는 '개혁 개방'에 현실적인 한계가 있을 수밖에 없으며 이것이 밑으로부터의 점증하는 요구와 관련하여 체제동요의 불안과 긴장을 조성하게 된다는 것은 필지의 사실이다. 소련의 경우에도 예컨대 완전한 자유경선이나 복수정당제의 실현과 같은 것은 아직 일정에 올라 있지 않다. 복수정당제로의 첫발걸음을 내디딘 폴란드의 이번 선거결과가 공산당의 참패로 나타난 것은 지금까지 국제공산주의 운동에서 통용되어온 '공산당=무산계급의 의지를 대변하는 전위당'이라는 등식과 이 등식에 기초한 '프롤레타리아독재'의 정당화 논리를 여지없이 뒤흔들고 있다. 바로 이같은 체제위기사태에 대한 우려가 아직까지 중국의 최고권력층에 남아 있는 '혁명1세대'의 원로들로 하여금 '개혁'은 추진하면서도 '개방'만은 한사코 저지하려고 드는 역설의 함정에 빠지게 만들고 있는 것이 아닐까 싶다. 문화대혁명 당시 주자파(走資派)로 낙인찍혔던 등소평(鄧小平)이 오늘날 자유와 민주를 요구하는 젊은 세대를 향하여 "체제를 전복하고 부르조아공화국을 수립하려는 폭도들"이라는 낙인을 찍고 있는 것은 역사의 희롱치고도 너무 짓궂다.

그러나 천안문 광장에서 일어난 저 야만적인 학살사태는 중국의 현체제를 위기에서 구출하기는커녕 훨씬 더 심각하고 근원적인 위기 속으로 몰아넣고 있다. '인민민주전정(專政)'의 담당자인 당과 정부가 인민을 적대하는 전제권력이 될 수도 있고 '인민해방군'이 무고한 인민을 살육하는 도구가 될 수도 있다고 하는 가능성에 대한 충격적인 발견은, 중국인민들로 하여금 이같은 사태를 방지할 수 있는 제도적 장치의 확립, 즉 권력에 대한 인민의 감시와 통제를 확보하기 위한 제반 민주정치제도의 필요성을 절감하게 할 것이다. 이 쓰라린 각성이 중국의 젊은 세대로 하여금 단순한 언론 자유나 부패척결의 요구를 넘어서서 완전한 민주주의의 실현을 지향하는 장기적인 투쟁에 분기하게 할 것이다. 미국에 유학중인 한 젊은 중국여성이 "학자로서의 나의 미래는 이제 사라졌다. 우리의 미래는 싸우는 것이다"라고 부르짖는 광경을 보고 나는 가슴이 뭉클하였다. 비록 사회체제는 달리하지만 민주화를 요구하는 평화적 시위를 '체제전복의 폭란'으로 몰아붙이고 군경의 피해만 과장하여 보도하는 그같은 독재정권 아래서의 쓰라린 체험과 분노를 공유하고 있는 자로서의 동병상련과 같은 감정의 발로였을까.

세계 각국의 정부가 천안문사태를 규탄하고 있는 가운데서 우리 정부가 아직까지 침묵을 지키고 있는 까닭은 무엇일까. 단순히 중국정부의 비위를 거스르지 않으려는 조심 때문만일까. 어쩌면 광주학살에 대한 원죄의식도 한 가지 이유가 되고 있는지도 모르겠다. 기실 천안문사태를 비판하였다가 중국측으로부터 "그럼 너희는 뭐냐" 하는 역습을 받게 된다면 할말이 별로 있을 것 같지 않다. "그 문제는 과거의 문제다"라고 반박하기에는 누가 무엇을 잘못했는지, 누가 어떤 책임을 질 것인지 확실하게 된 것이 너무 없다. 그러고 보니 우리는 아직도 '광주학살의 시대'에 살고 있는 것이다. 다른 누구를 지탄할 수 있겠는가.

(동아일보, 1989. 6. 16)

부끄럽고 한심스러운 '불고지죄' 논란

법전 한구석의 눈에 잘 뜨이지도 않는 곳에 말없이 자리잡고 있던 '불고지죄'라는 것이 느닷없이 온 나라를 뒤흔드는 논란의 초점으로 떠오르고 있는 데 대하여 나는 한심스럽다 할까, 걱정스럽다 할까, 부끄럽다 할까 무어라 형용할수 없는 울적하고 답답한 심사를 가누지 못한다. '불고지죄'란 한마디로 '죄 아닌 죄'라고 할 수 있다. 나에게는 아무 죄가 없지만 남의 죄를 알고도 고자질하지 않는 것이 나의 죄가 된다고 하는 그런 기묘한 논리 위에 서 있는 것이 이'불고지죄'이다. '아는 것이 죄'인 것이다. "법은 도덕의 최소한"이란 말이 있는데, 이것은 국가가 시민들의 행위를 형벌법규로 다스림에 있어서 그 사회의인륜도덕이 모든 계율을 완벽하게 지킬 것을 강요해서는 안 되고 그 중에서 반드시 지켜져야 할 최소한의 것만을 지키도록 요구해야 한다는 뜻이다. 뒤집어말하자면 법이 도덕을 초과할 수 없다는 것이다. 즉 국가는 시민들에게 인륜도덕상 지킬 의무가 없는 사항까지도 지킬 것을 강요할 수는 없으며 인륜도덕상바람직하지 않은 일을 하도록 강요할 권한은 더더욱 없다.

그렇다면 우리 사회의 인륜도덕적 기반에 비추어 '불고지죄'를 어떻게 보아야할까?

동양사상의 양대 산맥을 이루는 유가(儒家)와 법가(法家) 사이의 대표적인논쟁 가운데 하나로 아비가 반역죄를 범할 경우 자식이 그것을 관청에 고발하는것을 권장할 것인지 아닌지를 둘러싼 논쟁이 있다. 법가에서는 시쳇말로 '국가안보'를 중시하여 그것을 권장해야 한다고 말하고, 유가에서는 '윤리강상'을 중

시하여 그것은 절대로 불가하다고 말한다. 법가사상을 극단적인 형태로 실현시
킨 예로 전국시대 진(秦)나라의 상앙(商鞅)을 들 수 있는데, 그는 모든 백성들
을 다섯집, 열집씩 한개의 통·반으로 묶어 서로 이웃의 죄를 밀고하게 하고
만약 밀고하지 않는 자가 있으면 허리를 베는 형벌로 다스렸다. 오늘날로 치자
면 이같은 법가의 사상은 다분히 국가지상주의·전체주의의 가치관과 맥이 닿
아 있다. 모든 시민들에게 예외없이 '반국가' 또는 '반혁명'의 범죄에 대한 밀
고를 권장하였던 나찌즘이나 스딸리니즘의 형벌사상과 '대의멸친(大義滅親)'
의 구호 아래 이웃의 '폭란분자'에 대한 밀고를 권장하고 있는 오늘의 중국사태
가 그것을 확인해주고 있다. 우리의 인륜도덕적 기반은 어느 쪽에 가까운가?
말할 필요도 없이, '자식은 절대로 아비를 고발할 수 없다'는 쪽이다. 압도적인
유교문화의 전통으로도 그렇거니와 오늘 우리가 지향하고 있는 인문주의·민주
주의의 가치관에 비추어보더라도 이것은 명백하다. 자식이 부모를 밀고할 수
없다면 다음과 같은 문제가 따른다.

　스승이 제자를, 제자가 스승을 밀고할 수 있는가? 성직자가 신도를, 신문기
자가 취재원을, 변호사가 의뢰인을, 의사가 환자를, 친구가 친구를 밀고하는
것은 괜찮은가? 아마도 우리 국민 중 절대 다수의 마음속에 있는 대답은 "그렇
게 할 수 없다"일 것이다.

　그런데도 '불고지죄'라는 이름의 서슬 푸른 '실정법'은 우리에게 이 '차마 할
수 없는 일'을 하라고 강요하고 있다.

　"실정법에 위배된다면 책임을 지겠다"고 하는 김수환 추기경의 담화는 우리
를 참으로 착잡하게 한다. "신뢰를 바탕으로 한 인격적 고백에 대하여 처벌이
두려워 밀고를 할 수는 없었다"고 하는 그분의 술회를 듣고 그르다고 탓할 사람
은 아마 아무도 없을 것이다. 나더러 말하라고 한다면, 거꾸로 추기경이 신도
를 밀고한다면 그것이야말로 나라의 바탕을 뒤흔드는 큰 변고라고 하고 싶다.
아무도 그르다고 생각지 않는 일이 '실정법 위반'으로 처벌대상이 되어야 한다
면, 그것은 그 '실정법'이 잘못되었거나 최소한 그 해석·적용이 잘못된 것이라
고 할 수밖에 없다.

　'불고지죄'에 대한 위헌 여부라든지 개폐논의는 잠시 접어두고, 우선 당면문
제인 그 법집행의 실태에 대해 한마디하고자 한다. 입법기관도 아닌 수사당국

이 현존하는 실정법을 집행하겠다고 하는 데 대해 나무랄 수는 없다. 그러나 인정상 또는 직업윤리상 도저히 밀고하기 어려운 처지임이 명백한 그런 사람들까지도 마구 구속하는 것이 과연 온당한 법집행이라고 할 수 있는지를 묻고 싶다.

또 긴말은 하지 않겠으나 이 시점에서 법집행을 빙자하여 행여라도 다른 불순한 정치적 의도를 추구하는 일이 있다면 엄청난 국가적 불행이 뒤따를 수도 있다는 점에 깊은 우려를 품지 않을 수 없다.

돌이켜보건대 6·29 이후 2년이 지나도록 야당들이 상호분열과 정쟁에 몰두하여 악법개폐 등 민주화조치를 위한 노력을 등한히 해온 결과 급기야 구시대의 유물인 '불고지죄'의 덫에 걸리게 된 것은 자업자득이라고 할 수도 있겠다. 야권3당, 특히 평민당과 민주당은 서로 경쟁하면서도 한편으로는 '입술이 없어지면 이가 시리게 되는' 공동운명체적인 관계에 있다고 생각한다. 깊이 생각하여 이 사태에 공동으로 대처하기를 바라마지않으며, 정부당국 또한 안보문제를 정권적 의도로 악용한다는 비난을 사지 않도록 맹성이 있기를 촉구한다.

(한겨레신문, 1989. 7. 6)

80년대에 우리는 '민주'를 잃었고
'민주화'를 얻었다

80년대의 마지막 해가 저물어간다. 인간이 만든 달력에 맞추어 세월을 인위적으로 끊어 70년대니 80년대니 해봤댔자 거기에 무슨 특별한 뜻이 있으랴. 그러나 그렇게 해서라도 지난 세월을 한번씩 돌이켜보고 앞으로 다가올 일에 대비하는 마음을 가다듬어둔다는 것은, 그날그날 일기를 쓰는 것도 고사하고 언제 한번 찬찬히 정신을 차리고 무엇을 깊이 생각해볼 겨를도 없이 쳇바퀴 돌듯 하루하루를 분망하게 살아가는 우리네 살림살이의 실정에 비추어본다면 단순한 통과의례 이상의 의미를 지니는 일이라 하겠다.

더구나 요즘 세상은 속도가 빨라서 10년 동안이면 과거 1세기 동안에 일어난 변화와 맞먹는, 또는 그 이상의 변화가 일어난다고 해야 할 판이다. 그러니 그 10년이 한번 지나가는데 그냥 무심히 넘기기가 어렵다.

지난 10년에 일어난 과학기술의 혁명이 얼마나 엄청난 힘으로 인간생활에 변화를 초래하고 있는가 하는 것은 과학기술에 문외한인 평범한 사람들로서도 넉넉히 짐작할 수 있다. 달에서 보내온 전송사진을 보고 꿈같이 흥분하던 것이 엊그제 같은데 태양계 끝닿는 곳까지 우주탐사선이 날아가고, 유전공학의 발달로 '황소만한 쥐' '호박만한 콩'이라는 우화 같은 이야기가 현실적인 가능성으로 다가오고, '전파의 유한성'이란 것이 이미 옛말이 되어가는 가운데 안방에 앉아서 지구의 반대편에서 일어나고 있는 일을 생생한 텔레비전 중계화면으로 지켜볼 수 있고, 반도체니 컴퓨터니 광섬유니 하는 낯선 용어들이 어느새 우리네 일상생활의 주변에 성큼 다가서 있는 그같은 현기증나는 시대를 우리는 살아가고 있는 것이다. 이같은 영광의 뒤안길에는 아직까지는 백약이 무효라고 하는 에이즈(AIDS)라든지, 지구표면의 온도를 갈수록 상승시켜 마침내는 북극의 빙산을 녹여내어 제2의 '노아의 홍수'를 초래하게 될지 모른다는 대기권 오존층의 파괴라든지 하는 미증유의 사태가 상징하는 죽음의 그림자 또한 자라고 있음을 잊을 수가 없다. 결국 이같은 과학기술의 발달이 인류에게 축복이 될 것인가 아니면 거꾸로 재앙이 될 것인가는 아직까지 판가름나지 않은 문제이고 앞으로 전개될 인류의 노력과 아울러 신의 섭리를 기다려보아야 밝혀질 수 있는 문제라고 말할 수밖에 없지 않을까 싶다.

그러나 한 가지 확실하게 말할 수 있는 것이 있다면, 과학기술의 발전이 세계를 점점더 좁은 곳으로 만들고 인류를 하나의 공동운명체로 몰아넣어가고 있다는 사실이다. 정치·경제·사회·문화 등 생활의 모든 방면에 모여 각 나라 사이의 단절과 이질성을 유지하여온 장벽으로서의 국경의 의미는 과거에 비하여 현격하게 엷어져가고 있다. 80년대에 이르러 냉전의 얼음장이 형체도 분간하기 어려울 정도로 녹아내리고 동·서 양진영의 각국에서 연이어 인권과 민주주의를 향한 혁명적 변화의 물결이 흡사 무슨 유행처럼 번져나가고 있는 것도 이같은 추세와 결코 무관하지 않다.

브라질, 아르헨티나, 필리핀, 파키스탄, 버마 등 서방진영에 속한 수많은 개발도상국가들에서 그동안 '반공'과 '개발'의 미명 아래 온갖 잔학한 인권유린을 일삼으며 철벽처럼 끄떡없이 버티어오던 수십년 묵은 군부독재정권들이 속절없이 허물어지거나 존망의 기로에 처하게 되고, 한편으로는 소련과 중국을 필두로 하여 폴란드, 헝가리, 체코, 동독, 유고, 불가리아 등 동방진영에 속한 거의 대부분의 나라들에서 반세기 가까운 세월에 걸쳐 경직되고 부패한 일당관료 지배체제 아래 인간성의 다양한 발현을 억압하고 대중들의 창의와 자유를 질식시켜온 '프롤레타리아독재'의 우상이 여지없이 타파되어가고 있는 것은, 80년대가 이룩한 가장 혁혁한 세계사적 업적으로 기록될 수 있을 것이다. 이같은 변화를 촉진한 요인 가운데 하나가 된 건 무어니무어니해도 역시 정보의 개방이며 다른 사회가 이룩한 성과를 우린들 이룩하지 못할 것 없지 않느냐 하는 대중들의 자각이라 할 것이다. 이러한 과정을 통하여 각 나라의 역사가 세계사의 도도한 흐름 속으로 급속히 통합되어가고 있는 것이 오늘날의 추세가 아닌가 싶다.

우리나라도 결코 예외가 아니다. 남미의 군사정권들이 연이어 붕괴한 것과 특히 마닐라의 간선도로를 메운 수백만 군중의 힘으로 마르코스를 축출한 필리핀의 2월혁명은 1987년 우리 국민이 6월항쟁을 통하여 민주화를 쟁취하는 데에 결정적인 영향을 끼쳤다. 이것은 외부세계의 변화가 우리 내부의 변화를 추진한 단적인 사례 중의 하나에 지나지 않는다. 우리가 세계사에 영향을 준 것도 있을까? 지난 연초에 내가 모스끄바에 갔을 때의 일이다. 소련 정부관리 한 사람에게 물어보았다.

"당신들은 어떻게 해서 뻬레스뜨로이까를 시작하게 되었는가?"

그 관리는 개방을 불가피하게 만든 자기네 국내사정을 쭉 설명한 연후에, 놀랍게도 이렇게 말하는 것이었다. "그러던 차에 중국이 우리에게 좋은 모범을 보여주었다. 그리고는 한국이 또 좋은 모범을 보여주었다. 그것이 우리의 뻬레스뜨로이까를 촉진했던 것이다."

순간적으로 내 귀를 의심하면서 관리에게 되물었다. 한국이 대체 당신네 나라에 어떤 모범을 보여주었는가? 한국은 어려운 조건 아래서 시장경제체제를 채택하여 단시일내에 주목할 만한 경제발전을 이룩했으며 그것이 소련으로 하여금 시장경제체제의 장점에 대해 숙고하게 만들었다는 것이 그 관리의 설명이었다. 우리나라가 소련사회를 온통 뒤흔들고 있는 저 엄청난 변혁에 무언가 영향을 주었다니, 참으로 충격적인 이야기가 아닌가? 이렇듯 우리는 우리가 잘 알지도 못하는 새에 어느덧 세계사의 흐름 한가운데에 서 있게 된 것이다.

눈을 나라 안으로 돌려 지난 10년간 우리에게 어떤 일이 일어났던가를 살펴보자. 우리의 80년대는 총성과 죽음으로부터 시작되었다. 유신정권의 중앙정보부장이었던 김재규씨가 '야수의 마음으로 유신체제의 심장부를 겨누어' 방아쇠를 당겼던 79년 10월 26일 새벽의 총성은 장기간 지속된 군부독재를 종식시키고 민주화의 새 질서로 나아가기 위하여 몸부림치는 80년대 민족사의 격동을 예고하는 신호탄이었다. 수개월간의 '안개정국'은 광주학살의 파국과 군부세력의 재집권으로 귀결되었으며 그 이래 7년간 제5공화국시대가 계속되었다. 이 5공 7년간의 시기를 어떻게 해석할 것인가에 대해서는 사람마다 견해가 다를 수 있겠으나, 나는 이것을 기본적으로는 박정권시대와의 연장선상에서 파악해야 옳다고 믿는다. 이 시기 동안 거대한 모습으로 성장한 국민들의 민주역량 앞에서 수세에 몰린 군부독재는 그 잔명을 연장하기 위하여 온갖 무리를 무릅쓰지 않을 수 없었다.

꺼져가는 촛불이 잠시 밝은 광채를 내듯이 군부독재의 폐해가 이 시기에 있어서 다른 어느 때보다도 극명한 모습으로 집중적으로 드러나게 된 것도 당연한 일이었다. '5공화국'이라는 단어에서 사람들이 흔히 연상하는 것은 무엇인가? 전세계의 경악과 공분을 자아낸 광주학살의 만행. 언론·방송의 통폐합과 기자들의 대량해직과 '보도지침' 등으로 점철된 시대착오적인 언론통제조치들. 장영자사건·일해재단 비리 그리고 전두환·이순자 일족의 상상을 초월하는 부패와 전횡. 가택연금과 불법연행과 물고문·전기고문에서 그 이름도 생소한 전대미문의 '성고문'에 이르기까지 온갖 악형과 인권유린의 사례들. 대체로 이런 것들이다. 참으로 끔찍하고 치욕스런 세월이었다. 그러나 우리는 이것을 용서하지 않았으며 여기에 결코 굴복하지 않았다. 87년 6월 우리는 전국민이 하나가 되어 맨주먹으로 군사독재를 이겨내고 대통령 직선제개헌을 쟁취하였다. 이것은 우리 세대의 영원한 자랑이 될 것이다. 이것으로 우리는 민족사의 큰 분수령을 넘어섰다. 민주화의 새 시대가 열린 것이다. 아직도 군부독재의 잔해가 말끔히 청산된 것은 아나나 이제 민주화로 향하는 시대의 기본적인 추세는 되돌이킬 수 없게 되었다. 그러나 민주화로 가는 길이 순탄한 것만도 결코 아니다. 순탄하기는커녕 험한 고비와 위험스런 함정들이 도처에서 우리의 전도를 위협하고 있다.

오랜 세월 억압과 침묵의 질서 아래 숨죽인 채 동면하고 있던 온갖 아픔과 꿈과 희망과 욕구가 일거에 분출하기 시작했고 이것이 우리에게 일찍이 겪어보지 못했던 새로운 도전과 시련을 안겨주고 있다. 아이가 하나의 성인으로 자라나기까지 성장의 마디마디에서 병치레를 하듯이 하나의 질서가 무너지고 새로운 질서가 정착되기까지 사이의 과도기에는 갖가지 갈등, 혼동의 진통이 따르게 마련이다.

6·29 이래 별로 길지도 않은 기간 동안에 한꺼번에 밀어닥친 온갖 사회문제들 —— 지역감정, 노사분규, 이념문제 등등을 둘러싼 혼돈상은 새로운 민주사

회의 질서가 정착되기까지 불가피하게 겪어내어야 할 과도기적 진통이라고 할 수 있다. 우리는 아직 이같은 새로운 도전에 성공적으로 대응하지 못하고 있으며, 이것을 올바로 극복하고 정당하게 해결하는 길을 찾아내는 일이 다가올 90년대의 우리의 국민적 과제가 될 것이다.

6월혁명과 서울올림픽이 우리 세대의 자랑거리라고 한다면 지난 양대 선거과정에서 드러난 극렬한 지역분열상은 두고두고 우리 세대의 오욕으로 남게 되리라고 생각한다. 애향심이라든지 동향사람에 대한 친근감은 인간의 원초적인 감정에 속하는 것이며 이것은 하등 탓할 것이 못 된다. 또 계층간에뿐만 아니라 지역간에도 객관적인 이해대립이 있을 수 있고, 그같은 이해대립이 그것을 대변하는 정치적 표현을 갖게 된다는 것은 민주사회의 지극히 당연한 사리에 속한다. 그러나 지난 양대 선거에서 드러난 지역분열상은 이러한 논리로 정당화할 수 있는 성질의 것이 아니었다.

지역감정은 이같은 논리가 요청하는 합리적인 범위를 훨씬 넘어서서 맹목적인 집단 나르시시즘으로 치달았고 급기야는 군부통치의 완전한 종식과 민주화의 확고한 정착을 위한 대동단결의 요청마저도 때이른 지역감정의 폭발 앞에 여지없이 외면되고 말았다.

그 해독은 이루 측량할 길 없다. 아직껏 민주화의 기초가 튼튼하지 못하고 5공청산 문제 하나도 제대로 해결되지 못하고 있는 원인도 이것을 빼놓고는 생각할 수 없다. 취업과 혼인에서까지 마치 무슨 상종할 수 없는 이방인들처럼 출신지역을 엄격히 따지게 된 이 부끄러운 유산을 언제까지 후대들에게 물려주어야 하는가? 이런 상태로 남북간의 통일을 생각할 수 있는가? 이것을 올바로 극복하고 치유하는 일이야말로 80년대가 남긴 최대의 숙제라고 생각한다.

6·29 이후 몇년 사이에 전국 각지에서 신규노동조합이 숱하게 조직되고 크고작은 노동쟁의가 빈발하는 등 노동운동이 폭발적인 성장을 보이게 됨에 따라 오랜 동안 성장의 그늘에서 소외되어왔던 근로자들의 사회경제적 지위가 눈에 띄게 향상될 계기를 맞이하게 된 것은 80년대에 우리 사회가 이룩한 가장 획기적인 성과의 하나로 손꼽힐 수 있을 것이다. 그러나 이같은 추세에 발맞추어 생산성의 저하, 조업일수의 단축, 제조원가의 상승으로 인한 국제경쟁력의 상실, 기업 투자의욕의 감퇴 등 한국경제의 앞날을 걱정케 하는 심각한 장애가

조성되고 있는 것 또한 사실이며, 한시바삐 민주적인 기반 위에 선 안정된 노사관계를 새로 정착시킴으로써 이러한 장애를 극복하는 일이 90년대의 우리 사회의 명운을 좌우하는 관건이 될 것이다. 다만 그것은 새로운 질서가 정착되기까지, 국민 모두가 노동운동을 사회의 균형적 발전과 궁극적인 안정을 위한 필수적인 요청의 하나로서 받아들이고 인내를 가지고 기다리는 것이 중요하다.

60년대나 70년대가 개발과 성장의 시대였다면 80년대와 90년대는 단연 균형과 정의의 시대라고 할 수 있다. 가진 자들의 자제와 양보가 사회적 통합을 위하여 그 어느 때보다도 절박하게 요청되는 이 시기에 이른바 과소비풍조가 만연하고 있다는 것은 지극히 심각한 병리현상이라고 할 것이다.

남북관계의 새 질서에 대응하기 위해서는 우리 사회가 가진 이념에 대한 포용성이 획기적으로 확대되어야 할 것이며 대담하고도 적극적인 개방이 추진되어야 할 것이다. 최근에 드러난 수돗물 오염이나 우지 라면 파동이 상징하듯 장기간 누적되어온 국토환경의 오염은 환경과 생명의 문제를 90년대의 핵심적 쟁점 가운데 하나로 부각시키게 될 것이다. 관료적 권위주의의 청산, 건전한 사회도덕과 직업윤리의 확립, 교육제도의 정상화, 정치제도의 개혁 등등 새 시대가 제기하는 도전은 이밖에도 숱하게 있다. 낙관할 것인가, 비관할 것인가? 돌이켜보면 우리는 금세기 내내 지속된 대외예속과 민족분단의 가혹한 역경 속에서도 꺾이지 않고 전세계가 놀라는 경제발전과 정치발전을 이룩해냈다. 비관해야 할 이유라고는 조금도 없다. 커다란 희망과 낙관 속에서 동터오는 90년대의 새 아침을 준비하자.

(주부생활, 1989. 12)

*1990*년

세 김씨는 태도를 분명히 하라

'5공청산'은 종결되지 않았다

우리의 80년대는 한 편의 추악한 사기극과 함께 막을 내렸다. '5공청산의 연내종결'이라는 요란스러운 선전구호 아래 여·야 합작연출로 상연된 이 희대의 사기극은 주연배우로 등장한 전두환씨의 서투른 연기 때문에 파탄에 봉착하였다. 여·야 영수들이 무엇이 그리 찜찜한 것이 있었던지 생중계가 아닌 '녹화중계'를 굳이 고집하고 있었을 때에 비장한 어조로 "국민 앞에 진실을 밝히겠다"고 선언하며 생중계를 주장하던 전두환씨는 마치 이 혼탁한 세상에 홀로 남은 의로운 순교자처럼 우리의 심금을 울렸었다. 그 '진실'을 기대하며 80년대의 마지막 날인 89년 12월 31일 하루 온종일을 텔레비전 앞에 붙어앉아 있었던 우리에게 던져진 것은 무엇이었는가? 정치를 해보라는 박대통령의 권유도 단호히 뿌리치고 초연히 '군인의 길'을 걸어가던 그는 어느 날 어찌할 수 없는 '숙명' 때문에 원치도 않던 대통령이 되었고, 삼청교육과 공직자·언론인 해직은 '사회정화'를 위한 불가피한 조처였고, 부실기업 정리는 '국가경제'를 위해 사심없이 내린 결단이었고, 광주사태 때는 다른 일로 바빠서 뭐가 어떻게 돌아가는지 잘 알지 못했으나 계엄사의 '자위권 발동' 지시로 폭도들을 진압하는 과정에서 유감스럽게도 시민들이 다소 희생되는 부득이한 결과가 초래된 것으로 알고 있고, 정치자금 문제에 대하여는 지금 우매한 국민들에게 진상을 밝히게 되면 국가적 혼란이 일어날 우려가 있으니 국가 백년대계를 위하여 입을 다물 수밖에 없노라.── 이것이 백담사에서 1년간의 수도생활을 마치고 내려온 그의 고뇌에 찬 진실의 선언이었다.

몇사람을 '손을 보겠다'고 그토록 벼르던 그가 당초의 예상과는 달리 이번 증언에서 아무도 '손보지' 않고 관대하게 넘어간 것은 아무래도 그동안의 수도정진과정을 통하여 마음을 완전히 비운 덕인 듯싶다.

전두환씨는 무엇을 잘못했는가? 잘못한 것은 아무것도 없다. 5공은 무엇이 잘못되었는가? 잘못된 것이 아무것도 없다. 모든 것이 '불가피'한 것이었고 '숙명적'인 것이었다. 잘못된 것은 우리 국민들뿐이다. 그토록 국가발전을 위한 일념만으로 '군인의 길'도 희생하고 어려운 시대를 떠맡아 헌신한 전두환씨의 진심도 몰라주고 온갖 '유언비어'로 모함까지 하면서 그를 1년 동안이나 백담사에서 고생을 하게 한 우리가 잘못이었다. 그것도 부족하여 무슨 더 '청산'할 것이 있다고 전직 국가원수를 국회 증언대 앞에까지 끌어내어 곤욕을 치르게 한 우리 국민이 잘못되어도 한참 잘못되었던 것이다. 회개하여야 할 것은 우리 국민들이다. 바로 이것이 이날 청문회의 결론이었다.

벌떼같이 자리를 박차고 일어나 전두환씨를 옹호하던 민정당 의원님들은 바로 이것이 이날 청문회의 유일한 결론임을 몸으로 보여주었다. 그리고 또 한 가지, 전두환씨에게 '멍석'을 깔아준 장본인들이 누구였던가를 생각하지 않을 수 없다. 전두환씨에게 이처럼 마치 무슨 국정연설을 방불케 하는 웅변적인 '해명'의 자리를 마련해준 것은 바로 4당 영수들이었다. 증언을 하는 당사자의 비리를 추궁하기 위한 청문회가 일문일답식이 아니라 증인의 일방적인 연설형식으로 진행되는 예가 대체 이 세상 어디에 있는가? 편집이나 가감이 없는 중계방송을 한다면서 굳이 생중계를 마다하고 30분 뒤에 뒤따라가는 '녹화중계'를 하기로 합의한 의도가 대체 어디에 있는가?

단 하루 동안의 증언으로 진실이 충분히 규명될 수 있다는 보장이 대체 어디에 있었기에 미리 '1회 증언'으로 5공청산을 '연내에 종결'짓는 것으로 못박아 두었는가? 여·야 4당 영수가 이런 듣도 보도 못한 우스꽝스러운 '청문회' 형식에 합의하고 '5공 합의청산'의 대타협을 자축하며 만면에 웃음을 띠고 청와대에서 나란히 걸어나오던 그 순간에 이미 온 국민을 울분과 허탈 속으로 몰아넣은 80년대 마지막 날의 청문회가 예정되고 있었던 것을 우리는 잊을 수 없다. 하도 속고만 살아온 탓인지 이날 청문회가 결과적으로 '보충질의' 순서에까지

가지도 못한 채 도중에 끝나게 된 것도 여·야 합작의 사전각본에 의한 것이 아니었는지 의심하는 사람들이 많은데 이것도 언젠가는 분명히 밝혀져야 할 것이다. 전두환씨는 '국민 여러분이 내리는 것이라면' 약사발도 마다 않겠다고 말했다. '국민 여러분'이 약사발을 내릴 것인지 말 것인지를 어떻게 결정할까? 국회증언은 더이상 아니할 모양이고 검찰에서 전씨를 기소할 리도 없으니 국민투표로 결정해야 할까. '장외'에서 무슨 다른 방법으로 결정해야 할까? 야권의 세 김씨는 이제 태도를 분명히 해야 한다. 이것으로 '5공청산'이 된 것인가, 안 된 것인가? 전두환씨는 연희동으로 돌아와도 좋은가, 아닌가? '5공·광주 청문회'는 이것으로 끝낼 것인가, 아닌가? 세 김씨가 분명히 말하지 않는다면 우리가 먼저 말하겠다. 우리는 강간당한 기분이다. 이것으로 5공청산이 종결된다고 한다면 이 나라는 법도 없고 경우도 없고 도대체 존립하여야 할 도덕적 가치가 전혀 없는 나라가 된다. 우리는 '5공청산 종결'에 결코 합의하지 않았다. '5공청산'은 종결되지 않았다. 종결되기는커녕 이제부터야말로 '국민의 손에 의한 5공청산'의 엄정한 역사적 과제가 일정에 오르게 되었다. 그리고 그 청산작업에는 '5공'만이 아니라 '6공'까지도 청산대상으로 포함되게 될 수도 있다는 것을 분명히 말해둔다.

(한겨레신문, 1990. 1. 4)

정의 끝내 실종되는가

1990년대는 우리에게 있어 통일의 십년대가 될 것이다. 불과 한두해 전까지만 해도 아무도 예상치 못했던 독일 통일이 실로 눈깜짝할 사이에 현실로 굳어지고 있는 오늘의 세계사의 급박한 흐름을 보면, 앞으로 10년간에 우리에게 밀어닥칠 변화의 물결이 얼마나 격렬한 것이 될지를 능히 짐작할 수 있다. 이때를 당하여 우리가 해야 할 일이 무엇인가. 정치·경제·사회·문화·교육 등 모든 분야에 걸쳐 개혁과 쇄신을 추진하여 통일에 대비할 수 있는 체제로 재정비해나아가야 한다. 어떤 사람들은 바깥 날씨야 어떻게 되든 국가보안법이라는 외투만 꼭꼭 껴입고 있으면 아무 일 없으리라고 생각하는 듯도 하나 조만간 이 철지난 부자연스런 외투를 벗어던지지 않으면 안 될 때가 올 것이며 남과 북의 모든 것이 서로 맞부딪치고 뒤섞이고 교류하고 반응하는 때가 눈앞에 닥쳐올 것이다. 중요한 것은 '외투'가 아니라 '체질'을 튼튼히 하는 일이다. 무엇이 가장 시급한가. 지역간·계층간의 균형발전을 추구하고 인권과 복지의 제도를 확충 정비하는 일도 그지없이 절박하고 중요한 과제라고 하겠지만, 무엇보다도 시급한 것은 사회정의를 세우고 민주적 법질서를 확립함으로써 공권력과 제반 사회적 권위의 도덕성과 신뢰성을 회복하는 일이라고 말하고 싶다. 왜냐하면 사람들의 정의감이 손상되고 법과 권력이 불신당하는 곳에서는 사회발전을 위한 건설적인 에너지가 분출되기를 기대할 수가 없기 때문이다.

이같은 관점에서 최근에 크게 그릇되어가고 있다고 생각되는 일 몇가지를 지적하고자 한다.

첫째, 이문옥(李文玉) 감사관에 대한 정부의 조치를 나는 도저히 이해할 수가 없다. 검찰이 그를 '공무상 비밀누설'죄로 구속기소한 것은 실로 법의 이름으로 이루어진 민주적 법질서 파괴행위의 표본이라고 할 만하다. 재벌기업들이 비업무용 부동산을 많이 보유하고 있다는 사실이 어째서 국민에게 알려져서는 안 될 무슨 '비밀'이 될 수 있단 말인가.

만인이 옳다고 하는 일을 법리에 어긋나는 궁색한 궤변을 동원하여가며 굳이 처벌하려고 하는 발상이 대체 어디에서 나오는지를 알 수가 없다. 이감사관을 통하여 우리는 '공무원의 정치적 중립'이란 말의 뜻을 실감하게 되었고 돈이나 권력이 아니라 국민에게 충성하는 새로운 공무원상의 출현을 기대할 수 있게 되었다. 만약 정부가 국민여론을 조금이라도 존중하고 역사를 조금이라도 두려워할 줄 안다면 마땅히 이감사관에 대한 공소를 즉시 취소하는 것이 옳을 줄 안다.

둘째, '대화와 타협의 묘(妙)'를 극명하게 보여준 '서울시 예산전용' 의혹과 '영등포역사 상가 특혜분양' 의혹의 처리과정. 여기에서 우리는 우리 정치의 현 주소와 아울러 '정치' 아래서의 '법'의 무기력함을 너무나도 생생하게 보게 되었다. 시민의 세금으로 충당되는 서울시의 예산이 대통령선거 지원용으로 '전용'되었다면 그것은 당연히 '업무상 배임' 등의 형사범죄를 구성하는 것인데 여기에 대하여 정치권에서건 검찰에서건 일언반구 말이 없었고 조사하려는 척도 한 것이 없었다. 영등포상가 분양문제만 해도 소문난 대로라면 당연히 뇌물수수의 형사문제가 제기될 수 있는 것인데 이 사건을 '수사'했다는 검찰에서는 '수사' 개시 하루 만에 형사문제가 아니며 더 조사할 것도 없다고 하는 '수사결과'를 발표하고 사건을 덮고 말았다. 6공화국 들어와서도 검찰이 어째서 여전히 이런 일에 동원되고 있는 것인지 한심스럽기 짝이 없다. 결국 이 두 사건은 강총리가 국회에서 예산전용에 대한 사과발언 한마디를 하는 것으로 결말이 났다. 여권지도부는 그것을 '큰마음'으로 한 것이라고 생색을 냈고 강총리는 잘못도 없는데 억지로 사과한 것이라고 하며 억울하다는 뜻으로 사표를 냈다가 대통령의 간곡한 만류로 거둬들였다. 한편 영등포상가 사건은 어느어느 당의 누구누구가 분양에 관계되었다고 하는 소문의 진위조차 밝혀지지 않은 채 어둠 속에 묻히고 말았다. 눈 가리고 아웅하는 것도 유분수다. 이런 식으로 해서 사람들의 가슴속에 정치권 전체에 대한 불신이 쌓여간다면 그것처럼 무서운 일은 없을 것이다.

셋째, 전두환씨가 백담사에서 내려오고 재산도 반환받게 될 것이라는 소문이 심상찮게 들려오는데 이것 또한 한심스럽기 짝이 없는 일이다. 원래 전씨의 입산생활이나 재산헌납은 누가 시켜서 한 것도 아니니 그 자신이 그것을 그만둔다고 해서 말릴 일도 아니라면 그뿐이긴 하다. 그러나 그의 입산과 재산헌납은 국민의 마음속에 사법처리에 의한 신체자유의 박탈과 재산의 몰수·추징에 갈음하는 심리적 대용물로서 자리잡고 있었고 국민의 정의감은 이것으로 최소한 도나마 유지되고 있었던 것이다. 광주학살과 5공비리의 주된 책임자인 전씨가 그같은 '대용처벌'마저도 훌훌 털어내버리고 서울거리를 활보하며 호화생활을 누리는 것을 사람들이 평탄한 마음으로 바라볼 수 있으리라고 생각하는가. 그때에 사람들의 가슴속에 세상에 대한 희망과 신뢰가 온전하게 남아 있을 수 있다고 보는가. 그가 기어이 하산한다면 그동안 감상적인 인정론이나 전직대통령 예우론 때문에 접어두었던 법과 정의의 실현을 더이상 유예할 수 없게 되는 사태가 오지 않을까 생각된다. 이런 무모한 일을 기획하고 있는 사람들의 사고방식을 이해하기가 어렵다.

해방 후 친일세력을 숙청하지 못한 잘못이 아직까지도 두고두고 우리 체제의 정통성에 상처를 주고 있는 것을 보면 역사가 참으로 엄정한 것임을 저절로 깨닫게 된다. "하늘이 무너져도 정의를 세워라" 하는 평범한 한마디가 통일의 90년대를 걸어나갈 우리의 좌우명이 될 수 있다고 생각한다.

(동아일보, 1990. 7. 13)

제 2 부
일기 · 편지 · 시

🔳 일 기

1981. 12. 13.

이제 어느덧 조금씩 타성이 붙어가는 듯하다. 묶여 온 사람들을 바라보는 전율도 이젠 점차로 角質化되어 일상의 무감동에 조금씩 조금씩 압도되어간다.

나로서는 권력을 향유하는 최초의 체험이며…… 어쩌면 아마도 마지막 체험이 될지도. 그러므로 이처럼 기이하게 주어진 넉달의 기회를 내 영혼의 가장 깊은 곳에서부터 가장 맑고 신선한 숨결로 부딪쳐나아가 최선의 것을 이루어내어야 한다고 마음먹고는 있다.

지금까지 구속사건은 모두 다섯건.

최초의 두건은 모두 業過死傷(업무상 과실치사 또는 치상 — 편집자)인데 불구속 사건 중에도 업과상사건이 의외로 많다.

＊ 내가 처음으로 구속 기소한 운전사

2.5t 기아마스타 트럭에 소금을 싣고 소금장사 하러 장위동에 갔다가 후진사고로 3살짜리 어린아이를 치어 숨지게 했다. 업과상전과도 있고, 폭력전과까지 있는 데는 다소 놀랐다. 집유기간중. 첫번째 구류심문에서 떨고 있었다. 경찰에서 뺑소니라고 모는데 억울하다는 말을 하는데 울먹거리며 말을 잘 잇지 못했다. 과실이 있어서 잡혀왔다고 생각하느냐 재수 없어서 잡혀왔느냐고 물었을 때 양쪽 다라고 대답. 아이가 차바퀴 뒤에서 놀고 있을 줄은 상상도 못했다고.

석방할 가능성이 있는가 기준을 알아보았더니 도저히 不可.

하여간 공소장을 썼다. 求公判은 어쩔 수 없었으나 이 최초의 사건에서 우선 이 사람에게 미안한 것 두 가지가 남았다.

하나는 구형을 담당검사의 의견을 들어 덜컥 그 의견대로 1년 6월로 해버린 것.

또 하나는 수갑을 풀어주고 담배를 권하지 못한 것. 물론 보다 근본적인 회한은 이런 사소한 것을 훨씬 넘어서는 것이다. 이것에 대하여는 업과상사건을 좀더 많이 다룬 후에 정리해보기로 한다.

* 강○주, 27세. 운전사. 내가 석방한 최초의 사람이다. 업과상전과가 있어서 집유기간중. 게다가 면허정지 기간중에 운전을 하여 사고를 냈다.

기준으로는 석방이 불가능에 가깝다고 하나 도저히 쉽사리 구속 기소할 수는 없다는 자책이 있어 몇차례 담당검사, 부장·차장 검사선에까지 절충을 하여 석방결재를 얻어냈다. 어젯밤에 석방되었을 것이다.

66세의 老父가 벌금 60만원을 들고 11일날 찾아왔는데 가슴앓이가 매우 심한 것 같았다. 落淚.

석방품신서에는 이런 등등의 가정형편이나 본인의 성실성 등을 情狀란에 많이 썼으나 기실 그런 것 때문에 굳이 석방시키고자 뛰어다녔던 것은 아니다. 운전사들에 대해 지나치게 가혹한 형사책임을 부과하고 있는 사법관행. 또 그것을 당연하게 받아들이고 있는 운전사들 자신의 체념에 대하여 그대로 승복할 수 없다는 것. 한 젊은 인간의 장래와 그에 연관된 숱한 사람들의 생애가 기실은 그 한 인간만의 과오로 돌릴 수 없는 '재수 없는 사고'로 인하여 관료적 절차에 따라 간단히 아무렇게나 짓밟혀버려서는 아니 된다는 것. 그리고 또한, 관행이나 사무처리상의 편의가 한 인간의 전생애보다도 우선 되어서는 아니 된다는 의무감. 이런 것들이 나로 하여금 아직도 낯선 검찰청의 여러 방들을 쩔쩔매며 돌아다니게 만든 것 같다. 이 사람은 나에게 축복을 가져다주었다.

* 박○국, 17세. 절도 초범. 고교 진학 실패→반지가공기술 습득→가출→광주→서울→당구장. 깊이 파악하지는 못하였다. 그러나 검찰청에까지 묶여올 사안은 못 되는 것 같다. 즉각 석방하려 하였더니 담당검사의 의견이 며칠 더 고생시킨 뒤에 풀어주는 것이 어떠냐고 하여 그대로 따르기로 하다. 내일쯤 석방품신하려 한다. 구류신문시 落淚. 몸이 연약한 듯.

* 김○연, 31세의 절도 초범.

73년 제대 후 도금업체들에서 연마기사로 일하다. 직업병으로 폐결핵. 직장 쫓겨나 구직차 상경 —— 중부시장 배회타가 2만 1천원이 든 돈지갑 소매치기.

인천 남구보건소에 어제 위탁하여 결핵환자임을 확인하였다. 지금까지 두번 신문하였는데 본인 弁疏가 모두 진정인 것으로 느껴짐. 가족에 연락하여 재직증명 받아오라고 하였는데 이것만 되면 바로 석방할 수 있을 것 같다.

＊ 이〇성, 38세.

걸인. 전과 약 20회 폭력.

累犯에다 重刑 면치 못할 듯. 어찌해볼 수가 없는 케이스다. 검찰이나 법원에서 이런 사람들에 대하여 상상할 수 있는 대책은 중형이나 보호감호처분뿐이다. 여기에 대하여 거의 아무런 성찰도 가해지지 않고 있는 것이 때로 죽음처럼 어둡고 쓸쓸하게 느껴진다.

지금까지 충분히 실천은 못하였으나 4개월 동안 내가 遵行하려고 하는 제일 보는 피의자 또는 참고인, 가족 들에게 친절히 대하는 자세를 견지하는 것이다. 어떤 경우에라도 친절한 자세를 흩뜨리지 않도록. 어떤 경우에도 조금이라도 권력을 가진 자의 우월감을 나타내거나 상대방을 위축시키거나 비굴하게 만드는 일이 없도록.

다른 것은 다 못하더라도 이것만 해낼 수 있다면 더이상 좋을 수가 없겠다. 만약 친절히 해서 일이 안 된다는 것을 내가 마침내 승인하게 되는 일이 만의 일이라도 생긴다면 그것은 나에게 더할 수 없는 심대한 패배가 될 것이다. 사람을 사람으로 대접하지 않아도 좋다고 한다면, 혹은 사람을 사람으로 대접해서는 안 된다고 한다면, 인간성에 거는 우리의 모든 신뢰와 희망은 대체 어떻게 될 것인가.

1983. 1. 7~1. 8 아침

현지시간 3시경에 LA 도착.

약 10시간에 걸친 비행시간.

옆좌석에 왼쪽은 이민 간다는 한국처녀, 오른쪽은 스리랑카의 동굴 속에서 명상을 하고 온다는 Buddhist Nun이라고 자처하는 미국부인이 삭발을 한 모습으로 가사 장삼을 걸치고 앉았다.

Nun : 행복하냐고 물어보았더니 Buddhist로서 명상을 한 후 종전보다 마음의 평화를 찾은 것이 사실이며 기본적으로 늘상 즐겁게 지낸다고 答.

동굴에서는 뱀, 원숭이 등 짐승들의 위험, 밤, 고독 등으로 공포를 경험, 그 극복을 경험한다고.

어느날 밤 산마루에 달이 뜨고 원숭이들이 자기를 내려다보고 있는 광경 —— 마치 친구처럼 대화하는 마음으로 대하였다는 것이 인상적이었다.

불교에 관하여, 원죄의식(guilt complex)이 없다는 장점을 지적.

그리고 스리랑카 식 기원(祈願) —— 나와 모든 생명들에게 평화와 행복이 있기를, 그들이 공포를 극복하고 모든 종류의 불안과 번민으로부터 해방되기를 —— 등.

스리랑카에는 American Monk or Nun은 1~2명 있는 것으로 안다고.

일본의 사찰을 방문하여 반야심경 낭송을 본 일 있으나 한국에는 transit 3회뿐.

서양인으로서 불교에 접함에 오히려 더욱 절실한, 정곡에 부딪친 것 같은 인상을 받았다.

이민처녀 : 마음이 뒤숭숭하고 서운하다고.

LA에 가서 무엇을 할 것인지 미정.

첫 이민세대의 갈등, 고난이 가슴에 저려오다.

입국절차시 나를 보고 함께 있어달라고 눈짓하는 것을 미국관리가 저지하여 나 혼자 빠져나온 것이 마음에 걸린다.

태평양 위를 지날 때의 환상적인 광경.

구름의 밭, 끝없는 구름, 그 사이로 언뜻언뜻 비치는 푸른 하늘. 그 위로 翡色, 宇宙的 하늘. 구름 위로 간다. 구름 위로 빛나는 별들.

손오공의 근두운처럼 萬里長天에.

念天地之悠悠 獨愴然而悌下가 생각나다 —— 이것에 더 적합.

아래에 펼쳐진 끝없는 바다, 그 잔잔한 太平의 물결. 섬 하나 없는 바다. 저기에 인간의 모든 陰謀를 묻어버려라. 모든 작은 —— 너무도 작은 악마들, 탐욕들, 거짓들, 위선, 허영, 권력, 출세, 부, 성공…… 들을 묻어라. 순결무구한 처녀의 바다, 인생의 중반에 비로소 만난 저 꿈속에 그리던 큰 생명의 바다.

기내에서 거의 잠을 이루지 못하고 굳이 자려고도 않았다. 창가 좌석이 아닌 것이 유감.

태평양 연안 위를 지날 때 Nun이 일깨워주어 내려다보다. 그 순간은 무엇이라고 표현할 길이 없다. 한눈에 굽어 보이는 해안선.

바다와 뭍의 接合.

우쭐우쭐 펼쳐진 산들. 아메리카의 산들.

그 자락에 윤택한 빛깔의 기하학적 도형으로 조성된 시가지와 농토, 초원들, 캘리포니아의 해안.

이것이 미국인가. 인디언의 미국. 유럽인의 미국. 東洋界 이민의 미국.

태평양전쟁과 3·8선의 미국. 한국의 미국.

시가지들이 잘 정비된 것이 우선 놀랍다. 도로망, 건물배치, 그리고 농토들. 광활하고, 내려다보기에 마치 회화작품 같은. 색종이들을 여러가지로 오려붙인 것같이, 구획지어진 땅들. 미국의 富라는 것이 엄청난 무게로 가슴을 눌렀다. 산의 비옥함, 광대함.

'LA 상공으로 들어설 때의 엄청난 Smog(?), Fog(?)'

LA가 이토록 넓은 줄은 미처 생각지 못했다.

Downtown. 사무실이 있는 빌딩에 들어와 주차장까지 올라가는 나선형 回路.

사무실에 들어서 변호사 Lim, Joel 등을 만나다.

차중에서 세봉으로부터 들은 LA 사무실의 이야기 —— 정신이 버쩍 나게 한다.

　문제점.

　① 과다한 봉급(5~6만$, 기실은 1/2~1/3로도 可함)

　② 주인 없음에 따른 방만한 업무

　③ 경쟁

　　세봉에 대한 의존심

client들이 변호사를 불러서 일을 시키는 관행 —— 이것은 서울과 판이한 미국에서의 변호사 지위를 웅변하는 것이 아닐지.

　어떠한 특권도 상정되지 아니하는

　마치 세탁소 주인과 다름없는 professional로서의 변호사 —— 정말 정신을 번쩍 나게 한다.

　이와같이 경쟁이 모든 분야를 지배한다는 것이 하나의 큰 특징, in a sense 强点.

　적어도 우리 法曹와 같은 엉성하게 놀고 먹는 件制는 아닌 듯.

　세봉의 집에 와서 잤다.

　(Volvo 한 대에 1만 수천$)

　(town house)

　(LA의 집들은 나트막하다.)

　(LA 도심에 들어설 때 눈이 약간 매웠다. 약한 최루탄과 같은 大氣) (한국인 거리) (pavement의 빛, 점 들)

　침대에 누워

　LA의 신문들(한국일보 LA판 등)을 보는데 이곳 교포들이 먹고 사느라고 치열하게 애쓰는 모습이 눈에 선하게 들어온다(광고들, 이철수 story)

　와서 보니 금방 이해되는 것들이 많다.

　이민 가는 사람들에 대한 무언가 덤덤하고 개운치 않은 따분하던 느낌이 이곳에 오니 크게 달라져 그들에 대한 관심, 애정이 생기는 것이 무척 신기하고 이러한 느낌의 변화에 대하여 차차 깊이 생각해보기로 한다.

지금껏 나는 무엇을 하였던가?

아직도 미국에 왔다는 실감이 나지 않는다.

이 글은 8일 이른 아침에 세봉의 침실에서 쓴다.

태평양을 내려다보면서 미국에 일찍 건너와서 젊은 시절을 치열한 공부로 보내고 각 분야에서 그 나름의 결과를 얻어서 돌아온 친구들(ex. 병훈……) 생각을 했다. 마음이 착잡해졌다.

그러나 옆에 앉은 Nun의 생각을 했다.

그리고 지나온 나의 반생,

그것은 그것대로 치열한 것이 아니었던가.

저 대양이 넓다면, 그것 또한 저 넓음만큼이나 깊은 체험이 아니었던가.

어쩌면 가장 치열한,

그래서 아무것도 후회할 것이 없는

그러한 里程이 아니었다고 할 수만은 없지 않은가.

그 깊음을 거쳐 이제 저 넓음으로 나아간다 —— .

이렇게 생각이 미치자 마음이 밝아지고 깊은 감동이 있었다.

"나는 후회할 것이 아직까지는 없다"—— 이런 마음가짐으로 열심히 살기로 한다.

LA 거리의 종려나무들 —— exotic.

그러나 너무 낯설지는 않았다.

이곳도 나의 땅, 나의 형제들이 사는 곳.

＊창 밖으로 내다보는 산과 그 아래의 촌락은 마치 大田쯤에나 온 것같이 낯익다.

새들이 지저귀고 있다.

서울은 지금 밤일까?

* 자동차가 없으면 꼼짝을 못하겠다.

집마다 차가 있어, 새벽에 시동 거는 소리로 단잠을 깰 수도 있겠다.

1983. 1. 8. 밤 LAX-ABQ 機上

· 아침식사 세봉家에서

쇠고기(갈비, 꼬리)가 풍성하고 맛있다.

물가는 비싼 편인 듯

3~4인 가족 생활비가 월 3천~4천$ 정도라고 洪의 말.

· 11시 좀 지나 곽철弁 사무실로 가서 곽변, 그리고 미국 온 지 10년째 된다는 Law School생(60회)을 만남.

이곳 변호사의 업무는 하루하루 싸움의 연속이라고.

하루에도 상대방 변호사와 목청을 돋우어 전화언쟁 15~20분 정도가 5~6회나 된다는 것인데, 이것은 완전한 cut-throat competition인 모양.

· LA의 공간은 넓다. 길들이 정말 잘 정비되어 있고 널찍널찍하게 옆으로 퍼져나간 도시.

· 디즈니랜드로 곽과 함께.

Black Hole과 Fantasy Waterway 구경.

각종 인종, 남녀노소.

와서 규격화된 즐길 거리. rather ——kill time용.

그러나 아무튼 대단한 성황이었다.

이것도 진실로 자유기업경제가 아니면 이루어내기 어려운 사업인 듯.

Black Hole로 들어가는 길(待機路)

great moments with Lincoln —— 미국적 신화

그리고 circle screen(360°)—— America the beautiful ——

이런 정도를 구경하였으나, 각종 인종이 섞여 있다는 것일 뿐 기본적으로 용인 자연농원과 같은 답답함을 면할 수 없었다. (젊은이들의 make love의 ……)

· 싼타 모니카로 갈 것을 그랬다는 후회.

1983. 1. 30. 6 : 10 PM (빠리 시간)

12 : 15에 빠리 출발.
지금 그린랜드를 거처 알래스카 하늘을 지나고 있는 듯하다.
얼마 전까지만 해도 달이 누렇게 밝고 白夜였는데 지금 보니 달이 새하얗게 빛나고 꽤 캄캄한 밤중이다.
아래를 내려다보면 莊子的인 천지의 웅대함 속으로 뛰어들고 싶은 감동
백설과 얼음뿐인 듯한 그린랜드의 대지, 산맥, 바다. 거기에 아무 막힘 없는 친근함. 나의 大地.
마치 아직껏 몰랐던 어머니의 얼굴을 대하는 듯.
이 속을 지났다.
두어시간 후면 앵커리지에 닿을 것 같다.

인생의 중반에서 적어도 내가 붙어 숨쉬는 지구의 반쪽이라도 보게 된 것이 후련하다.
'보는' 것에 크게 마음이 끌리는 것은 무엇일까?
저 달 위에, 더 먼 곳에까지도 닿고 싶은 것은.
불란서 사람들이 여행을 좋아한다는 것도 그런 것일까.
人性 속의 알 수 없는 세계! 깊이 살펴보지 않으면 아니 될 세계.
훗날 언젠가는 '여행'을 인간의 기본적 필요의 하나로 보게 될지도.
온 세계를 다니며 새로운 것(그러나 실은 낯익은 것)을 찾아 헤매는.

루브르 또 베르싸이유 궁을 구경. 베르싸이유의 사치함을 보았으나 전혀 재

미가 없었다. 그 궁정 정원이란 것도 거의 무감동하였다.

마리 앙뜨와네뜨의 방이란 것도, 인간이 만든 것은 결국 이런 것인가 하는 느낌.

그러나

대영박물관에서 본 이집트의 어떤 부부의 影像은 세월의 벽과 바람을 뛰어넘어 나를 울게 하다.

永劫을 향하여 잔잔한 사랑으로 맞잡은 손.

앗시리아의 성벽에 부조.

노예노동과 군졸의 채찍.

사냥.

왕들이 밟고 선 포로. 왕의 학살.

그리고 그리스의 밝음(포도주, HAPP, 남녀의 對坐, 육신의 아름다움, 건강함, 힘, 향연).

영국의 자연은 상상을 뛰어넘어 아름다웠다.

그렇게 아름다운 줄은 몰랐다. 기가 질리고 일종의 절망이.

우리의 경우 이토록 아름다운 세계를 가꾼다는 것이 가능할까.

옥스포드에서 강의를 듣다.

Trout Inn —— 500년 가까이 된 술집, 강물의 흐름.

빠리에는 크게 마음이 끌리지 않았다.

오벨리스끄는 가소로웠다.

프랑스의 농촌을 못 가본 것이 아쉽다.

쌩 제르망의 숲은 부러웠다.

옛 귀족의 호사.

미국.

시카고 지하철에서 음울한, 숨막히는, 폭발할 듯한 살벌한 분위기의 미국.

뉴욕의 고층빌딩들은 인간문명의 가장 어리석은, 그러면서도 누구도 막기 어려운 거대한 무게를 지닌 힘.

미국의 농촌은 아름답긴 하였으나 영국의 경우와는 무언가 다른 불안이 있었다.

자동차가 없는 미국의 농촌은 폐허.

LA의 넓은 도로와 자동차산업.

싼 물가.

미국의 힘은 농업에 있고, 그것은 결국 국토의 천혜.

1989. 1. 3.

白蓮寺로. 1.1.부터 시작하여 벼르고 벼르던 끝에 오늘 오후 늦게서야 출발하게 되다. TV귀신. 편안하고 게으른 생활에 중독이 깊었나 싶다. 그렇게 굼뜨게라도, 한번 길을 나서니 암연히 내 길이 나선다. 새 길을 찾아나선다. 혼자 섰다.

흙으로 예쁘게 쌓아올린 나한전 원형토굴 속에 앉으니 그윽한 옛날의 薰香. 어둑어둑한 방안 촛불 그림자 흔들리며 흘러간 세월. 애틋한 그리움과 회한에 젖는다. 久坐하기엔 아직 일러, 三拜하고 잠시 앉았다가 법당으로 옮겼다.

내 묵을 방은 전기가 없고 옆방에는 고시생들인 듯, 라디오 음악소리 같은 것이 있어 내 도피를 비웃는다. 스님도 저녁 먹는 동안 내내 트랜지스터 라디오를 손으로 만지작거리며 틀고 있었다.

어쩐 일인지 초저녁부터 눕고 싶고, 누웠다 하면 잠이 쏟아진다. 한잠 푹 자다가 일어나 뜰로 나오니 캄캄한 하늘에 별이 사무치게 밝다. 남쪽 하늘 아래로 용인 시가지인 듯 전등불빛이 요란한데도……

내 인생은 이제 어떻게 되는 걸까? 엄벙덤벙 살게 될지 뚜렷이 계획이라든지 목표 같은 것을 정하고 아득바득 살게 될지. 물 흐르듯 살아야 하느냐 아니냐부터가 넘기 어려운 관문이다. 是非成敗轉頭空 古今多少事 都付笑談巾 —— 이것만 갈수록 절절하게 가슴에 배어드니. 지친 것일까? 傷해버렸나. 알 수 없으되, 무언가 잃어가고 있는 것 —— 손에 닿을 듯 닿을 듯 가까이 있었는데 놓쳐버리고 있는 것이 있어서 나를 이 산중에 오게 했다.

저녁 素饌을 하고 제법 걸었다. 역시 體毒이 빠져나가는 듯 상쾌함을 느낀다. 그래 잠이 오는 대로 자고 걷고 싶은 대로 걷고 아무 생각 없이 하루이틀이라도 지내보자. 은은히 울리던 종소리도 이젠 끊기고 옆방의 鼻子聲만 흐른다. 9시 18분이다. 다시 잠을 정한다. 할머니가 갖다준 이불과 초.

오던 길. 용인 자연농원 연수원 너머서부터 아스팔트 끊기고 적막한 비포장 산길. 구비를 돌 때 잠시 차의 시동을 끄고 나와 眺望을 했다. 아무도 없다. 내가 다시 나에게로 돌아와, 당신은 누구냐고 묻고 있는 그런 순간이었다.

큰 枯木 있는 언덕 小路를 따라가다가 연탄재가 수없이 버려진 것을 보고 되돌아오다.

옷을 벗고 잠옷으로 갈아입으며, 내 삶의 짐의 무게를 새삼 느낀다. 사십에 벌써 이렇게 약해지다니.

새벽에 일어나는 것부터 다시 배우려고 한다.

새벽산책과 찬물 세수. 이런 것들이 나를 구원할 수 있을지를 어쨌거나 한번 봐야겠다.

1989. 1. 4.

새벽 6시 몇분경엔가 용케 잠이 깨어 일출을 보았다. 바깥마당은 제법 추웠는데 오랜만에 찬물에 떨며 세수를 하고 나니 얼굴이 얼얼하게 붉은 기운이 감도는 듯하였다.

점심을 11시경에 먹고, 주지스님 방에서 차를 한 후 혼자 뒷산에 올라 등성이 따라 한바퀴를 돌았다. 가끔씩 바위에 앉아 靜觀하다가 다시 걷곤 했다. 비탈에 말없이 선 겨울나무들 한데 어우러져. 무연히 바라보고 있으니 내가 어디에 있느냐. 시간이 어디에 있느냐. 하물며 名利 번잡한 것이 어디에 …… 뉘우침이 일었다.

간밤 내내 無虛病에 앓았는데. 진달래 등걸에 움이 트려는 듯한 기운을 보고 비로소 깨칠 수 있었다.

사무실에 전화. 民弁 新年會와 MBC문제와 車成煥 등 적부심 …… 등등이 있어 돌아가야 할 것 같은 마음이었는데 오늘 하루를 더 누리기로 하고 억눌렀다.

간디를 대충 읽었고,

오후 내내 Arbatov를 보았다. Arbatov를 약간 지나치게 속독했는데, 여전히 급한 마음에 쫓겨서이다.

어느새 10 : 45이 되었다. Arbatov 독파욕 때문에 벌써 취침시간 규율을 깬 셈이다.

하루 온종일 담배를 입에 대지 않았는데 어쩌다 보니 그렇게 된 것이다. 끊을지 말지는 아직 마음이 정해지지 않는다. 내일은 올라갈까 싶다.

주지가 乾隆代에 씌어진 寺記를 보여주었는데 "山局內 東越嶺下告 西越嶺下告 北嶺南路皆爲定界"라 했다. 지금은 상고할 길이 없고 모두 자연농원측과 어느 宗中의 소유라 한다. 절 수입은 연간 4백~5백만원인데 보살과 姜處士에게 각 월급 30만원 가량 주고 남는 것 없다고. 故로 주지 부임하는 사람들이 초파일이나 正初 행사만 치르고 용돈 마련해서 떠나버리곤 한단다.

寺內는 매우 靜寂하였고,

오늘밤도 별들이 눈부시다.

1. 5.
아침 9 : 39 起.

1990. 3. 17. 새벽

4시경에 한국서 전화가 와서 깼는데, 오늘 워싱턴으로 떠날 준비로 마음이 산란해져서인지 내처 일어나서 이 생각 저 생각. 이 책 저 책.

13일날 발표를 하고 (며칠간 준비하느라 바빴다) 돌아왔다가 다시 Edward

& Hazzard Seminar를 마치고 나오는 길에 캠퍼스의 저녁. 어슴푸레한 옛 기억. 아마도 Kent Library 근처였던 듯싶다. 이른봄 저녁의 大圓菴 혹은 동숭동 잔디. 젊은 날의 상실이 가슴을 메웠다.

　그후 며칠간 따뜻한 날씨가 계속되어 며칠 전까지 겨울 속에 살다가 불쑥 봄 —— 또는 초여름으로 옮겨온 듯하다. 14일인가 Colombia Campus를 가로질러 나오다가 KENT LIBRARY —— Low Library —— 광장 길목에서 뜻밖에 젊은 학생들이 득시글득시글 —— 여기저기 웅기중기 모여앉아 웃고 떠들고 햇볕을 쬐고 하는 것을 보았다. 어떤 충격이 왔다. 세월의 뒤안길로 돌아 그토록 그리던 청춘의 고향에 왔건만 몸은 이미 늙고, 날 알던 사람들은 어디 하나 보이지 않고, 잠자다 세월을 놓쳐버린 립 반 윙클처럼 나는 거기에 끼여들지 못한 채 내 꿈을 내가 구경을 하고 있어야 했다. 외로움, 잔잔한 슬픔, 무엇이라고 표현할 수도 없는 喪失感 —— 그러나 이것이 내가 오래도록 바라고 바라던 일이 아니었던가. 병들지는 말자. 슬픔을 달래어 병을 넘어서야 한다.

　그제, 어제는 TV 대담을 보고, 책을 사고, 책을 살 생각을 하고, 朴秀憲, 洪형택 등과 대화. 또 책 의논을 하는 등으로 의욕이 치달렸다.

　오늘 새벽 잠이 깨어서는, 책 몇개를 뒤적이다가 사람들과의 인연을 생각하고, 지나온 일을 생각했다. 仁淑이, 張兄, 이우재, 김석조 …… 주마등같이 스쳐가는 사람들의 인생과 인연. 대학시절 문리대 도서관에서 책을 보던 무렵서부터 얼마나 긴 시간을 빼앗기고 이제 여기에 온 것인가? 공부를 할 기회를 얻기 위해 발버둥치던 일이 새삼 쓰라렸고, 아직 내 가슴 깊은 곳에 이런 恨 같은 것이 웅어리져 있었구나 하는 자각.

　유학이 아니라 마치 무슨 망명을 오듯 허겁지겁 사무실도 팽개치고 식구들과도 단절하고 떠나온 것이, 바로 그런 恨에서였구나 하는 것을 새삼 선명하게 보게 된다. 내 마음이 왜 그토록 바빴던가 하는 것도 알 듯싶다.

▨ 편 지

＜아내에게＞

玉卿

 새벽에 잠을 설쳐 다시 잠을 청할까 하다가 문득 빗소리를 듣고 아주 일어나 앉아서 창문 바깥 허드슨 강변 쪽을 하염없이 바라보았습니다. 이 도시는 늘상 자동차 소리와 온갖 기계음이 뒤섞인 소음으로 덮여 있지만, 그 속에서도 빗소리——큰 폭우도 아니고 그저 꾸질꾸질 내리는 가는 비의 소리를 가려 들을 수 있었던 것은 뜻밖이었습니다. 이건 봄비로구나——17년 전 대전형무소에서 5월 출감을 손꼽아 기다리던 그때 내 영혼을 온통 뒤흔들어놓던 그 봄비…… 옥 뜰에선 버드나무에 물이 오르기 시작하는 것, 나뭇가지 끝으로 연하디연한 노란빛이 돌면서부터 하루하루 연두색, 초록색이 더해가는 것을 설레는 마음으로 바라보던 그때, 간간이 내리는 비는 그야말로 겨우내 언 땅속에 잠들어 있던 온갖 추억과 유혹과 꿈을 한꺼번에 일깨워놓는 잔인한 봄의 전령이었습니다. 그 무렵에도 언제나 그랬듯이 지금 이 시간도 창 밖으로 내리는 비를 무연히 바라보고 있는 사이에 내 마음은 어느덧 당신에게로 향하고 있습니다.

 창 밖엔 적막한 밤비 소리

 등불 앞 내 마음은 아득히 먼 곳으로 달리네

 (窓外三更雨 燈前萬里心)

 내 방은 눈어림으로 그저 두평 남짓한 비좁은 방이지만 책상머리에 앉으면 앞쪽과 왼쪽 옆으로 난 창문을 통하여 허드슨 강변의 길과 빌딩과 나뭇가지들이 시야에 들어오는 전망 좋은 모서리에 자리잡고 있어서 그리 답답한 생각은 들지 않습니다. 아직은 이곳에 와서 받거나 구한 여러가지 자료들이 어지럽게 널려 있지만 곧 모든 것이 안돈되고 공부에 전념하게 될 수 있을 것 같습니다. 미국에 도착해서 사흘 동안은 선구 집에서 묵으며 자고, 쉬고, 놀고 했는데 선구 부인이 어찌 친절하게 마음을 써주는지 —— 덜렁덜렁한 것 같아 별로 그런 구석이 없을 것 같지요? 나도 차츰 겪으면서 그런 줄을 알게 되었습니다 —— 당신이 한번 전화로 인사해주기 바랍니다. 선구 부인이 겉으로 표시는 안 해도 마음은 따뜻한 사람인 것 같고 낯선 곳에 와서 오래 살아서 그런지 옛사람들을 그리워하는 정이 있는 것 같았습니다. 선구는 지금도 수시로 전화를 하면서 내가 뭐 불편한 것이라도 없는지 마치 지가 내 인생을 책임지기라도 한 것처럼 그렇게 신경을 쓰고 있습니다. 사람과 사람 사이라는 것이 무언지, 인연이라든지 정이라든지 하는 것이 뭔지에 대해서 이런 곳에 와서는 서울처럼 아는 사람들 속에 파묻혀 日常을 보내던 곳에서는 느끼기 어려웠던 여러가지 느낌을 새로이 갖게 됩니다.

1. 13.에는 선구네가 새집을 짓고 있는 터에 가보았습니다. 숲속에 새로 개발되는 동네인데 선구네가 대지 3에이커(약 3,600평)의 땅에다가 건평 100평 정도 되어 보이는 집을 짓고 있습니다. 싯가로 약 70~80만불 정도 되는 좋은 집이지요. 서울에서라면 아마 몇십억원을 주고도 마련하기 어려운 호화주택이 되겠지만 사실은 호화로운 것은 아무것도 없고 그저 넉넉하고 쓸모 있는 좋은 집으로 느껴졌습니다. 수중에 한푼 가진 것 없이 고국을 떠나서 이십년 만에 이런 좋은 집을 짓게 되기까지 선구 내외가 서로 의지하고 함께 온 힘을 다하여 노력하면서 지내온 그 세월이 무척 아름답게 생각되면서도, 한편으로는 무언지 모르게 쓸쓸하고 마음이 시려오는 감동에 젖게 됩니다.

1. 14.에는 선구와 함께 워싱턴에 가서 국회의사당 내부를 관람하고 동아일보 卞相根 특파원을 만나 점심을 같이했습니다.

오하이오에 큰누님이 와서 내게 전화해달라고 한다는 연락이 온 모양이니 여기서 중단합니다.

90.1.21. 아침 8시반.

玉卿

어찌어찌하다보니 편지 한장 부치지 못한 채(쓰지 않은 것은 아니오) 한달이 후딱 지나갔구려. 할말이 없어서가 아니라 도리어 너무 많다보니 붓을 잡고 책상머리에 앉으면 몇시간이 걸려야 끝을 맺을 수 있을지 엄두가 나질 않아서 此日彼日 미루다가 이리 된 것이지요. 이러다간 자칫하면 집에 돌아갈 때까지 편지 한번 못하겠다는 생각이 들어서 모처럼 마음을 내어서 자리에 앉았소.

무슨 말부터 해야 할까? 바깥에는 비가 촉촉히 내리고 있소. 봄비. 지난번에도 창 밖에 비가 내리는 것을 보고 불현듯 당신이 그리워져 편지를 써내려가다가 다른 일이 생겨서 끝을 맺지 못하였는데 지금도 이 봄비가 나를 못 견디게 하는구려. 시계를 보니 밤 1시 26분이오. 이곳은 바닷가라 그런지 원래 바람이 많은 편인데 오늘(시간으로 따지자면 어제)은 아침부터 오후 늦게까지 화창한 날씨가 계속되다가 저녁무렵부터 비가 내리고 바람이 조금씩 불기 시작하더니 지금 이 밤 깊은 시각에 이르러서 누구를 보고 들으라는 건지 노호하는 듯 애원하는 듯 거센 바람소리가 몇시간씩 이어지고 있소. 이 미친 듯이 휘몰아치는 바람 속에서 내 마음은 萬里蒼空을 날아 다시 당신 곁에 앉았소.

완연한 봄이오. 나는 슬프지도 않고 외롭지도 않소. 지난 한달 동안에도 우리가 떨어져 있다는 느낌을 가져본 적은 잠시도 없었지만, 지금 이 순간 당신은 내 實存의 한가운데로 들어와 말없이 자리잡았고 나는 당신을 맞아들이기 위하여 모든 것을 깨끗이 비웠소.

玉卿

이름을 부르니 새삼스레 아득한 그리움이 밀려오는 것은 웬 까닭인지. 우리의 사랑은 때로는 거센 파도처럼 격렬하게 부딪치고 때로는 불꽃처럼 뜨겁게 타오르고 또 더러는 깊은 絶望의 골짜기 속으로 떨어져내리기도 했지만, 이렇게 저녁 潮水처럼 잔잔하게, 애틋한 그리움이 밀려오는 순간 속에서 나는 그 어느 때보다도 당신과 내가 하나로 녹아들고 있다는 것을 확연하게 實感하고 있소.

그동안의 일은 다음 기회에 이야기하기로 하고 우선 오늘 있었던 일만 간단히 적겠소. 오전에 ACLU('미국민권협회' 정도로 번역하면 적당할 듯)라는 단체를 방문했는데 이 단체는 미국의 인권단체들 중에서 가장 규모가 크고 영향력도 큰 단체요. 外國 일에는 관여하지 않고 미국 국내의 인권문제만 다루는데 원래는 黑人들에 대한 人種差別 문제를 가지고 시작했던 것이 지금은 그 문제가 대폭 개선되어 거의 解消될 단계가 되자 다른 문제들을 손댄다는 것이 '落

胎의 自由', '同性愛 사람들의 人權'—— 이런 등등의 문제를 가지고 대부분의 노력을 集中하는 형편이 된 모양입니다. 뭔가 消化가 안 되는 기분이었소. 예컨대, Abortion의 문제는 'privacy'라는 관점에서 접근하고 있는데, "개인의 性生活이나 그 子女出産의 문제를 국가가 dictate할 권리가 있느냐?" 하는 식의 웅변조의 주장을 펴는 것을 들으면서 心思가 매우 착잡해지는 것을 어쩔 수가 없었소. 사회가 워낙 달라서 그런지, 내가 固陋해서 그런지, 어쨌든 이런 문제로 열을 내어가며 평생을 바친다는 것은 나로서는 내키지 않을 것 같은 느낌이었소. 胎兒의 권리—— 生命의 尊嚴은 그럼 어떻게 되는 거냐? 이런 反問이 가능한 문제가 되면, 善惡이 鮮明하게 구별되는(것처럼 느껴지는) 가운데서 善을 위해 투쟁한다는 메시아的 使命感 같은 것을 느끼며 살아오는 데 익숙해진 우리로서는 뭔가 맥이 빠지는 기분이 되는 것이 당연한 일이겠지요—— 그러나 어쨌든 美國사람들은 적어도 外見上으로는 이런 문제에 대하여 우리나라의 '愛國者'들 이상으로 진지한 것같이 보이는데, 차차 시간을 두고 내 생각을 再檢討하고 새로 정리를 해보아야 할 것같이 느껴집니다.

오늘은 이만 줄여야 할 것 같소. 아이들 데리고 여러가지로 어려운 점이 있겠지만 잘 지낼 줄로 믿고 健康에 유의하기만 당부합니다. 내일(오늘) 이삿짐을 옮기고 모레(내일, 日曜日)부터 入住하려고 합니다.

1990.2.24. 새벽 3시.

<아이들에게>

일평이에게.

앞의 사진은 뉴욕의 엠파이어스테이트 빌딩이다. 아빠가 어렸을 때는 이 건물이 세계에서 제일 높은 건물이었다. 아빠는 네가 이 건물처럼 높아지기를 바라지는 않는다. 세상에서 제일 돈 많은 사람이 되거나 제일 유명한 사람, 높은 사람이 되기를 원하지도 않는다. 작으면서도 아름답고, 평범하면서도 위대한 건물이 얼마든지 있듯이—— 인생도 그런 것이다. 건강하게, 성실하게, 즐겁게, 하루하루 기쁨을 느끼고 또 남에게도 기쁨을 주는, 그런 사람이 되기를 바랄 뿐이다. 실은 그것이야말로 이 엠파이어스테이트 빌딩처럼 높은 소망인지도 모르겠지만 ……

1990.1.18. 밤. 아빠가.

일평아. 앞의 사진은 미국 헌법의 아버지로 불리는 토마스 제퍼슨 기념관을 포토맥강 건너편에서 바라본 모습이다. 워싱턴의 名所 가운데 하나다. 위의 설명문을 읽어보고 單語를 찾아가며 해석해봐라. 高三 정도의 英語지만 열심히 풀어보고 엄마께도 여쭈어보고 그래도 모르겠으면 나중에 전화할 때 물어봐라. 英語는 어려운 걸 자꾸 풀어보다보면 쉬운 것은 저절로 익히게 된다. 아빠는 잘 있다. 할머니, 할아버지께 자주 전화드려라.

90.1.18. 밤 11시.

무현아.

이 그림과 우표가 마음에 드니?

아빠는 언제나 네가 자랑스럽다. 이제 2학년이 되면서부터 우는 소리 하거나 떼쓰지 않기로 아빠와 약속한 것을 생각하면 먼 이곳에 와서도 마음이 든든하단다. 아빠는 몸 성히 잘 있다. 여기서는 전화가 잘 안 되어 못했는데 미국 가서 전화할게.

89.2.26.
아빠. 소련 레닌그라드에서.

무현아.

우리나라에서는 겨울에도 바다가 얼지 않는데, 아빠가 있는 이곳 소련에서는 날씨가 몹시 추워서 겨울에 바다가 얼어붙어버린단다.

이 그림엽서는 레닌그라드에서 산 것인데 아빠는 이 그림에 나와 있는 집과 강(네바강)도 보고 얼어붙은 바다도 보았다. 집에 가서 얘기해줄게. 잘 있어라.

겨울의 배반

깊은 밤
차디찬 꿈에서 홀로 깨어나다.

이 낯선 거리에는
짓밟힌 낙엽조차 남지 않았다.

菊香 아득히 멀어져가고
자욱한 안개 속을 울며 떠난 향토

도회의 불빛 뒤로 날리며
나는 가쁜 숨결로 끝간 데 없이 달려왔다.

나를 손짓해 불렀던 그것들
달아오른 얼굴로 뜨겁게 사랑했던 모든 기억들

지금은 싸늘한 주검으로 돌아와
天涯의 벼랑에 서다.

무엇인가 저기
시린 손끝으로 적막한 인사를 보내는 것은.

무엇인가 저기
희미한 미소로 차츰 다가서 오는 것은

낮게 흔들리는 촛불
그림자 속에 깊이 숨어

하나의 낯익은 모습이 떠오른다. 옛것인가 저것은
하나의 눈부신 환상이 펴오른다. 새것인가 저것은

잔혹한 겨울이여 너를
뿌리치라고 뿌리치라고
나즉히 속삭인다.

1982. 12. 14.

노동자의 불꽃
아아, 전태일

저
처절한 불길을 보라
저기서 노동자의
아픔이 탄다
저기서 노동자의 오랜
억압과 죽음이 탄다
아아, 노예의 호적은 불살라지고
끝없는 망설임도 마침내 끊겨버린
저기서
노동자의 의지가
노동자의 저항이
노동자의 자유가
불타오른다

저 황홀한 불꽃을 보아라
저 참혹한 사랑을 보아라

저 위대한 분노를 보아라
아아, 불길 속에 휩싸이며
내 죽음을 헛되이 말라
외치는
저것은 죽음이 아니다
저것은 패배가 아니다
저 피
저 눈물
저 울부짖음 속에서
싸우는 노동자의 강철 같은 심장을
보아라

거리거리에서 들끓는
기다림들이, 노여움들이,
절망을 뚫고 솟은 눈부신
승리가

───────────

＊ 편집자 주 : 이 시는 고인이 민청학련사건으로 수배되어 오랜 도피생활 중에 있던 1977년 가을, 11월의 전태일 열사 기일에 맞추어 집필된 것이다. 당시 평화시장 노동자들은 이소선여사의 구속, 노동교실의 폐쇄 등으로 어려운 상황을 맞아 격렬하게 투쟁하였고 고인은 이들을 돕고 있었다. 이 시는 당연히 지은이를 감춘 채 유인물로 제작·배포되었다.

저기서 소리치며 탄다
오라, 압제여
네가 저 영원한 불꽃을
이길 수 있단 말인가?
오라, 가난한 등을 밟고 선
모든 구둣발들이여,
곤봉들이여, 최루탄, 지하실, 쇠창살 들이여
얼마든지 오라
네가 저 인간선언의 피외침을
막을 수
있단 말인가?

오라, 형제여, 짓밟힌 젊음들이여,
이 찬란한 불꽃의 광장으로 오라
탄식을 버리고
두려움을 버리고
비굴한 웃음도 모두 내던져버리고
오직
한줄기
폭탄의 분노가 되어
오라, 그날의 불길로 오라

(1)

초겨울 찬바람이 옷자락을 날릴 때면
가슴이 저려오는 아픈 추억 살아난다
지금도 들려온다 옛날의 그 목소리
불길 속에 휩싸이며 울부짖던 그 목소리
　　노동자를 학대 말라
　　기계취급 하지 말라
　　아아 짓밟지 말라

저 티없는 소녀들을

기억하라 형제들아 전태일의 슬픈 넋을
세상을 짓누르는 불의 앞에 맞서서
노동자의 인권회복 불꽃으로 선포하고
스물둘의 젊은 목숨 아낌없이 내던졌네
누구였나 7년 전에 그를 죽인 살인자들
불탄 시체 끌어내어 오늘 다시 매질하네

총력안보 허울 아래 노동3권 박탈되고
수출증대 구호 속에 노동자의 고통증대
노동은 갈수록 끝없이 고달프고
끊임없는 생계불안 지친 넋을 짓찧는데
슬프다 7년 풍상 우리 위해 애쓰시던
노동자의 어머니는 철창으로 끌려가고
최소한의 인권마저 경찰봉에 파괴되니
지하의 전태일이 소리치며 통곡하네

노동하는 형제들아, 짓밟힌 젊음들아,
원통할손 그의 넋을 누가 있어 위로하랴
노동자의 억울함을 누가 있어 풀어주랴
잊었는가 형제들아, 저 피끓는 울부짖음
불탄 숯덩이로 병상에서 죽어가며
내 죽음을 헛되이 말라 절규하던 한마디를

(2)

노래하세 형제들아 우리의 슬픈 내력
너무나도 오랜 시간 굴욕 속에 살아왔네
가난한 죄 하나 땜에 어린 가슴 못박히며
일찍부터 생활전선 시달리는 우리 신세

교복 입은 학생들을 곁눈질로 쳐다볼 때
쓸쓸한 눈망울엔 깊은 절망 담기누나
이 세상 좋은 것은 모두 우릴 밀어내고
지옥 같은 노동만이 우리를 기다리네
사람이면 사람답게 살 권리가 있다건만
언제 한번 활짝 펴고 웃으면서 살아볼까
새털같이 많은 날에 속편한 날 하루 없고
언제나 야윈 얼굴 어두운 그늘지네
아름다운 청춘이라 사람들은 말하건만
우리의 젊음은 어찌 이리 우울한가
까닭없는 패배감에 가슴을 움츠리며
왜 우리는 남들 앞에 떳떳이 못 나서나
말해보세 형제들아, 무슨 내력 거기 있나
오랜 침묵 깨뜨리고 외쳐야 할 시간일세

하늘 땅 열리실 제 삼라만상 생겨나니
모든 생명 귀한 중에 사람이 으뜸이라
한덩어리 지구 위에 한핏줄 타고나니
사람 위에 사람 없고 사람 밑에 사람 없네
사람이 사람을 학대할 권리 없고
사람이 사람을 억누를 수 절대 없어
이를 두고 예로부터 자유·평등 일컬었네
땀흘려 일하는 자 일한 몫을 거두고
뜻밖에 불행한 자 모두 도와 함께 사니
인류의 오랜 꿈인 정의·사랑 참뜻일세

어둡다, 이 땅 위의 오늘 현실 바라보라
민주주의 파괴되니 약자 인권 짓밟히고
자유·평등·정의·사랑 공염불로 타락하네
천하는 천하의 것 1인의 것 아니건만
한 사람이 모든 것을 제멋대로 결정하니

법률도 제멋대로 재판도 제멋대로
언론자유 탄압하고 학원 교회 억누르며
약한 자를 대변하면 반공법에 묶어가고
강자 횡포 비판하면 긴급조치 묶어가니
진리는 철창 속에 거짓은 옥좌 위에
거짓이 진리보고 "뉘우치라" 조롱하고
총칼이 양심에게 침묵을 강요하니
온세상이 캄캄한 어둠 속에 휩싸이고
어용야당 어용노조 어용신문 어용방송
어용종교 어용예술 어용학자 어용교수
제세상 만난 듯이 온갖 잡귀 판을 치며
이 속에서 약육강식 온갖 비극 일어난다

권력은 돈을 낳고 돈은 다시 권력 낳아
힘센 자와 살찐 자가 부패 속에 총화단결
역대정권 경제정책 한마디로 표현하면
서민대중 고혈 빠는 특권경제정책이라
미국식량 들여와서 농산물값 눌러놓고
농민 희생 바탕 위에 노동자를 쥐어짜니
그 아버지 저곡가에 그 아들딸 저임금이
예로부터 한국경제 골격을 이뤘겄다
5·16 일어나고 현정권이 들어서니
수출제일 구호 아래 해외의존 깊어가네
원자재도 기술도 외국에서 들여오고
자본도 시장도 외국에다 의존하니
국내에서 하는 것은 노임착취 한 가지라
저임금 근본정책 갈수록 뿌리박네

외국자본 봉사하는 지배자들 거동 보소
국내시장 내어주고 값싼 노임 보장하여
미국자본 일본자본 되는 대로 끌어들여

정치자금 몇푼 받고 온갖 이권 제공하며
한국경제 중추부를 송두리째 내맡기고
대재벌들 살찌우는 지배자들 거동 보소
국민혈세 긁어모아 금융지원 조세감면
차관알선 시장독점 온갖 특혜 다 주면서
기아임금 바탕 위에 출혈수출 강행하니
이 바람에 녹는 것은 죄없는 서민대중
내수산업 중소기업 나날이 위축되어
근로자들 피땀 대가 찾을 길이 막연한데
갈수록 느는 것은 외국빚과 세금이니
갈수록 어려운 건 서민대중 생계일세

민족경제 유린하는 외국자본 횡포 보소
미국의 1할 미만 일본의 2할 미만
세계에도 보기 드문 값싼 임금 즐기면서
공해비용 필요없어 세금도 감면받아
판로보장 가격보장 이윤보장 송금보장
경영지배 보장에다 자본회수 보장받아
사오년도 채 못 되어 투자밑천 다 뽑으니
석유재벌 폭리 속에 연료난이 가중되고
자동차업 폭리 속에 교통지옥 깊어가고
비료재벌 폭리 속에 농민 피땀 새나가고
섬유·전자 폭리 속에 노동자가 죽어나네
이 중에도 지독한 건 일본놈들 장삿속
조건나쁜 차관 주며 온갖 잇속 다 차리고
공해산업 사양산업 있는 대로 옮겨놓고
군수부터 봉제까지 모든 산업 파고들어
한국을 저희 경제 하청기지 만들면서
철저한 노임착취 국내기업 뺨치누나

특혜받는 대재벌들 반사회적 거동 보소

신문에 이름 내는 성금낼 땐 후하면서
노동자 임금에는 어찌 그리 박하던가
제 자식 한달 과외 수십만원 들이면서
산하기업 여공임금 시간당 100원 미만
기업재산 사회환원 허울좋은 미명 아래
복지재단 만들어서 기업공개 회피하고
문화재단 만들어서 탈세를 일삼누나
애국하는 수단으로 기업한다 떠들면서
집권층과 결탁하고 외국자본 앞장서서
민족경제 외면하고 서민대중 수탈하며
수단방법 안 가리고 부당폭리 추구하니
아이스크림 화장품에 호텔까지 손을 뻗쳐
중소기업 목조르고 자원낭비 조장하기
은행이란 은행돈은 모조리 제 차지라
싼 이자로 융자받아 비싼 이자 사채놀이
국내시장 독점하여 초과이윤 거저 먹기
중소기업 해외시장 덤핑으로 가로채기
부동산에 투자하여 집값 땅값 올려놓기
하청기업 농락하여 도산시켜 잡아먹기
수입하며 외화도피 수출하며 외화도피
밤낮으로 생각느니 탈세와 외화도피

재주는 곰이 넘고 돈은 누가 먹더라고
불쌍한 우리 국민 죽자고 피땀 흘려
엉뚱한 외국인들 좋은 일만 시켜주고
특권층의 해외예금 통장이나 불려주니
고무줄놀음 통계숫자 1인당 국민소득
천불되면 무엇하고 만불되면 무엇하나
백억불 수출에다 천불 소득 다 되도록
서울시민 과반수가 내집 없는 사람이요
서민대중 밥상에는 여전히 신 김치뿐

이 중에도 죽어나는 건 우리네 노동자라
경제정책 이러하니 노동정책 어떠할까
입으로는 저임 일소 행동으론 노동탄압
온갖 악법 다 만들고 온갖 폭력 동원하여
살인자들 편들면서 노동운동 억누르니
노동정책 모든 목표 한마디로 표현하면
최소한의 임금으로 최대한의 노동착취
노동자가 죽어가도 수출만이 장땡이니
장시간 중노동은 많을수록 더욱 좋고
공해도 직업병도 아랑곳할 바 없고
돈 드는 안전시설 수출저해 요인이라

형제자매 노동자여 억울하다 우리 실정
멸시와 핍박 아래 기계취급 당해가며
노예처럼 혹사받고 병들어가면서도
경제정책 모든 실패 우리에게만 전가되니
수출상품 경쟁력도 저임금 바탕 위에
물가인상 억제책도 저임금 바탕 위에
불경기 땐 대량해고 실업자 신세되고
호경기 땐 철야작업 삭신이 병이 드네

못믿을손 정부로다 앙큼스런 수작 보소
애당초 불우이웃 생기게끔 해놓고서
병주고 약주기 불우이웃 돕기운동
무작정 공해수입 금수강산 버려놓고
눈가리고 아웅하기 자연환경 보호운동
내핍 절약 외치면서 기아임금 강요하니
무슨 돈이 그리 많아 외교정책 뇌물주며,
안보 위해 인권탄압 어쩔 수 없다더니
박동선이 인권 하난 기똥차게 보호하네

민주탄압 구실로는 '한국적 민주주의'
노동탄압 구실로는 '한국적 노사윤리'

한국적 기업가는 이윤극대 마다하며
한국적 노동자는 안 먹어도 살 수 있나
생활고에 지쳐빠진 노동자를 모아놓고
새마을 조회랍시고 노래까지 시켜가며
좋아졌네 좋아졌어 요란뻑적 선전하니
좋아졌네 좋아졌네 개뿔이 좋아졌나
노동자의 아픈 현실 똑똑히 들어보라

(3)

부잣집 개만 못한 노동자의 참상 듣소
부잣집 개님들은 내집이나 갖고 있고
때때로 짖기만 하면 끼니걱정 일이 없지
아프면 허겁지겁 수의과에 데려가고
죽으면 방성대곡 장사지내주는구나

우리네는 무슨 죄로 노동자로 태어나서
뼈빠지게 일만 해도 생계불안 못 면하고
평생 동안 노력해도 내집 한칸 장만 못해
아파도 치료커녕 쉴 틈조차 못 가지고
죽어도 장례 하나 변변히 못 치르나

황새걸음 물가앙등 뱁새걸음 임금임상
다락같이 올라가는 물가고 태풍 속에
생계비는 10만원대 돌파한 지 옛일인데
노동자의 한달 임금 얼마나 된다던가

77년 7월 6일 노동청 발표 보소

16인 이상 고용하는 제조업체 근로자 중
전체의 6할이 3만원 이하짜리
통계숫자 조작에는 이력이 난 정부조차
이렇듯 명백한 현실은 못 숨기네
통계숫자 그만두고 우리 실정 말해보세
영세업체 임금은 임금이라 할 수 없어
2만원 이하짜리 수두룩 닥상이요
어지간한 재벌산하 대기업체 경우에도
여공초임 한달에 2만원이 고작이니
하루일당 670원 시간당 84원
이삼년 경력 가진 대부분의 여공들이
본봉 수당 다 합쳐서 잘 받아야 3만원
남자 여자 막론하고 육체노동 파는 사람
10년을 노동해도 5만원대 못 바라봐
한 시간 꼬박 일해 차 한잔 값 채 못 벌고
하루종일 노동해도 돼지고기 반근 안 돼
한달 동안 철야하여 본봉 수당 다 받아도
한 사람의 한달치 하숙비도 다 못 벌어
그나마도 체불되고 떼먹히기 일쑤이니
이런 임금 받아가며 어떻게 생활하나
기적이라 말 말아라 기적이 어디 있나
어른들은 물론이요 나이 어린 자식까지
열네살만 됐다 하면 식구마다 뛰어나와
이것저것 가리잖고 생활전선 시달려도
빠듯한 한달 생계 빚 안 지면 다행이니
이것이 우리네의 목숨 잇는 비결이요
'세계제일 부지런한' 한국국민 내막이라

월급봉투 받아들면 한숨이 절로 나네
이것저것 빼고 나면 남는 것 무엇 있나
죽자고 땀흘려도 내 몸 하나 못 추슬러

병든 부모 약 한첩은 무슨 수로 마련하며
한창 배울 우리 동생 웬 재주로 가르치나
맹물로 반찬삼아 라면으로 끼니 잇고
밑빠진 독 물 붓기인 가난한 살림살이
푼돈이 목돈 되나? 목돈이 푼돈 되지
철마다 오르는 방세 1년 번 돈 잡아먹고
오랜 노동 큰 병 되면 10년 저축 날아가니
노동자는 언제나 밑지는 생명일세

물가안정 내세우며 임금인상 억제 마소
애당초 물가는 누가 끌어올려놨나?
대재벌에 특혜금융, 흥청망청 예산낭비
외환정책 잘못으로 통화팽창 시켜놓고
수입정책 잘못으로 인플레 수입하고
수출정책 잘못으로 국내생산 위축되니
물가가 오르는 건 당연하고 당연한 일
뿌린 자가 거두고 맺은 자가 풀어야지
어찌하여 만만한 노동자만 억누르나?

수출경쟁력 내세우며 임금인상 막지 마소
수출상품 원가 중에 노무비가 얼마라고
저임금 아니면은 수출을 못한다니
불합리한 수출정책 불합리한 기업경영
그 모든 대가를 왜 우리가 치를 건가?

기업사정 내세우며 참아달라 궤변 마소
기업사정 좋을 때는 금방석에 태워줬나?
노동자들 피땀 위에 팔짱끼고 올라앉아
온갖 사치 온갖 방탕 온갖 향락 다 누리고
기업재산 빼돌려서 온갖 실속 다 차리니
기업은 망해도 기업인은 살찌는데

292

어찌하여 우리네만 허리띠를 졸라매나

깎는 데는 철저하고 주는 데는 인색한
노랭이 기업주들 얌체 같은 거동 보소
본공일 다 시키며 임시공 취급하고
제 회사일 다 시키며 하청노동 취급하고
각종 수당 퇴직금은 떼어먹기 일쑤면서
하루라도 결근하면 사흘 일당 깎아내고
지각 조퇴 몇번이면 하루 결근 취급이라
일해야 할 시간은 철저하게 지키면서
일 안해야 할 시간은 더럽게도 안 지키네
생산독려 새마을조회 30분이 날아가고
새마을 청소라며 공짜노동 착취하니
새마을 소리만 들어도 넌덜머리 절로 난다

노동자를 혹사하는 기업주들 거동 보소
시키는 대로 일하고 주는 대로 받으라니
제가 무슨 지도잔가, 제가 무슨 독재잔가?
쥐꼬리 임금 주고 더럽게도 부려먹네
본봉 갖고 한달 살기 어림없게 만들어서
싫건좋건 초과노동 아니할 수 없게 하니
근로기준법 조문에 분명히 박혀 있는
연차, 월차, 생리휴가 상상조차 할 수 없고
한달 네번 주휴제도 하늘의 별따기며
8시간 노동제는 그림 속의 떡이 되네
지옥처럼 지루한 하루의 노동시간
짧아봤자 열 시간, 웬만하면 열네 시간
심할 때는 애시당초 정한 시간 아예 없네
일거리 있는 대로 기업주님 마음대로
철야작업 휴일근무 떡 먹듯이 자행되니
대우재벌 산하기업 대원섬유 하청받는

인천 어느 보세공장 기막힌 실정 듣소
한달 동안 계속하여 매일같이 철야하니
정상근무 8시간에 잔업이 아홉 시간
배보다 배꼽이 더 커지는 격이렷다

노동자 고혈 짜는 기업주들 거동 보소
시간제 노동에다 작업목표 정해놓고
목표달성 못할 때는 불량조로 낙인찍어
갖은 모욕 갖은 구박 해고까지 일삼으니
과중한 작업량을 무슨 수로 다 채우랴
정상작업 가지고는 목표달성 어림없어
근무시간 끝난 뒤로 공짜 작업 계속하니
시간제 일당이란 애초부터 빈말이고
연장수당 특근수당 고스란히 처박히네
종업원들 상호간에 작업전쟁 붙여놓고
잘하면 잘할수록 목표량을 높여가니
시일이 지날수록 작업은 고되어져
옆자리에 앉은 벗과 말 한마디 할 수 없고
점심시간 휴식시간 고스란히 빼앗기고
변소 갈 시간마저 작업에 빼앗기네

눈물이여 야윈 볼에 흐르는 눈물이여
작업동료 손찌검에 쓰러진 어린 소녀
박차고 일어나서 주임에게 대들려다
연일 철야 시달린 몸 굳은 사지 안 펴지고
편도선이 부어올라 목소리도 안 나오고
타는 가슴 억울함에 눈물만이 흐르누나
가진 자의 학대와 모욕 속에 짓밟히는
노동자의 뼈에 맺힌 원한을 들어보소
뼈빠지게 일만 해도 게으르단 소리 듣고
작업 도중 욕설 폭행 식은죽 먹듯 하네

가난해서 못 배운 설움만도 뼈아픈데
걸핏하면 무식하다 교양 없다 쥐어박고
부모님께 받은 이름 당당히 있건마는
걸핏하면 공순이 공돌이라 불러대니
공순이 공돌이는 제집 개새끼 이름인가?
돈주고 고용했음 노동력만 고용했지
사람까지 사들이고 인격까지 사들였나?
공원은 사원 아닌가 공원 사원 구별하고
공원이라 하면 무조건 업신여겨
장발단속 껌단속 온갖 훈계 퍼부으며
사소한 사생활까지 일일이 간섭하니
제가 무슨 부모인가 제가 무슨 선생인가
열등의식 불어넣어 인격까지 예속시켜
더욱 착취해보려는 얕은 수작 집어쳐라

자유여 자유여 네 얼굴을 우린 몰라
비굴한 웃음으로 노예노동 시달리다
기숙사로 돌아오면 창살 없는 노동감옥
팔다리도 펼 수 없는 비좁은 방 몰아넣고
세숫물에 급식 하나 변변히 안 주면서
필요할 땐 언제든지 동원하기 편하도록
온갖 규칙 정해놓고 공원들을 속박하네
물동이 들고 서서 벌받는 여공 보소
죄명이 무엇인가 허가 없는 외출이라
수치와 굴욕으로 일그러진 저 얼굴에
언제나 오려나 환한 웃음 피어날 날

(4)

한창 자랄 나이 적에 허리띠 졸라매고
장시간 중노동에 나날이 시달리니

건강한 영양체질 상상조차 할 수 없고
균형 있는 신체발육 바랄 수 아예 없네
열일곱살 노동청년 평균신장 얼마인가?
같은 나이 한국 평균에 13센티 미달이요
고무공장 노동자는 17센티나 미달이니
불우한 노동자는 키 클 권리도 없단 말인가

겉보기에 뻔지르르 공장 건물 내부 보소
회칠한 무덤일세 살인적인 작업환경
난방 냉방 환기장치 최소한의 안전설비
있어야만 할 것들은 있는 것이 거의 없고
소음 먼지 악취 열기 온갖 독물 온갖 공해
없어야만 할 것들은 골고루도 갖춰 있어
직업병과 산재사고 해마다 늘어가니
노동자의 파리목숨 내일을 알 수 없네
피부병에 신경통은 노동자의 숙명이요
빈혈에다 소화불량 없는 사람 거의 없네
허리 굽은 봉제여공 콜록콜록 기침소리
전자공장 영순이는 2년 만에 시력 잃고
신발공장 김군은 수족에 감각마비
방직공장 정방여공 두손이 썩어들고
화학공장 노동자는 두통에다 심한 고통
석탄 캐는 광부들은 규폐 진폐 폐병환자
기계금속 노동자는 소음성 난청에다
중금속 중독으로 불치병에 시달리니
노동자의 각종 질병 어찌 이루 다 말하랴
삭신이 병이 들고 성한 곳이 하나 없네

공해천국 울산공단 노동자들 참상 보소
피부질환 호흡장애 시력장애 빈혈 백혈
소음에 귀가 먹고 크롬중독 콧속 뚫려

3만 5천명 검진하니 2만 5천명 공해병자
일본에서 쫓겨난 공해산업 어디 가나
관대한 한국으로 일제히 몰려드니
유수한 공업단지 대부분이 이 꼴일세

강원도 탄광에서 갱도가 무너지니
수백수천 생목숨이 해마다 매장된다
근로자의 도살장인 울산의 현대조선
공중에서 떨어지고 큰 철판에 깔려 죽고
위에서 놓친 쇠망치에 아랫사람 머리 깨져
75년도 한해만도 삼천건의 산재사고
해마다 방방곡곡 10만여명 노동자가
산재사고 네 글자에 병신 되고 죽어간다

돈에 눈먼 기업가는 경비절감 제일주의
눈뜬 장님 노동행정 무사안일 제일주의
빛 좋은 개살구 기준법은 어디 갔나
창살 없는 감옥 속에 노동자가 죽어간다

아아
햇살과 바람마저 노동자를 외면하고
티없는 동심들이 살찐 자의 비료 되어
꽃 같은 젊음들이 딸라 버는 기계 되어
착취와 혹사 속에 저임금에 목매달려
노동자가 죽어간다 노동자가 죽어간다
유태인도 아니건만 독가스에 숨이 막혀
공해공장 폐수구에 노동자가 죽어간다
타이밍약 2알씩에 열흘 동안 철야작업
단칸 셋방 돌아오니 연탄까스 새어나와
죽음도 잠 못 깨워 젊은 목숨 쓰러진다

노동자의 설운 사정 누가 있어 알아주랴
가증스런 신문쟁이 못 믿을 것 방송장사
새 한마리 죽었다고 큰일난 듯 떠들더니
생사람이 죽어가도 본척 만척 하는구나
원망스런 종합병원 높은 건물 바라보소
팔자좋은 사람들은 멀쩡해도 치료하고
골수에 병들어도 우리네는 외면하니
현대의학 최신 설비 무슨 소용 있단 말인가
무책임한 노동당국 삔삔스런 언동 보소
언제나 '조사중'인 근로중의 위반실태
언제나 '연구중'인 산재사고 예방대책
산재사고 대부분은 노동자의 잘못이요
폐결핵과 같은 것은 직업병이 아니라네
감독행정 이러하니 업주들이 어떠할까
생사람이 죽어가도 돈 100만원 그만이요
직업병 걸리면은 한푼 없이 해고하며
돈 뜯으려 엄살 말라 억울하면 소송하라
눈 하나 깜짝 않고 적반하장 호통치니
행정도 법률도 모두 저희 편이더라

폐병 3기 어느 여공 슬픈 사연 들어보소
열네살 소녀 때에 평화시장 시다 되어
실밥 먼지 흩날리고 기름냄새 코찌르는
어두컴컴 다락방에 하루종일 갇힌 채로
변소 갈 틈도 없이 고된 작업 시달리며
퇴근 때는 언제나 막차 신세 못 면했네
그렇게도 부러웠던 미싱사가 되고 보니
좋기는커녕 고통만 늘어났네
손가락은 닳아져서 지문까지 없어지고
팔 어깨 등허리 쉴 새 없이 결려오고
밤늦게 돌아갈 땐 두 다리가 후들후들

발등이 부어올라 구두를 못 신었네
일거리 밀릴 때면 잠 못 자고 밥 못 먹어
출퇴근시간이면 언제나 교통지옥
이러한 과로 속에 끝도 없이 시달리다
어느덧 남은 것은 폐병환자 신세였네
하룻밤 심심풀이에 500만원 판돈 거는
팔자좋은 재벌위세 노름꾼도 있다지만
삐삐지는 평화시장 여공생활 10년 만에
배곯고 저축한 돈 30만원도 못 되었고
그것마저 전셋방에 다 쏟어넣고 보니
여전히 무일푼 거지신세 다름없고
폐결핵엔 잘 먹고 푹 쉬어야 한다지만
무슨 수로 잘 먹으며 어떻게 쉴 수 있나
죽도록 부려먹다 건강이 악화되면
연탄재 내버리듯 하는 것이 기업주요
해고될까 두려워서 아파도 병 숨기고
무리하게 버티는 게 우리의 실정이라
갈수록 깊어진 병 각혈까지 보게 되니
이제는 갈 데 없이 쫓겨나고 말았다네
가난한 집안에 맏딸로 태어나서
밀가루 국수나마 마음껏 먹고 싶어
처음에 취직될 땐 세상이 내것 같고
열심히 기술 배워 꼬박꼬박 저축하면
머지않아 남보란 듯 살게 될 줄 알았건만
세월이 흐르면서 모든 꿈은 깨어지고
남은 것은 썩어가는 불구의 몸뿐이라
언제나 밑지는 생명 더 살아서 무엇하나
더러운 이 세상을 하직하고 싶건마는
늙은 부모 마음아파 그도 차마 못하겠네

(5)

노동운동 탄압하는 기업주들 거동 보소
노동자의 단결권은 헌법상의 권리건만
노조결성 네 글자에 오만상을 찌푸리고
갖은 수단 다 부려서 조합원들 탄압하네
빨갱이라 욕설하고 간첩이라 소문 퍼쳐
순진한 조합원들 공포에 떨게 하고
제가 무슨 정보부라고 조합원들 신원조사
깡패 동원 폭행에다 갖은 욕설 갖은 구박
까닭없이 부서 옮겨 힘겨운 일 떠맡기고
별별 트집 다 잡아서 주동자를 해고하며
명단까지 작성하여 각 업체로 다 돌리니
여우도 돌아가 쉴 작은 굴은 있건마는
노동운동 하는 사람 발붙일 곳 어디멘가
이러고도 모자라면 경찰권력 동원하고
어용노조 만들어서 진짜 노조 억누르네

대재벌의 업쳇수록 노조탄압 더 심하니
이 나라의 최대재벌 삼성재벌 실태 보소
산하기업 27개에 노조 있는 곳 하나 없네
용인 자연농원에서 노조운동 일어나니
'근무자세 불량'으로 주동자를 해고하고
제일제당 미풍공장 노동조합 결성되니
조합원들 감금하며 조합탈퇴 강요하고
6백명의 사원들을 예비군복 입혀서
화학노조 조합원을 각목으로 집단폭행

명천 대낮 서울바닥 유령 하나 배회하니
그 이름도 악명 높은 인선사 유령노조
지부장은 영업과장, 임원들은 회사간부

설립된 지 2년 동안 총회 한번 연 일 없고
조합원들 그 누구도 조합 존재 알지 못해
이 악령에 시달리는 노동자들 실정 보소
7~8년을 근무해도 하루 일당 천원 미만
안전시설 하나 없는 재단기에 손 잘리고
월차 연차 유급휴가 고스란히 떼먹히며
매일 평균 13시간 경제작업 시달리다
참다못해 지난 사월 노동조합 결성하니
그제서야 느닷없이 유령노조 나타나며
새로운 노조결성 불법이라 몰아친다
초록은 한빛이요 게는 가재 편이라고
노동청과 시청에선 유령노조 편을 드니
진짜가 가짜되고 가짜가 진짜되네
분노한 노동자들 분실자살 기도하자
경찰당국 거동 보소, 방화죄로 체포하여
사흘 동안 감금하고 갖은 협박 갖은 폭행

민중의 몽둥이 경찰권력 거동 보소
노동자들 몇이 모여 수군수군했다 하면
사냥개 냄새맡듯 정보형사 떠다니고
임금인상 요구하며 농성 한번 했다 하면
개밥에 보리알 튀듯 기동경찰 끼여드네
어느샌가 나타나는 사복 입은 형사남네
밥 먹고 사람 패는 연습만 하였던지
유도 당수 태권도로 노동자를 후려치니
가뜩이나 중노동에 지칠 대로 지친 몸이
골수에 병이 들어 폐인이 되어가네
노사간의 싸움에 정부가 왜 개입하나?
도와주지 못하거든 잠자코나 있어다오
말끝마다 법질서 법질서 좋아하네
영장 없이 체포 고문 무슨 법에 근거 있고

어린 여공 젖가슴은 웬 법 따라 주무르나?
노동자를 위한 법률 그 얼마나 된다기에
그나마 단 하나도 지키지 않으면서
노동자 잡는 법은 수도 없이 만들고서
꼬투리만 있다 하면 제까닥 묶어가니
이 나라의 법질서는 누굴 위해 있는 건가
돈 없고 배경 없는 우리네 노동자들
기업주 하나만도 상대하기 힘겨운데
국민의 혈세로 유지되는 국가권력
기업주들 편들어서 노동운동 억누르니
이 정권은 과연 누굴 위한 정권인가
5·16 직후에 어용노총 만들더니
그마저도 못 미더워 정보경찰 노동사찰
외자업체 노동자의 단결권을 박탈한 후
저임금 광고하고 노조 없다 선전하며
외국자본 끌어들여 노임착취 보장하니
일본자본 득실대는 마산지역 실태 보소
100개 넘는 기업체에 2만 공원 근무하네
노동조합 결성된 곳 단 한개도 없는 실정
이것만도 부족하여 71년 겨울에는
비상사태 이름 아래 보위법을 선포하니
총력안보 구실 아래 노동3권 박탈이라
노동자의 생명선인 교섭권과 쟁의권
그것 없인 근로조건 개선될 수 절대 없어
세계의 모든 나라 철저보장 하건마는
어쩌타 우리네는 전생의 무슨 죄로
육백만 노동자를 노예로 만들어서
총력안보 말 말아라 노사협조 말 말아라
억압이 유죄인가 저항이 유죄인가
근로조건 개선 없인 노사협조 절대 없고
노동권 보장 없인 총력안보 절대 안 돼

진정으로 총력안보 노사협조 바라거든
노동운동 탄압 말고 노동악법 철폐하라

(6)

지렁이도 밟히면 꿈틀하기 마련이고
참새가 죽을 때도 짹소리는 하고 가니
하물며 만물영장 인간으로 태어나서
이토록 짓밟히고 어찌 조용할까보냐
70년도 11월에 평화시장 앞길에서
노동자의 불꽃 하나 폭탄처럼 튀어나와
"노동자도 사람이다. 기계취급 하지 말라"
땅속에서 울부짖는 전태일의 핏소리가
억눌린 억만 가슴 뒤흔들고 울려퍼져
노동자의 생존투쟁 곳곳에서 일어나니
이 위대한 역사흐름 그 무엇이 막을소냐

71년 가을철에 한진재벌 노무자들
월남에서 목숨 걸고 일한 대가 떼어먹혀
수백통의 호소문도 진정서도 소용없어
쌓인 울분 폭발하여 한진빌딩 불사르고

74년 겨울철에 현대조선 기능공들
회사측의 배신으로 막일꾼으로 격하당해
이중의 착취와 혹사에 시달리다
3천명이 궐기하여 극한투쟁 전개하니
"우리들은 조선소의 소모품이 아니다"
하늘을 무찌르는 그들의 함성소리에
노동자들의 불꽃은 더욱 크게 자라났네
세월이 흐를수록 억압은 깊어가고
억압이 깊을수록 저항도 격렬해져

노동자의 불꽃은 갈수록 거세지니
근래에 여기저기 숱한 노조 결성되고
각지의 노동자들 연합하기 시작하여
억압자들 간담을 서늘하게 만들었네

장하도다! 인천의 동일방직 여공들아
회사측의 감금 뚫고 기숙사서 뛰쳐나와
수도까지 끊긴 속에 1천명이 사흘 농성
기동경찰 탄압 앞에 알몸 벗어 저항하는
눈물겨운 투쟁 끝에 조합위기 막아냈네

장하도다! 짓밟혀온 시내버스 안내양들
끊임없는 투쟁으로 알몸수색 거부하고
음독자살 항거하여 계수기 철폐했네

장하도다! 뚝섬의 풍천화섬 노동자들
명절까지 빼앗기는 혹사에 항거하여
긴급조치 아래에서 추석데모 감행했네

장하도다! 럭키재벌 반도상사 노동자들
천 사백명 전원이 철통같이 단결하여
회사 경찰 노동청의 온갖 탄압 물리치고
철저한 단식투쟁을 끝까지 전개하여
노동조건 개선하고 노동조합 결성했네

장하도다! 영등포의 원풍모방 노동자들
일천여명 조합원이 엿새 동안 농성 끝에
지부장을 구출하여 노동탄압 분쇄하니
계엄령 아래서도 투쟁하던 옛 전통이
오늘 와서 다시 한번 찬란하게 빛나누나

장하도다 곳곳에서 싸우는 노동자들
억압조치 아래서도 굴복하지 아니하고
어둠 속에 가려진 채 온갖 핍박 이겨내며
오직 밝은 내일 위해 피의 투쟁 전개하니
○○에서, 남영에서, 대협에서, 방림에서,
태평에서, 해태에서, 미도파, 한독에서,
전자공장, 방직공장, 조선소와 탄광에서,
부평에서, 성남에서, 포항에서, 마산에서,
서울에서, 인천에서, 구미에서, 울산에서,
아아 전국 곳곳에서, 바다 건너 중동에서,
노동자의 불꽃이 수도 없이 타오른다 !

77년 3월 10일 서울의 명동성당
각 곳의 노동자들 수천명이 집결하여
역사적인 노동조합 인권선언 발표하니
흩어진 불꽃들이 하나되기 시작한다
77년 7월 10일 한강변의 성심병원
경비절감 네 글자에 폐수구서 숨이 막혀
억울하게 죽음당한 한 노동자 넋을 위해
경인지방 7개 노조 노동자들 몰려드니
비통하게 울부짖는 그들 절규 들어보소
"노동자를 더이상 죽음으로 몰지 말라"
아아 오랜 통곡 속에 사무쳐온 이 한마디
목터져라 외치면서 영구차를 뒤따르며
노동3권 요구하며 시위행진 감행하는
저 억울한 젊음들의 불꽃 같은 분노 보라
그 어떤 폭압도 이들을 막지 못해
수백명의 경찰대도 난투 끝에 쫓겨가고
사기충천 노동자들 노동청에 몰려가서
노동청을 점거하고 연좌농성 5시간

장하고 장하도다 이날의 투쟁대열
눈앞의 이익 아닌 노동자의 대의 위해
각지의 노동자가 하나로 단결하여
맨주먹 붉은 피로 억압자를 떨게 했네

(7)

전태일의 어머니는 노동자의 어머니
죽은 아들 뜻을 따라 노동운동 뛰어드니
위대하고 위대하다 어머니의 눈물이여
눈물겹고 아름답다 어머니의 행적이여
불탄 아들 시체 위에 통곡하던 그날부터
육백만 노동자가 아들딸이 되었구나
짓밟히는 아들딸들 모든 슬픔 끌어안고
가난과 병에 지친 약한 여자 몸으로서
수백차례 경찰연행 수천만원 매수작전
온갖 박해 무릅쓰고 온갖 유혹 뿌리치며
노동인권 회복 위해 한결같이 싸웠으니
어둠을 깨뜨리는 노동운동 횃불이여
싸우는 노동자의 무한한 격려였네
7월 10일 투쟁에도 선두에 섰으니
오랫동안 별러오던 억압자들 거동 보소
지쳐 있는 노동자를 밤늦게 기습하여
경찰서로 끌고 가서 밤새워 고문한 후
어머니와 다섯명을 구속하려 꾀하다가
다음날 수백명의 노동자가 몰려오니
별수없이 일단 석방처분 하였것다
열흘이 지난 후에 50명의 형사대가
어머니의 창동 자택 느닷없이 들이닥쳐
"빨갱이년" "여간첩" 온갖 욕설 퍼부으며
목욕중의 어머니를 벗은 채로 끌고 가니

가던 날로 구속이요 곧바로 기소더라
죄명이 무엇인가 법정모독 네 글자라
노동운동 하던 사람 재판 받는 법정에서
검사관이 말끝마다 노동운동 비난하며
약방의 감초처럼 '북괴위협' 들먹이니
방청하던 어머니가 억통이 다 무너져
고함 한번 지른 것이 법정모독 범죄라네

우리네 노동자는 아무런 죄도 없이
높으신 어른들께 밤낮으로 모욕 받고
별의별 험한 욕설 다 들으며 살건마는
사람 위에 사람 있고 사람 밑에 사람 있나?
검사는 제가 무슨 용가리 통뼈인가?
잘못하면 꾸지람 듣는 것이 당연하지
호통 한번 들었다고 법정모독 들먹이니
법정모독 좋아하네 법정모독 사랑하네
신성한 법정을 모독했다 하지마는
인권탄압 하는 법정 무에 그리 신성한가?
사법부의 독립성은 무너진 지 옛날이라
기소했다 하면 유죄, 무죄라곤 절대 없어
권력자의 뜻에 따라 사람 잡는 연구하는
이 법정이 신성하면 똥뒷간도 신성하겠네
사람을 웃겨도 정도껏 웃겨야지
웃다가 지치면 눈에 불꽃 튈지 몰라
법정모독 네 글자를 늦기 전에 취소하라 !

어머니가 끌려가던 똑같은 그 시간에
중부서장 지휘 아래 수십명의 형사들이
평화시장 노동조합 사무실로 들이닥쳐
"떠들면 재미없다" 협박하고 돌아가고
노동자의 배움터인 평화시장 노동교실

경찰들이 몰려와서 총을 들고 봉쇄하니
법정모독 핑계 대고 노동운동 탄압하는
억압자의 검은 속셈 스스로 폭로되네

어머니를 빼앗긴 평화시장 노동자들
못 배운 한 풀어주던 교실마저 빼앗기니
오장육부 갖춘 인간 참는 데도 한계 있어
9월 9일 드디어 목숨걸고 일어섰네
결사선언 뿌리면서 죽음의 항쟁 선포하고
두달째의 봉쇄 뚫고 노동교실 들어가니,
아아 누가 알았으랴 그들의 굳은 결의
겹겹한 포위 속에 외로이 차단된 채
54명 노동자가 수천 경찰 상대하여
여덟 시간 버티면서 처절한 육탄저항

아아 !
민종덕이 3층에서 아래로 떨어진다
신승철이 배를 긋고 피흘리며 소리친다
박해창이 유리칼로 팔동맥 끊는다
김주삼이 뒤이어서 유리칼로 배 긋는다
전순옥이 4층 창 밖 거꾸로 매달린다
임미경이 4층 창문 문틀 위로 뛰어오른다
신승철이 또다시 할복하여 소리친다
사방에서 일어나는 '분신자살' 울부짖음
누군가가 신문지 한데 모아 불지른다

아아 !
전태일의 불꽃이 또다시 타오른다 !
죽음 같은 오랜 침묵 마침내 깨어지고
착취와 억압으로 찌들렸던 영혼들에
그날의 거리처럼, 그날의 함성처럼

아아!
노동자의 불꽃이 또다시 타오른다!
저 불꽃을 누르려고 미친 듯이 날뛰는
당황한 경찰당국 비열한 거동 보소
어머니를 석방하라는 노동자의 요구조건
전적으로 수락한다 굳게굳게 맹세한 후
노동자들 농성 풀자 그 자리서 배신하니
전원 체포 전원 연행 밤새워 고문이라
날카로운 바늘로 상처자국 후벼파기
칭칭 꼬은 채찍으로 얼굴 등판 후려치기
인간의 짓이라곤 도저히 볼 수 없는
저 잔악한 고문실태 어찌 이루 다 말하랴
이러고도 부족하여 다섯명을 구속하니
묶여간 다섯명이 다섯개의 불꽃이 되어
압제의 법정에서 힘차게 타오른다

(8)

불꽃이여! 아아,
모든 것을 파괴하고 모든 것을 창조하는
위대하고 영원한 노동자의 불꽃이여!
착취와 억압은 다만 너를 위한 연료일 뿐
그 숱한 눈물 속에, 신음과 탄식 속에,
모욕받는 가슴 속에, 치떨리는 주먹 속에,
불꽃이 일어난다, 불꽃들이 일어난다
어두운 작업장과 기숙사 한구석에
판자촌 자취방의 수군거림 속에서
해고된 노동자의 방황하는 발길에서
머리채를 끌려가는 여공들의 고통중에서
묶여간 사람들의 외치는 법정에서

아아, 수백수천으로 불꽃들이 타오른다

야윈 얼굴들아, 저 불꽃을 바라보라
노동자의 불꽃은 모든 것을 바꾸나니
탄식하는 형제여, 체념에서 깨어나라
속박받는 형제여, 너의 사슬 깨뜨리라
저 황홀한 불꽃 속에 모든 어둠 불사르고
여기에서 우리의 미래를 시작하자

고통 속의 형제들아, 우린 모두 공동운명
우리들을 갈라놓는 모든 책동 거부하고
그 얄팍한 상여금에 작업경쟁 하지 말고
내 조합 네 조합 구별하지 아니하고
신교·구교·무종교를 구별하지 아니하고
전국에 흩어져 싸우는 형제들아
우리들의 불꽃을 하나로 뭉치자!
퍼진 불꽃 모여들어 큰 불기둥 이룰 때에
그 무엇이 두려우며 그 무엇이 어려우랴!

아아, 노동자여!
이 세상 모든 것을 우리 손이 창조하나
이 세상 모든 것이 우리 손길 거부하네

우리를 거부하는 모든 것을 거부하자!
우리 생존 거부하는 저임금을 거부하자!
젊디젊은 우리 목숨 죽음으로 몰아넣는
장시간 중노동과 살인환경 거부하자!
가진 자의 오만과 횡포를 거부하고
노예사상 강요하는 저들 손길 뿌리치자!
노동자의 인간다운 존엄성을 파괴하는
욕설들과 폭행들과 인권유린 거부하자!

노동운동 탄압하는 업주횡포 경찰폭력
해고와 체포 앞에 굴복하길 거부하자!
노동자를 짓밟는 특권경제 거부하고
외국자본, 대재벌의 횡포를 거부하자!
우리를 얽어매는 모든 법률 모든 조치
모든 거짓 모든 위선 모든 구호 모든 선전
그 앞에서 무릎꿇는 노예 되길 거부하자!

아아, 형제들아, 무릎꿇고 사느니
인간으로 일어나서 죽음까지 싸우자!
빼앗긴 우리의 모든 것을 되찾자!
빼앗긴 노동3권, 노동운동 자유 찾자!
빼앗긴 노동자의 어머니를 되찾고
철창 속에 갇혀 있는 형제들을 구출하자!
아아, 형제들아,
노동자를 억압하는 독재정치 사슬 깨고
빼앗긴 정치자유 민주질서 회복하자!
우리들의 진정한 벗 용감한 청년학생
곳곳에서 일어나서 민주회복 절규하자!

보라! 살찐 자여
보라! 착취하고 억압하는 자들이여
보라! 독재자여, 곤봉이여, 최루탄이여!
여기에 노동자의 불꽃이 탄다
너무나도 오랜 가난과 예속이
너무나도 깊은 아픔과 통곡이
위대한 분노로서 여기에 타오른다

제 3 부
조영래에 관한 기사

70년대 운동권 기수들의 오늘

김 종 환 (월간조선 기자)

유신을 향한 준비작업 : 서울대생 내란음모사건

1971년 11월 12일 중앙정보부는 사법연수원생 조영래(24), 전 서울법대 「자유의 종」 발행인 이신범(21), 장기표(26), 전 민주수호전국청년학생연맹 위원장 심재권(25) 등 전 서울대생 4명을 내란예비음모 등 혐의로 구속했다. 서울지역에 위수령이 발동되어 주요 대학에 군병력이 진주한 지 한달 만에 발표된 이 사건은 무더기 제적과 제적생의 강제입영조치로 이미 초토화된 학원에 마지막 쐐기를 박아 이듬해에 있을 유신선포의 정지작업 구실을 했다.

중앙정보부는 이날 밤 서울지검 공안부를 통해 비밀영장을 신청했고 서울지법 유태홍 부장판사는 장시간 검토 끝에 영장을 발부했던 것이다.

검찰의 공소장에는 이들이 그해 6월 초순을 기해 실행키로 했었다는 거사계획이 다음의 아홉 단계로 열거되어 있었다. 서울 시내 대학생 3만명 내지 5만명을 동원하여 격렬한 시위를 전개하고, 맥주병과 휘발유 등으로 대형 자동차

＊**편집자주** : 이 글은 원래 조영래, 이신범, 장기표, 심재권, 김근태 등 다섯분의 경력과 현재의 근황에 관한 글이나, 조영래 변호사에 관한 부분만 수록하고 다른 네분에 관한 기록은 생략하였다.

1대를 능히 파괴할 수 있는 화염병 1백여개를 제조하여 진압경찰에 던져서 발포(發砲)를 유도하고, 경찰의 발포로 사상자가 생기면 시위학생을 폭도화시키고, 중앙청을 비롯한 중요 관서를 강제점령하고, 박정희 대통령을 강제로 하야시킨 후, 각계 대표로 혁명위원회를 구성하여 김대중을 위원장에 추대하고, 임시조치법을 제정하여 헌법의 기능을 정지시켜 삼권을 통괄하여, 과도적으로 집권하면서 중앙정보부를 폐지하고 부정부패자를 처단하는 등 중요 과업을 수행하다가, 사태가 안정되면 총선거를 실시하여 새 정부를 수립하고 이에 정권을 이양토록 한다는 것을 피고들이 공소외 김근태(서울상대 4년)와 모의했다고 공소장은 밝혔다.

화염병 1백개로 무장하여 맨주먹으로 정부를 전복한다는 기발한 9단계 작전을 가리켜 이병린(李丙璘) 변호사는 '환상의 아홉 고개'라고 변론서에서 이름지었다.

당시 피고인들은 사건을 조작하기 위해 중앙정보부 수사관들이 전기고문, 잠안 재우기, 폭행 등 가혹행위를 하는가 하면 검찰에 송치된 후에도 구치소 감방 앞에 지켜서서 "검찰에서 잘 안 되면 다시 정보부로 끌고 가겠다"고 협박하기까지 했다고 한다. 그리고 물증의 하나인 검사 앞에서의 진술을 녹음한 테이프도 강압적인 상황하에 제작된 것이라고 피고인들은 밝혔다. 녹음하는 날 아침까지도 고문을 당하다가 눈을 가리우고 차에 실려 가보니 남산 밑 세종호텔 10층이었는데, 앞에 앉은 사람이 누구인지도 모르는 상태에서 그들이 "고문 안 당했느냐"고 묻기에 정보원들이 지켜보고 있어 그렇다고 대답했더니 탁자 밑에 몰래 장치된 녹음기에 녹음이 되었으며 나중에 가서야 앞에 앉은 사람이 검사라고 신분을 밝히더라고 한다.

네 피고인은 법정에서 범행사실 전부를 부인하였으나, 대법원까지 가서 유신선포 직후인 72년 12월 26일 조영래 피고는 징역 1년 6개월, 이신범 피고는 징역 2년, 장기표 피고와 심재권 피고는 각각 징역 1년 6개월에 집행유예 3년의 실형이 확정되었다.

불법연행 후의 고문수사, 제시된 시나리오에 의한 자백 강요, 정보기관의 재판 간섭, 공소장과 판결문의 동일화 등을 두고 볼 때 이 사건은 유신 이후 폭주하는 시국사건의 처리절차를 제시한 모델케이스나 다름없었다. 특히 대통령선거에서 낙선한 김대중씨를 선거가 끝난 지 반년 만에 법망으로 엮으려고 시도했다는 점은 김씨에 대한 박정권의 양심과 탄압을 암시했다고 볼 수 있다.

그로부터 15년이 지난 오늘 이 사건이 관심을 끄는 것은 그 역사적 중요성과 아울러 여기에 관련된 판·검사나 변호사들 가운데서 좋게 나쁘게 이름을 떨치게 된 사람이 많이 나왔다는 점이다. 특히 사법부의 개편과 관련해서 이름을 떨친 사람을 꼽으면, 우선 비밀영장을 발부한 유태흥 부장판사를 들 수 있겠다. 그는 5공화국에서 대법원장을 지냈다. 다음은 1심 재판장이었던 정기승(鄭起勝) 부장판사. 대법관까지 지낸 그는 국회에서 임명동의안이 부결된 뒤 법원에서 물러나야 했다. 1심 판사였던 서성(徐晟) 현 서울고법 부장판사는 15년 후 김근태씨의 1심 재판장을 맡아 그의 고문사실 인정 여부로 주목을 받았다.

그리고 검찰측에선, 사건 당시 서울지검 공안부 소속으로 피고인 전원에게 징역 10년을 구형했던 문상익(文相翼) 부장검사를 들 수 있다. 그는 유신 직후 73년 중정 감찰실장으로 파격 발탁된 후 대검 총무부장과 법무부 검찰국장을 거쳐 80년엔 수원지검장과 국보위 법사위원장을 맡았다. 81년에 변호사로 개업했다. 또한 담당검사였던 최상엽(崔相曄) 검사는 대검 공안부장을 거쳐 현재 대검 차장으로 근무중이다.

변호사 가운데선, '내란음모'사건이라고 해서 원로변호사들로 변호인단을 구성하다보니 실무를 뛸 젊은이가 부족하여 막차로 합류한 조영황(趙永晃) 변호사가 유명하다. 판·검사를 거치지 않고 바로 변호사로 갓 출발했던 그는 권인숙(權仁淑)양 사건의 특별검사로 변협에 의해 추천되어 준엄한 목소리로 사법부의 신뢰성 회복을 독려하고 있다.

15년이라는 세월 동안 피고인들도 많이 변했다. 20대의 홍안의 청년들이 40대가 되어 제각기 자기 길을 걷고 있다. 학생운동을 조직화하여 시위형태를 대학별 연발형에서 동시다발형으로 전환시킨 70년대 운동권의 기수라고 할 수 있는 그들의 변모를 살펴보고 시국관과 학생운동에 관한 소견 등을 들어보는 것이 다시는 박종철·권인숙같이 불행한 후배들이 나오지 않도록 하는 데 도움이 되지 않을까 싶다.

조영래 : 인권변호사로 자리 굳혀

사건 당시 사법연수원에 재학중이던 조영래씨는 지금 41세로 자타가 공인하는 '인권변호사'로 활약중이다. 문귀동(文貴童) 전 부천서 형사를 공정한 법의 심판대에 기어코 올린 '권인숙양 사건'을 비롯해서, 84년 9월 대홍수 때 서울 망원동이 물에 잠긴 것은 배수갑문 설계 잘못 때문이라는 판결을 받아낸 '망원동 수해배상사건', 여성의 정년은 25세라는 1심 재판부의 판결에 분노한 나머지 굳이 마다하는 교통사고 피해자를 설득 끝에 무료변론을 맡아, 여성정년도 남성과 똑같이 55세라는 판결을 2심에서 받아낸 '이경숙씨 사건' 등으로 잘 알려진 바로 그 사람이다.

조변호사가, 피해를 당한 사람조차 소송을 망설이는 사건을 맡아 그 억울함을 풀어주는 끈질김을 갖게 된 것은 사법연수원 입학 2개월 만에 잡혀들어가 익힌 생생한 '현장연수'가 있었기 때문일 것이다.

잡혀가던 해인 71년 3월 제13회 사법고시에 합격했던 그는 법대 졸업생이면서도 데모로 즉결재판에 넘어가 벌금 내러 들렀던 때를 제외하곤 재판소 근처에 간 적이 없었다고 한다. 위수령이 내린 지 보름이 지난 11월 2일 중앙정보부에 끌려가선 '말해봐야 소용없다'고 생각, 일찌감치 포기했다고 한다. 그런데도 고문의 고통이 하도 심해 탈출을 기도하다 붙잡혀 진짜 간첩수용소로 옮겨지기도 했다. 검찰에서 정보원들의 감시하에 그들이 원하는 대로 시인하고 불면서도 "법원에 가면 다 밝혀지리라"는 희망을 갖던 그는 12월 3일 국가비상사태가 선포되자 불길한 예감을 갖던 차에 1심 재판부가 검찰조서대로 형을 때리자 비로소 '법원이 책에 있는 대로 안 되는구나'라고 생각했다고 한다.

서울 남대문 부근 명지빌딩 13층에 있는 사무실에서 조변호사는 담담하게 입을 열었다.

남방셔츠 차림의 수더분한 모습으로 "경험법칙상 말도 안 되는 소리로 얽어맸지만 심리는 열심히 하려고 했습니다"라고 말하는 그는 그 당시의 재판부에 대해서 사적(私的) 감정이 전혀 없다고 밝혔다. "나중에 들어보니 굉장한 협박이 판사들에게 있었다고 합니다. 2심에 가서는 김인중 주심이 무죄판결서를 썼다가 찢었다는 이야기도 있었고 …… 부장과 타협 안 되니까 판결문에 '애국적 순수한 동기에서'라는 판결이유를 밝힌 정도였는데도 불구하고 김판사는 물러나야 했습니다."

이 사실은 현재 대전에서 개업중인 김인중 변호사도 확인했다. 중정에서 한 달쯤 집 앞에 보초를 세우고, 아는 사람들을 쫓아다니고, 몇년 전의 입회서기를 1주일쯤 가둬두고 뒷조사를 하는 등 압력을 가해오더라고 김변호사는 전화 인터뷰에서 밝혔다. 그러나 1심 재판장이었던 정기승 전 대법관은 기자와의 통화에서 재판 당시 외부의 압력이 전혀 없었다고 단언하면서 형량이 좀 무거웠다고 생각하지 않느냐는 질문에 대해선 "잘 기억이 안 난다"고 대답했다.

담당검사였던 최상엽 현 대검 차장에 대해서 조변호사는 개인적으로 잘 대해주었다고 말하면서 검찰에 대한 악감정은 없다고 밝혔다.

정판사와 최검사는 조변호사가 10·26 이후인 80년 사법연수원에 복직했을 때 그곳에서 다시 만나는 기연(奇緣)을 연출했다. 연수원에 돌아가니 원장이 조언(趙彦) 판사였는데, 그는 조변호사 등의 구명운동을 하고 면회를 하기도 했었다고 한다. 그리고 정기승 판사가 부원장으로 있었는데 조금 있으니까 최상엽 검사가 검찰 부원장으로 부임했다. 두 사람이 다 옛날의 피고를 잘 대해주더라고 한다.

그런데 지난번 새 대법원장 물망에 정기승 대법관이 올랐을 때 조변호사는 한동안 고민하지 않을 수 없었다. 공적으로야 민변(民辯)과 변협(辯協)의 반대입장을 따르는 게 당연하겠지만, 반대하고 나서면 사감(私感)에서 하는 행동이라고 오해받을까 두려워 망설이기도 했다는 것이다.

'권양 사건'과 17년 전의 '서울대생 내란음모사건'을 통해 깊이 접한 검찰을 향해 이야기를 돌려보았다.

── 공안검사에 대해서 어떻게 생각합니까?

"근본적으로 공안검사라는 사람들이 자기 소신대로 관철한다는 의지를 가지고 힘을 썼더라면 지금 이런 결과는 오지 않았다고 생각합니다. 권양사건으로 국민들 앞에 얼굴을 들지 못하는 상황이 아닙니까? 그 점에서는 70년대 이래 공안검사나 검찰이 근본적으로 잘못 나갔다고 봅니다. 물론 상황이 어려웠다는 점도 있지만 공안검사들이 공동의 책임을 져야 합니다."

조변호사는 현실적인 상황의 어려움과 제약사항을 놓고 볼 때 거기에 대응하는 검사 개개인의 타입을 크게 세 가지로 나눌 수 있다고 밝혔다.

첫째가 죽기살기로 애쓰는 사람, 둘째가 그걸 기화로 법률가로서의 양심은 접어두고 적극적으로 충성하여 출세하려는 사람, 셋째가 가운데서 대체로 추종하고 마는 사람이라는 것이다.

성고문사건, 박종철군 고문치사사건 등 근본 잘못에 대한 사실을 밝혀야 한다는 것이 조변호사의 지론이다.

앞의 두 사건에서도 수사참여 검사들이 애를 많이 썼고 특히 박종철군 사건에선 안상수(安商守) 검사가 물고문 사실을 밝혀놓았는데 이 지경에 이르렀다는 게 조변호사를 분노하게 한다. 그는 일선 수사검사들이 책상을 치며 울었다는 이야기도 들었다면서, 검찰의 주도세력이 유신 이래 그대로 건재하고 있는 현실을 지적하면서 검찰의 문제를 다음과 같이 언급했다.

"검찰이 이념상으로는 민주주의 교육을 받았습니다. 그러나 고시 때문에 조문해석에 치중했지 법의 정신에 대해선 법대에서 제대로 교육을 받지 못했습니다. 실무에 나가서 일제 이래의 권위주의 권력구조 아래서 톱니바퀴처럼 움직이다보니 그나마 받았던 교육마저 퇴조하게 됩니다."

검찰의 당면과제는 우선 분위기 쇄신이라는 게 조변호사의 소신이다. 인맥도 바뀌어야 하고, 사고방식도 새 시대에 적응해야 함과 아울러 폭넓은 시야를 가져야 한다는 것이다. 민주주의란 다양한 이익추구를 전제로 한 것인데, 그런 의식 자체가 박약하고 획일적 사고에 빠져 있기 때문에 노동운동 하면 무조건 좌경으로 몰고, 책 읽는다면 빨갱이라는 증거물로 내놓는다는 것이 그의 지적이다.

"공안세력이 노대통령보다도 기존 질서에 고착되어 있는 느낌을 줍니다"라며 그는 검찰에 대한 마지막 채찍을 가했다. 지금 시국에 대해서 이야기를 돌려보았다.

옛날에는 표면적으로는 좌경이나 과격하다는 식으로 나타나는 양상이 없었다는 것을 우선 전제한 그는 "이런 결과를 만든 건 광주사태 때문입니다. 광주사태로 상징되는 단절의 체제 —— 말과 논리가 통하지 않는 적나라한 힘의 통치하의 '절벽상황'이 주는 절망감에서는 그런 방향으로 흐를 수밖에 없습니다"라고 주장한다.

"착실한 민주화조치가 제대로 시행이 되어나가면 전혀 걱정할 문제가 아닙니다. 그런데 지금의 민주화 보조는 느리고 불안하고 미진합니다. 제5공화국과의 숙연(宿緣)을 끊는 결단을 못 내리는 '제5공화국의 연장'입니다. 해결해야 할 과제가 산적해 있는데도 노정권 반년이 제5공화국, 광주사태서 헤어나지 못하고 있는 실정입니다. 제일 큰 책임은 집권세력에 있습니다."

이렇게 말한 그는 현집권세력이 솔직하게 잘못을 밝혀 시인하고 근본적으로 불안요인을 해소해야 한다는 것을 재차 강조한다.

"그런데도 집시법(集示法)·노동관계법 개정, 지방자치제 실시, 언론의 민주화 등 조치가 하나도 안 되고 있습니다. 상당히 시간을 다투어서 빨리 끌고 나가야 할 문제를 이렇게 처리해서는 안 됩니다. 올림픽까지 끌고 간다면 잘못되었다는 생각이 듭니다."

야당이라고 책임이 없다는 것은 아니다. 조변호사의 화살은 그쪽으로 향한다.

"야당들도 '권력의 공유'라는 자족감에 젖어 무사안일에 빠져 있는 게 아닌가 하는 느낌이 듭니다. 양심수 석방에 대해서도 성의가 부족하고 광주사태특위 위원장을 평민당과 민주당이 서로 안 맡으려고 하던 것을 보니, 대통령선거 때는 서로 자기네가 해결할 수 있다고 내세우던 사람들인데……"

지난번 철도기관사 파업 때 야당이 운행중단은 잘못이라고 말한 데 대해서도 조변호사는 불만이 많다.

"적어도 잘못했다고 말하려면 사전에 조사하고 정부의 교섭태도를 알려줘서 다른 방법을 선택할 여지를 주어야 했습니다. 1,400명이 체포된 중대한 사태임에도 공식 항의성명도 발표 안 했는데 오히려 민변(民辯)이 먼저 내보냈습니다."

철도기관사 파업에 대해 취한 정부의 조치는 장차 노조운동에 대한 정부의 대응태도를 결정짓는 시금석이었고, 무더기 체포는 폭력진압의 신호탄이라고 조변호사는 진단한다. 아울러 구사대 폭력 등 노동분규 전반에 대한 야당의 성의부족도 지적한다.

경기고 재학시절 한일회담 반대시위에 앞장섰다 정학처분을 받았고, 대학 1

학년 때에도 제적처분을 당할 정도로까지 맹렬한 운동을 했지만 65년 서울대학 전체 수석입학자라는 사실 때문에 면하고, 2학년 때 가서는 유기정학을 받았던 그에게 학생운동 한 것을 후회하지 않느냐고 물어보았다.

정상적인 사람들과 비교할 때 '좀 고생한 편'이라는 조변호사는 "찍소리도 못하고 가는 사람들이 수없이 많은 세상에서" 노동자나 징역 사는 사람 등 고통 겪는 사람들 근처에 가서 시대적 고통에 대해서 냄새라도 맡은 것이 다행이라면서 다음과 같이 말을 끝냈다.

"일종의 허영심일지 모르겠지만, 그 시대에 —— 지금도 계속되는데 —— 아주 아무 일도 없는 듯이 덤벙덤벙하며 살지 않았다는 데 대해서 위안을 느낍니다."

3명의 변호사와 함께 쓰는 그의 사무소 입구에는 '시민공익법률사무소'라는 간판이 붙어 있지만 명함에는 그 이름이 빠져 있다. 그 간판에 대해서, 돈 없이 오는 많은 사람들이 마음에 부담 없이 오라고 붙여놓았다고 밝히는 그도 중학교 시절부터 가정교사를 해야 할 정도로 가난한 집안의 7남매 중 네번째이자 장남이다.

서울대생 내란음모사건으로 복역한 뒤 얼마 안 되어 74년에 긴급조치 4호와 민청학련사건이 발표되면서 이 사건 연루자로 수배되면서 79년 10·26이 터지기까지 5년 동안 도피생활을 해야 했었다.

도피기간 중 함께 지낸 이화여대 신문방송학과 출신인 아내와의 사이에 2남을 두고 있다. (이하 줄임)

(월간조선, 1988. 9)

변호사 조영래씨

정 상 영 (샘이깊은물 기자)

벌써 다섯 개비째 담배를 빼어 물었다. 그리고는 묵묵 부답이었다. 흐릿한 햇살을 등진 그 실한 몸피의 무게만큼이나 입이 무거운지 애꿎은 다섯 개비째 담배를 다 태우고 반가부좌를 되틀고서야 느릿느릿 입을 떼기 시작했다.

"'왜 변호사가 되었느냐?' 그 질문은 어렵습니다. 여러 측면에서 이야기해야 옳은 대답이 되겠죠. 그러나 변호사란 직업을 어떻게 생각하느냐로 질문을 바꾼다면 자유업으로는 가장 짧은 시간을 들여 생계를 꾸려나갈 수 있는 직업이고, 또 직업 가운데서 비교적 덜 '나쁜' 직업이라고 말할 수 있습니다."

줄곧 담배를 피워대면서 왼손으로 오른 발목을 자꾸 매만지며 다시 말을 잇는다.

"미국에 사는 어린 조카녀석이 제 엄마에게 삼촌의 직업을 묻길래 '로이어'라고 대답해줬더니 '라이어'냐고 되물어서 한바탕 웃었던 일이 있었답니다. 그러니까 변호사가 곧 거짓말 잘하는 사람이 되는 셈이죠. 사실 법을 직업으로 하는 사람은 원죄를 짊어지고 사는 사람이라는 생각을 곧잘 하곤 해요. 우스개 소리로 들릴지 모르지만 고통스럽지 않고 남에게 피해 안 주며 마음 편하게 살자면 농사짓는 것이 제일인 것 같아요."

그이는 우선 이 말만으로도 직업으로 몸에 밴 듯한 신중함으로 '무장되어 있다'고 보아도 틀림이 없을 듯하다.

알 만한 이라면 벌써 다 알겠듯이 이 사람이 얼마 전에 많은 사람의 눈길을 끌었던 '이경숙 사건'의 변호를 맡았던 조영래씨 바로 그 사람이다. '이경숙 사건'이란 직장을 다니는 올해 스물다섯인 미혼여자인 이경숙씨가 교통사고로 다리를 심하게 다친 뒤에 그 보상문제로 해서 사회의 관심을 끌었던 사건이다. 지난해에 1심에서 재판부는 '여자의 정년'을 스물다섯살로 보고 이경숙씨의 보상금을 스물다섯살까지는 그가 받던 평균월급을 적용하여 쳐주고 나머지 쉰다섯살까지는 가정부인의 일일 가사노동 가치를 4천원으로 잡아서 계산해주라고 판결을 내렸다. 그러나 이에 불복하여 2심에서 그 판결을 깨뜨리고 여자도 남자와 똑같이 정년 나이가 쉰다섯살이라는 판결을 따내었던 일이다. 그가 굳이 마다는 이경숙씨를 설득시켜가며 그것도 무료로 맡아서 그 사건을 2심에 항소했던 까닭은 그 일이 결코 딱한 처지에 놓인 한 여자의 일만이 아니라 "이 나라 온 여자들의 권익에 관계되는 일이라고 믿었기" 때문이다. 그가 2심에서 이경숙 사건을 맡아 승소로 이끌었을 때에 이 사회의 이곳저곳에서 '구박받던' 많은 여자들이 통쾌함을 맛보았다. 그럼에도 불구하고 그는 굳이 그 일에 같은 법조인의 잘못을 씻은 '속죄'가 넘는 의미를 두지 않는다. 말하자면 그는 남녀평등이라는 것이 헌법으로 분명히 보장되어 있는 이 사회에서 법질서를 맡고 있는 사법부가 어떻게 미혼 여자근로자는 혼인하면 퇴직하는 것이 당연하다 하여 여자의 평균 혼인나이인 스물다섯살을 정년으로 삼았는지 이해가 되지 않았고 그런 뻔한 잘못이 저질러지는 것을 그냥 두고 구경할 수 없었을 따름이었다.

변호사법 제1조에 따르면 "변호사는 인권옹호와 사회적 정의의 실현을 사명으로 한다"고 규정되어 있거니와, 현대와 같이 모든 것을 법으로 규정하는 사회에는 꼭 필요한 사람이 변호사다. 그러기에 서울 서소문동에 있는 그이의 사무실은 억울한 사정을 호소해오는 사람, 어떤 문제를 원만하게 해결하기를 바라는 사람, 재판을 걸려고 도움을 청하는 사람을 비롯하여 "살인에서 이혼까지"의 많은 문제를 쏟아놓는 사람들로 늘 붐빈다.

"원칙으로 말하자면 변호사는 인권옹호와 사회정의와 관계되는 문제에 특별히 관심을 가져야 되죠. 그런데 반드시 그렇게 안 되고 있으니까 변호사들이 비난을 받고 그러는데 ……"

그이가 주로 관심을 가지는 사건은 기본권이나 사회정의에 관련된 문제들로서도 공해문제가 있고 어떤 지역 주민이나 시민 전체 같은 집단의 이익, 곧 공익에 관계되는 사건들이 있으며, 근로자문제인 '산업재해' 같은 것이 있다. 지금 그가 벌여놓고 있는 일은 '이경숙 사건'을 대법원에 상고해서 2심 판결에서 빠졌던 임금인상의 혜택을 보상금에 추가하는 일과 망원동 수몰지구 주민들의 보상문제에 얽힌 일이다.

이태 전 9월 2일과 4일 사이에 망원동 유수지의 배수관문이 무너지는 통에 한강물이 거꾸로 흘러들어 만 가구쯤이 물에 잠겨버린 사건이 있었다. 그해 10월 15일에 가정부인인 한정자씨를 비롯한 스물두명이 시공업자인 현대건설과 서울시에 9천만원쯤의 손해배상청구를 내었다. 처음에는 그이 혼자 다섯 가구쯤의 소송을 맡았으나, 다른 가구들이 또 소송을 부탁해오고 해서 점점 소송이 더 늘고 복잡해졌다. 그리하여 그와 뜻을 같이 한 변호사 일곱명과 함께 변호인단을 조직해서 이태 전부터 그 일을 여럿이 맡고 있다. 그를 포함한 원고 쪽 변호인단은 재판부에 신청해서 연세대학교 토목공학과 이원환 교수에게 사고원인의 감정을 의뢰했는데 그 원인이 시공할 때의 잘못과 허술한 보수관리에 있었다는 것이 밝혀졌다. 우여곡절 끝에 곧 1심 판정이 내려질 듯하다고 한다.

얼마 전에는 한 월간지에서 그이를 다루면서 " '랄프 네이더'를 지향하는 조영래 변호사"라는 제목을 달았다. 랄프 네이더는 미국의 뛰어난 변호사로 처음에는 주로 소비자의 권익을 보호하려는 '소비자보호운동'을 펴나갔다. 그러다가 뜻이 맞는 사람들과 단체를 만들어서 공해문제, 도시환경문제, 핵문제, 약물의 피해 따위의 시민들의 공익에 미치는 문제를 다루고 있다.

여태까지 그가 다룬 헤아릴 수 없을 만큼 숱한 사건 가운데는 '이경숙 사건' 같이 꽤 보람을 가질 만한 일도 있었지만 그보다는 무척 가슴 아픈 일이 많았다. '해고무효소송'이 그 하나이다. 노조활동을 하다가 '결근 자주 했다'느니 '근무태도가 나빴다'느니 하는 까닭으로 기업 쪽에서 해고를 당한 근로자들이 그 해고의 사유가 부당함을 드러내는 소송이 해고무효소송인데 패소율이 높다.

"당사자에게 꼼꼼히 얘기를 듣고 관계자들을 만나 알아보면 틀림없이 부당해고라는 확신을 가지게 되어 소송을 하는데 판결에서는 번번이 지니 서운하죠.

호소할 데가 없어서 법원에 소송을 걸었는데 해고의 부당함이 인정이 안 될 때는 몹시 가슴 아파요."

잠시 어두운 빛이 그이의 얼굴을 얼핏 지나친다. 그런 근로자사건들은 장본인들이 비용을 댈 형편이 못 되는 수가 많으니 천상 무료로 해주거나 간혹 실직자들이 '실비'만을 부담하기도 한다. 그때마다 그이는 인간을 위해서 만든 법이란 것이 인간에게 그다지 큰 도움을 주는 듯하지가 않고 오히려 인간의 삶을 더 어렵게 만든다는 생각을 한다.

얼마 전에 신문에 판사들의 오판율이 꽤 높다는 기사가 실렸을 때에 많은 사람들이 "야, 판사가 저럴 수가 있느냐"는 반응을 보였다. 그랬지만 그이는 다르게 생각한다. 어떤 의미에서 그는 '판사는 늘 오판을 한다'고 생각해야 한다고 믿는다. 오판할 가능성은 늘 잠재하고 있어서 "내가 절대로 오판을 안 한다"고 주장하는 법관이야말로 정말 위험하다며 다만 "오판을 안 하려고 노력해야 한다"는 것이 그이의 주장이다. 그렇지만 오판이 적은 사회가 건전한 사회 곧 사람다운 삶을 누릴 수 있는 사회임은 분명하며 그러한 잘못을 저지르지 않도록 견제하는 작업이 변호사의 몫이라고 그는 굳게 믿는다.

가만히 따져보면 사실 법이라는 것이 상식에서 출발하는 것이어서 건전한 상식을 지닌 사회인이면 누구나 옳다고 여기는 것이 정말 '옳아야' 마땅하지만 간혹 가다보면 그 법하고 상식하고가 꽤 거리가 있다는 것을 느끼게 된다. 누구나 곧잘 말하는 "이 사람은 법 없이도 살 사람"이 오늘날에는 법 모르고 살 수가 없게 되어 있다. 다른 나라에서도 마찬가지겠지만 유독히 이 나라에서 사람들과 법이 그리 가깝지 못한 까닭이 뭘까?

"일제 때부터 지금까지 법이라는 것이 사람에게 의구심을 주고, 사람들이 법에 가까이 가는 것을 꺼리는 것은 사실입니다. 실정법은 일제 때에 들어오게 됐는데 그때에 법이 국민에 봉사하는 도구로 비친 것이 아니고 통치하고 억압하고 길들이는 도구로 인식되었기 때문입니다. 게다가 법조문을 비롯하여 법과 관계된 글들이 대중이 쉽게 이해하기 어렵도록 씌어 있는 것도 사람들이 법을 멀리하고 싶어하고 두려운 존재로 여기도록 하는 이유입니다."

예컨대 판결문에다가 "오른손 주먹으로 얼굴을 한 대 때리고 왼쪽 발로 한 번 걸어차서 땅에 넘어지게 했다"라고 쓰면 될 것을 굳이 한자로 어렵게 "우수로 면상을 일회 가격한 후 좌족으로 일축하여 지상에 전도케 했다"는 식으로 썼고 지금도 종종 그렇게 쓰고 있음이 그의 말을 증명한다. 문자의 권위주의와 문자의 특권의식이 아직 법을 지배하고 있는 것이다. 그런 잘못된 생각을 고치고 다듬어서 많은 사람들을 법에 가까이 끌어들이려는 노력을 조영래씨는 하고 있다.

그래서 그는 그를 찾아오는 사람들에게 부대끼며 느꼈던 가장 절실한 문제로 '법의 생활화'를 든다. 말하자면 전문가가 독점하고 있는 법률에 관한 지식이 좀더 보편화되어야겠다고 생각한다.

"길을 가는 데 지도가 필요한 것처럼 사회생활을 하는 데서도 법이 뭐라는 것은 대충 알고 있어야지요. 그런 인식이 없는데도 불구하고 무턱대고 '준법'만 강요한다고 해서 될 일이 아니지 않습니까?"

올 사월로 꼭 마흔살이 되는 조영래씨는 대구에서 칠남매의 맏아들로 태어났다. 아버지가 조그만 비누공장을 하여 꽤 수월케 살았는데 그가 대구국민학교 이학년 되던 해부터 집안이 점점 기울기 시작하여 마침내 '방천가의 빈민가'로 옮겨 살아야 했다.

오학년 되던 해에 아버지가 다시 사업을 해볼 요량으로 서울로 이사를 왔다. 처음의 서울생활은 내수동에서부터 시작해서 안암동, 돈암동, 수유리, 화곡동 같은 데로 "전전했다." 집안사정은 서울대학교에 다닐 때까지도 별로 풀리지 않아 "경기중학교, 경기고등학교에서 제일 가난한 축에 속했다." 따라서 중학교 때부터 가정교사를 하면서 학비를 벌어야 했다. 그이가 '인생'에 대해 생각하게 된 것은 중학교 삼학년 때였다. 그이의 말에 따르면 골치 아픈 기하가 그의 삶의 문턱을 가로막았다. 곧 처음에는 "기하를 해서 무얼 해"라는 회의가 들더니 공부와 인생 전체가 회의스러워졌다. "칭찬받는 기쁨으로" 공부를 하다가 어느날 갑자기 "내가 공부를 좋아해야 할 아무런 까닭도 없다"는 것을 깨닫게 된 것이다. 그때 마침 그의 집이 안암동의 개운사 근처에 있었는데 노상 개운사 경내에서 놀다가 거기서 어떤 '노스님'을 만났다. 그 중은 그에게 "그때로는 수준에 몹시 높은 책"인 「반야심경」을 한권 주면서 공부해보라고 했다. 그는 그 「반야심경」이 인연이 되어 법회에 찾아가고 불경을 읽고 하며 불교에 푹 빠져버렸다. 그러다가 고등학교 삼학년이 되어 "잘 길들여진, 집안에서 키우는 짐승 같은 구석이 있어" 별다른 생각 없이 남들처럼 대학입시를 준비하긴 하였지만 선뜻 어디로 가야 할지 결정을 내리지 못했다.

법학과는 애시당초 관심을 두지도 않았으나 주위에서 하도 "고시 보는 것이 제일이라"고 부추겨서 그는 "경세제민(經世濟民)의 뜻을 품고 법을 공부하는 것도 괜찮겠다 싶어서" 1965년에 서울대학교 법과대학에 응시했다. 그리고 그 해의 서울대학교 전체 수석입학자가 되었다. 대학의 수석입학이라는 것은 "별 의미 없는 것이기도 하고 조금도 자랑이 될 것이 없다고 생각하여" 누구에게도 헤프게 말하는 법이 없기는 하나, 적어도 그이의 지적인 재능이 출중했음이 엿보이는 일임은 분명하다. 아무튼 대학 사년 동안에도 법학에 취미를 못 붙였고 대학원에 진학하고도 한동안 방황을 했다. 그러다 "밥벌이는 해야겠고 놀기 좋아하고 멋대로 하고 싶어하는 기질에 맞는 직업을 고르다보니" 변호사가 가장 나을 듯해서 고시를 치렀다.

고시에 합격하여 1971년 9월에 사법연수원에 들어갔으나 그해 12월초에 구속이 되었으니 그 곡절은 그때에 신문에 대문짝만하게 났던 '서울대생 내란음모사건'이다. '주모자' 네 사람에 들었던 그이는 곧 붙잡혀서 서울 서대문구치소와 대전교도소에서 "세상을 배우는" 일년 육개월의 감옥살이를 해야 했다. 그 뒤에 박정희씨가 죽자 이리저리 숨어 살던 그이도 여섯해 전에 복권이 되어 사법연수원에 돌아가 이년 과정을 마치고 그해 가을에 변호사 개업을 했다.

그이가 검사나 판사의 길을 가지 않고 바로 변호사를 택한 것은 순전히 그의 성격 때문이다. 특히 판사라는 직업은 그이에게는 몹시 벅차게 느껴졌다. "판사가 중세시대에는 성직자이고 그전에는 신관들이었던" 데에서 알 수 있듯이 하늘의 대리인 노릇을 하는 직업이라고도 할 수 있는데 그이는 자기에게 그 의무감을 감당할 만한 능력이 있는지를 몰라 근본적인 갈등을 느꼈다고 한다. 그런가 하면 검사는 남에게 끝없이 "벌을 내려야" 하니 "마음 안 편하게 생겨먹은 직업이어서" 맞지 않았다. 변호사는 그런 데에 견주면 훨씬 마음 편하고 "남을 도와주는 직업이라는 자부심이 한가닥 위안이 되어" 자기에게 알맞겠다고 보았다.

그이는 자기 삶의 한 전환점으로 '감옥생활'을 들곤 한다. '확신범'들이 거의 그러해야 하듯이 그이도 미결수로 서울구치소에 들어가서 처음 얼마 동안에는 독방에서 지냈다. 그 뒤로 합방이 되어서 '일반 잡범'들과 함께 지내게 되었다. 그 방에는 나이 서른이 채 안 되었건만 '별'── 전과 ── 이 열몇개나 되는 사람들도 있었고 삼사범, 사오범도 숱하게 많았다. 그이는 한방에 오래 있게 되자 마침내 감방장 노릇을 하게 되었고, 감방의 관례에 따라 '신입'이 들어오면 감방장의 자격으로 '신고식'을 치르게 할 수 있었다. 그이는 그 의식을 자기소개로 대신하도록 하여 사람들의 '인생편력'을 들어보니 절도, 강도로 숱하게 그곳을 드나드는 사람들이 거의 예외없이 '가정결손자'들임을 발견했다. 이를테면 고아거나 계모 밑에서 집을 뛰쳐나왔거나 하는 어린 시절이 대단히 불우한 사람들이었으니, 그 사람들이 "범죄생활 속으로 빠져드는 과정"을 들어보면 그 사람들을 비난할 수만은 없었다.

"내가 그 사람들의 처지였더라도 꼭 마찬가지일 수밖에 없다는 생각이 듭니다. 자꾸 겪어볼수록 거의 예외가 없는데 유복한 가정에서 유복하게 자란 사람이 도둑질하고 감옥에 들어오는 비율은 아주 낮아요. 그러니깐 사회에서 전과자라고 낙인찍은 사람도 깊이 생각해보면 손가락질 받아야 할 사람이 아니고 또 그런 사람에게 손가락질할 만한 사람도 없다는 생각이 굳어졌어요."

그래서 그는 사법연수원시절에 넉달 동안에 걸쳐 검사 시보를 하며 정상을 참작할 만한 점이 있으면 될 수 있는 대로 기소유예를 해서 석방을 시키곤 했다. 그런데 한번은 소매치기로 붙들려온 열네살짜리 소년을 석방했더니 이틀 뒤에 그 아이가 다른 검사의 방에 또 붙들려온 것을 알고 범죄의 뚜렷한 해결책이 있는 것인지에 대해 회의를 느꼈다. 요컨대 그는 따지고 보면 범죄의 책임은 사회 전체에 있으니 사회의 여러 문제가 고쳐져야 풀릴 것이라고 생각하는데, 지금 상황에서는 해결책이 아니라 미봉책밖에 없는 듯하여 답답해하는 것이다.

"지금 이 나라에는 사회보호법이라는 게 있는데 전과자를 아주 격리를 시켜버리는 제돕니다. '빠삐용' 비슷해요. 나는 그것을 아주 못마땅한 악법이라고 생각합니다. 얼마 전에 신문에 났지만 천몇백원짜리밖에 안 되는 가죽지갑 하나 훔쳤다고 해서 '보호감호' 칠년를 선고한 일이 있어요. 그 훔친 죄에 대해서는 이년 징역 선고를 내리고 따로 칠년 동안의 보호감호의 판결을 내렸는데 보호감호라는 게 사실은 징역이나 똑같아요. 그 애가 전과자라고 해서 '이놈 아

주 상습범이다, 그러니까 아주 혼을 내야 된다'는 식이에요. 죄과에 대해 이년
을 때린 건 좋은데 거기에다 왜 칠년이 붙냐, 이겁니다. 사회가 '이거 좀 귀찮
다, 아주 시궁창으로 보내버려가지고 내가 좀 편하자' 한다는 얘기밖에 안 돼
요."

그이는 변호사 개업을 하고 나서 다른 문제는 두루 못 다루어도 그 사회보호
법 때문에 감호처분 받는 사람들 문제를 좀 다루어야겠다는 생각은 늘 하고 있
다.

"그 문제는 우리 사회가 아직 널리 '사회의 양심'이 성숙되지 못했기 때문에
생기는 것이 아닌가 생각돼요. '그 집 됨됨이를 알려면 그 집 뒷간을 봐라'는
말이 있듯이, 내가 생각할 때는 그 사회에서 가장 버림받은 이들에 대해서 그
사회가 얼마나 애정과 관심을 기울이느냐가 그 사회의 수준, 말하자면 그 사회
의 양심의 잣대라고 생각해요. 어떤 교도관에게서 이런 얘기를 들었습니다. 교
도관이니 간수니 하고 사회에서 깔보는데 사실은 대학교수만한 학식과 덕망을
갖춘 사람들이 교도관이 되고 간수가 되어야 한다는 거예요. 그 정말 옳은 말입
니다. 소년범죄 같은 것을 고치는 일은 정말 우수한 자질을 갖춘 사람들이 맡아
야 될 일이거든요. 그런데 그런 일을 맡고 있는 사람들을 사회에서 하찮게 보
고, 아무도 그 일을 안 하려고 하지 않습니까? 대책을 안 세워요. 심하게 말하
자면 대책이 없다고 봐요. 죄를 지으면 자꾸 집어넣으면 된다는 식이죠. 집어
넣는 걸로 모자라면 아예 격리시켜서 한 군데 오랫동안 못박아 놓으면 다른 사
람들은 다치지 않고, 저희들끼리 상처 입지 않고 그 사람들로부터 보호를 받으
니 그만이라는 아주 냉혈에 가까운 비정한 생각을 하고 있습니다."

그래서 그이는 법의 정신이 종교에서 말하는 사랑을 바탕으로 하여 이루어져
야 한다고 믿고 있고 또 스스로도 사랑을 바탕으로 하여 일하려고 애쓴다. 종교
에 차별을 두지 않아 절에도 가고 어머니를 따라 성당에도 가곤 하지만 굳이
따진다면 불교 쪽에 더 가깝다.

그는 지금 개포동의 한 아파트에서 대학 때에 만나 혼인한 아내와 아들 둘과
함께 살고 있다. 큰애 일평이가 열한살로 국민학교 오학년짜리이고, 둘째 무현
이가 여섯살인데, 큰애는 아내를, 작은애는 이녁을 닮았다. 그이보다 한살 아

래이고 고향이 부산인 아내는 대학에서 신문방송학을 공부했으나 대학원에서 국사학과 여성학과 사회학을 두루 공부하여 "전공이 네 개"나 된다.

그이는 아침 아홉시에 서소문의 옛 중앙일보 사옥 뒤에 후줄근하게 서 있는 명지빌딩 13층에 자리잡은 '남대문 합동법률사무소'로 출근한다. 그 사무실은 뜻이 맞는 변호사 셋이 모여 차린 것으로 넓이가 한 사십평쯤 되나 그가 몸담은 공간은 고작 다섯평 남짓하다. 하루종일 "살인에서 이혼까지" 이런 사건 저런 사건 얘기를 듣고 도움말을 주고 또 법정으로 나가고 구치소로 뛰어다니다가 대체로 저녁 여덟시쯤에 퇴근한다. 일이 바쁘다보면 휴일을 꼬박꼬박 챙길 수는 없는 노릇이나 어쩌다 휴일에 시간이 나면 "가장 건전하게 보낼 때는 산에 가는 것이고 제일 불건전하게 보낼 때는 집에서 텔레비전 보면서 뒹굴뒹굴하는 것"이다.

"집사람에게는 끊임없이 잘못하지요. 가끔씩 다툴 때는 내가 옳고 집사람이 그른 것으로 믿어 화를 내곤 하나 그 순간만 지나고 나면 결국은 내가 잘못했던 게 대부분인 것 같아요. 그 일이 있고 나면 '나한테 남자로서의 횡포, 강자로서의 횡포가 몸에 배어 있구나' 하는 것을 깨닫고는 후회해요."

그이는 아내에게뿐만이 아니라 아이들에게도 미안한 맘이 많다.

"사실은 마음속으로 다섯살부터는 아이들에게 한문을 가르쳐야겠다고 생각했는데 뜻대로 되지 않았어요. 왜냐하면 이제껏 인류가 이루어놓은 문화란 재산이 절반쯤은 동양의 몫인데, 한문을 모르고서는 결코 다 배울 수가 없기 때문이죠. 게다가 도시에 살기 때문에 제가 자랄 때하고 견주어보면 물질적으로 훨씬 풍요롭게 지내지만 정신적으로는 메마르기 짝이 없죠. 그래서 휴일에 짬을 내어 산과 강 같은 자연 속으로 아이들을 데리고 나가고 싶지만 그것을 충분히 할 수가 없고, 그래저래 안됐다는 맘이 들어요."

아이들에게 더 미안한 것은 긴급조치 때문에 도망다니던 때에 아버지가 제대로 정성을 쏟지 못하고 할머니 손에만 맡겼기 때문이다. 그러니 볼 때마다 늘 측은한 마음이 인다. 그 탓인지 그 애 또래나 그만그만한 아이들이 부모의 사랑에 굶주렸다거나 이런저런 사정으로 일찍 "버림을 받아" 범죄의 길을 가고 있다고 생각하면 같은 어버이로서 책임이 더 느껴진다.

그이는 좋은 변호사의 자격은 해박한 법지식에 '신뢰감'이 더해져야 생긴다고 믿고 있다. 그리고 그 신뢰라는 것은 사물을 내 편에 서서 보는 것이 아니라 남의 편에 서서 보는 버릇을 길러야 움틀 수 있다고 생각한다. 그런 만큼 그이가 변호사 노릇을 한 지 겨우 네해밖에 안 되고 검사나 판사의 경력이 없음에도 불구하고 어려운 사람들이 그이를 믿고 찾는 것은 바로 그에게서 '신뢰감'을 느끼기 때문이라고 말해도 좋을 듯하다.

▨ 여성동아(86. 4) 인터뷰

조 영 래

정 경 환 (여성동아 기자)

'미혼여성의 정년은 결혼 평균연령인 25세'. 지난해 봄 서울민사지법은 세칭 '이경숙씨 사건'을 처리하면서 이런 판결을 내려 각 여성단체를 비롯, 여성계 전체의 큰 반발을 불러일으켰었다. 그로부터 어언 1년이 되는 지난 3월 4일, 서울고법 민사 9부는 미혼여성도 특별한 사정이 없는 한 일반근로자의 퇴직연령인 55세까지 직장에 근무하는 것으로 봐야 한다는 새로운 판결로 1심의 판결을 번복했다.

이날은 '25세 정년' 판결을 받은 후 곧 항소심을 제기했던 이경숙씨가 1년여에 걸친 투쟁 끝에 드디어 여성에 대한 정년차별을 철폐하는 승소판결을 얻어낸 감격스런 날이었다. 매스컴의 초점을 모으던 이경숙씨 곁에서 역시 흐뭇함을 감추지 못했던 변호사 조영래씨. 이 항소심의 무료변론을 맡아 여성들의 아우성을 수렴했던 그는 그간 뒤편에서 묵묵히 여성들을 대변해온 사람이다.

새로운 판례를 만들어내기까지의 어려웠던 얘기를 들어보기 위해 서소문의 한 빌딩에 자리하고 있는 그의 사무실을 찾았다.

"처음엔 승소하리란 확신이 없었습니다. 재판부 입장에서 볼 때 1심 판결은 어디까지나 기존 판례에 따른 정상적인 것이었죠. 이것을 깨뜨리고 새로운 판례를 만들어야 하는 게 제 역할이었는데 그게 그리 쉬운 일이 아니거든요."

왠지 근엄하고 딱딱하기만 할 것 같은 변호사에 대한 우리의 이미지와는 달리 친근하고 소박하다는 인상을 준다. 그가 이경숙씨 사건의 변론을 맡게 된 것은 여성계 쪽에서의 의뢰 때문이라는데 누군가가 이경숙씨에게 그를 추천하면서 평소 인권문제에 많은 관심을 갖고 있으니 잘 도와줄 것이라며 찾아가볼 것을 권하더라고.

"평소 여성도 남성과 똑같다는 생각을 갖고 있었습니다. 그렇기 때문에 여성문제에도 많은 관심이 있었고, 이번 사건은 여러모로 의미 있는 일이라는 생각이 들어 흔쾌히 변론을 맡았습니다."

이경숙씨 사건은 1심 판결 이후 신문지상에 오르내리면서 여성들을 결속해 '25세 여성조기정년제 철폐를 위한 여성단체연합회(여조연)'라는 긴 이름의 후원단체를 만들어냈고, 이렇게 되자 재판부에서도 그 심각성을 인정, 2심에서는 최종판결이 있기까지 일곱번이란 많은 심리를 거쳤다고 한다.

"여성단체 쪽에서의 후원이 많은 힘이 되어주었습니다. 어느모로 보나 2심 판결이 현시대에 맞는 판결이지요. 세상이 변하면 가치관도 변하게 되고 그에 따라 판결도 시대에 맞게 변해야 한다고 생각합니다. 아마 30년 전만 하더라도 1심과 같은 판결에 이의를 제기하는 사람은 아무도 없었을 겁니다."

소송을 진행시키면서 크게 어려운 점은 없었으나 첫번째 쟁점이 되었던 조기정년문제와 두번째의 가사노동 가치를 평가하는 문제에서는 그 정확한 근거를 산출하는 데 약간의 애로가 있었다고.

결국 이 작업은 혼자의 힘으로 할 수가 없어 '25세 여조연'과 함께 합동으로 증거자료를 만들어 제출했다.

"우선 '결혼하면 퇴직할 것이다'라는 판단이 틀렸다는 것을 뒷받침하는 사례를 제시하는 것이 과제였습니다. 그래서 직접 여론조사를 통해 미혼여사원들의 직업관을 알아보았는데 결혼 후에도 취업하겠다는 경우가 91.3%로 나타났고 이를 재판부에 제시했지요. 10년 전에도 비슷한 조사가 있었는데 그때의 비율이 반반 정도였던 것에 비하면 상당한 변화가 있는 셈이에요. 특히 경제적인 이유에서가 아니라 정신적인 만족을 위해 취업하겠다는 답이 많이 나온 것에 놀랐습니다."

　조변호사는 이 사건을 맡은 후 우리나라 공판사상 처음으로 재판에 큰 영향을 미칠 수 있는 변호인의 '의견서'를 법원에 제출, 화제를 모으기도 했다. 공판기일이 정해지기도 전에 최후변론과 비슷한 광범위한 의견서가 미리 제출된 것은 전례가 없었던 일로, 재판의 진행, 증거채택, 소송의 쟁점, 이 재판에 대한 사회적 반응과 인식 등을 이 의견서에 담은 조변호사는 "이 사건은 이미 교통사고의 손해배상을 청구한 회사원 이경숙양의 이해관계를 넘어 한국여성 전체의 권익에 관계되는 문제로 부각되고 있다. 재판부는 재판이 늦어지더라도 충분하고도 신중한 심리로 '미혼여성 25세 결혼퇴직'과 '여성 가사노동 가치'에 대해 공정한 판결을 받을 수 있게 되기를 원한다"고 적어냈었다.

　그는 개인적으로 할 수 있는 데까지 해도 안 되면 언제라도 법을 통해 소송을 하라고 말한다.

　"대부분의 사람이 그렇지만 여성들은 특히 '법'이라고 하면 우선 골치 아프다는 생각으로 가까이하지 않으려는 경향이 있어요. 또 우리 사회는 소송을 하는 것은 도덕적으로 배반을 하는 것이란 잘못된 생각을 가지고 있지요. 소송을 하는 것은 정당한 권리를 찾는 하나의 절차이지 도덕적 배신이 아닙니다."

　사법연수원을 마치면 으레 검사, 판사를 지원하는 것이 통상적이던 시절, 유일하게 변호사를 지망했던 별종(?)이었던 그는 "사람이 사람에 대한 판단을 한다는 게 웬지 적합지 않은 일"로 여겨졌기 때문이라는 이유를 댄다.

　슬하에는 두 아들을 두고 있고, 여성문제에 대해서는 부인으로부터 많은 조언을 받고 있는데 그의 부인은 역사학, 여성학, 사회학 등 3개 분야에 걸쳐 석사학위를 지니고 있는 만만치 않은 실력파.

　승소판결 후 조변호사는 이경숙씨와 손해배상액 945만원이 부당하다는 데 의견을 모으고 이를 관철키 위해 다시 대법원에 상고를 결정했다.

조 영 래

망원동 수해소송 변호사

'천재 (天災) 냐 인재 (人災) 냐'를 따지며 만 3년을 끌던 서울 망원동 수해소송이 드디어 지난 8월26일 서울민사지법 합의14부 (재판장 申明均 부장판사) 에서 원고측인 수재민들에게 승소판결이 내려졌다.

이 재판을 통해 보여준 망원동 수재민들의 놀랄 만한 용기와 시민정신 속에는 이들의 주장을 객관화시키고 격려하며, 법정에 직접 나서 열심히 대변해준 조영래 변호사 (40) 가 있다.

"그동안 우여곡절이 많았던 이 재판에서 승소했다는 것이 감격스러웠습니다. 더불어 우리 법원이 최소한의 양식은 지키고 있구나 하는 데서 오는 믿음과 안도감도 느꼈습니다."

조변호사는 이번 1심 판결이 행정의 대상인 시민들이 관청을 상대로 정당한 법절차를 통해 권리구제를 요청, 받아들여짐으로써 이른바 '행정권에 대한 시민적 통제'를 성공시킨 첫 케이스라는 점에서 그 의의가 매우 크다고 강조했다.

"과거, 말로 해선 안 되니까 과격한 농성 등 힘과 힘의 대결로 치달았습니다. 결국 민원인들은 정당한 주장임엔 틀림없는데도 그 방법이 문제가 돼 도리어 형사처벌 받기가 일쑤였습니다. 행정관청은 그같은 주민들의 민원을 방치해 두다가 선거 때나 가야 선심 쓰듯이 해결해주는 파행을 거듭해왔구요. 그러나 망원동 재판이 선례가 될 때, 그렇지 않아도 많은 행정관청과 주민들의 분쟁이

건전한 법질서를 통해 해소될 수 있다는 관행이 확립될 수 있을 것입니다."

바로 이같은 점에서 조변호사는 이 사건 수임으로 생기는 시간적·금전적 대차관계를 고려치 않고 즉석에서 망원동 수재민들과 함께 법적 투쟁을 벌이겠다고 결심했다는 것이다.

그러나 그는 이번 재판에서 지난 84년 9월 망원동 수해가 서울시의 부실공사와 관리소홀로 야기됐다는 원고측 주장이 그대로 반영됐지만 손해배상액이 당초 요구액의 10분의 1에도 못 미치는 830여만원(5가구)만 인정된 것은 잘못이라고 주장했다.

"당시 삽시간에 물이 들이닥쳐 미처 가재도구도 챙길 사이 없이 빠져나와 이틀간이나 물에 온통 잠긴 집을 바라보며 떨고 있었던 수재민들의 정신적 고통은 부차적이라고 해도 수해로 집값의 폭락, 집 수명의 단축, 가전제품을 포함한 세간 피해 등을 어림잡아봐도 엄청난 것임을 알 수 있습니다."

담당재판부의 피해산출 근거를 보면 같은 사람이 증언한 피해품 중에도 일부는 인정하면서도 다른 일부는 아무 이유 없이 부정해버리는 등 모호한 것이 너무 많다는 것.

따라서 2심 재판에는 일본에서 인정되고 있는 손해배상의 정액배상제나 일괄배상제를 원용, 보다 합리적인 피해보상을 받을 수 있는 데 주력하겠다고 밝혔다.

조변호사는 사실 이 사건 외에 '부천서 성고문사건' '말지(誌) 사건' '이경숙 양의 여자 25세 정년판결 항소사건' 재판 등 수많은 시국·인권관계 재판에서 보여준 뛰어난 활동으로 이미 법조계 안팎에서 '큰 재목'으로 인정받고 있다.

그의 뛰어남은 또한 지난 40년간 그의 생활, 특히 청년기 이후 선이 굵으면서도 결코 순탄하지 않았던 시간 속에서도 찾아볼 수 있다.

47년 경북 청송에서 태어난 그는 경기중·고를 나와 65년 서울대 전체수석으로 서울법대에 입학했다. 고교 때부터 발군의 실력과 활발한 학생활동을 벌였던 그는 같은 또래인 장기표(張琪杓, 42·전 민통련 정책실장·구속중), 김근태(金槿泰, 40·전 민청련 의장) 등과 함께 학생운동을 벌이면서 전태일 분신자살사건 등을 제일 먼저 학내외 이슈로 등장시켰다. 당시 조변호사의 활동을 지켜본 사람들은, 조변호사가 특히 대중연설이 뛰어났던 점을 기억하고 있다.

제13회 사법고시에 합격한 그는 71년 9월 사법연수원에 들어갔으나 같은 해 12월초 '서울대생 내란음모사건'의 배후조종자란 혐의로 체포돼 1년 6개월의 형을 살고 73년 여름 출소했다. 그러나 그는 74년 긴급조치 4호 발동과 함께 '민청학련사건' 배후조종자로 다시 수배돼 그후 10·26 전까지 만 6년간 수도 원 등을 전전하며 도피생활을 했다.

10·26 후 복권돼 2년간의 사법연수원 과정을 마치고 82년 9월 변호사 생활을 시작, 안정된 궤도를 밟기 시작한 조변호사의 과거 이력은 영광과 고난으로 점철된 다양한 삶의 모습이었다.

조변호사는 변론활동 외에도 대한변협 인권위원으로서 인권보고서 작성 등을 거의 도맡아해왔으며 신문·잡지에도 칼럼을 쓰는 등 몹시 바쁘게 살아왔다. 많은 사람들은 그가 앞으로 어떤 활동을 벌이며 어떤 모습을 보여줄지 매우 궁금해하고 있다.

조 영 래

김 영 택 (여성동아 기자)

재작년 그렇게도 떠들썩했던 권인숙양 성고문사건이 요즘 다시 거론되어 권양에게 성고문을 가했던 전 부천경찰서 문귀동 경장을 구속 기소하라는 소리가 높다. 당시 권양사건을 맡았던 홍성우, 조영래씨 등 7명의 변호사들이 지난 1월 18일 권양을 대리해서 대법원에 계류중인 재정신청 재항고를 조속히 결정하라고 촉구하는 서한을 대법원에 내자 매스컴들이 크게 보도하고 나선 것. 이는 요즘 박종철군 고문치사사건이 크게 클로즈업된 데 자극받아 취해진 조치이기도 하다.

이런 연유 때문에 권양사건을 앞장서 맡았던 조영래 변호사(趙英來·41)를 만나기로 했다.

조변호사는 처음에 전화를 통한 기자의 인터뷰 요청을 극구 사양했다. "제가 한 일도 별로 없지만 저보다는 선배들이 훨씬 고생을 많이 하셨는데 감히 어찌 그에 대해 제가 인터뷰를 할 수 있겠느냐"는 것이 사양의 변이었다.

물론 그의 말은 겸양임에 틀림없지만 그 사양의 뜻이 어떻게나 완강한지 처음에는 인터뷰를 포기할까 생각할 정도였다. 그렇다고 물러설 수도 없어 내락을 받지 못한 채 중구 서소문동 명지빌딩 1306호실에 있는 그의 변호사 사무실로 찾아갔다.

3명의 변호사가 함께 쓰는 사무실은 비좁아 으리으리한 다른 사무실을 보았던 기자로서는 약간 초라(?)하다는 인상을 받기도 했다. 특히나 그의 책상 뒤에 있는 40여개의 종이상자가 대충대충 쌓여 있는 데서 그러한 인상은 더 깊어졌는지도 모른다. 뒤에 안 일이지만 이 상자들은 세상을 시끌덤벙하게 했던 망원동 수재민들의 손해배상 청구소송에 관계된 서류들이라는 데는 놀라움이 저절로 나왔다. 처음에는 천주교 도시빈민위원도 맡고 있어 어디로 보낼 구호품이 아닌가 하는 생각이 들었기 때문이다.

그는 역시 예상했던 대로 바쁜 사람이었다. 순수한 변호사업무 이외 인권관계, 도시빈민관계 등 변론업무와 관계가 적은 일이 많아 자리에 있는 시간보다 없는 때가 많다는 게 직원의 귀뜸이다.

30분을 넘겨 기다린 끝에 들어온 그와 얼굴을 맞대고 나서 한참 동안 이야기를 나누며 인터뷰 아닌 인터뷰를 하게 되자 "허허 제가 졌습니다. 오신 손님 가시라고 할 수도 없고"하며 그때서야 본격적으로 응해주었다.

권양사건은 6월항쟁의 직접적인 뿌리

"권양사건은 이제부터입니다. 아마 대법원에서도 재수사해서 구속 기소할 수 있도록 결정할 것으로 기대합니다."

학생운동을 하다가 서울대 의류학과 4년 때 제적당한 권인숙양은 86년 5월 20일 부천에 있는 성신(주)에 허명숙이라는 가명으로 입사했다가 허위공문서 변조 및 행사 혐의로 연행된 후 당시 인천사태 관련자 소재를 추궁당하면서 담당 문귀동 경장으로부터 성고문을 당하고 이를 동료 재소자 중 출감자를 통해 외부에 알림으로써 세상을 깜짝 놀라게 했었다.

이 사건이 확대되자 검찰은 문귀동 경장을 수사하게 되고 성고문 사실을 확인했으면서도 "문경장이 파면당하고 또 그동안 경찰에서의 공로를 참작한다"는 이유로 기소유예 처분을 내렸었다.

검찰의 이같은 처사에 대해 당시 조변호사 등 166명의 변호인단은 문씨는 당연히 구속 기소되어야 하는데도 검찰이 기소유예 처분을 내린 것은 부당하다면서 서울고법에 재수사할 수 있도록 재정신청을 냈었다. 그러나 서울고법은 이를 기각하였던 것이고 변호인단은 이에 불복하여 작년 11월 대법원에 재항고 했던 것인데 1년 2개월이 지난 지금까지도 이를 결정하지 않고 있는 상태.

"형사소송법은 재정신청을 접수한 고등법원으로 하여금 20일 이내에 결정을 하도록 규정하고 있으므로 대법원도 이 규정에 준해서 결정해야 법의 정신에 합당한 것입니다. 특히나 대법원이 1년 2개월이 넘도록 결정을 하지 않고 있는 것은 '사법권의 독립'을 스스로 포기하는 것으로 볼 수 있어 안타깝습니다."

재정신청이란 어떤 형사사건에 대해 검찰이 취한 조치가 부당하다고 여기는 당사자가 이를 재수사해달라는 뜻으로 고등법원에 요청하는 것을 말하는 것으로, 만약 고등법원에서 '이유 있다'고 받아들일 경우 당초 수사를 맡았던 검찰청에 상응하는 법원의 재판에 회부되는 법률상의 조치로 재수사가 불가피하게 된다.

그런데 권양 변호인단이 낸 재정신청을 고등법원이 이유 없다고 기각하자 다시 대법원에 요청한 것으로 이를 재항고라고 한다. 검찰의 조치에 불복하고 고법에 낸 재정신청을 항고로 보기 때문이다.

이번 재정신청 재항고 조속결정 촉구는 박종철사건이 세번째 거론되고 그 결과 당시 치안본부장이 구속되는 사태로 번진 데 자극받은 것.

"사실 문귀동씨가 성고문을 가했다는 사실이 확인된 이상 당연히 구속 기소되어 법의 엄정한 심판을 받아야 한다는 것이 온 국민의 일치된 생각입니다. 최근 박종철군 사건이 다시 거론되어 사상 유례없는 세번째 수사가 진행되고 있어 그 귀추가 주목되고 있습니다. 그 박군사건은 작년 6월항쟁의 기폭제가 되었습니다만 그 연원은 권양사건으로 거슬러올라갑니다. 만약 그때 권양이 여자로서의 입장 때문에 폭로하지 않고 감추어버렸다면 아마 박군사건도 외부로 번져나오지 못했을 가능성이 높습니다. 그래서 작년 6월항쟁은 이미 광주사태 때부터 잉태되었지만 그 구체적 실현의 직접적인 뿌리는 권양사건이라고 봐도 틀린 말이 아닐 것입니다. 그래서 우리로서는 권양사건이 철저히 파헤쳐져야 한다고 생각하고 있는데 당국의 조치는 이에 훨씬 미흡한 것입니다."

―― 어떻게 보면 권양사건이 박군사건 못지않게 큰 의의가 있다고 볼 수 있지 않습니까? 다만 한쪽은 목숨이 살아 있고 한쪽은 잃었다는 차이는 있지만

말입니다.

"역사가 시작된 이래 고문은 수없이 자행되어왔습니다. 그러나 여성이면 누구나 수치심으로 여기는 성을 고문수단으로 이용한 경우는 별로 없습니다. 그러니까 그 정권은 최소한 도덕과 양식을 가지고 있다는 뜻이죠. 그런데 이 정권은 이같은 도덕과 양식을 외면하고 정권유지수단 차원에서 성고문 등 동원할 수 있는 모든 방법을 다 이용했다는 점에서 도덕성을 완전히 상실했다고 볼 수 있지요. 그래서 박군사건 못지않은 의의가 있는 것입니다."

그러면서 조변호사는 성고문이 비록 권양에게만 가해진 것이 아니라 곳곳에서 여자 피의자에게는 비슷하게 가해졌다고 사례를 들어 길게 설명해주었다. 그러면서 이 성고문은 비단 현정권이 시작한 것이 아니라 이미 유신정권 때부터 있었다고 말했다.

"한번 생각해보십시오. 문귀동씨도 사람입니다. 그 사람도 최소한의 양심과 도덕이 있다고 저는 믿습니다. 그런데 그는 권양에게 아무런 스스럼이나 주저 없이 성고문을 가했습니다. 우리가 불가피하게 어떤 장소에서 소변을 보게 될 때 누가 쳐다볼까 불안해하면서 보게 됩니다. 이것은 하나의 양식과 도덕성의 발로입니다. 왜 이런 일이 문씨에게만 있었겠습니까? 그래서 우리는 성고문이 문씨 이상의 선까지 개입되었다고 보는 것입니다."

조변호사는 차분하면서도 조리 있게 설명했다.

"검찰은 문씨를 기소유예로 풀어주면서 권양이 '성을 혁명의 도구로 이용한다'고 거꾸로 역공했습니다. 세상에 자기들의 잘못을 은폐하는 수단으로 순수하게 당한 처녀의 수모를 이런 식으로 뒤집어씌우고 있으니 어디 그럴 수가 있습니까?"

그는 권양 성고문사건을 이 세상에 널리 알리는데 고영구·홍성우·황인철·조준희·박원순 변호사와 함께 주도적 역할을 했던 사람으로 반체제인사, 다시 말하면 운동권 인사와 학생들의 변호에 앞장서왔었다.

당시 권양은 부모와 담당변호사의 만류와 곧 기소유예로 풀어주겠다는 유혹도 뿌리치고 자신을 희생해서 성고문 내용을 세상에 알려야겠다는 생각으로 NCC 인권위원회에 인권변호사를 보내달라고 했었다. 이에 따라 맨 처음 다녀온 사람이 이상수 변호사.

조씨는 이변호사로부터 내용을 전해 듣고 이대로 두면 안 되겠다는 생각으로 홍성우 변호사와 함께 교도소로 가 권양을 직접 만난다. 이야기를 들은 그는 보통 사건이 아님을 직감하고 10여 차례 더 만난 끝에 이 세상에 널리 알렸던 것.

"변호사의 임무는 돈을 받고 변호하는 돈벌이도 해야 하는 것이지만 억울하게 인권을 침해당했거나 유린당한 사람을 위해서도 봉사하는 것이 사회정의 실현에 합당한 것입니다."

망원동 수해는 천재지변 아닌 인재지변

그래서 그런지 그는 돈벌이가 되는 사건에만 집착하지 않고 억울한 서민을 위해 앞장서온 것으로 유명하다.

지난 84년 9월 대홍수로 마포구 망원동 일대가 침수되어 주민들이 막대한 피해를 입은 일이 발생했었다. 이때 서울시 당국은 천재지변으로 단정하고 있었으나 주민들은 시가 설치한 수문의 시설을 잘못한 데서 피해를 입었다고 주장하고 나섰다. 말하자면 천재(天災)냐 인재(人災)냐의 싸움이 시작된 것이다. 이때 조씨는 주민들의 주장이 이유 있다는 소신을 가지고 변론을 맡겠다고 자청하고 나섰다.

"처음에 주민들은 수임료 때문에 변호사에 맡기려는 생각을 못하고 있더군요. 그래서 주민대표를 불러 함께 싸워보자고 격려한 후 이 사건을 맡았지요. 어떤 수임료를 바라고 했다면 도저히 맡을 수 없는 사건입니다."

그는 이 사건을 규명하기 위해 3년 동안 토목학, 수리역학, 수문학, 콘크리트 기술 등에 관해 책과 씨름해야 했다.

"사실 이 관계 기술자들은 거의가 시당국과 관련을 맺고 있어서 자문에 응해주지 않아 애를 먹었습니다. 결국 책을 보고 공부할 수밖에 없더군요."

이렇게 몸부림을 친 끝에 만 3년 만인 87년 8월 26일 서울민사지방법원에서 승소판결을 받아낸 것이다. 그러니까 망원동 수재는 천재지변이 아니라 사람이 수문의 설계를 잘못해서 일어난 인재지변이라고 주장한 주민들의 승리인 것이다.

"그동안 곡절과 사연이 많았던 이 재판에서 승소했다는 것이 감격스러운 일이었습니다. 또한 우리의 법관들이 최소한의 양식을 지니고 있다는 사실이 확인됐다는 점에서 매우 기뻤습니다."

그가 이 재판에서 승리하자 재판의 추이를 주시하고 있던 5천여명의 주민들이 한꺼번에 몰려드는 바람에 비명 아닌 비명을 지르게 되었다. 그래서 그는 이 사건을 혼자서 도저히 감당할 수 없는데다 보다 객관화할 필요가 있다는 것을 느끼고 변호인단을 구성, 전체주민들의 소송에 대처하고 있다.

사실 망원동 수해사건의 승소는 '조영래'에게 변호사로서의 새로운 이정표를 세우게 해주었다고 할 수 있다. 이같은 사건은 변호사라고 해서 누구에게나 주어질 수 있는 '뜻있는 사건'이 아니기 때문이다.

왕성한 활동력

그는 47년 대구에서 조민제씨(趙民濟·70)와 이남필여사(李南弼·71)의 7남매 중 네번째이자 장남으로 태어났다. 그러니 위로 누님이 3명이나 있어 그는 태어날 때 온 일가친척들의 환호를 받았을 것으로 짐작된다.

국민학교 5학년 때 사업하는 부모와 함께 서울로 이사와 수송국민학교로 전학한 다음 경기중·고교를 졸업하고 65년 서울대 전체수석으로 법대에 입학했다.

이같은 조건을 갖춘 그가 조용하고 착실하게 공부하여 사법고시에 합격했다면 그는 지금쯤 촉망받는 고급법관이나 검찰관으로 성장하고 있을지도 모른다.

그러나 그는 그의 얼굴에서 비춰주듯 상당히 활동적인 사람이다. 이 활동적이라는 뜻은 가만히 앉아서 한 가지 일에 얽매일 사람이 아니라는 뜻이다. 요즘 그의 활동영역은 변호도 하고 사회운동도 하고 글도 쓴다. 굉장한 활동욕을 과시하고 있는 것. 그래서 술을 좋아하지 않으면서도 밤 12시 넘어 귀가하는 일이 많다. 최근 동아일보에 박종철군 사건에 관한 "관계기관대책회의 정체를 밝혀라"는 제목의 동아시평을 쓸 정도로 예리하고 정곡을 찌르는 글솜씨도 가지고 있다.

그는 이미 경기고교 재학시절 한·일회담을 반대하는 데모에 앞장서게 되고 이로 인해 정학처분을 받기도 한다.

또한 대학 1학년 때 역시 한·일회담 반대시위에 참가해 제적처분을 받게 되었으나 서울대 전체수석의 프리미엄 때문에 제적만은 면하게 되었다. 그러나 2학년 때 유기정학을 받고 만다. 그는 그가 학교다닐 때 한·일회담 반대, 한 비밀수사건, 6·8총선거 부정과 관련 있는 시위에 앞장서는 등 요즘 같아서는 완전한 운동권 학생이었던 것.

그는 같은 또래인 장기표(張琪杓, 42·전 민통련 정책실장·구속중) 김근태씨(金槿泰, 41·전 민청련 의장·구속중) 등과 함께 활동하면서 전태일 분신자살사건 등을 학내 이슈로 끌어들이기도 했다.

그의 학생운동은 대충 이 정도에서 끝나게 되지만 그가 오늘날 시국사범이나 인권·민권관계 일에 깊숙이 관여하게 되는 데는 이같은 대학시절의 인연이 있기 때문이기도 하고 그 밑바탕에 본래의 성격대로 왕성한 활동력과 불타는 정의감이 깔려 있는 데도 연유한다.

그는 대학시절 학생운동 하느라 공부도 제대로(?) 못한데다 또 학계 쪽에 뜻이 있어 고시공부에 집착하지 않고 대학을 졸업하게 된다. 그리고 대학원에 진학한다.

그러나 뭔가 하겠다는 자각을 갖고 공부해서 71년 제13회 사법고시에 합격한다. 그해 9월 사법연수원에서 착실히 공부하고 있는데 난데없이 체포되어 재학 중이던 서울대생 3명과 함께 내란음모혐의로 1년 6개월을 선고받아 복역한다.

—— 어마어마한 내란음모죄치고 형량이 왜 그렇게 적었습니까?

"제게 씌워진 내란음모란 다른 게 아닙니다. 데모하면서 화염병으로 경찰에 대항하면 정권이 전복하게 될 것이니 이를 음모했다는 것이 전부입니다. 1심에서 3년이 선고됐는데 2심인 고등법원에서 1년 6개월로 감형시킬 때 그 이유가 걸작입니다. 데모하려는 본래의 뜻이 애국하는 충정이었기 때문에 정상을 참작한다는 것이었지요. 사실 저나 학생들은 어떤 행동을 한 것이 아니었는데 그때 정부가 유신을 앞두고 위수령을 발동하면서 어떤 거리로 내세울 것이 없자 저희들을 제물로 삼아버린 것이었지요."

실형을 복역하고 난 후 얼마 있다가 74년 긴급조치 4호가 발동되고 민청학련 사건이 발표되었다. 그는 이 사건 연루자로 수배되어 체포령이 내리는 바람에

79년 10·26 때까지 5년 동안 도피생활을 해야 했다.

이 도피기간 동안 아내인 이옥경씨와의 동거생활에 들어간다.

이화여대 사회학과를 나와 지금은 모교에서 1주일에 3시간씩 강의를 맡고 있는 이씨와 조씨가 만난 것은 각각 대학원 1년과 대학 4년 때 우연히 만나 사귀게 된다. 뒤에 조씨가 감옥에 갔을 때 이씨의 부모들이 알게 되어 반대하게 되지만 출옥한 후 면담하고 나서 '사람이 변변하니까' 허락을 받을 수 있었다.

그런데 이씨는 조씨가 민청학련사건으로 도피생활을 하게 되자 도피시킬 장소를 마련하느라 고심하게 되고 그 방법으로 동거생활을 하게 되는 것.

"저분을 도피시켜야 하는데 어느 곳에 부탁할 곳이 있어야지요. 그때 긴급조치는 얼마나 어마어마했던지 감춰주기만 해도 10년 징역살이 한다고 엄포를 놓고 있었으니까요. 그래서 이쪽에서 오히려 부탁을 할 수 없더군요. 그 무렵 남가좌동 어느 집에 부탁하러 갔다가 말도 꺼내지 못하고 되돌아나오면서 다닥다닥 붙어 있는 집들을 보고 '저렇게 많은 집이 있는데도 어디 숨길 데가 없구나' 하고 한탄한 적이 있어요. 그때가 두 사람이 만나서 가장 어려운 시기였습니다."

두 사람 사이에 큰애 일평(12)이가 태어나자 더욱 어려움을 겪게 되지만 이씨는 모교 연구실에 나가 몇푼 안 되는 돈벌이를 하고 조씨는 좁은 단칸방에서 애기를 보고 연탄불을 갈아야 했다.

부부의 역할이 완전히 뒤바뀐 시기였다. 시국이 그렇게 만든 것이다. 그러면서 내가 '외조상감'이라고 농담한 후 웃는다. 아마 아내에 대한 미안함과 고마움의 뜻이리라.

이 무렵 경찰과 정보기관에서는 조씨를 찾느라 혈안이 되어 있었다. 조씨의 집은 물론이고 이씨의 친정집에는 정보경찰이 쉴 새 없이 드나들었다.

"저는 저분과 헤어졌다고 해도 소용이 없어요. 그래서 친정어머님이 많이 시달리셨습니다. 딸은 실질적으로 찾는 사람의 아내가 되어 있는데 거짓말하고 있으니 마음속으로도 굉장히 괴로우셨던 것 같아요. 그래서 아기를 친정에 맡기고 싶어도 맡길 수가 없었지요."

지나간 고난의 세월이 잊혀지지 않는 듯 그녀의 말머리는 잠시 끊긴다.

'그래도 우리는 다른 사람에 비해 고생한 것 없다'며 애써 자위하는 빛이 역력했다.

10·26이 나자 5년 만에 조씨는 자유의 몸이 되고 사면복권되어 다시 사법연수원에 들어가 수료한 후 변호사자격을 얻어 사회인이 되고 대학원도 졸업했다.

두 부부는 80년 3월 '서울의 봄'이 고조되어 있을 때 이화여대 중강당에서 고교와 대학 선배인 홍성우 변호사에게 간청해서 주례로 모시고 결혼식을 올렸다. 대성황이었다.

그때 결혼사진을 찍으며 다섯살 된 일평이를 안고 찍었다. 한 많은 도피생활의 증표였던 것. 그런데 요즘 식을 올린 후 낳은 둘째아들 무현이가 형을 안고 있는 결혼식 사진을 보고 "어떻게 결혼식 하면서 형을 안고 있었으냐" "왜 나는 빼놓았느냐"고 자꾸 묻는 바람에 가끔 곤욕을 치른다며 웃는다.

화장기 하나 없지만 꽤나 미모인 이씨는 처음에 할말이 없다며 기자의 방문을 달갑지 않게 여기고 아예 안방에서 나와주지를 않았다. 그래도 손님대접은 하지 않을 수 없었던지 커피며 과일을 가져온 다음 안방으로 들어가버렸다.

그러다가 조변호사가 "손님에게 너무 그렇게 하는 것도 예의가 아니다"고 설득한 후 잠시 이야기를 나누었으나 또 사진 찍는 것만은 극구 사양하는 것이었다.

카메라맨의 설득에 결국 응하게 된 이씨는 "그래도 한가족이 사진 찍기는 이번이 처음"이라며 활짝 웃었다.

"유죄판결이 무죄증명"

1971년 서울대생 내란음모사건 조영래 변호사

1971년 11월 12일 중앙정보부는 이른바 '서울대생 내란예비음모사건'이라는 것을 발표했다. '서울대생'이라는 것과 내란＋예비＋음모라는 산술을 엮어서 '사건'을 붙였으니 일반국민들은 일단 '어마어마하게' 놀랐을 수도 있겠으나, 실은 그 당시 박정희 권력이 갖게 됐던 '정권의 위기의식'이 그보다 더 절박했던 것이었음을 오늘에 와서 살피게 된다. 먼저 71년 11월이 얼마나 '못생긴 시대'였던가를 전후좌우로 일별해볼 필요가 있겠다.

전──69년 3선개헌, 집권여당인 공화당 의원들의 항명파동. 70년 4월 대통령선거에서 신민당 김대중 후보와 혼전.

후──72년 7·4선언과 남북대화, 10월유신과 '체육관 대통령 시대'의 개막.

좌──70년 5월 김지하의 담시 오적사건. 70년 11월 13일 청계피복노동자 전태일 분신자살사건. 71년 8월 광주단지 소요사건. 71년 10월 교련반대 대학생시위와 위수령 발동.

우──71년 김종필 실권(失權), 김형욱 정보부장 해임, 길재호 등 공화당 4인방 몰락. 71년 8월 실미도 군인난동사건, 사법부 파동.

이처럼 70년대초의 시대상황을 살펴보기만 해도 '앞뒤 가리지 못하고' '우왕

좌왕 좌우간에' 무슨 일이든 벌여놓고 보아야 할 '막판 정국'의 긴박감을 호흡해볼 수 있다. 더욱이 여기에 '대학생시위=사회혼란'으로 등장한 것이 위수령이었는데, 위수령만으로는 아무래도 권위가 서지 않는 듯하여 발동한 지 한달만에 화룡점정식으로 등장시킨 게 서울대생+내란+예비+음모=사건이라는 것이었다.

조영래(趙英來), 이신범(李信範), 장기표(張琪杓), 심재권(沈載權) 등 4명이 화염병을 사용하는 등 격렬시위를 주도하여 정부를 전복한 뒤 각계대표를 중심으로 구성된 가칭 민주혁명위원회로 하여금 과도기를 수습하게 하고 새 정부를 수립하려 했다는 내용의 이 사건은 무협지 같은 혐의 자체의 허구성을 드러내 보여준다. 시쳇말로 '고시를 패스한' 법학도가 내란예비음모로 구속되는 전무후무한 기록을 남긴 조영래 변호사의 입을 빌린다면 "도대체 나이 어린 대학생 4명이 무슨 수로 정부를 뒤집을 수 있느냐"는 것이다. 또 지금과 달리 당시 운동권 학생에겐 화염병의 성능이나 제조방법은 물론이고 그런 이름조차 생소했던 것이 사실이었다.

고시합격 뒤 사법연수원에 다니고 있던 조변호사는 이신범씨가 연행된 뒤 잠시 피신해 있다가 제 발로 정보부를 찾아갔다. 정보부 밀실에서 '수사'라는 이름을 빌린 모진 고문이 열흘 남짓 계속되는 동안 따로따로 감금된 4명에게 "누구는 이렇게 말했는데 왜 안 부느냐"는 식의 '자백'이 강요됐다. 결국 그들의 각본대로 움직여주기로 했는데 고문을 견디기 어려웠지만 '법정에 서면 사실이 밝혀지겠지' 하는 '순진한' 기대도 없지 않았다.

1심에서 검찰은 국가보안법 제1조 위반(반국가단체 구성)과 형법상 내란예비음모 등 혐의로 이들 모두에 대해 징역 10년 자격정지 10년을 구형했다. 이어서 '믿었던' 재판부는 이·장 피고인에게는 징역 4년씩을, 조·심 피고인에게는 징역 3년씩을 선고했다. 다만 재판부는 "혁명위원회는 … 국가변란을 목적으로 한 단체라 볼 수 없다"며 국가보안법상의 반국가단체 예비음모 부분을 무죄로 판시했다. 이와 관련 조변호사는 각본에 의한 것이라 할지라도 "애당초 국가보안법 위반을 걸고 들어간 자체가 무리였다"면서 "그러나 중앙정보부에서의 수사가 '합법화'되기 위해선 국가보안법이 동원되지 않을 수 없었을 것"이라고 지적했다.

2심에서 재판부는 형량을 대폭 낮춰 장·심 피고인에게는 징역 1년 6월에 집행유예 3년, 이피고인에게는 징역 2년, 조피고인에게는 징역 1년 6월을 선고했고, 1972년 12월 27일 대법원 형사부가 항소심에서의 판결을 확정시킴으로써 이 사건은 종결됐다. 그러나 이 사건은 사실상 2심에서 있었던 재판부의 갈등과정에서 마무리되었다고 보는 편이 옳다. "김인중(金仁中) 주심판사가 '무죄판결문'을 썼지만 정기승(鄭起勝) 재판장이 찢어버렸다는 얘기를 들었다"고 조변호사는 당시를 회고했는데, 이미 사실로 밝혀진 바 있듯, 재판부가 '외풍'에 못 이겨 진실을 외면한 채 형량을 낮추는 데 '합의'를 봄으로써 스스로 권위를 실추시킨 것은 결국 유죄판결로 무죄를 증명한 셈이었다는 말.

"못할 얘기지만"이라는 토를 달며 조영래 변호사는 "차라리 자유당정권 때가 사법부의 독립이란 면에서는 나았다"고 털어놓는다. 김병로 대법원장 밑에서 법관들이 권력의 영향으로부터 독립하고자 노력한 점이 있었고 검사들도 소신껏 일하려 했던 편이었다는 것이다. 사법부는 박정권 18년 동안 독재유지를 위한 볼모처럼 되었으며 특히 유신 때는 그것이 제도화되었다고 비판한다. 그러한 상황에서 법관의 인간적 고뇌는 이해할 수 있으나, 책임을 벗어날 수 있는 것은 아니라고 못박는다. 법질서를 지킬 사명을 띠고 있는 한 차라리 법관 노릇을 그만둘 소신을 갖고 있어야 했다는 것이다.

1964년 경기고등학교 3학년 때 한일회담 반대시위를 주도한 바 있는 조변호사는 대학 다니는 동안 줄곧 학생운동 주동자로 '찍힌' 몸이었지만, 정작 "박정권에 대한 비판적 생각을 확고히 하게 된 것은 3선개헌과 전태일 분신사건을 본 뒤부터였다"고 털어놓는다.

이 사건 뒤 그는 다시 74년 민청학련사건과 관련, 수배돼 80년 1월까지 무려 6년 가까이 기관원들에게 쫓기며 숨어 살아야만 했다. 그러나 역설적으로 따져 박정권은 그를 우리 앞에 '인권변호사'로 다시 서게끔 하기 위해 담금질시켜준 것일 수도 있겠다. 그동안 시국문제 변론을 많이 맡아왔지만 앞으로 노동·민생·환경 등으로 영역을 확산시켜 억압구조 속에서 분출하는 시민들의 다양한 민주적 요구를 대변하겠다고 포부를 밝힌다.

제 4 부
추모의 글

추도사 / 홍성우

이 시간의 이 자리는 참으로 필설로 형용할 수 없는 거대한 슬픔의 바다입니다. 우리의 그토록 아끼던 빛나는 이름 조영래가 이제 우리 곁을 떠나고 있는 믿기지 않는 순간입니다.

지금으로부터 10년 전, 1980년 1월의 어느날엔가, 더부룩한 머리, 느슨하게 풀어헤친 와이셔츠 칼라와 바바리 코트 차림의 표표한 모습으로 조영래 당신은 친구 몇사람과 함께 나의 사무실을 찾아왔습니다. 나에게 첫인사를 청하고 대뜸 그해 2월 며칠엔가 올리는 결혼식의 주례를 부탁했습니다. 1974년부터 민청학련사건으로 수배되어 근 7년간을 도피생활을 하면서, 그 중에도 그는 평생을 같이할 사랑하는 아내 이옥경을 만났고 사이에 아들 일평을 두어 일평이 5살쯤 되었을 때 1980년 이른바 서울의 봄을 만나 지각결혼식을 올리던 때입니다. 이 만남이 당신과의 나의 개인적인 인연의 시작이었고 그로부터 10년여, 당신과 나는 서로 눈길만 마주쳐도 서로의 흉중을 들여다보는 지기(知己)였다고 기억합니다.

그동안 일 많던 5공시절, 크고작은 시국사건을 쫓아 서로 손맞추어 이리 뛰고 저리 뛰고 하면서 우리는 어떤 때는 같이 분노하고 또 어떤 때는 같이 신나고 재미있기도 해가면서 꽤 일을 같이 많이 했습니다. 당신의 대표적 변론으로 꼽히는 부천서 성고문사건을 같이 쫓아다니며 내가 옆에서 보고 느끼던 당신의 그 폭발하는 열정과 정의감, 불의를 완전무결하도록이랄 만큼 끝까지 추적하고 단죄하는 그 집요함에 나는 몇번이고 당신의 그 물건됨에 탄복했었습니다.

그러던 당신이, 그것도 명색이 8년이나 선배가 되는 나에게, 당신의 영정을 앞에 놓고 조사를 읽게 하다니, 이것이 과연 무슨 잔인한 운명입니까. 하나님의 섭리라는 것이 이런 것도 있습니까? 할 일 적은 많은 사람들 뒤에 남겨두고 할 일 많은 당신을 먼저 불러가는 무슨 이런 부처님의 자비가 있습니까?

조영래, 보석처럼 빛났던 이름, 명쾌한 판단과 명확한 논리, 두둑한 배짱과 서슴없는 실천, 섬세하고 따뜻한 사랑으로 감싸진 사람, 시대의 어둠과 민족의 고난 속에서 한가닥 혈로를 뚫어가던 그 기개와 지혜, 그 속에 선배와 후배를 끌어넣어 정의에 눈뜨게 하고 세상 사는 맛 나게 만들던 사람, 그러므로 조영래는 항상 모든 사람들의 대장이었으며 사령탑이었고, 우리들의 자문역이었으며 우리들의 기댈 언덕이었습니다. 조영래가 가는 곳만 따라다니면 그곳에 진실이 있었고 정의가 있었고 승리가 있었습니다. 조영래가 가는 곳에는 허위의 가면도 불의의 권세도 추풍낙엽처럼 스러져갔습니다. 조영래가 있음으로써 80년대 그 어둠의 세상도 신바람나고 즐거울 수 있었습니다. 그런데 이제 조영래 없는 법정을 무슨 용기로 드나들며, 조영래 없는 세상을 무슨 재미로 살며, 조영래 없는 미래를 무슨 희망으로 꿈꿀 수 있습니까?

그가 사랑하고 그를 사랑했던 이 시대, 이 땅의 가난하고 억눌리고 억울하고 한맺힌 사람들은 이제 누구를 의지하며 그들을 짓밟는 저 불의와 허위는 누가 깨뜨릴 것입니까?

이 많은 애인을 도처에 만들어두고, 이 많은 사연을 뿌려두고 이 많은 할 일을 남겨두고 당신은 어쩌자고 이리도 홀연히 떠나는 것입니까? 아직도 아니 이제서야 당신의 진면목을 보자고 몰려든 우리들을 이토록 뿌리치고 떠나려는 것입니까?

언젠가 때가 오면 홀연 떨치고일어나 우리의 앞장을 서서 정말로 신명나게 한바탕 질풍같이 몰아붙여서 저 불의에 기생하는 썩은 세력들, 질척거리는 혼탁한 세상 멋지게 한번 물갈이해보자고 그가 깃발을 들 날만 기다리고 있는 그 많은 사람들은 이제 어쩌라고 이렇게 혼자 먼저 가버리는 것입니까? 천재가 아니랄까봐서 이렇게 요절하는 것입니까? 사랑이 식을까봐 식기 전에 미리 뿌리치는 것입니까? 사랑하는 아내 이옥경과 일평, 무현이 형제를 뒤에 두고도 발길이 떨어지는 것입니까?

우리는 조영래를 결코 떠나보낼 수 없습니다. 우리가 그의 육신을 잡아둘 수는 없어도 그가 남긴 사랑과 헌신, 그의 정신, 뜨거운 열정을 우리는 결코 보낼 수 없습니다. 그와 함께 보낸 지난날의 추억과 발자취를 소중하게 모으고 쓰다듬으며 우리는 영원히 조영래 당신을 우리 곁에 두겠습니다.

아, 아, 그러나, 그러나 그 정다운 조영래의 육신을 우리가 붙잡을 수 없는 것이 한스럽구나.

　잘 가라, 조영래 ── !

영래 학형의 영전에 바칩니다.

불과 6개월 전 동창회에서 "이제는 늙기 전이 아니라 죽기 전에 만나는 거
요" 하면서 힘이 넘치던 영래형 당신이, 이 무슨 일입니까? 어찌 이런 일이
있을 수 있단 말입니까?

당신을 향한 그 착하고도 억울한 눈빛들을 버려두고 두 눈이 감기더란 말입
니까?

당신과 더불어 한잔 술 나누기를 고대하는 이 많은 친구들은 또 어찌하란 말
입니까?

사랑하는 부인과 어린 자식들을 남겨두고 혼자서만 훌훌 떠나도 된다는 말입
니까?

당신의 마흔세해 생애는 너무나 짧았지만 누구보다도 많은 자취를 남겼습니
다. 당신이 학생운동과 민권운동의 지도자로서, 그리고 인권변호사로서 이 민
족과 사회에 끼친 업적과 공로는 이루 다 열거할 수가 없습니다. 당신은 언제나
정의의 편이었고, 가난한 자, 억눌린 자, 갇힌 자의 벗이었습니다. 당신의 정
열과 성실성, 당신의 인격과 생활 그 자체가 이 시대 양심적 삶을 살아가는 지
식인의 귀감이요 사표이었습니다. 그러기에 당신을 잃은 우리의 아픔과 충격은
더욱 크고 깊은 것입니다. 앞으로도 당신 하실 일이 너무나도 많은데 이렇게
황망히 우리들 곁을 떠나고 말았으니 누가 이 커다란 공백을 메울 것인지 그저
망연자실할 따름입니다. 너무나 가슴이 아파 통곡할 따름입니다.

당신이 고등학교 학창시절을 보낸 화동언덕에서, 정의의 종이 울리던 이화동
캠퍼스에서, 이미 당신은 정의의 투사이었고 저만치 앞서가는 선각자이었습니
다. 1964년 고등학교 3학년의 나이에 우리들을 이끌고 한일수교 반대데모를 하
였던 그 모습을 지금도 잊을 수가 없습니다. 당신은 그때부터 민족지도자로서

의 면모를 갖추고 있었던 것입니다.

당신은 바로 화동언덕에서 태어난 자유인·문화인·평화인이었고, 이화동 캠퍼스에서 자라난 정의의 타종수이었습니다.

당신은 극심한 가난과 역경을 딛고 일어선 오뚝이였고, 자신보다 남을 위해 기도하는 수도자였고, 정의를 위해 몸바친 투사였으며, 학창시절의 순수성과 성실성을 끝내 잃지 않은 영원한 소년이었습니다.

벗이여!

다시 태어나소서.

바람에 흐트러진 듯 듬성듬성한 머리카락이,

어둠을 밝히는 총명한 눈빛이,

밤새워 이야기하여도 일그러지지 않는 잔잔한 미소가,

그립고 또 그리워 우리는 울고 있습니다.

그 눈빛, 그 미소, 그 외침이 우리의 가슴에 새겨져 있을진대,

벗이여, 다시 태어나소서.

자유, 문화, 평화의 불길이 멀리 퍼져나가도록 ……

정의의 종소리가 결코 사라지지 아니하도록 ……

　　　　　　　　　　　　　　　　　　1990년 12월 14일

　　　　　　　　　　　　　　　　　　우인대표 오 승 근

조영래 선생의 영전에

조형! 한마디로 너무 억울합니다. 너무 원통합니다. 당신이 어찌 이렇게 떠날 수 있습니까?

도대체 내가 조형의 영전에 조사를 바친다는 게 말이나 됩니까? 아니, 진짜 이 나라를 책임지고 일해야 할 민족의 큰 일꾼인 조영래 당신이 이 혼돈의 세상을 그대로 둔 채 떠난다는 게 말이나 됩니까? 더욱이 조형을 아는 모든 사람이 그토록 마음 아파하면서 쾌유를 빌었는데, 이렇게 홀연히 떠나다니 말이나 됩니까?

그러나 조형을 원망하기에 앞서 우리를 질책하지 않을 수 없어 더욱 고통스럽습니다. 자기 몸이라고는 털끝만큼도 돌보지 아니하고, 오직 인간해방의 민주사회를 건설하는 일에만 몰두하는 조형을 보고서도, 존경과 경탄만 했을 뿐 건강을 위한 최소한의 노력이라도 하도록 강권하지 못한 우리가 밉도록 원망스럽습니다.

그러나 조형! 너무나 탁월한 조형이었고, 그리고 나에게는 언제나 스승이었기에, 이 통한의 아픔을 맞고서도 당신이 이 죽음을 통해 우리에게 무엇을 보여주려 하는지를 되새겨보지 않을 수 없군요. 더욱이 죽음이야말로 삶의 총결단이겠기에 더욱 그러합니다.

그런데 조형은 너무나 자기를 드러내는 것을 싫어해서 끝내 한줌 흙으로 돌아가고자 하는 당신 앞에 지난 일들을 늘어놓는 것이 당신을 번거롭게만 할 뿐이나, 당신의 뜨거운 사랑과 의지, 그리고 당신의 위대한 삶과 투쟁을 되새겨보는 것은 우리에게는 큰 힘이 되겠기에 한두 가지만 되새겨보고자 합니다.

당신은 한일회담 반대투쟁과 삼선개헌 반대투쟁, 그리고 유신독재 철폐투쟁

등에서 가히 결정적인 역할을 해온 것을 특별히 잊을 수 없군요. 자기를 드러내려 하지 않는 당신의 독특한 성품으로 널리 알려진 일은 적으나, 역사적 전환점이 될 만한 대사건에는 반드시 당신의 탁월한 능력이 발휘되었었지요. 사실 나는 당신이 주도하는 일을 함께 하는 것만으로도 엄청난 보람과 기쁨을 누렸으니까요. 그리고 이 땅에 당신과 같은 뛰어난 운동가가 존재한다는 것이 자랑스럽고 믿음직스러웠지요.

특히 당신이 잠깐 사법시험 준비를 하고 있을 당시, 전태일 동지의 분신자결 사건이 발생했을 때, 당신은 시험공부를 중단하고 전태일 부활투쟁에 전심전력을 다 기울였습니다. 당신의 그러한 노력이 전태일을 부활시키는 데 결정적인 역할을 했음은 물론입니다. 그리고 당신은 민청학련사건으로 피신생활을 하면서도 한시도 민주화투쟁을 중단하지 않았을 뿐만 아니라, 그 기간에 그야말로 혼신의 힘을 다해 불후의 걸작 『전태일 평전』을 저술하였습니다. 이 책은 결코 단순한 글재주의 산물이 아니라 민중에 대한 뜨거운 사랑과 결연한 투혼의 산물임을 강조하지 않을 수 없습니다. 당신은 민주변호사로서 탁월한 능력을 발휘했으나 그것은 내가 보기에는 너무나 당연한 일 같아서 새삼스럽게 들추어내고 싶지도 않으나, 그것이 5공독재를 끝장내는 민중투쟁의 중요한 촉매제가 된 것을 또한 잊을 수 없습니다.

결국 당신은 40대의 젊은 나이에 요절하지만, 다른 사람이 70평생을 해도 못다할 만큼의 큰일을 해내었으니, 오늘의 이 요절이 우연이 아님을 인정하지 않을 수 없군요.

조형! 너무도 아까운 조영래 동지여! 쓰잘데없는 너스레가 무슨 소용이 있겠습니까? 당신의 죽음을 맞아 비통한 것은 차치하고라도, 언제나 당신에게 의지해왔던 나로서는 앞이 캄캄하지만, 이 속에서도 기쁨과 희망을 갖게 하는 일이 있어 새삼 당신의 위대성에 감탄합니다. 당신의 죽음을 맞아 비단 민주세력만이 아니라 사회 각계에서 슬픔의 행렬을 잇는 것을 보면서 민주화를 바라는 사람이 너무나 많다는 사실과 함께 당신은 과연 큰 인물이구나 하는 것을 확인하게 되니 슬픔 가운데서나마 기쁨이 아닐 수 없습니다. 모든 사람들로부터 사랑을 받는다는 것이 어쩌면 불가능한 일이고, 그리고 바람직하지 않은 것으로 생각할 수도 있겠으나, 조영래 당신이야말로 모든 사람의 사랑을 받고 있으니 과연 이 민족의 화합과 통일을 이룰 큰 인물임을 알게 되고, 그래서 당신을 잃는 우리의 슬픔은 더욱 커집니다.

사랑하는 동지여! 비록 한줌 흙으로 돌아가는 죽음을 통해 당신의 '절대 겸손'을 실천하는 당신이라 하더라도 어찌 회한과 아쉬움이 없겠습니까? 당신과 더불어 고난과 시련을 함께 해온 부모형제와 사랑하는 아내와 저 어린 일평과 무현에게 어찌 송구함이 없겠습니까? 그러나 민주와 통일과 해방으로 되살아날 당신과 함께 모든 아픔을 이기고서 힘차게 살아갈 것을 우리는 믿습니다.

사랑하는 친구여!

부디 편히 쉬소서!

당신의 높은 뜻을 기리고자 하는 우리 모두의 가슴속에 영원히 함께 하소서!

조영래 변호사님

지난 몇달 동안 저는 변호사님의 조사를 읽는 일은 아마 없을 거라고 스스로를 세뇌하며 지냈습니다. 그리고 조사를 준비하면서도 저는 도저히 조변호사님의 죽음을 실감할 수 없어 몇번이나 상복을 입고 있던 사모님과 일평이를 떠올려보아야 했습니다. 아마도 실감이 나지 않는 것은 현실로 받아들이기는 너무 암담한 일을 믿어야 한다는 불합리함 때문일 것입니다. 아니 너무 억울하기 때문입니다.

그러나 이것이 현실이라면 조변호사님, 이렇게 일찍 가실 거면 좀더 자신을 위해서 사시지, 왜 그토록 큰 사랑을 역사 앞에 그리고 힘없는 우리들에게 주셨었습니까? 그리하여 우리에게 조변호사님께 드린 것이라고는 고통밖에 없다는 감당하기 힘든 자학감만을 남기셨는지 원망스러워지기까지 합니다.

맨 처음 홍성우 변호사님과 오셔서 성고문에 관한 고발장을 만드시겠다고 하셨을 때도 저는 조변호사님을 몰랐습니다. 자주 접견을 오셔서 상세하게 세상 이야기를 들려주시거나, 스크랩해오신 제 사건 기사나 칼럼 등을 보여주실 때도 저는 그 자상함의 의미를 몰랐었습니다. 그러나 제 재판 1심 변론을 하실 때였어요. 조변호사님은 변론을 하시면서 계속 눈물을 흘리셨었습니다. 그리고 변론을 마치신 후에도 내리 우시고 계셨습니다. 그때서야 저는 처음으로 조변호사님이 제가 당한 성고문사건을 얼마나 깊게 아파하고 계셨는지, 그리고 더럽혀질 대로 더럽혀진 이 사회에 얼마나 크게 분노하고 통탄하고 계셨는지를 알 수 있었고, 그 따뜻한 마음을 느낄 수 있었습니다.

변호사님은 만나면 만날수록 저는 마음이 편해졌습니다. 그것은 단순히 저에게 자상하고 친절하셨기 때문만이 아니라 매사의 모든 문제를 저의 편에 서서 인권회복을 위해 판단해주시고 이끌어주셨기 때문입니다. 정말로 저의 정신이 의지하고 기댈 수 있는 판단력과 애정을 변호사님은 갖고 계셨었습니다.

문귀동의 재판, 국가상대의 손해배상소송 등 꼬리를 물고 몇년이나 이어졌던 제 사건과 관련된 재판들, 저는 오히려 귀찮아하고 사건기일을 잊기도 하는 나태한 모습을 보였지만 조변호사님은 한번도 그 재판들에 소홀하신 적이 없으셨고 온통 힘을 기울이시곤 했습니다. 그럴 때마다 저는 부끄러워하며 다시 제 몫의 싸움을 감당해나가는 힘을 찾곤 했습니다. 진실로 제 사건이 조금이라도 이 땅의 민주화를 위하여 한 일이 있다면 그것은 모두 변호사님 차지입니다.

그러나 제가 변호사님을 따를 수밖에 없었던 가장 큰 이유는 제 사건의 변론을 열심히 맡아주셨다는 이유만은 아닐 것입니다. 오히려 그보다는 세속적인 관념에 지배받지 않는 자유로운 사고와 합리성, 그리고 특유의 여유 있는 인격 때문일 것입니다. 기존의 것을 일단 누리고 고집하고 보는 보수성, 일정한 관념의 틀에 지배받는 도식적인 사고방식을 훌륭히 벗어던지고 매사에 진보적이고 자유로운 판단력을 갖고 계신 분이셨습니다. 쉽게 생각하기 쉬운 여성문제도 오히려 젊은이보다도 더 진보적이고 진지하게 받아들이셨던 분이셨습니다. 그렇기에 그토록 많은 사람들이 조변호사님을 믿고 의지하고 이야기하고 싶어했던 것 같습니다.

조변호사님

지금 이 자리는 너무 싫습니다. 믿기 힘든 이 자리를 지금이라도 당장 박차고 나가고만 싶습니다. 그렇지만 저는 이 자리에 서 있어야만 합니다. 그게 믿어야 할 현실이랍니다.

조변호사님의 부고소식을 듣던 전날 밤이 생각납니다. 저는 이소선 어머님의 자서전을 읽고 있었습니다. 그 글 속에 장기표 선생님의 수배 이야기와 함께 당시 수배중이시던 변호사님의 이름도 나와 있었습니다. 그때 저는 가슴이 답답해졌습니다. 제가 같이 경험하지 못했던 조변호사님의 6년이 넘던 70년대의 수배생활이 웬지 생생하게 느껴져 가슴이 아프고 억울해지기 시작한 것입니다. 간간이 이야기해주시던 누울 자리 하나 찾기가 힘들던 그 살벌했던 때의 너무 길었던 그 수배생활의 모습이 눈에 보이듯 밀려오기 시작했습니다.

80년대에 들어설 때 웬지 이제부터는 뭔가 제대로 자신을 펼칠 시기를 맞을 것 같다는 예감이 들더라는 변호사님 이야기도 생각났습니다. 그리고 햇수로 몇년입니까? 10년도 채 못 되는데 이제 또다시 죽음과 싸우셔야 할 처지라고 생각하니 이런 소견으로도 조변호사님의 삶이 그렇게 기구하게 느껴졌습니다. 그래도 그때는 그래도 설마, 그렇게 훌륭하신 분이 가실라고, 무슨 기적이 있겠지 하는 희망이 있었습니다. 그런데 그 다음날 새벽 저는 변호사님이 운명하셨다는 소식이 담긴 전화를 받아야 했습니다.

정말 조변호사님은 저에게 너무 큰 분이셨습니다. 너무 고마운 분이셨습니다. 의례적인 이 말을 반복해서 사용할 수밖에 없도록 조변호사님은 저의 모든 것에 관심 가져주시고 힘써주셨습니다. 제가 지금 일하고 있는 노동인권회관을 겁없이 만들고 유지해나갈 수 있었던 것도 모두 변호사님을 내심 믿었었고 실제로 가능케 만들어주셨기 때문입니다.

아! 조변호사님, 우리는 어떡해야 합니까? 고난을 감내하면서 새 시대를 열어나갈 지혜와 안목이 있는 조변호사님이 우리는 정말 필요한데 이제 우리는 어떡해야 합니까?

아마도 지금보다 날이 가면 갈수록 우리는 변호사님이 없는 고통을 감수해야 할 것입니다. 의논드리고 싶은 일이 생길 때마다 터무니없이 탄압받을 때마다 저는 조변호사님이 안 계심을 실감하면서 점점 더 크게 절망할 것 같습니다. 그러나 억지로라도 마음은 다잡아야 하겠죠. 조변호사님이 안 계심을 한탄만 한다는 것은 아무 의미도 없겠죠. 그렇더라도 저는 오늘은 한탄만 하고 싶습니다. 이 말도 안 되는 현실을 꾸짖고 다시 처음으로 원상으로 돌려놓으라고 소리치고 싶습니다.

다들 조변호사님이 마지막으로 하신 일은 노동인권회관을 만드시고 도우신 일이라고 합니다. 저도 이 사실을 너무 잘 압니다. 저랑 같이 일하는 일꾼들 모두 잘 압니다. 잘하겠습니다. 보시기 위태로우실 때도 많겠지만 믿어주세요. 열심히 하겠습니다.

변호사님 이제 인사를 드려야 할 것 같습니다. 조영래 변호사님 안녕히 가십시오. 길지 않은 삶이었지만 훌륭히 사셨습니다.

그리고 감사합니다.

정말 그동안 너무 감사했습니다.

▨▨ 추도사 / 이만호

趙弁 영전에

　지난해 어느날 한 전화 소리에 그렇게 큰 충격을 받아본 적이 없었소. 글쎄 이럴 수도 있는 것인가?

　그대를 만난 지 이십수년, 지극히 못난 나에게도 언제나 언짢은 기색 없이 많은 가르침을 주곤 했었는데,

　형처럼 동생처럼 또 스승처럼 그대를 따르고 있었는데, 이렇게 급히 갈 줄이야 그 누군들 상상이나 했을까.

　너무나도 뛰어났던 그 인품과 그 지혜를 그 누가 따를 수 있었는가? 아깝기 그지없다.

　천재는 요절한다더니, 바로 그대에게 해당될 줄이야.

　너무 아쉽고 허망해서 한동안 나 스스로 갈피를 잡을 수 없었소.

　생전에 좀더 많은 시간을 함께 보내지 못했던 것이, 좀더 많은 것을 배워놓지 못한 것이 후회막급이오.

　짧은 투병기간에 수차 병원문을 들어섰으나 무현엄마의 지극한 정성에,

　혹시나 내 방문으로 더 덧치지나 않을까 하는 걱정에,

　감히 병상에 접근할 수 없었으니 그것도 내 가슴에는 한이 되어버렸소.

　조금 지나면 차도가 있겠지, 만나볼 수 있는 기회가 있겠지 하는 희망이 무참히 깨지고 말았소.

　그대 떠나기 며칠 전부터 내게도 무슨 예감이 있었는지, 무척이나, 내 할 일을 못한 것 같은 초조감이 나를 괴롭혔소.

　의지가 강하니까 설마 기적이 있겠지,

　너무 믿은 탓일까. 설마설마 하던 것이 참으로 어처구니없이……

　色卽是空, 空卽是色, 是諸法空相 不生不滅,

원래가 일체 모든 것이 공(空)이라는 이치로 보지 않으면 그 무상함, 그 허전함, 그 애통함을 어찌 견딜 수 있겠소.

그대는 짧은 기간 동안에, 우리 주위에 그 아무도 흉내낼 수 없는 숭고한 삶을 살고 갔으니,

너무도 많은 영향을 끼치고, 뚜렷한 족적을 남겼으니, 오직 흠모할 따름이오.

대학 졸업식을 마치던 날 부여로, 공주로 무전여행을 떠났던 그 추억이 너무 그리워서,

다방에서 커피 한잔 마음놓고 못 먹던 그때가 아쉬워서,

언젠간 유전여행을 한번 멋있게, 마음놓고 해봐야지 하던 나의 바람이 영구 미제로 남고 말았소.

생전에 몇번의 기회가 있었던 것 같은데, 생활에 허둥대고 매사를 미루는 못난 나의 성격 때문에 놓쳐버린 것 같은 생각이 들어, 이 좁은 소견을 책하고 있지만 너무 일찍 가버린 그대를 또한 원망하고 있소.

앞으로 얼마든지 그대 마음의 빛을 온 세상에 빛나게 할 수 있었는데……

언제 다시 그대 같은 인물을 또다시 만날 수 있을 것인가?

아마도 남은 여생 동안 불가능할 것 같으오.

생전에 그대 주위에 너무 많은 친구 있어,

아마도 나는 열 손가락 안에도 들지 못하는 못난 놈일 것이오.

비록 그대는 언제나 내 마음의 가장 많은 부분을 차지하고 있을지라도……

내가 간혹 이런 식의 내 솔직한 심정을 표현이라도 하게 되면, 빙긋이 웃든지, 아니면 순수한 심정으로 나를 다독거려 편안한 마음이 되게 하곤 했소.

항상 상대방에게 엔돌핀이 흘러나오도록 하는 마력과 덕성이 있었는데,

대학시절 대구에서 단칸셋방에 사는 우리 집에 놀러 와서는 밤늦도록 가난한 내 마음에 힘을 넣어주었고,

승진이 안 되어 고심하고 있을 때엔 이젠 그만큼 먹고 살 만하니 그것이 최고라고 하며 용기를 갖도록 애써주었소.

아쉽소, 내게도 아쉽기 짝이 없소.

그대의 위대성이 내 마음에 사무칠수록

나는 왜 이렇게 불똑똑한 사람일까? 진정 부끄럽소.

그대가 불치병 선고를 받았다는 충격 속에서도 나는 지난 여름 이미 의사가 이상 없다고 했음에도 불구하고, 우겨가면서 종합건강진단을 두번이나 더 받았소.

소아적(小我的) 이기심, 욕심의 발동인 것같이 느껴져 부끄럽고 미안한 마음 금할 수 없소.

오늘 많은 가족 친지들과 함께 그대 영정 앞에 서 있을 수 있는 것도 내겐 크나큰 영광이요 감동이란 걸 솔직히 전하고 싶소.

이제 그대를 추모하면서 부끄러운 졸필이나마 애통한 마음을 전하고 싶어 감히 영전에 고하는 것이오.

명예도, 재산도, 가족도, 생사마저 무아의 공이라 했으니

편안히 가시오!

하늘나라에서도 훌륭한 스승이 되소서! 부디 영생하소서!

1991. 3. 21
李萬浩

조영래 형 영전에

趙兄
나 왔소
어제 소식 듣고 오려다
길 막혀 이제 왔소
향 한 번 피우고
절 두 번 하러 왔소
예전 같으면 아마 울었겠지요
땅을 치며 통곡도 했겠죠
이십년 전 우리 만나
민주화 사회개혁 민족통일 하자던
그 약속만 뒤에 남기고
왜 이리 서둘러 가느냐고 울었겠지요
어린 시절 그 괴로운 가난
젊어 지하실에서 고문당하던 그 고통
일년 여섯달 감옥의 시절
그리고 기나긴 육년을 내내
아내와 아이와 함께
골방에 숨어 지내던 어두운 세월

그 고난들 모두 다
의미 없이 남기고
왜 이리 일찍 가느냐 울부짖었겠지요
슬기로운 아내와 어여쁜 아이들
늙으신 어머니 아버지 누님 동생들 많은 친척들
당신 사랑하고 당신 기대하는
수많은 친구들 다 뒤에 두고
무정하게 떠나간다 욕도 했겠지요
그 영특한 재능 그 꿋꿋한 심지
정의와 인권 생명 존엄에 대한 뜨거운 정열
민족통일 향한 새롭고 광활한
그 창조적인 경륜
무엇보다도 당신
사람 사랑하는 그 넉넉하고 따스한
마음씨 눈빛 손짓하며 말과 글들
다 버리고 간다
그래 원망도 했겠지요
趙兄
나
당신께 빚이 많소
그래서 울지도 못합니다
1974년부터 1980년까지
당신을 내내 골방에 가둔 것은 바로 나였고
어쩌면 그 답답한 통분의 세월이
당신을 죽음으로 데려간
마음속 상처리라 생각하면
울 수도 없습니다
당신은 이미 오래 전
낡은 이념 낡은 투쟁 낡은 태도로는

민주화도 개혁도 통일도 못한다는
굳은 확신으로 새 길 찾아나섰소
그 길이 이제 나의 길이 되었으니
마음 무거워 울 수도 없구려
당신의 지혜
당신의 활동
당신의 삶 속에서 빛나는
모든 새로움이 이제 우리 모두의
새 길 떠나는 넉넉한 노잣돈임에
슬퍼도
울지 않으리다
당신이 연희동에서 대학병원에서
그리고 태안사에서 겪은 모든 것이
삶과 죽음 넘어서는 커다란 우주생명
제법무아 제행무상의
세세생생 육도륜회의 그 하염없는
해탈의 연기법이었으니
그립고 아쉬워도
더는
슬퍼하지 않으리다
단 한 가지
당신 마지막까지
괴로워했다는 저 이십년 세월의 저편
불타 돌아간 전태일씨에 대한 그 마음의 빚도
이제 숱한 노동자들 영롱한 눈빛 속에서
다 갚았으니
다 스러졌으니
오히려 고마운 새마음으로 돋아나고 있으니
안심 안심 하소서

오고감 없고
부서질 수도 죽을 수도 없는
마음이시여
우리 모두의 가슴에 조국의 모든
꽃봉오리 풀잎마다에 언제나 지금
살아 계실 마음이시여
평안 평안 하소서
한반도의 큰 산 한 분이시여
이제 물 위를 걸으소서
아리따운 꽃이 촛불 속에서 열립니다
가난한 시인이라
아무것도 없으니
노자 보태라 부처말씀 한마디만
여기 놓고 돌아갑니다
凡所有相 皆是虛妄
若見諸相 非相 直見如來

1990년 12월 13일
못난 친구
김 지 하 올림

하얀 겨울에 떠나간 우리들의 '趙辯'

조 갑 제 (조선일보사 월간조선 부장)

우리들의 '조변'이 갔다. 어디 가서든 그의 친구임을 자랑하고 싶도록 만들던 조영래 변호사 —— 그의 푸근한 미소와 낭랑한 목소리, 그리고 줄담배 연기를 다시 만날 때까지 우리는 '조변' 없는 이승을 어떻게 살아갈 것인가. 조변! 그렇게 훌쩍 세상을 뜨는 것을 보니 저승이 좋기는 좋은 모양이구려.

조변호사, 그는 어차피 요절한 천재로 기억될 것이다. '조변'은 그러나 바보를 존경할 줄 아는 천재였다. 예리하고 가파른 천재가 아니라 강 같은, 음악 같은, 함박눈 같은 풍류남아였다. 그 깊고 넓은 웅지를 펴기 전에 질풍노도의 시대를 만나 1년반을 감방에서, 여섯해를 도망자로 보내야 했던 '우리들의 조변'은 죽음까지도 태산같이 당당하게 맞아들였다.

전남 곡성의 태안사에서 마지막 나날들을 보내던 '조변'은 다가오는 죽음의 그림자와 애써 싸우지 않았다. 죽음을 사색하고, 죽음과 대화하고, 그러다가 친구가 되었다. 그는 아마도 죽음과 손잡고 저승길로 떠났으리라.

조변호사는 이 나라 인권변호의 새 지평을 연 사람이었다. 그의 변호에는 인권의 파괴를 체험한 사람만이 가질 수 있는 무게와 진지함이 실려 있었다. '작은 진실에의 열정'이 있었고 당해본 사람들의 아픔을 알아보는 눈과 가슴이 있었다.

"권양. 온 국민이 그 이름을 모르는 채 성만으로 알고 있는 유명인사. 얼굴 없는 우상이 되어버린 이 처녀는 누구인가."

'조변'은 불의와 싸우는 데 있어서 논리의 힘에 못지않는 감성의 떨림을 이해하였다. 그래서 그의 인권활동에는 유려한 시심과 무서운 신바람이 함께 있었다. 권인숙양 사건과 망원동 수재소송사건에 열중해 있던 1986~87년이 아마도 그의 가장 행복했던 시기였을 것이다.

"지금 모두가 갑갑해하고 있지만 먼 훗날에는 이 시대를 아름답게 추억할 겁니다. 인권, 자유, 평등과 같은 고매한 이상을 주제로 하여 나라 전체가 토론하고 분노하고 있다는 것 자체가 멋진 일 아닙니까?"

이렇게 말하던 그는 1987년 대통령선거를 앞두고는 야당후보 단일화를 촉구하는 머리띠를 두르고 드러누워버렸다. 세상은 그의 희망대로 돌아가지 않았다. 실패한 정권교체와 민주화의 사생아처럼 불거져나온 지역감정과 복잡다기해진 갈등들이 우리의 '조변'을 쓸쓸하게 만들어갔던 것이다.

'조변'은 작은 것의 소중함과 아름다움을 아는 이였다. 그는 연탄공장 주변의 진폐증환자, 스물다섯살에 정년퇴직해야 했던 여자, 분신자살한 젊은 노동자 —— 이런 작은 이들의 문제 속에서 이 역사와 이 사회를 울리는 큰 의미를 뽑아냈다. 상처받은 권양이 자립할 수 있도록 자상하고 세심하게 보살펴준 이야기는 오영수의 단편소설감으로도 손색이 없을 것이다. 그리하여 우리의 조영래는 억울한 사람들이 제일 먼저 떠올리는 '이름'이 되었다. 그가 바로 '법을 배운 전태일'이었다.

'조변'은 꽉찬 80년대를 살았지만 결국 못다 핀 꽃이었다. 이것이 원통하고 억울한 것이다. 그는 10년 정도를 담을 그런 그릇이 아니었다. 짧았던 43년보다 몇배나 더 오래 이어질 아쉬움, 추억담, 그리고 긴 여운을 우리 가슴속에 남기고 그는 표표히 떠났다.

명창 '조변'에게 꼭 물어보고 싶은 게 있었다. "고향에 고향에 돌아와도 그리던 고향이 아니러뇨"를 즐겨 부르더니 한 2년 전부터는 왜 "가을엔 가을엔 떠나지 말아요 … 차라리 하얀 겨울에 떠나요"를 그토록 열창하기 시작했는지.

조영래 변호사! 그 겨울이 깊어지기 전에 이만 떠나시오. 뒤돌아보지 말고, 남은 것 묻은 것 있으면 다 털어버리고, 자 뛰어가세요. '조변' 같은 사람들이 사는 곳이라면 거기가 바로 천당, 극락이 아니고 어디겠습니까.

그러나 한 가지 부탁은, 아무리 천당, 극락이라지만 몸이 아프거든 제발 약도 먹고 병원에도 좀 다니시오!

인권·노동변론에 뚜렷한 발자취

황 호 택 (동아일보 기자)

8년이라는 길지 않은 기간에 인권 및 사회정의와 관련한 변론활동으로 주목을 받으며 뚜렷한 족적을 남긴 조영래 변호사가 12일 새벽 43세의 나이로 요절했다. 지난 8월말 폐암선고를 받고 서울대병원과 전남 곡성 태안사 등지에서 치료와 요양을 하면서도 "주위에 갚아야 할 빚이 많다"며 강한 투병의지를 보이기도 했으나 끝내 못 돌아올 길을 가고 말았다.

그는 변호사로서 주로 기본권 침해, 공해지역 주민이나 집단 전체의 이익과 관련된 사건, 산업재해·해직근로자 사건 등에 남다른 관심을 기울여왔다. 그가 맡은 사건 중 대표적인 것은 부천경찰서 성고문사건의 권인숙양 변론과 서울 망원동 수재민 집단소송이라고 할 수 있다.

그는 성고문사건이 터지자 부천경찰서와 인천소년교도소를 수십차례 오가며 경찰관이 22세의 여대생을 대상으로 자행한 추악한 성고문 범죄를 폭로하고 5공이 무너진 뒤 고문경관 문귀동을 마침내 법정에 세워 법의 심판을 받도록 했다. 그가 직접 쓴 장문의 권양사건 변론요지서는 진실을 밝히기 위한 권양의 용기를 찬양하고 경찰, 검찰 그리고 공안당국 등 권력기관의 부도덕성을 질타한 대표적 노작으로 꼽혀진다.

84년 9월 서울의 대홍수 때 망원동 유수지의 배수갑문이 무너져 한강물이 역류하면서 이 일대 5천여 가구가 물에 잠겼다. 그는 국가를 상대로 한 2,400여 가구 수재민들의 소송을 맡아 3년의 법정투쟁 끝에 승소로 이끌었다. 우리나라 사법사상 최초의 주민집단소송이라고 할 수 있다.

그는 헌법의 기본권과 관련된 사건은 아무리 작은 사건이라도 소홀히 하지 않았다. 직장에 다니는 미혼여성 이경숙씨가 교통사고로 다리를 심하게 다치자 1심 재판부는 스물다섯살까지만 직장봉급으로 손해배상액을 계산하고 나머지 쉰다섯살까지는 일용잡급직 노임으로 산정하는 판결을 내렸다. 미혼여성은 결혼하면 직장을 그만두는 관습에 따라 여성의 평균 혼인연령인 스물다섯살을 정년으로 본 판결이었다. 그는 이씨를 설득해 2심 변론을 무료로 맡아 남녀불평등의 판례를 바꾸어놓았다.

대한변협 인권위원으로 활동하며 86년과 87년 5공의 암울했던 시절에 인권보고서를 집필했고 '민주사회를 위한 변호사모임'의 창설에도 참여했다.

그는 말보다 글을 더 잘 쓰는 변호사였다. 동아일보 객원편집위원으로 동아일보에 독재정권을 통렬히 비판하고 인권수호를 외치는 글을 자주 썼으며 한겨레신문 논설위원으로도 활동했다.

경북 청송에서 7남매 중 맏아들로 태어난 그는 집안이 기울어 어려운 소년시절을 보냈다. 국민학교 5학년 때 서울로 이사를 와 달동네를 전전하며 가정교사로 경기중고교를 졸업했다. 65년 서울대 전체수석으로 법학과에 들어가 71년에는 제13회 사법고시에 합격했다.

사법연수원 1학년 때인 71년 11월 중앙정보부에 의해 '서울대생 내란예비음모사건'으로 이신범 · 장기표 · 심재권씨 등과 함께 체포됐다. 최종 확정형량은 1년 6개월.

그는 대전교도소에서 잡범들의 감방장 노릇을 하다 만기출소했다. 74년 다시 민청학련사건과 관련, 수배돼 80년 1월까지 무려 6년 가까이 도피생활을 했다. 80년 복권으로 사법연수원에 재입학해 82년 8월 변호사 자격을 취득했다.

재야단체인 여성민우회 부회장으로 일하는 부인 이옥경(李玉卿) 여사 (42)와의 사이에 일평(一平, 16), 무현(茂顯, 9) 등 2남을 두었다.

(동아일보, 1990. 12. 12)

인권변호사 조영래

남 시 욱 (동아일보 상무이사)

어두웠던 5공시절이나 혼란상태가 계속되는 지금까지의 6공에서 변호사 조영 래씨만큼 그 시대를 제대로 산 인물도 많지 않다.

조씨는 변호사로서는 82년 8월부터 지난 8월 폐암3기를 선고받기까지 불과 8년간 활동했지만 그 공적은 엄청났다. 그에게 이름지어진 '인권변호사'답게 인권과 사회정의를 침해하는 구조적인 불의에 감연히 맞서 그의 정열을 불살랐 다.

너무도 유명한 86년의 부천서 권인숙양 성고문사건, 84년의 서울 망원동 수 해손해배상사건에서의 그의 빛나는 승리는 우리 사법사상 기념비적인 사건이었 으며 대한변협 인권위원으로서 86, 87년 5공말기의 암울했던 상황에서 인권보 고서를 집필하는 한편 민변(민주사회를 위한 변호사모임)의 창설을 주도하며 이 나라의 민주화에 크게 기여했다.

필자에게 그가 특히 인상적이었던 것은 이데올로기적 혼란기에 그는 장래를 투시하는 판단력을 지녔던 점이다.

"사회주의권은 이제 끝나가고 있는데도 우리의 젊은이들은 심지어 내 말까지 도 믿으려 하지 않는 것이 안타까운 일입니다."

이미 2,3년 전부터 필자를 만날 때마다 이런 이야기를 했다. 직업상 반체제

인사들과 노동운동가들을 많이 접촉하는 그였기 때문에 누구보다도 우리 사회의 저변을 알고 있었다.

필자는 그때마다 그에게 용기를 주기 위해 이런 말을 해주었다. "아닙니다. 그들은 끝내는 믿게 될 것입니다. 소신을 가지고 그들을 설득하세요."

그는 5공 때 반체제인사들이나 이와 유사한 인사들과는 달리 국가발전에 대한 신념도 대단했다. 지금 생각하면 한낱 난센스에 불과하지만 올림픽 개최를 둘러싸고 이를 반대했던 우리의 지식인들이 얼마나 많았던가. 그들은 당시에 전두환정권이 미워서, 또는 국고낭비를 이유로, 또는 이유불명의 명분을 내걸고 올림픽을 반대했었다.

심지어 어떤 인사들은 북한의 어처구니없는 공동개최 주장에 동조하는 행동까지 서슴없이 하지 않았던가. 그때마다 이들은 민족통일을 내세우는 것을 잊지 않았다.

그러나 그는 달랐다. 그가 생전에 쓴 시사평론 스크랩을 뒤져 보니 88년 9월 27일 서울올림픽이 한창 진행되고 있을 때 이렇게 주장하고 있다.

"그동안 마치 온 나라가 올림픽을 위해서만 존재하기나 하는 것처럼 들떠 있었던 것은 확실히 지나친 일이었다. … 그러나, 그럼에도 불구하고 이 올림픽이 우리에게 어떤 의미에서건 하나의 엄청난 충격적 체험이었다는 사실, 그리고 그 체험이 우리의 지난날과 앞날을 갈라놓는 획기적인 전기가 될 것이라는 사실을 우리는 부인하지 못한다."(동아일보 이 날짜 동아시론 "개방 개혁으로 가는 길")

그가 이렇게 정세를 올바로 판단한 것은 그의 건전하고 편협되지 않은 성실한 자세 때문이 아닌가 한다. 그는 용기가 있으면서도 부정 일변도의 외곬이 아니었다. 그의 훤한 얼굴이 말하듯 그는 기본적으로 밝고 긍정적인 성격에 균형잡힌 판단력을 지닌 사람이었다.

필자는 그를 만날 때 왜 그가 그렇게 출중할 수가 있는지를 생각하곤 했다. 듣건대 어릴 때 집안형편이 기울어 서울의 달동네를 전전하며 가정교사로 고교를 마치고 서울대 전체수석으로 법대에 들어갔으며, 사법고시에 합격하고도 반독재투쟁 때문에 옥고를 치렀고 그후에도 6년 가까이 도피생활을 한 그였지만 기본적으로 성실하고 두뇌가 명석했기 때문에 그처럼 사람들에게 호감을 준 것 같다.

　대학시절 학생운동에 간여하고 전태일씨 분신자살사건 때는 장례식을 준비하고 이를 인연으로 평전까지 집필한 그였으나 그의 노동운동관은 건실했다. 그는 생전에 필자에게 일부 노동운동이 좌경으로 흐르고 있는 데 대해 깊은 우려를 표명했었다.

　언젠가 모스끄바와 레닌그라드를 다녀와서 그가 소련의 뻬레스뜨로이까에 관해 열심히 이야기를 했을 때의 그의 진지한 표정을 필자는 아직도 잊을 수가 없다. 그의 겸손하고 성실하고 신중한 성격이 그처럼 탐구열을 갖게 했구나 하고 필자는 생각했다. 그의 성실성은 잔재주나 가식이 없는 그의 솔직하고 힘찬 많은 글에도 나타나 있다.

　오늘의 혼란한 시대에 그의 역할은 너무도 귀중했었다. 그를 43세의 나이에 잃은 우리는 너무도 큰 손실을 보았다. 사이비들이 득실거리고 판을 치는 세상에 그와같은 '진국'을 잃은 슬픔은 너무 크다.

(동아일보, 1990. 12. 15)

밤새 잠 못 이룬 새벽별 뜨는 시각

김 지 하

　인권변호사 조영래씨가 돌아갔다. 1990년 12월 12일 새벽별 뜨는 시각에 그
는 파란 많은 젊은 생애를 마감했다. 그 시각에 나는 깨어 있었다. 까닭 모를
무서움과 깊은 번뇌와 함께 낯선 깨달음들이 새파란 별 생겨나듯 온몸에 돋아나
밤새 잠 못 이루고 전전반측, 그 시각에 일어나 오두마니 앉아 있었다. 그가
가려고 그랬던 걸까? 아침에 부음을 듣고 긴 심고(心告)를 마친 뒤부터 하염없
는 회한에 시달렸다.

　고인을 처음 만난 것이 언제였던가는 확실치 않다. 다만 맨 먼저 선명하게
떠오르는 것이 70년 11월 13일 밤이다. 명동 성모병원 앞길 건너 자그마한 이
층 찻집에서 우리는 만났다. 그날은 전태일씨가 분신자결한 날이었고 성모병원
에 안치된 시신을 두고 전씨의 친구들과 경찰이 옥신각신 몸싸움을 벌이고 있을
때였다. 장례식 얘기를 하고 있었는데, 서울대 법대 마당에서 식을 치른 뒤 영
구를 메고 평화시장으로 가 노동자들과 합쳐 종로와 광화문을 거쳐 청와대로
간다는 계획이었다.

　고인은 고시공부를 중단하고 바로 이 사건에 뛰어들었던 것이다. 그 자리에
서 고인이 내게 조시 작성과 낭독을 부탁했다. 여럿이 반대하고 나섰다. 그때
나는 '오적'사건이 반공법을 위반했다 하여 수감됐다가 병보석으로 풀려난 직후

여서, 그 일에 "개입하면 프롤레타리아 시인으로 영영 낙인찍혀 꼼짝 못하게 된다"는 것이 그들의 반대이유였다. 고인은 막무가내였다. 희생되더라도 내가 나서야 한다는 거였다. 그러나 반대가 중론이어서 결국 나는 빠지기로 하고 '불'이라는 제목의 구상메모만. 법대 이종률씨에게 건네주고 돌아온 기억이 난다.

71년 가을, 천주교 원주교구에서 불붙기 시작한 부패정권 규탄운동의 작은 불씨가 서울과 전국의 대학가, 종교계, 평화시장 노동자, 일반사회단체, 야당과 언론계 전체에 순식간에 무서운 불길로 확산된 것은 오로지 고인의 치밀하고 용의주도한 조직력 때문이었다. 71년은 학생·지식인·노동자·농민·시민·종교계가 연대하는 새로운 민중적 민주화운동의 기점이었고 특히 종교계의 사회참여는 이때가 시발점이었다.

고인의 신조는 철저한 '공수신퇴(功遂身退)'였다. 천주교 원주교구청의 한 방에서 그 무렵 이런 대화가 있었다.

"조형, 참 대단하오. 훌륭해!"

"안 듣겠습니다."

"어찌어찌 일을 해나갔는지 말해주시오."

"모르십시오."

모르십시오라? 묘한 말인데 그 뒤부터 나는 이 말을 입 속으로 뇌며 혼자 웃는 버릇이 생겼다. 오른손과 왼손 사이의 관계. 고인은 그런 사람이었다.

72년 그가 살던 역촌동 뒷산 기슭 풀언덕이 생각난다. 고시에 합격하여 사법연수원에 다니면서 고인은 전국학생연맹을 조직했다. 노동자와 학생 및 시민의 연대가 공식 논의되고, 윤필용이네 탱크가 고대에 난입하여 여학생을 구타하고, 위수령이 선포되고 고인은 체포되어 감옥으로 끌려가고, 나는 강원도 탄광으로 피신했던 해다.

감옥에서 1년 6월. 법관의 꿈도 깨져버렸다. 73년 가을, 출옥 직후 몸도 성치 않은 고인에게 다시 위험한 일을 맡긴 것은 나였다. 민청학련 자금책. 고인이 체포되지는 않았으나 그 때문에 6년 세월을 내내 아내와 어린아이와 함께 골방에 숨어 살아야만 했다. 감옥 안에서 그 소식을 전해 들은 뒤 나 역시 그 세월 내내 가슴 찢기는 회한 속에 지내야 했다. 그 뒤 고인은 복권이 되고 변호사 개업을 했다. 출옥 후에 만난 고인의 사상은 놀랍도록 성숙하고 크고 넓어져 있었다.

"기존 이념 따위로는 안 됩니다. 새롭고 넓은 세계관을 찾아야 합니다."

넓은 길을 찾던 나는 도반(道伴)을 얻었다. 그 뒤 고인의 활동은 한마디로 눈부신 것이었다. 하는 일마다 내게는 새롭고 의미심장한 영감의 촉매였다. 생명운동, 환경운동에 대한 고인의 전폭적인 동의와 지지는 그 무렵 외로웠던 나에게 있어 태산 같은 반석이었다. 고인이 앓아누운 뒤 대학병원에서, 연희동 집에서 만날 때마다 거듭 확인하게 된 것이 있다. 죽음을 앞에 두고도, 아니 죽음에서마저도 가장 완전한 중생해방의 진리, 광활한 세계관의 한 끄트머리나마 발견하고자 하는 뜨겁고 밝은 마음. 이것이 험난한 삶 속에서도 굽힘없이, 끊임없이 눈부신 활동을 하도록 만든 원동력이었다는 것. 그 마음은 우리 모두의 마음이 되어 크게 변화하는 세계 속에서 민족이 나아가야 할 새 길을 비춰주리라는 것. 그리고 바로 그것이 삶과 죽음을 넘어 그의 마음을 크나큰 안식에 들도록 하리라는 것.

그런 그가 간다. 새 시대의 새벽별인 그가 간다. 우리는 이 시대의 큰 정신 하나를 잃었다. 고인의 명복을 함께 빌며 우리 모두 생각을 크게 열어야 할 시각. 새벽별 뜨는 이 시각에 깨어 앉아 눈물을 삼키며 이 글을 쓴다.

1990년 12월 13일 새벽.

(시사저널, 1990. 12. 27)

▧ 추모의 글

고통받는 사람들과 함께한 일생이었습니다

권 인 숙

한해를 보내고 다시 새해를 맞는다. 조영래 변호사님이 돌아가신 지 벌써 3주일 가량이 지났다. 문득 변호사님이 가신 지 얼마나 됐는가를 계산하면서 나는 이미 작년이라는 과거 속에 그 사실이 묻힌다는 것을 발견하곤 무척 놀랐다. 이렇게 산 자들은 세월이 빠르게 흐른다고 놀라면서 또 살아가는 것 같다.

조변호사님 장례식을 마치고 돌아와선 웬지 웃음이 헤퍼졌다. 그리고 웬만한 일에는 화가 나지 않는다. 슬프거나 허무하다는 감정은 없는데 다만 남들이 더욱 정겹게 느껴지고, 나의 옆에 있다는 것이 그저 고맙다는 감정이 이상스레 그득하다. 그리고 서서히 더 진하게 변호사님의 인상이 떠오른다. 평소 좋아하지 않았던 빈소의 향내음도 조변호사님만을 위해 존재하던 떠들썩하게 많았던 사람들도 모두 그리워진다. 웬지 나에게는 그 빈소의 사흘이 돌아가고만 싶은 날들로 기억된다. 아마도 많이 울 수 있고, 가깝게 변호사님을 모실 수 있었기 때문이라서인가보다.

한 사람의 죽음에 내가 이렇게 복잡한 감정을 가져보는 것도 사실은 처음이지 않은가 싶다. 그만큼 변호사님은 나에게 중요하고 큰 분이셨다.

그러나 나는 조변호사님의 모든 면모를 알고 있지는 못하다. 그분의 열렬했던 대학시절, 그리고 수배시절 등이 이어졌던 60, 70년대를 함께 경험하지 못했고, 나이는 젊지만 돌아가신 기준으로 계산해보면 그분의 말년만을 조금 알 뿐이다.

그렇기에 조변호사님에 대한 원고청탁을 받고 많이 망설였다. 조변호사님을 기릴 수 있다면 그 자체는 좋은 것이겠으나, 단편적인 이야기만 넋두리식으로 늘어놓고 말 것 같았기 때문이다. 한참을 고민하다가 내가 아는 변호사님만을 솔직하게 써보자는 식으로 스스로와 타협하고 펜을 들었다.

변호사님을 처음 만난 건 성고문 사실을 이상수 변호사님에게 고백한 바로 뒤였다. 지금 기억으로는 이틀 뒤가 아니었나 싶다. 아주 더운 날씨에 함께 오신 홍성우 변호사님께서 이름을 당연히 알 거라는 듯이 소개했을 때 나는 겉으론 고개를 끄덕였지만 사실은 홍변호사님의 성함만을 알고 있었다.

1시간여 동안 조변호사님은 열심히 내가 하는 말을 적으셨다. 나의 구술을 토대로 만들어져 30만부 이상이 비합법적으로 널리 퍼졌다는 성고문사건의 고발장은 이렇게 시작됐다.

이 고발장과 함께 내 사건과 관련된 모든 글들은 거의 조변호사님이 쓰신 것이었다. 당시 각 언론사에 보내졌던, 내 사건을 더 이상 확대하지 말아달라는 아버님의 호소문에 대한 나의 답변도 구술을 토대로 조변호사님이 내 말보다 훨씬 감동 깊게 정리하신 것이었다. 1심 변론요지서도 그렇고, 하여간 조변호사님은 나와 관계된 것은 거의 빠뜨리지 않고 적으셨고 항상 무언가를 만들어내 쓰셨다.

재미있었던 것은 그분의 구두였다. 낡았다 못해 일부는 떨어지기까지 한 그 구두를 보면서 나는 어이없게도 그분의 생계를 걱정했다. 항상 돈도 벌 수 없는 시국사범들 변론이나 하시면서 어떻게 생활을 해나가실지가 나로서는 막막했던 것이다. 그러다가 출소 후 내가 머물던 원주를 찾아주신 조변호사님의 괜찮아 보이는 승용차(중고였지만)를 보면서 나의 괜한 걱정에 웃음이 터져나온 적도 있었다.

변호사님은 정말 자주 면회를 오셨다. 오시는 날은 다른 변호사님과 같이 볼 일만 보고 돌아가시는 것이 아니라 반나절이나 한나절을 나와 함께 세상이야기를 하시거나 아니면 궁금한 이야기를 들려주시면서 오래 계시곤 했다. 그리고 오실 때 항상 내 사건과 관련된 신문기사 등을 정리해오셔서 보여주시곤 했다. 그러나 그때는 내가 워낙 경황이 없어서인지 그런 그분 모습의 참 의미를 알지 못했다. 그냥 관심이 많으시고 자주 찾아주시는 내 사건의 변호사님일 뿐이었다.

그러다가 1심 재판 결심을 하는 날이 왔다. 그날 나는 피고인석에 홀로 앉아 참 많이도 울었다. 그날 나를 담당한 남충현 검사는 내가 감옥동료들에게 재판정에서 울겠다고 해놓고 다음날 연극배우 모양으로 눈물을 흘렸다는 거짓말까지 붙여 논고를 하면서 5년을 구형했다.

이에 맞서 "권양 —— 우리가 그 이름을 부르기를 삼가지 않으면 안 되게 된 이 사람은 누구인가?"로 시작되는 조변호사님이 만드신 변호사들의 변론은 이 세상의 진정한 죄인이 누구이고 우리는 얼마나 터무니없는 현실 속에 살고 있는가를 분명하게 지적하고 규탄하면서 나의 무죄를 주장했다. 변론 내용이 너무 고마워서 울고, 그 속에 나의 아픔이 있기에 울고, 내가 너무 크게 표현되어 있는 것이 부끄러워서 울었다.

그러나 그 감동 외에도 나는 사실 더 진하게 감동받고 있었다. 그것은 조변호사님의 눈물 때문이었다. 변론하시면서도 자주 눈물 때문에 목이 메셨고, 그 후에도 계속 눈물을 흘리고 계셨다. 눈물에 익숙한 여자도 아닌 그분의 그 절절한 눈물에 나는 놀라면서 깨닫고 있었다. 내 사건에 조변호사님이 얼마나 함께 아파하고 있었는지. 그동안 나에게 보여주셨던 그 정성의 의미는 무엇인지. 더럽혀진 이 사회가 이런 성고문이라는 현실까지 만들어냈다는 사실을 얼마나 통탄하고 계셨는지.

그후로 조변호사님이 오시는 것은 훨씬 더 반갑고 기다려지는 일이었다. 그러나 면회를 자주 오셨지만 한번도 사적인 이야기를 서로 나누지는 못했다. 다만 황인철 변호사님이 이야기해주신 조변호사님의 전력 정도를 알고 있을 뿐이었다. 그것은 사법연수원시절 내란음모죄로 감옥살이를 하셨고, 수배생활을 오래 하셨다는 정도였다.

그렇기에 조변호사님의 다른 면도 알게 된 것은 석방되고 나서도 한참 후였다. 사람들은 조변호사님을 일컬어 말보다 글이 뛰어난 사람이라고 한다. 정말 그분은 늘 완벽한 글을 쓰셨다. 그러나 나는 그분의 말솜씨가 글솜씨에 비유되는 것에는 반대한다. 약간 잡음이 섞인 그분의 말씀은 그 자체로 독특한 것이기 때문이다. 한번 만나고 두번 만나면, 차츰 그분의 정연한 논리력과 합리적인 판단력, 정확한 예증력에 놀라면서 그분과의 대화에 빠지게 된다. 오히려 빈틈 없는 매끈한 말투 대신 약간 정돈이 덜된 듯한, 그러나 끊임없이 깊게 생각하시면서 한마디 한마디를 뱉는 그 말솜씨는 글보다도 더 감칠맛 나게 느껴졌다.

그러나 그분은 그런 재주보다도 더 큰 것을 많이 갖고 계셨다.

그 중 하나는 솔직히 인정할 수밖에 없는, 성고문싸움에 대한 나보다 더 강한 그분의 열정이었다. 문귀동의 재판, 국가상대 손해배상소송 등 꼬리를 물고 몇년이나 이어졌던 내 사건과 관련된 재판들. 나는 오히려 귀찮아하기도 하고 사건기일을 잊기도 하는 나태한 모습을 보이기도 했지만, 조변호사님은 한번도 그 재판들에 소홀하신 적이 없으셨고 한결같은 열정과 의지로써 하나하나의 재판에 대응해나가시곤 했다.

조변호사님은 그런 분이셨다. 쉽게 어떤 일에 나서지는 않지만, 일단 자신이 하기로 결정한 일은 끝까지 철저하게 책임져나가는 분이셨다.

이런 철저함과는 정반대로 조변호사님의 무던함과 소탈함은 좀 예외적일 정도였다. 옷이 구겨지든 양말이 떨어지든 신경을 안 쓰려고 해서 안 쓰는 것이 아니라 아예 외모에 대한 신경구조는 없는 게 아닐까 하는 생각이 들 정도였다. 자잘한 것도 잘 놓치셔서 심지어 누님 전화번호도 잊으셔서 친구에게 물어볼 정도였다는 이야기를 들은 기억이 있다.

조변호사님은 정말 놀랄 정도로 폭넓은 대인관계를 갖고 계셨다. 그것은 아마도 조변호사님의 자유로운 사고력과 특유의 여유 있는 인격 때문이었던 것 같다.

아는 것이 많고 생각이 앞서 있음을 가파르게 표현하지 않고 서서히 설득해 들어가며 상대방의 생각을 교정해나가면서, 또 그 속에서 상대방의 진의를 한마디도 놓치지 않고 이해하는 그 진지함이 조변호사님껜 있었다. 그래서인지 조변호사님과 대화를 하고 나면 세상일이 제자리를 찾으며 정리가 되곤 했다.

조변호사님은 또한 많은 기득권과 능력을 가지신 분이었지만, 그 기득권의 틀 안에서 일단 누리고 보는 보수성과 일정한 관념의 틀에 지배받는 도식적인 사고방식을 훌륭히 벗어던진, 40대 같지 않은 자유로운 분이셨고 진보적인 분이셨다. 젊은 나보다도 생각이 트여 있는 부분이 많으셨고, 특히 기존의 가족이나 여성, 남성과의 관계 속에 형성된 관념에 그토록 자유로운 분을 보기는 나로서는 처음이었다.

나에 대한 조변호사님의 정성은 사실 특별했다. 나와 관계된 모든 일은 비록 그것이 사적인 일일지라도 세밀하고 정성스럽게 보살펴주시고 해결해주시곤 했다. 그것은 남들은 살이 찌고 있다는데 변호사님은 항상 내가 말라가고 있다고 걱정하시는 상대적인 표현에서도 나타났다. 올해초 미국에 계실 때 당신께서 폐암에 걸리셔서 독감증세로 고생하시면서도 전화 도중 내가 몸이 아파 일찍 퇴근했다는 회관 사람들 이야기를 들으시곤 한국의 아는 변호사님께 연락해서 유명하다는 의사에게 소개를 시켜주신 일까지 있었다. 남 생각은 참 따뜻하고 유난스레 자상하게 하시면서 본인의 몸에는 관심조차 갖지 않으셨던 그분의 성격이 유달리 미워지고 억울해지는 것도 이 때문이다.

그리고 변호사님은 나를 많이 데리고 다니셨다. 많은 이들을 만나서 새로운 세계를 경험할 수 있도록 배려하시고, 편벽지고 외곬에 머무르는 운동가로 남지 않기 위해 신경을 많이 쓰셨다. 아마도 내가 태어나서 지난 몇년은 이 한 사람과 가장 전면적이고 많은 양의 대화를 나눈 기간으로 남을 것이다.

이제 조변호사님은 우리 곁에 없다. 종교를 믿지 않는다는 것은 잘 가시라는 말도 마음속으로 하지 못하고 그냥 끝인 상태로 모든 것을 규정짓게 한다. 그러나 분명한 것은 이 시대의 큰 지도자 하나를 잃었음을 마음 아파하는 것만이 아니라 그 빈 공간을 채우기 위해 더욱 노력하는 것일 게다. 살아 있다는 것, 움틀거리는 생명력이 몸 속에 남아 있다는 것, 아직도 역사를 위해 뭔가 할 수 있는 기회가 있다는 사실을 즐겁게 확인하면서 더욱 열심히 이 땅의 건강함을 창조하기 위하여 노력해야 할 것이다. 그것이 살아남은 자의 당연한 도리인 듯해 마음을 다져본다. 눈물과 슬픔을 대신하여, 그리고 개운해지지 않는 몸살 기운을 천천히 떨쳐보내면서.

(여성동아, 1991. 1. 1)

나의 상사 조영래 변호사

박 주 현

　나는 1988년 사법연수원을 수료한 후 곧바로 변호사 생활을 시작하였다. 당시 나는 훌륭한 선배변호사와 함께 일하고 싶다는 생각에 남편이 변호사 시보를 하였던 황인철 변호사님께도 찾아가 뵙고, 당시 우리들 사이에 명망이 높았던 조영래 변호사님께도 찾아가 뵐 작정이었다. 그런데 우연히도 두분을 같은 날 뵙게 되었다. 황변호사님께 부탁을 드리고 난 후, 나선 김에 근처에 있는 시민공익법률사무소에 전화를 하였더니, 박석운 선생님(지금은 구로 노동인권회관 소장으로 계시는)께서 그렇지 않아도 연수원 동기 김선수 변호사와 조변호사님과 함께 하기로 하였으니 같이 시간을 갖자고 하였다.

　당시는 87년 대통령선거 직후였는데, 당연히 우리들 사이에서는 "결정권은 JP에 있으니 대전에 땅을 사라"는 등의 자조 섞인 농담들만 오고갔다. 시종일관 무거운 느낌으로 바위처럼 앉아 계시던 조변호사님은 자리의 마지막쯤 "함께 해보자"라는 막연한 말씀만을 하셨다.

　후에 안 일이지만 조변호사님은 87년 대선 때 가장 큰 울화증을 가슴에 남기셨다고 하고(물론 그 울화증이 암의 원인이었으리라고 짐작된다), 훗날 조변호사님께서는 당시의 사무실 상황으로는 아무런 보장도 대책도 없으면서, 대통령선거에서의 절망 중에서 희망의 싹을 보았다는 생각에 앞뒤 가리지 않고 한꺼번에 2명을 채용(?)하는 모험을 했노라고 말씀하셨다.

그날 저녁 이후 한동안 과연 내가 조변호사님과 함께 일하기로 한 것인가 아닌가에 대해 고개를 갸웃거리다가, 한달 먼저 일을 시작한 김변호사로부터 그 말 한마디가 완전수락의 의미였음과 또 월급을 받았는데 변호사 월급으로는 형편없지만 사무실 사정으로 보면 상당한 배려인 것 같다는 말을 들었다.

나의 첫걸음은 이렇듯 아무런 구체적인 이야기도 없이 단지 함께 해보자는 다분히 추상적인 한마디에 의지하여 조변호사님과의 만남으로써 시작되었다.

조변호사님에 대한 전폭적인 신뢰에 나의 법조인으로서의 시작을 맡긴 나는 사실 개인적으로 조변호사님에 대한 추억도 많고 의지함도 컸다. 그래서 조변호사님의 죽음을 당하여 그 충격이 실로 컸음에도 불구하고, 그 인간의 그릇됨이 하도 커서 너무나 많은 것을 포용하고 담아내고 의미하고 있었기에, 문상객들의 하나같은 절절한 그리워함과 애통해함을 보면서, 나 개인으로서의 조변호사님에 대한 평가나 그리움들은 고이 접어두고자 하였다. 나의 역할이란 조변호사님과 함께 하던 일을 계속 해나가는 것이겠고, 그 역할을 위해서는 감상이나 안타까움은 오히려 장애가 될 것이라는 생각도 있었던 것이다.

그러나 시간이 흐를수록, 사무실도 서초동 법원 옆으로 이전하여 새로이 정리가 될수록, 문득문득 아침에 일어나 세수할 때나, 준비서면의 문장을 다듬다가 잠시 손을 놓을 때나, 법정에서 순서를 기다리며 앉아 있을 때나 조변호사님의 그 인간에 대한 따뜻한 사랑, 진리에 대한 끝없는 탐구열, 곧바로 행동으로 옮기고야 마는 그 배포, 아름답게 멋지게 살고자 애쓰던 모습들, 들으면 웬지 기분이 좋아지는 다정한 목소리, 특히 그것이 아무리 작은 일일지라도 아름다움의 단서, 희망의 단초가 될 만한 것이기만 하면 그것에 대해 굉장히 감탄하면서 그것에 대해 골똘히 생각하고 한마디 한마디를 곱씹듯이 설파하던 그 모습이 자꾸만 새로워진다.

이상한 것은 처음 조변호사님을 만났을 때의 망원동 수재민 단체소송을 막 시작하면서, 국제그룹사건을 수임하면서, 권인숙씨 사건을 진행하면서 보였던 그 철두철미함과 열정보다도, 오히려 돌아가시기 1년여 전쯤부터 자신의 죽음을 예감한 듯 모든 것을 초월하고 그 수락하는 듯한, 어찌 보면 체념하고 도피하는 것 같아 비판하기도 하였던, 그의 인생의 마지막 장면의 인간적인 너무나 인간적인 모습들이 더욱 생각나곤 하는 것이다.

자꾸만 기능이 약화되어가는 허파 탓에 조변호사님은 자꾸만 일에서 손을 떼셨고 부지런을 못 내셨다. 그리고 모든 인간을 —— 자신이 그리도 비판하던 대상들까지도 —— 용서하는 듯한 언행으로 인하여 설전을 벌인 일까지 있었다.

그러나 조변호사님의 안 좋아지는 혈색과 건강을 우려하기보다는 천성에 맞지 않으시더라도 조직관리와 경영을 하시라고 요구하였던 나의 철없고 이기적이고 제멋대로의 존경 같은 것들이 지금에 와서 나의 마음에 큰 상처가 되어버리고 말았다.

돌이켜보면 조변호사님의 모든 것들이 소중하지 않은 것이 없다.

임신중의 배려, 출산 후의 1년간의 유급육아휴직, 출퇴근시간의 배려 등 나는 조변호사님으로부터 헌법이 보장한 이상으로 모성보호의 배려를 받았고, 내가 관심을 가지고 있던 탁아문제에 대해 조언을 구했을 때, 조변호사님은 미래의 운동은 바로 탁아문제와 같이 대중에 깊숙이 뿌리박고 공동체이념 회복에 근거하는 것들이라며 큰 관심과 격려를 해주셨다. 그의 배려와 관심은 나에게 큰 힘의 바탕이 되었고, 또한 40세가 넘은 남자가 그러한 배려와 생각을 행동으로 옮기고 확신을 가진다는 것이, 그의 포용력과 인간됨의 일관성과 생각이 막힘없음과 선견의 빼어남을 웅변적으로 말해주는 것임을 새삼 느낀다.

언젠가, 훈련받는 남편을 면회하러 경북 영천에 내려가는 길에 대구에 볼일을 보러 가시는 조변호사님의 차에 편승하였을 때, 애써 추풍령 휴게소를 찾아 휴게소 뒤편의 사설 동물원과 나무로 만든 별장을 둘러보시며, 아마 이 동물원과 통나무집, 산책로를 만든 사람은 꽤 멋있는 사람일 거라던 그의 (영혼의) 맑음이, 지금도 그가 (적어도 그의 영혼이) 바로 우리 곁에 있지 않을까 하는 부질없는 기대를 하게 한다.

(경제정의, 1991. 5 · 6)

조영래 변호사라면 어떻게 했을까

平 井 久 志

'한국의 재야운동은 죽어버린 걸까'라는 의문을 제기하면서 마음속에 떠오르는 것은 작년(1990년) 12월 12일, 43세의 젊은 나이로 세상을 등진 조영래 변호사의 일이다. 조변호사라면 이번의 '5월투쟁'을 어떻게 평가할까, 그리고 한국 재야운동이 앞으로 어떻게 전개되어나가야만 한다고 말했을까 하는 생각이 든다.

조영래 변호사는 1947년 경상북도 청송에서 7남매의 장남으로 태어났다. 가난한 가정환경 속에서도 타고난 수재였는지 1965년 서울대학을 전체수석으로 합격했다. 71년에는 사법고시에 합격했으나 사법수습생 기간에 '서울대생 내란 음모사건'으로 체포되었다. 처음에는 징역 10년, 자격정지 10년의 구형을 받았으나 최종적으로 1년 6개월의 형을 언도받고 옥중생활 후 만기출감을 하였다. 출감 후 곧 74년 민청학련사건의 배후조종자로 지목돼 사실상 6년 동안 도피생활을 했다. 80년에 복권, 사법연수원에 되돌아갔으며 82년부터 드디어 변호사로서의 활동을 시작하였다.

그때부터의 활약은 유명하다. 1984년에 일어난 서울 망원동 수해사건에서는

＊ 히라이 히사시 : 일본 共同通信 서울특파원.

2,400 세대 수해주민의 대리인이 되어 수해보상을 요구해 보기 좋게 승소판결을 얻어냈다. 또한 86년 7월 3일 여대생 권인숙씨가 부천경찰서에서 취조중 성고문을 받은 사건이 있었다. 권씨의 변호인으로서 서울고등법원에 재정신청을 내어 고문한 형사를 감옥으로 보냄으로써 끝내는 승소를 하였다. 이로써 경찰서라는 암부(暗部)에서 행해지는 '성고문' 같은 전두환정권하의 상징적 권력형 범죄의 실태를 명백하게 밝혔다.

1991년 여름을 보내면서 조변호사라면 현재의 상황을 어떻게 총괄하고 어떤 전망을 밝혔을까. 그 의견이 듣고 싶지만 이미 타계해버리고, 착잡한 심정이다. 현재의 한국이 가장 필요로 하는 사람인데……

조영래 변호사와 처음 만난 것은 1986년 여름 무렵 월간조선 조갑제 기자(현 편집장)의 소개로 기억된다. 조갑제씨는 월간조선에, 한국주재 미 CIA에 관한 르뽀를 발표하여 당국으로부터 조사를 받음과 동시에 정직 처리가 되었다. 그런데 그것이 해제되자 축하하려는 몇몇 사람들이 자리를 만들게 되었다. 약속장소에 가니 마침 같은 취지에서 조변호사도 와 있었다. 그때 한국에서는 아직 발족하지 않은 공안위원회제도나 경찰구조 등에 관해 식사를 하면서 이런저런 얘기를 했던 것이 기억난다.

그후 조갑제씨와 조영래 변호사 그리고 서울대 안경환 교수 등이 지속하고 있던 모임에도 몇번쯤 동석하게 되었다. 조변호사는 어느 재일한국인 정치범을 변호하는 데도 여러가지 상담에 응해주었으며 귀중한 조언을 해주었다. 그러나 필자가 알고 있는 조변호사는 그분 전체의 몇만분의 일에 해당할는지도 모른다.

조변호사는 대단한 수재임에도 불구하고 차가움을 느낄 수 없는 사람이었다. 오히려 온화한 성품으로 달변도 아니고 자신의 이야기도 신중하게 하는 타입이었다. 약간 머리가 듬성했는데 이마에 흘러내린 머리카락을 쓸어올리며 조용한 어조로 자신의 생각을 이야기할 때는 더없이 겸허했다.

70년대부터는 재야법조계뿐만 아니라 사회적으로도 많은 일들을 '배후'에서 행하면서도 많은 말을 하지 않는 사람이었다. 일종의 참모타입으로 전략을 구상하고 진행시키면서도 자신은 표면에 나서려 하지 않는 사람이었다. 생전에는 김지하씨와의 관계에 관해 들을 기회가 없었다. 그러나 김지하씨의 말에 따르면 자신이 옥중에서 발표한 것으로 되어 있는 「양심선언」은 조변호사가 쓴 것이라고 한다.

지금 김지하씨의 「양심선언」을 다시 한번 읽어보며 조변호사의 '저력'에 움찔 압도당하는 듯하다. 여기까지 김시인의 생각을 이해하고 '대필'했다면 김지하씨가 직접 쓴 것이나 다름없다는 생각을 갖지 않을 수 없다. 도대체 이 사람이 '변호사'인지 아니면 '문학자'인지 하는 생각이 들 정도다. 또한 최근 출판된 1970년 분신자살한 전태일씨에 대한 평전 「어느 청년노동자의 삶과 죽음」은 조변호사가 도피생활을 하며 3년에 걸쳐 집필한 것이다.

그외 공표되지는 않았으나 박종철군 고문치사사건에서도 진실규명에 커다란 기여를 했다. 또한 87년 '진폐증' 사건, 교통사고를 당한 미혼여성의 '25세 정년' 사건 등 많은 인권·노동사건을 맡아 승소했다. 사건을 맡을 때는 신중을 기했으나 일단 맡게 되면 그 나름의 승산(勝算)을 가지고 있어 승소로 이끄는 지장(知將)이었다.

87년 노태우 대통령이 '6·29민주화선언'을 발표한 후, 조갑제씨, 조변호사와 함께 3명이 만난 적이 있다. 늘 다니던 레스또랑에서 미스 조의 노래를 들으며 '이제부터 재야운동이 어떻게 해야만 되는가' 하는 이야기를 하였다. 그때 조변호사가 "앞으로는 단순한 저항운동으로서의 재야운동이 아닌, 스스로의 정책제안능력이 있는 집단이 역할을 담당하지 않으면 안 된다" 하고 말했던 것이 기억에 남아 있다.

조변호사는 의도적으로 정치활동에는 직접 관여하려 하지 않았다. 그러나 87년 '6·29민주화선언' 이후 김대중·김영삼 양김씨 주도의 현실정치에 환멸을 느끼고 있었다. 그때까지 현실정치에 관여하지 않던 조변호사였으나 89년 8월 영등포 을구의 보궐선거에는 조변호사답지 않게 적극적으로 선거에 관여했다. 조변호사는 이 선거에서 민정·평민·공화의 기존 정당과 맞서 박찬종·이철 양 의원과 재야세력이 밀어주는 고영구 후보의 선거를 후원했다. 89년 8월 18일 개표를 앞두고 영등포 선거사무실에서 이 선거의 의의를 말하던 조변호사의 모습이 지금도 눈에 선하다.

"물론 이 선거는 이길 수 있는 선거는 아니지만 3김씨의 비도덕성이 조명된다는 점에서 커다란 의미가 있다고 생각한다. 선거에는 별로 관계하고 싶지 않 았으나 시대가 계속 변화하고 있다는 것을 증명하지 않고서는 …"이라는 취지의 말을 하였다. 선거결과 고후보는 공화당보다 우세했으나 1만표에도 미치지 못 해 패배하고 말았다.

작년 9월 조변호사가 입원을 했으며 병세가 상당히 나쁘다는 소식을 들었다. 조갑제씨에게 전화를 했더니 "발견이 늦어 심각한 상태이다"라는 생각도 못한 대답이었다. 필자보다 3,4세 위로 아직 젊은 나이였기에 조갑제씨의 말을 믿을 수가 없었다. 필자는 아시안게임 취재로 북경에 출장을 가야만 했다. 그래서 그전에 병문안을 하고 싶어 조갑제씨에게 상담을 했다. 그러자 "마침 잘됐군, 중국의 '기공' 같은 동양치료를 생각하고 있었는데 협력해주겠나" 하고 말했 다.

서울대부속병원에 입원해 있는 조변호사를 병문안했다. 조변호사는 때마침 점심식사중이었는데 병문안 온 불청객을 위해 식사를 중단하였다.

조변호사다운 말투였다. 조변호사는 앞질러 자신의 병세를 아주 객관적으로 설명했다. 폐암에는 두 종류가 있으며 자신의 증상은 수술이 곤란한 쪽으로, 제2기의 말기여서 서양의학에서는 거의 가능성이 없다는 것을 담담하게 이야기 했다. 검사가 끝나면 절에 가서 마음의 정리를 하고 싶다고도 했다. 너무나 담 담한 이야기여서 필자는 대답할 말이 없었다. 거꾸로 필자에게 이것저것 근황 을 물었다. 오히려 당황해서 대답할 말을 잃은 방문객의 기분까지 배려해주었 다. 80년대에 들어와 인권변호사로 각광을 받았다고 할 수 있으며 그의 반생은 평온한 것이 아니었다. 병세를 설명하며 언제나처럼 머리를 쓸어올리고 그렇게 까지 객관적으로 자신의 병세를 설명했던 조변호사. 지금도, 병상에서 수염이 멀쑥히 자라난 조변호사의 약간 생각에 잠긴 담담한 표정을 잊을 수 없다. 그때 는 조변호사가 자신의 병을 안 지 채 며칠밖에 되지 않았을 때다.

그날은 마침 서울에 호우가 엄습한 때였다. 조변호사를 만난 후, 조갑제씨가 '물구경'을 하자고 해서 여의도까지 갔다. 여의도 63빌딩의 식당에서 식사를 하 면서, 탁류가 넘실거리며 점차 한강 주변의 노상을 침수시키는 광경을 바라보왔다. 탁류를 응시하며 인생은 비정하다는 생각을 했다. 그는 앞으로의 한국이 가장 필요로 하는 인물이다. 감정이 아닌 이성으로 사태를 파악하는 냉철한 판단과 정확한 추진력을 가진 사람이었다. 눈 아래 저 탁류와 같은 힘에는 인간은 승리할 수 없을지도 모른다.

생각보다 훨씬 **빠른** 12월 12일, 조영래 변호사는 타계하였다. 그 며칠 전 병문안 갔던 조갑제씨는 좋아진 것 같다고 말했었는데……

그 이틀 후인 12월 14일 명동 YWCA에서 조변호사의 영결식이 있었다. 필자는 그때 남북고위급회담 취재로 식에 참석할 수 없었다. 조변호사라면 필자의 도리에서 벗어남을 '괜찮아 괜찮아' 하며 용서해줄 것 같은 기분이 들었다. 사후까지도 이해를 구하게 되어버렸다.

"조변호사! 한국 재야운동은 어떻게 되는 것입니까?"

87년의 '6월투쟁'은 죽은 자에게 격려받아 진행된 투쟁이었다. 그러나 올해의 '5월투쟁'은 죽은 자를 버려두고 떠나려는 듯한 생각이 든다. 젊은이들은 무엇을 위해 목숨을 바친 것인가.

전태일씨의 분신사건에 가장 민감하게 반응한 사람 중의 하나가 조변호사였다. 사법시험 준비를 중단하고 장기표씨와 함께 그의 장례를 준비했던 조변호사.

조영래 변호사! 당신은 너무나 빨리 떠나가셨습니다.

(現代コリア, 1991. 7. 14)

창조적 인권변호활동과 민주화운동

홍 성 우 변호사
손 학 규 서강대 교수·정치학
장 기 표 민중당 정책위원장
양   건 한양대 교수

양 건   안녕하십니까? 바쁘신데도 불구하고 이렇게 나와주셔서 감사합니다. 먼저 이 모임의 취지를 간단하게 말씀드리겠습니다. 조영래(趙英來) 변호사가 세상을 떠난 지 거의 5개월이 되었습니다. 오늘 이 자리에서는 고(故) 조영래 변호사의 여러가지 생전활동을 정리해보고 그의 인간적 면모를 되돌아보고자 합니다. 대개 돌아가신 분들의 추모좌담회는 기일이라든가 특별한 계기를 맞이하여 이루어지는 게 보통입니다. 그런 점에서 보면 이 자리는 그런 특별한 형식적인 뜻은 없습니다마는 어떻게 생각하면 그런 특별한 계기가 아니더라도 그의 죽음을 안타깝게 여기는 많은 분들의 생각이 아직도 간절한 가운데 이런 모임을 갖는 것도 의미가 있을 것으로 생각합니다. 저 같은 경우에는, 학생들을 가르치면서 우리나라에서 바람직한 법률가의 모습에 대한 이야기를 하는 가운데 상당히 많은 학생들이 조변호사를 떠올리고, 앞으로 어떤 법률가가 될 것인가의 문제에서도 그를 하나의 모델로 생각하고 있음을 보게 됩니다. 또 저희 젊은 법학도들의 모임인 '법과사회' 이론연구회 회원들간에도 그를 추모하는 자리를 갖자는 이야기가 많이 나왔고, 그래서 오늘 이런 모임을 갖기에 이른 것입니다.

조변호사의 활동은 여러가지 측면에서 얘기할 수 있겠는데, 시간적으로 보면 맨 처음에 학생운동가로서의 면모, 학교를 졸업한 후에는 반독재투쟁가라고 할 수 있는 면모, 변호사가 되고 나서는 인권변호사로서, 그리고 돌아가기 몇년 전에는 왕성한 문필가로서의 활동도 있었습니다. 이러한 여러 면모가 있습니다만 아무래도 무엇보다 인권변호사로서의 조변호사를 뚜렷이 기억할 수 있을 것 같습니다. 그래서 먼저 그 부분에 관해 이야기를 나눈 뒤 다른 부분에 관해서도 이야기해보도록 하겠습니다. 인권변호활동 측면에서 조변호사와 가장 가까이에서 많은 일을 함께 해오신 홍성우 변호사님께서 먼저 조변호사와 처음 만나게 된 인연부터 간단히 말씀해주시면서 이야기를 시작해주시지요.

변호사로서 민주화운동에 기여하고자

홍성우   조변호사와 저는 학년으로는 8년 정도 차이가 나는데, 제가 조변호사의 8년 선배가 되는 셈입니다. 제가 변호사를 시작한 것은 71년부터였고, 인권변호활동에 관심을 갖기 시작한 것이 74년경부터이지만 조변호사를 실제로 만난 것은 80년 봄이라고 기억을 합니다. 그때까지 조영래라는 사람에 대해서는 대충 어떤 사람이고 어떤 일을 해왔고 지금 어떤 처지에 있는지 간접적으로만 들어서 알고 있는 정도였지 실제로 만날 기회는 없었지요. 10·26이 지난 1980년 1월 어느 날인데 낮에 조변호사가 여기 계신 손학규 교수, 장기표 위원장, 그리고 다른 여러 친구들과 저의 사무실로 왔어요. 그래서 처음 인사를 하게 되었는데 조변호사가 그때 결혼식 주례 부탁을 하더군요. 어쨌든 그날 저녁에는 그야말로 오래간만에 반가운 얼굴들을 만난데다가, 또 조영래라는 사람을 처음 만났지만 서로 굉장히 만나고 싶은 처지였던 차라 아주 흔쾌한 기분들이 돼서, 폭음을 했지요. 그리고 우리 집에 몰려가서 밤을 새우고 마루에서 새우잠들을 자고 새벽에들 가고 한, 그런 기억이 있습니다. 2월에 조변호사는 이옥경씨와 이대 강당에서 뒤늦은 결혼식을 올렸는데 큰애 일평이가 그때 벌써 다섯살이었죠.

그때는 이른바 '서울의 봄'이라고 백화제방(百花齊放)의 시기로 민주화운동을 하고 있던 사람들뿐만이 아니라 모든 사람들이 민주화를 외쳤던 시기였습니다. 조영래처럼 한 5,6년 도피생활을 했던 사람들이 가장 감격스러워할 때였지요. 그런데 제 생각으로는 조변호사가 가장 먼저 해야 할 것은 과거에 사법시험에 합격하였으니까 이제 변호사 자격을 갖추는 것이었습니다. 조변호사도 제가 이야기하기 전에 이미 그 생각을 한 것 같습니다. 저는 그 이유를 직접 듣지는 않았지만 지하투쟁 내지 재야투쟁의 한계를 본인 스스로도 절감하고 있었던 게 아닌가 생각합니다. 스스로 자신이 민주화투쟁에 기여할 수 있는 길은 재야운동의 선봉이 되는 것보다 변호사로서 적법한 변호사활동을 통한 참여이며 그것이 자기에게 부여된 적절한 운동공간이라고 생각한 것 같습니다. 여러분도 기억하시겠지만 그때부터 사법연수를 마치고 변호사가 될 때까지 조변호사는 조용히 살았습니다. 5·17 때는 물론이고 5·17 이후에도 사법연수원을 졸업하고 변호사 개업하기까지 일부 사람들에게 오해를 받을 정도로 조변호사는 상당히 신중하게 지냈던 것 같아요. 변호사 개업한 다음에 '시민공익법률사무소'를 개설하고 그를 따르는 젊은 변호사들을 몇명 규합해서 변호사활동을 시작했습니다.

양 건　　그의 인권변호활동 가운데서도 가장 대표적인 것으로 우리에게 큰 인상을 남긴 것은 뭐니해도 권인숙양 사건 같습니다. 권양사건은 홍변호사님도 같이 일을 하셨기 때문에 특히 많은 기억을 가지고 계실 것으로 알고 있는데, 권양사건은 여러 측면에서 진행이 되었었지요. 사건의 시작은 권인숙양이 이른바 위장취업과 관련해서 주민등록증을 위조했다는 혐의로 구속이 되고, 그런 과정에서 성고문사건이 발생했고, 문귀동의 가혹행위에 관한 재판이 진행되고, 또한 민사사건으로 권양이 위자료를 청구한 위자료청구 소송사건으로 발전되는 등, 여러 갈래로 사건이 전개되었습니다. 그 과정에서 특히 당시 대한변호사협회의 인권위원회 소속 몇분들이 주도적으로 활동을 하신 것으로 알고 있습니다만.

홍성우　　권양사건에 대해서는, 인천에 있는 권모라는 학생출신 위장취업자가 성고문을 당했다는 가족들의 호소가 돌고 있다는 사실이 변호사 몇명이 있는 자리에서 알려지게 되었습니다. 그 변호사들은 주로 지금 '민주사회를 위한 변호사모임'의 전신인 '정법회'에 속한 변호사인 동시에 대한변호사협회 인권위원들이었습니다. 사건을 접하게 되면서 이상수 변호사가 제일 먼저 권인숙양을 면회했는데 상당히 흥분해가지고 돌아와 절박한 이야기를 하는 거예요. 내용을 전해 들으면서 이것은 보통문제가 아니구나, 대단한 사건이 터졌다 싶었습니다. 변호사들은 변호사 나름대로 감이 있습니다. 사건의 성격에 대해 몇 마디만 듣고도 이건 큰 사건이다, 비상한 사건이다라는 느낌이 오는데 이 경우가 그랬습니다. 그래서 이상수 변호사의 초벌진술 내용을 듣고 다음날로 저와 조변호사가 함께 갔습니다. 인천에 가서 권인숙양을 만나 두 시간 가량 이야기를 들었어요. 물론 권양이 당시에는 저희들 변호사들이 어떤 사람들인지 몰랐고 또 상대적으로 신뢰감도 크지 않았을 텐데, 그 만남 이후로 권양이 조변호사나 저나 저희들 쪽의 변호인을 신뢰하고 처녀로서의 부끄러움을 참아가면서 모든 걸 다 털어놓고 호소하였지요. 그래서 그 이후 문귀동을 고발하고 권인숙양을 법정에서 변론하고 또 기피신청을 하고 재정신청을 하고 민사신청을 하였습니다. 이런 절차의 실무작업을 조변호사가 도맡아하였지요.

그 사건을 맡았을 때, 제가 조변호사와 같이 다니면서 느낀 것은 우선 조영래라는 사람이 사건을 처리하는 데 우리로서는 도저히 흉내낼 수 없는 철저함을 가지고 있다는 점입니다. 한마디로 집요함이라고 표현해야 되리만치. 예를 들면 저와 같이 접견을 하는데, 저는 한 시간쯤 되어서 대강 이야기가 다 된 것 같아 오늘은 이만 해야겠다고 생각하는데, 조변호사는 그때부터가 시작이에요. 말하자면 이 잡듯이 물고 늘어지는 아주 무서운 집요함이 있더라구요. 그런 철저함, 집요함으로 일을 아주 완벽하게 마무리짓는 것은 다른 변호사는 흉내내기 어려운 무서운 장점이다 싶었습니다. 조변호사의 그런 집요한 노력과 헌신성, 능력, 이런 것 때문에 권인숙양 사건은 거의 완벽하게 마무리될 수 있었던 겁니다. 그건 누가 뭐래도 조변호사의 절대적인 공로입니다. 그 사건을 수행한 변호사는 여럿 있었지만 그것을 주도적으로 그리고 실질적으로 이끌어간 것은 조변호사라고 할 수 있습니다. 그 사건과 관계되는 문건들 거의 100%를 조변호사가 작성했습니다. 그때 기록들을 읽어보면 조변호사가 얼마나 그 사건을 철저하게 파헤쳤고 마무리했는가를 알 수 있을 겁니다.

양 건　권양사건 당시에 제가 우연히 다른 일로 조변호사님과 손학규 교수님을 만난 적이 있는데 제 기억으로는 그때 권양사건에 관한 영문 유인물을 두분이 준비하시던 중이었던 것 같은데요.

손학규　제가 기독교사회문제연구원 원장으로 일할 때 일이었지요. 권양 사건이 난 후 가장 자세한 첫 문건은 진상을 발표하는 기자회견문인데요, 마지막이 "두렵고 두렵다"로 끝나는 것입니다. 이 사건을 국제인권관계자에게도 알릴 필요가 있다고 여겨 첫 두 문건을 번역하였지요. 조변호사가 국적과 인종을 초월해서 인류공조체제가 이루어져야 한다고 인식한 겁니다.

양　건　화제를 좀 바꿔보지요. 변호사 이전의 조영래라는 이름은 이미 학생운동가로서 널리 알려져 있었습니다. 수많은 운동가들이 있지만 특히 조영래 변호사의 경우 여러가지로 기억할 점들이 많지 않을까 싶은데, 손교수님이 오늘 세분 가운데에서는 제일 먼저 조영래 변호사를 만났던 분이실 텐데 그 이야기를 좀……

학생운동에 주도적 역할, 탁월한 현실인식

손학규　예. 저는 조영래 변호사와는 고등학교, 대학교 동기이지만 실제로 조변호사와 가까이 지낸 것은 대학교 들어와서입니다. 저는 문리대였고 조변호사는 법대였지만, 각기 소속대학에서 당시 1학년 때에 한일회담비준 반대시위를 계기로 학생운동에 참여하면서 더욱 가까워지게 되었습니다. 물론 조영래 변호사는 고등학교 때부터 아주 탁월한 지도력을 발휘했는데, 고등학교 3학년 때 학생회 학술부장이었던 그는 한일회담 반대시위를 조직해서 학생들을 이끌고 국회의사당 앞을 지나 시청 앞을 돌아나오는, 그 당시로는 최초의 대규모적인 그리고 아주 분명한 문제를 제기하는 학생시위를 주도했었습니다. 그리고 65년도 한일회담비준 반대시위 때만 해도 조변호사는 1학년에 불과했지만 입학하자마자 법대 학생운동의 중심이 되어 있었던 것입니다. 제가 그때 느꼈던 걸 희미하게 기억한다면, 그전까지 특히 6·3사태 때에는 완전히 문리대 독무대였는데, 제가 지나치게 조변호사를 과장하고 미화하는 것이 될지 모르지만, 조영래 변호사가 법과대학에 들어가면서 학생운동의 무게중심이 법대로 옮겨져가는 것이 체감될 정도였습니다.

양　건　그 말씀을 하시니까 저도 기억나는 것이 있는데요, 조영래 변호사에 대해 강한 기억으로 남아 있는 것은 조변호사가 고등학교 3학년 때 그리고

저는 고등학교 2학년 때 한일회담 반대데모를 할 땐데, 당시 플래카드의 문구
가 "이것이 민족적 민주주의드냐?"라는 것이었습니다. 5·16 이후에 김종필씨
가 초기에 내건 이야기 중의 하나가 민족적 민주주의였지요. 그와 관련해서 여
러가지 이야기가 있는 줄 알지만, 그런 말을 하던 사람들이 한일회담을 굴욕적
인 자세로 추진한다고 하니까 그것을 비판하면서 딱 집어낸 문구가 바로 그것이
었습니다. 그 플래카드가 앞세워진 사진이 당시 한일회담 반대데모에 관한 기
념적인 기록사진 중의 하나로 남아 있는 것으로 알고 있습니다. 대학시절의 조
변호사의 활동에 대해 좀더 이야기를 나누어보지요. 누구보다도 장기표 위원장
께서 여러가지를 자세하게 기억하실 줄 압니다.

장기표   대학시절의 학생운동과 관련한 회고로 넘어가기 전에 앞에서 말씀
하신 내용과 관련해서 조금 부연하고 싶습니다. 먼저 조변호사가 학생운동을
또 민족운동을 열심히 하다가 변호사로서의 역할을 하기 위해서 사법시험을 쳤
다든지 또 그 뒤에 오랜 수배생활 이후에 수배가 해제된 다음 변호사가 되기
위한 과정을 다시 밟았다든지 하는 문제, 또 권양사건 등 변론업무에 아주 집요
하게 매달렸던 점에 대해서, 왜 그렇게 했을까, 또 그렇게 해서 얻은 그 자신의
성과는 무엇이었을까, 이것을 우리가 음미해보는 것은 의미 있는 일로 생각됩
니다. 그러한 문제를 보기 위해서는 먼저 아까 홍선생님이 말씀하신 대로 권양
사건에 대해서 철저할 뿐만이 아니라 집요하게 매달렸다고 하셨는데 어째서 그
랬을까를 파악해봄으로써 조변호사의 접근방식이나 그것을 통해서 이루려 했던
목표에 대해 추론해보고 재삼 확인해볼 수 있으리라고 생각합니다. 이미 객관
적으로 판명된 것과 같이 권양사건은 바로 전두환 폭력정권을 무너지게 하는
데 결정적인 역할을 했습니다. 따라서 조변호사가 권양사건을 집요하게 물고
늘어진 것은 단순히 어떤 인간의 존엄이 파괴되는 데 대한 인간적인 분노 때문
만은 아니라고 할 수 있을 것입니다. 저는 물론 가장 인간적인 것이 가장 정치
적이고 심지어는 가장 혁명적이라고 생각하기 때문에 인간적인 것과 정치적인
것, 혁명적인 것, 이런 것을 구분하지 않습니다만 상식적으로 본다면 이런 구
분이 있다고 볼 때, 그런 인간적인 분노를 넘어서 민주화를 이루기 위해서는
군사독재정권을 끝장내야 된다는 정치적인 인식에 기초해서 조변호사는 이 사
건에 집요하게 매달렸다고 보고 싶습니다. 조변호사가 한 일들은 얼핏 보면 생

활상의 문제이지만, 그것을 조금만 더 들여다보면 민중의 구체적인 아픔에 기초해서 이 반민중적인 권력을 집요하게 공격하는 점을 통찰할 수 있습니다. 조변호사는 이른바 인권변호사인데, 저는 다른 말로 민주화운동변호사라고 해도 틀리지 않다고 생각합니다. 왜냐하면 이 나라에서의 인권의 문제라고 하는 것은 어떤 개인의 권리다툼에서 비롯되는 것이 아니고 폭력을 능사로 아는 권력에 의해서 침해받는 인권의 문제를 제기하는 것이기 때문에 인권문제에 대한 변론활동은 바로 권력을 공격하는 성격을 띠고 있다고 생각합니다. 조변호사가 변호사로서의 역할을 수행하려고 했던 것은 바로 이 때문이라고 생각합니다. 사실 우리나라에서 자행되는 폭력은 대체로 법의 이름을 빌린 폭력입니다. 저는 전에 다른 자리에서 폭력을 물리적 폭력, 법률적 폭력, 정신적 폭력 이렇게 나누어본 바 있는데요, 법률적인 폭력은 사실은 굉장한 폭력인데 합법이라는 이름으로 오히려 정당화되고 있지요. 여기에 대한 공격을 효과적으로 하는 데 변론활동이 필요하다는 사실에 착안해서 조변호사가 변호사활동을 했다고 생각합니다. 이런 점에서 볼 때, 마침 여기 홍변호사님도 계시지만, 사실 우리나라의 변론활동이라고 하면 그냥 누가 유죄를 받을 것을 무죄로 해주고 5년 받을 징역을 2년으로 하는 차원이 아니고, 권력에 의해서 합법이라는 이름으로 자행되는 폭력을 폭로·규탄하고 그것을 통해서 국민적인 분노를 촉발시키는 데 큰 의미가 있다고 봅니다. 설사 자기가 직접 투쟁시위를 하는 것은 아니라 하더라도 그런 의미가 있음을 조변호사의 변론활동에서 확인해둘 필요가 있지 않을까 생각합니다.

학생운동과 관련해서 말씀드리기 전에 달리 다른 지점에서 이야기하기가 어려울 것 같으니까 또 한마디 짚고 넘어갑시다. 조변호사는 진짜 머리가 좋은 사람입니다. 그리고 글을 참 잘 쓰는 사람입니다. 그런데 조변호사의 머리가 좋다는 것은 이른바 아이큐가 높다고만 볼 일은 절대 아니라고 생각합니다. 나는 사람의 철학이라는 것을 어떤 나름대로의 논리를 세운 사랑의 문제, 인간의 문제라고 보는데요, 이 사랑의 효과 중에 진실로 인간을 사랑하게 될 때 저는 쉽게 말해서 머리가 좋아진다고 생각합니다. 머리가 좋고 공부를 잘한다고 해서 그냥 그 사람 머리가 좋다라고 말하는 것은 적절치 못합니다. 조변호사가 머리가 좋다는 것은 수학을 잘한다라든가 뭐 그런 게 아니라 사회현상에 대한 통찰에 있어서 그가 특별히 탁월하다 이렇게 이해하고 있습니다. 조변호사를 볼 때 머리가 좋은 사람임이 분명하고 머리가 좋은 것이 인간에 대한 사랑에 기초하고 있음을 확인하게 되는데, 거기에 관한 일화들은 아마 상당히 많을 겁니다.

양 건　저도 대학 때 조변호사가 주도하는 학생운동의 흐름에 같이 참여하면서 많이 느낀 것입니다만, 당시 저만 해도 데모를 한다든가 운동을 전개할 때 뭘 어떻게 해야 할지 판단력이 서지 못해 당황스럽고 갈팡질팡했는데 이럴 때마다 조변호사가 항상 단호히 무엇이 문제이고 따라서 무엇을 어떤 식으로 해야 된다는 것을 정확하게 딱 짚어주었습니다. 그게 제 기억에 그렇게 자신 있어 보일 수가 없고 그리고 대개 맞아들어가는 거예요. 그래서 참 대단한 통찰력이 있고 바로 그런 면에서 정말 뛰어나다고 느꼈습니다.

이야기를 잇겠습니다. 대학을 졸업한 후에 조변호사에게는 수난시기가 왔습니다. 그러니까 71년 10월에 이른바 '서울대학생 내란음모사건'으로 1년 6월의 징역형을 받고 만기출소했으며, 그리고 74년 4월부터 80년 3월까지 약 6년 가까이 '민청학련사건'과 관련된 수배로 피신생활을 했습니다. 이와 관련해서 기억나시는 것이 있으면 말씀들을 해주시죠.

장기표　아까 손교수님께서 조변호사가 법대 입학한 다음에 학생운동의 중심이 법대 쪽으로 끌렸다고 하였는데 이것이 좀 특이합니다. 사실 65년도 이전에는 학생운동의 중심이 서울문리대였을 겁니다. 법대나 다른 데에서는 한명씩 차출되어가는 정도로 사실은 문리대가 주도해간 것이거든요. 4·19선언문이라는 것도 서울문리대 선언문이 선언문이지 다른 선언문은 선언문도 아니었어요. 그런데 조변호사가 법대에서 활동하면서부터, 이 말은 다른 분들께 결례가 될지 모르겠는데, 하여간 한국 학생운동이 법대를 중심으로 활발해진 게 사실이라 생각합니다. 제가 조변호사를 처음 만나게 된 것은 66년 가을이었습니다. 제 이야기를 잠시 한다면, 저는 66년도 법대 입학하기 전에 동국대학 2년을 다녀 나이를 조금 먹었기 때문에 나름대로 나라에 대한 생각을 꽤나 했는데, 법대를 다녀가지고는 나라를 바로잡는 데 별로 할 일이 없겠다 싶었습니다. 그러던 차에 김용기 선생이 막사이사이 사회상을 수상했고, 그에 자극받아 법대를 그만두고 가나안농군학교를 졸업하여 가난한 농민을 도우려고 생각했습니다.

양 건　　잠깐, 말을 잘라서 미안한데요, 이 모임이 법률과 관계된 좌담인만큼 조금 전 그 말씀이 중요한 것 같아요. 왜 법대를 나와서는 나라를 위해할 일이 없다고 생각했는지 좀더 이야기를 해주시지요.

장기표　　그런 생각을 하니까 법대에서 졸업장도 못 받았겠지요. 내가 그말을 하려고 한 것이 아니고 조변호사와 연결을 지으려고 한 것인데 굳이 길게얘기할 필요가 있을까요.

양 건　　아니 괜찮습니다. 당시 우리나라에서 법이라는 것이 무엇이고 또법을 하는 사람들이 어떤 사람들이라고 여겨서 그런 생각을 했는지 들어보는것도 재미있을 것 같습니다.

장기표　　나는 법대에 들어갈 때 법을 통한 사회정의 실현이라는 것을 알지도 못했고 생각도 못했습니다. 솔직히 말해서 고등고시를 봐서 출세해 권력을잡아서 정치로 나라를 바로잡는다는 따위의 생각을 했지 법을 통한 인권이 어떻고 재판이 어떻고 변호사가 어떻고 이런 것은 잘 몰랐죠. 그때만 해도 참 유치한 생각이지만, 대학생 한 20명만 힘을 합치면 나라를 바로잡을 수 있다고 생각했어요. 그래서 여러 사람을 만나서 이야기도 하고 그랬는데, 그러다 그게아니다 싶어 농민운동 쪽으로 생각하고 법대를 그만두려고 했습니다. 그렇게내가 가나안농군학교도 찾아다니고 그럴 때 조변호사를 만나 내가 학교에 다니고 싶지 않다고 말했죠. 그때 마침 삼성밀수사건이 터졌습니다. 우리같이 촌에서 사는 사람이 갖는 즉자적인 분노 있잖아요, 크게 안 따지고, 재벌이 밀수를해, 뭐 이런 감정이 컸지요. 삼성밀수사건 규탄데모에는 조변호사하고 제가 제일 많이 설쳤을 겁니다. 그때 조변호사와 사설법률독서실에서 매일 같이 살다시피 했습니다. 이러면서 저는 학교를 그만둔다는 생각을 버렸죠. 사회법학회에 가서 사람들도 만나고 그러다가 군대를 갔습니다. 제가 복학을 한 후에도,조변호사는 사법시험을 준비할 때였지만, 나하고는 자주 만났죠. 이러는 중에전태일사건이 터졌죠.

끊임없는 자기성찰, 주변 삶에 대한 사랑

손학규　　조변호사가 워낙 우수한 사람이었는데 장위원장께서는 머리가 좋다는 것은 별문제가 아니라고 하셨지만, 역시 지적인 능력이 탁월하다는 것이 조변호사의 경우 첫째간다고 생각해요. 조변호사가 고등학교 2학년 때까지는 공부를 특별히 잘하지는 못했어요. 고3 때도 1등은 아니었는데 서울대 수석입학을 한 것은 워낙 가지고 있었던 무서운 잠재력이 갑자기 폭발한 것이라고 보여지거든요. 그런데 왜 굳이 1등한 것, 누구나 다 아는 이야기를 또 하느냐 하면, 그게 여러 부문에서의 그의 지도력의 기본이 된다고 생각하기 때문입니다. 실제로 제가 알기로는 대학교 졸업할 때까지 사법시험에 관한 책은 한 줄도 안 봤고 주로 경제학 공부를 많이 했지요. 지금도 기억나는 것이 두꺼운 슘페터 책을 들고 다니더니 며칠 후에 만나보니 다 읽었다는 거예요. 아까 홍변호사님과 장위원장도 말씀하신 대로 철저한 민족의식과 민주의식에 그런 지적 능력이 바탕이 되어서 그의 능력이 제대로 발휘되었다고 보여집니다. 그러니까 그러한 철저함은 끊임없는 선각적인 민족적 민주의식에의 열정과 더불어서 끊임없는 자기단련으로 이루어졌다고 보이는 것이죠. 그가 도망다닐 때 환경공해기능사 시험을 보아서 자격증을 딴 적이 있어요. 그것은 공대졸업생이나 따는 것이었는데 불과 한 6개월 도망다니면서 공부해서 해낸 거예요. 75년 이후에 도망다닐 때 기능사자격증에 제일 먼저 착안한 것은 김근태인데요, 조영래 변호사도 처음에 보일러기능사 자격증을 땄고 그 다음에 환경공해문제에 대한 심각성을 그때 이미 예견을 해서 언제까지 지하도피생활이 될지 모르니까 도망다니면서도 일한다는 생각에서 기능사자격증을 딴 모양인데, 아무리 정열이 있다 하더라도 그런 지적인 능력이 없이는 해내지 못하는 것이죠. 거기에 덧붙여 제가 특별히 이야기하고 싶은 것은 그의 끊임없는 자기성찰입니다. 우리 때도 그랬지만 지금 학생운동에서도 열정은 앞서는데 자신의 지적인 능력이 따라가지 못하면 남의 것을 맹목적으로 베끼고 그것을 앵무새처럼 되뇌는 식으로 껍데기로 학생운동을 하는 경우를 가끔 봅니다. 그런 경우에 운동은 물론 개인적으로도 곧 좌절하여 전혀 다른 방향으로 급전환하는 현상이 나타나는데, 조변호사의 경우에는 일찍이 대학교 초년 때부터 진보적인 사상을 기초로 정열적으로 운동을 전개해오면서도 끊임없는 자기성찰로 이를테면 교조적인 맹목주의로부터 스스로를 보호했다고 봅니다. 그런 것들이 조변호사로 하여금 대학 졸업 후 진로를, 현실적으로 내가 무엇을 할 수 있을까를 고민하면서 사법시험을 보게 했고 그리고 곧바로 합격할 수 있게 했다고 봅니다. 사법시험에 합격한 후에도 줄곧 친구들과 모여서 세미나하고 신문스크랩도 하고 그랬지요. 당시만 해도 우리는 신문을 열심히 읽으면 그 안에 모든 지식이 있다 했습니다. 이런저런 것이 조변호사로 하여금 사법시험이라는 현실적인 조건도 고려하면서 그 능력을 발휘할 기회도 확보할 수 있게 했다고 생각합니다.

각자가 보는 조변호사 이야기가 나왔으니까 하는 이야기지만 그 모든 탁월함에도 불구하고 또 무엇보다 높이 사주고 싶은 것은 조변호사가 가지고 있는 인간적인 아름다움, 인간적인 멋이라고 저는 생각합니다. 친구이지만 자랑스럽고 정말 항상 경외감 같은 것을 가지고 있었는데 그러면서도 서로 늘 소탈하게 어울릴 수 있었던 것은 조변호사가 가지고 있던 모든 주변의 삶에 대한 사랑 때문이었다고 생각합니다. 조변호사의 가까운 친구들을 보면 운동과는 전혀 상관없는 사람들도 많습니다. 삶을 가장 평이하게 사는 사람들, 그런 친구들을 만날 때 마음이 편했다고 할까요. 어떤 자연스러운 삶 그 자체가 삶의 목표이고 또 자기활동의 목표이고 삶의 보람이라 느낀 듯했습니다.

창조적 인권변호활동의 길을 열어

양 건 아까 잠깐 전태일사건 얘기가 나왔는데, 여기에 관해서는 특히 장위원장님이 좀더 하실 말씀이 있을 것 같은데.

장기표 전태일 분신사건이 나던 70년 11월에는 조영래씨는 당시 용구암에서 사법시험을 준비하고 있었습니다. 사건이 나자마자 조변호사는 시험준비 중에도 불구하고 나와 사건을 부각시켜 노동자들의 참상을 폭로하고 또 경제성장논리의 허구성을 폭로했습니다. 그전부터 사회과학계에서도 노동문제에 대해서 관심을 가지고 있던 차에 이 사건이 터진 것이라, 당시 그런 명칭은 없었지만 이른바 노학연대가 시작된 것이지요. 나는 주로 직접 전태일가족들을 만나 함께 일을 풀어가기 위해 힘썼고 조변호사는 외부로 사건을 확산하는 일을 주로 맡았는데, 특히 서경석씨 등과 같이 이 사건을 종교계 등 각계와 언론에 알리는데 결정적 역할을 했죠.

양 건 역시 연결되는 이야기이지만 조변호사가 그 이후에 인권변호활동을 왕성하게 전개하는 가운데 특히 주된 관심분야 중의 하나가 노동운동과 관련된 사건입니다. 그 중에서도 특히 1985년 대우어패럴사건은 언급할 필요가 있겠습니다. 이 사건은 단순한 노동사건이 아니라 시국사건으로 발화되었다는 점에서도 기억되는 것으로 압니다. 또 다른 측면에서는 이미 유신 때부터 활동해오신 이돈명 변호사님, 유현석 변호사님, 이 자리의 홍변호사님, 또 황인철 변호사님, 그외에 여러분이 계십니다만 그런 1세대 분들의 활동에 이어서 한 세대 밑으로 내려와서 젊은 변호사들이 인권변호활동을 이어받는 중요한 계기가 된 것이 바로 대우어패럴사건이라고 듣고 있습니다. 이 사건을 비롯해서 조변호사의 인권변호활동에 대해 말씀해주시지요.

홍성우 네. 조영래 변호사가 인권변호사로서 차지하는 위치, 그가 인권변호사 사회에서 담당한 역할이겠는데요, 말씀하신 것처럼 이돈명 선배나 이른바 인권변호사 1세대라고 하는 몇몇 분들이 조변호사보다 몇해 앞서서 시국사건을 중심으로 한 인권변론활동을 해왔는데 그분들은 이른바 학생운동출신은 아닙니다. 서울문리대를 중심으로 4·19로 학생운동이 무르익어가기 이전에 대학생활을 마쳐 대학시절의 운동의 경험이 없이 평범한 법조인으로의 길을 가다가 정치적인 상황에 의해서 인권에 눈이 떠지고 인권사건에 자연스럽게 참여하게 된 변호사 그룹이라고 말할 수 있습니다. 저는 세대로는 1세대에서 거의 막내에 해당되는 셈이지요. 지금은 그 1세대 그룹과 맥을 이어가면서 학생운동출신의 인권변호사 그룹이 나오고, 그런가 하면 학생운동출신은 아니면서도 변호사 자체를 운동으로 하겠다는 젊은 세대들까지 나오게 되는데요, 결국 조영래 변호사는 소극적이고 방어적이었던 1세대 인권변호사 그룹의 전통을 계승하면서 인권변호사 활동영역을 확대해나간 운동가출신 인권변호사의 적자라고 할수 있습니다. 말하자면 1세대 인권변호사 이후의 그룹에서 단연 조영래가 뚜렷한 중심자이었고 선봉이었고 지도적인 존재였습니다. 그래서 인맥으로 따지면 조변호사와 세대를 같이하는 몇몇 변호사들이 허리가 되어 있다고 볼 수 있습니다. 조영래 변호사를 중심으로 한 그룹이 등장하면서 인권변호활동이 활기를 띠고 적극성을 강구해가는 변모를 하게 됩니다. 그런 맥락에서 대우어패럴사건, 망원동 수재사건, 진폐증환자사건들이 논의되어야 할 것 같습니다.

대우어패럴사건은 구로공단의 여러 사업장, 주로 봉제공장 중심의 연대투쟁

사건이었는데 그것이 형사사건으로 되면서 여러 사업장의 노동자들이 구속·기소되었습니다. 그런데 1세대 그룹과 조영래 변호사를 주축으로 하는 젊은 변호사들이 같이 변호인단을 구성해서 이 사건을 공동변호하게 된 것입니다. 인권변호사들의 기성세대와 신세대가 힘을 합쳐서 서로 공동변호에 참가하여 승계가 자연스럽게 이루어지는 계기가 된 점에서도 이 사건은 아주 큰 의의가 있는 것이었습니다. 앞에서 말했듯이 제1세대 기성 인권변호사 활동은 소극적이고 방어적이었다고 할 수 있는데 시대적 상황도 그랬지만 주로 시국사건으로 구속되는 피고인들을 변호하고 방어하는 데 눈코 뜰 새가 없었기 때문에 그 이상의 더 창조적이고 적극적인 일을 할 생각조차 못한 것이지요. 조변호사의 능력이나 탁월성을 제가 이런 점에서 인정을 하는 것이죠. 권인숙양의 사건에서도 권양을 변호하는 데 그치는 것이 아니라 변호인단이 중심이 되어 문귀동을 고발하고 그가 자행한 성고문을 낱낱이 파헤치는 작업까지를 할 수 있었고 그런 점에서 형사사건의 변호로서 가장 적극적이고 창조적인 법률구조활동을 한 것이지요.

망원동 수재사건은 정치적인 것은 아니지만 조영래 변호사가 아니면 할 수 없는 것이라고 생각합니다. 망원동 수재사건과 같은 엄청난 민원상황이 발생했을 때 우리가 처음 생각하는 것은 탁월한 지도자가 나타나서 수재민을 끌고 시청 앞에 가서 데모라도 하고 구호라도 외치고 해서 무슨 보상금이라도 받아내는 방법일 것인데, 조변호사의 경우 그게 아니었습니다. 변호사자격증으로 민주화운동에 기여하려는 조변호사의 의지가 가장 전형적으로 나타난 것이라고나 할까요. 이 사건은 5천명이 각각 몇백만원을 청구하는 것인데 너무 손이 많이 가는 일이라 누구도 선뜻 엄두를 못 냈습니다. 그런데 이걸 적법한 쟁송의 방법으로 해결할 것을 착안한 것이 조변호사였어요. 기존의 틀에 꽉 막혀 있는 보수적인 법조계의 선배들도 이 문제만큼은 아주 감탄을 했습니다. 이런 것을 소송으로 제기를 했다는 것은 얼마나 엄청나고 멋들어진 일이냐는 거지요. 이 사건은 결국 몇년 걸려서 마무리가 되었습니다. 조영래의 철저함과 집요함이 나타나는 아주 전형적인 경우지요. 물론 그가 혼자 한 것은 아니고, 이 사건을 평가하는 데는 옆에서 도운 같은 법률사무소 그룹의 헌신적인 노력을 잊지 말아야겠지만요. 1년 동안을 이 사람들이 이 사건에 파묻혀서 허덕허덕했습니다. 밤새워가면서 했을 거라구요. 법률전문가의 입장에서 볼 때에는 망원동 수재사건은 조 변호사가 이룩한 어떠한 업적보다도 길이 남을 것이라 생각합니다. 이런 집단 소송은 전례가 없는 일이었어요. 결국 과거의 수동적이고 방어적이던 그런 법 률구조활동에서 적극적이고 창조적인 것으로, 그리고 단순히 형사피고인의 인 권변호 차원을 넘어선 복지 차원으로까지 인권변호활동의 폭을 넓혀가는 데 조 영래 변호사가 획기적인 기여를 했고 시작을 한 것이다라고 거듭 이야기하고 싶군요.

양 건　　인권변호라 하면 정치적인 사건 또는 형사적인 사건을 중심으로 생각하게 되는데, 조변호사는 새로운 시대의 인권변호라고 할까요, 공해문제, 여성문제, 시민들의 민원사건 등에도 일찍 눈을 떠 특별한 기여를 했다고 생각 됩니다. 조변호사의 법률사무실의 간판이 '시민공익법률사무소'인데요, 그 이 름에 가장 걸맞는 사건이 바로 망원동 수재사건이었던 것 같습니다. 저는 법사 회학에 관심이 있어서 이런 말씀을 드리는데, 70년대 이후에 미국 변호사들에 게 새로운 변화가 있었는데 공해문제, 소비자문제, 인종차별문제, 여성문제, 장애자문제 등 미국 사회가 지니고 있는 여러 문제만을 전담하는 변호사활동이 나타난 겁니다. 학자들은 그것을 공익법운동(public interest law movement)이 라고 일컫습니다만 이것은 변호사활동의 조직형태에도 특수한 모습으로 나타나 이런 사건만 전담하는 법무회사가 대거 등장하고 있습니다. 큰 데는 공익사건 만 전담하는 사람이 100명이 넘는다고 합니다. 조변호사가 개인적으로 그런 것 들을 알고 영향을 받았는지 모르겠지만 사무실 이름에 공익이라는 말을 쓰고 또 그런 사건들에 관심을 가졌던 것을 생각하면 그런 연상을 하게 됩니다.

손학규　　랄프 네이더에 관한 이야기를 조변호사에게서 아주 많이 들었어 요. 조변호사가 감옥에 가고 도피생활하고 그러기 훨씬 이전부터 소비자운동 등에 관심이 있었던 것 같아요.

양 건　　조변호사가 돌아가시기 전에 미국에 몇달 가 있을 때 랄프 네이더 를 만났던 걸 들은 적이 있습니다. 또 생각이 나는데 조변호사가 피신생활을 할 때 제가 우연히 광화문에서 만나 이야기를 나눈 적이 있는데 그때 소비자문 제가 중요하다면서 저한테 역설을 하는 거예요. 그래서 저는 그때 영향을 받아 가지고 그 이후에 소비자문제에 관한 되지도 않는 논문을 몇개 쓴 적도 있습니다. 조변호사가 그런 문제에 대해서도 일찍부터 눈을 떴던 것 같습니다. 이야기를 바꿔서 조변호사가 돌아가신 다음에 그가 쓴 것으로 밝혀진 「전태일 평전」에 대해서도 말씀들을 해주시죠.

「전태일 평전」과 「양심선언」이 나오기까지

장기표   그 사실은 조변호사가 돌아가기 전에 이미 공개가 되었고 생전에 「전태일 평전」을 조변호사의 이름으로 내기로 한 거죠. 하지만 조변호사는 몰랐어요. 아픈 다음에 내가 부인과 의논해 일단은 조변호사에게 알리지 않기로 했지요. 그런데 조변호사가 그렇게 빨리 갈 줄은 몰랐죠. 제가 71년도에 '서울대학생 내란음모사건'으로 구속되었다가 출소한 후 거의 매일 전태일의 어머니를 찾아뵙고 기록을 했습니다. 지금 「어머니의 길」이라는 책에 나오는 이야기들은 벌써 20년이 넘은 이야기이지요. 이 자리에서 처음 밝히는 이야기입니다만 그때만 해도 복사하기는 어렵고 그리고 복사를 누가 잘 해주지도 않았습니다. 얼마나 살벌할 때였습니까. 감리교 신학대학에 포히트라스라는 사람이 있었어요. 박대인씨죠. 처음 제가 전태일씨의 수기를 그 사람에게 복사를 해달라고 했습니다. 원본은 어머니께 드리고 복사본은 제가 가지고 있으면서 이렇게 저렇게 생각을 하고 있었지요. 조변호사와는 출소 후 자주 만날 때였는데 그때 '김대중씨 납치사건'이 터졌습니다. 시위건으로 나는 또 잡혀 한달 동안 들어가 있다가 나와서 또 구류 25일간을 살았습니다. 그때는 내년 봄이면 박정권이 끝장난다는 게 아주 압도적인 분위기였어요. 그러다가 74년 '민청학련사건'이 터지고 한 1년 동안 도망다녔는데 그때 제가 그 자료를 조변호사에게 넘겨주었지요. 그렇게 해서 그 책은 76년 초가을에 거의 마무리되었지요. 그러니까 74년부터 실제로 3년이 걸렸어요. 내가 이 3년을 강조하는 것은 그 평전을 보면 참 대단한 책이라고 생각되거든요. 전태일에 대한 단순한 정리 차원이 아니라 인간에 대한 면밀한 통찰 없이는 나올 수가 없는 내용이에요. 앞에서 다들 철저한 집요함이라고 그러셨는데 사실 그런 점에서 저는 굉장히 부끄럽습니다만 저는 그렇지를 못했는데 조변호사는 그것을 철저하게 해냈어요. 그 책을 보면 그게 드러나요. 단순히 글을 잘 써서가 아닐 겁니다. 이번에 새로 나온 책에 내가

밝혔듯이 정말로 심혈을 기울여서 쓴 책이고 조변호사 자신도 정말 불후의 걸작
이 되리라고 생각한 것 같습니다. 그 서문에 나와 있는 것과 같이 한국에서만이
아니라 종교, 인종, 피부색깔을 넘어서 감동을 줘 전태일이 "내 죽음을 헛되이
하지 말라"고 한 말이 전달될 것이다라고 말했으니까요. 그런데 다들 아시다시
피 조변호사는 남들에게 스스로 밝히지 않았습니다. 조변호사가 타계하고 나서
박성민씨를 만났는데, 책 이야기가 나왔습니다. 박성민씨와 조변호사가 얼마나
가깝습니까? 그런데도 조변호사가 「전태일 평전」을 읽어보라고 하면서도 자기
가 썼다고는 말한 적이 없답니다. 내가 전태일하고 가까우니까 이 책은 내가
썼다는 말도 있었지요. 사실을 밝히려고 했는데, 계기가 주어지지 않아서이기
도 하지만 또 조영래씨가 밝히기를 꺼려한 청렴도 작용했을 거예요.

   양 건   최근에 밝혀진 김지하의 「양심선언」에 관해서도 이야기해주시지
요.

   손학규   「양심선언」과 「전태일 평전」은 씌어진 시간이 거의 비슷하죠. 조
변호사는 도망다니면서도 끊임없이 자기가 해야 할 일을 찾아서 했습니다. 그
때 '민주회복국민회의' 같은 것이 생기고 3 · 1선언이 나오고 그럴 때인데, 저
같은 경우는 별로 창의력이나 창조력이 없어서 무엇을 해야 좋을지 모르고 그냥
멍하고 있을 때 조변호사는 어떤 사람들을 움직여서 무엇을 만들어야 할지 부단
히 생각하고 이 사람 저 사람, 알 만한 사람들을 동원하고 그랬습니다. 그 중의
하나가 「양심선언」입니다. 그때 김지하씨가 '민주항쟁사건'으로 들어갔다가 일
단 석방이 되었는데 동아일보에다가 글을 쓰고 그래서 다시 구속이 되지 않았습
니까. 재구속을 시키면서 충분한 명분이 없으니까 트집을 잡은 게 장일담 이야
기의 메모초였지요. 그 내용을 보고 김지하는 빨갱이다라는 얘기가 나온 겁니
다. 조영래 변호사가 가만히 생각하니까 이거 야단났거든요, 김지하는 반유신
체제의 대표적인 인물인데 김지하를 빨갱이라고 해놓으면 전체운동이 그렇게
몰리게 된단 말이에요. 그렇게 되면 민주화운동 자체가 고사될 염려가 있으니
까 이것을 어떻게든 수습해야 된다고 생각을 한 겁니다. 그때 사실 정치적인
것도 있지만 저 사람들이 김지하씨를 실제로 죽이려고 들었어요. 심각했지요.

   홍성우   그때 일은 저도 좀 아는데 김지하가 '민주항쟁사건'으로 구속이
되었다가 한달 만에 재구속이 되었는데 74년의 동아일보 글하고 장일담이라는

작품하고 말뚝이라는 작품이 문제가 됐어요. 그 작품을 구상한 메모를 압수해서 거기에 나오는 이야기 줄거리가 용공적이다 하여 반공법으로 구속했는데 처음에는 단순히 반공법으로 구속해서 단독판사한테 배정이 되었어요. 그런데 한 달 정도 있다가 적용법조문을 추가했습니다. 그거야말로 아주 모골이 송연하던 일인데 반공법상의 재범 가중항을 적용해서 합의부로 돌렸는데 그 재범 가중항에는 사형까지 할 수 있게 되어 있었습니다. 그때가 언제인고 하니 월남 패망 직후입니다. 상이군경들이 머리띠 두르고 여의도에 모여서 서울을 사수하자면서 아주 급격하게 우경적인 분위기로 몰고 갈 때라고요. 그런 기세 속에 김지하 씨건을 합의부로 돌렸으니 아이고 이제 김지하 죽이려나보다 하고 주변에서는 생각했죠. 내가 시국사건에서 제일 겁나던 때가 그때였어요. 하여간 그때는 나도 법정에 들어가는 게 무시무시하고 살벌했습니다. 사람들이 법정 근처에도 잘 안 오려고 했지요. 해당 가족들만 얼굴이 파랗게 질려 앉아 있는 그런 분위기였어요. 밝혀지기 어려운 일들이 많이 있는데 그때 김지하가 법정에 기피신청을 했어요. 그 재판장이 권모라는 사람인데 그전에 김지하씨가 보통군법회의에서 74년에 재판을 받을 때 심판관으로 나와 있던 사람이에요. 그러니까 그 사건을 재판한 사람이 또 재판할 수 있느냐는 것이 기피사유였지요. 김지하 본인이 그렇게 기피를 했는데 참 극적인 상황이었습니다. 그때 만일 기피 안 하고 재판을 했으면 변호인들이 아무리 노력을 했어도 형을 어떻게 받았을지 모를 살벌한 분위기였으니까요. 그때는 기피라는 방법을 자주 쓸 때가 아니니까 아주 신선한 방법이었지요. 그래서 법조문대로 무기연기해서 우리가 항고 재항고 하여 날짜를 벌면서 「양심선언」을 쓴 것입니다. 그렇게 항고 재항고 해서 대법원 가서 기각, 기각해서 한두어달 지나니까 그 무시무시하던 분위기도 조금은 가라앉게 되었습니다. 그때 그렇게 8월 며칟날 「양심선언」이 나왔고 일본과 미국에서 동시에 발표되고 그랬지요.

손학규   기왕에 밝혀진 것이니까 하는 이야기인데 그렇다고 조영래가 김지하 이름을 빌려서 위작을 내놓은 것은 결코 아니라고 봅니다. 거기에는 상당한 곡절이 있지 않았습니까. 김지하씨가 처음부터 끝까지 고치고 이것은 양보 못 하겠다면서 고집도 부렸고 조영래는 조영래대로 이것은 이렇게 해야 된다고 설득하고 어려운 과정을 거친 거지요. 그런데 사실 제가 하고 싶은 이야기는 이런 사실들보다도 조변호사가 가졌던 어떤 탁월한 정세판단이에요. 뭘 해야지 김지하씨도 살리고 운동권의 명분도 살리고 운동을 지속시킬 수 있다, 이것이 안 되면 운동권이 죽는다, 이러한 명확한 판단을 하고 그 판단에 기초한 것을 처리하는 능력이죠. 반복되는 얘기인데 「양심선언」은 조영래 변호사가 김지하 이름을 빌려서 쓴 것이 아니고 철저하게 김지하씨의 의견이 담긴 것으로, 말하자면 대필해주었다는 의미가 강하다, 저는 그 점이 강조되어야 된다고 생각합니다.

장기표 저도 동감입니다.

손학규 이것이 잘못 알려지면 여태까지 민주화운동과정에 있었던 문건에 대해 진실성이 왜곡될 우려도 있어서 이런 점을 강조하고 싶습니다. 사실 「양심선언」과 관계된 사람들이 많기 때문에 그 경위에 대해서는 알고 있는 사람들이 꽤 많을 텐데도 그동안 쭉 지켜져왔다는 것이 대단한 일이라고 생각돼요. 이를테면 그 필적이 김지하 필적이 아니니까 타자를 쳐야 되는데 타자는 춘천 수녀원에 가서 했어요. 그러니까 타자 친 사람은 수녀였습니다. 중간에 소개해준 사람은 그 사람대로 나중에 "뭐 역사가 이런 식으로 이루어지는구만" 하면서 내가 만든 줄 아는 눈치더라구요. 누가 썼다고 이야기는 안했으니까요. 그리고 외국으로 내보내는 절차가 오죽 복잡합니까. 조영래 변호사가 아까 변호사일에 그렇게 철저하다고 그랬죠, 보안을 유지하는 것도 그렇습니다. 친구들 중에 흔히 가장 가까운 사람 중의 하나로 제가 꼽히는데 조변호사의 활동에 대해서 모르는 것이 많다고 생각합니다. 주변사람들에게도 상관없는 얘기에 대해서는 아주 철저하게 보안을 지키면서 거부감 없이 자연스럽게 지낼 수 있었던 것은 조영래 변호사가 가지고 있던 인간학이 상당한 경지에 도달했기 때문이다, 이런 이야기가 되겠습니다.

홍성우 손교수께서 이야기한 부분에 동감인데 「양심선언」을 조영래 변호사가 썼다는 것을 김지하씨가 밝혔는데 사실 저는 그것을 안 밝혔으면 좋았으리라고 생각합니다. 저는 김지하씨가 그것을 밝혔을 때 좀 당혹했어요. 이왕 밝혀졌으니까 그것으로 끝났으면 좋겠어요.

손학규 그밖에 예를 들면 「양심선언」 무렵에 나온 무슨 성명서다, 우리의 입장이다, 여러가지 정치적인 문건이 있지 않았습니까? 그 중에도 조변호사가 직접 관여한 게 많았는데, 사실 그런 문건이야 누가 써도 개인 이름으로 발표하

지 않고 단체 이름으로도 하기도 하고 그것이 만들어지는 과정에서 많은 첨삭가
감이 이루어져 실제로 공동작품일 수도 있는데 지금 와서 어느 때 무슨 문건은
누가 쓴 것이라 밝히는 것은 불가능하기도 하고 사실 무의미한 일이지요.

장기표   저도 한마디만 덧붙이고 싶은데, 물론 무슨 문구를 조영래씨가 쓰
고 무슨 문구를 김지하씨가 썼는지 그건 모르겠어요. 그렇지만 김지하씨의 의
견이 많이 들어간 건 사실입니다.

진정한 민주주의를 위하여

양 건   여러가지 이야기들이 나왔는데요, 마무리하기 전에 대통령선거에
관련된 이야기를 해보지요.

홍성우   87년 대선 때 후보단일화 쟁취를 위한 기구를 만들어 민주화운동
에 참여해온 여러 선배명망가들이 전부 규합해서 단식투쟁까지 하면서 단일화
운동을 했는데 그때 저하고 조변호사가 열심히 했어요. 우리 둘말고 또 몇사람
이 핵심적인 그룹이 되어가지고 혼신의 힘을 다했는데 그때 저나 조변호사의
판단은 단일화가 아니면 민주화는 안 된다였어요. 사실 조변호사와 같이 파란
많은 역정의 인생을 살아온 사람으로서야 6·29 이후에 헌법을 개정해서 대통
령 직선제를 쟁취한 마당에 그 대선의 의미를 얼마나 고대했겠어요. 그런데 두
김씨가 갈라서서 출마를 한다고 하니 그야말로 하늘이 무너지는 것 같은 심정이
었지요. 어떤 일이 있어도 단일화해야 하고 단일화 없이는 절대로 야당이 정권
교체를 이룰 수 없다는 게 많은 사람들의 생각이었어요. 그래서 조변호사 역시
당시 이 단일화운동에 그야말로 자기 온몸을 던지다시피 하며 몰입했습니다.
그때 일이야 여러분도 잘 아시는 바지만 여하튼 실패했잖아요. 사실 그런 정치
적인 의미가 있는 운동을 조변호사와 같이 해본 것은 저로서는 그때가 처음이에
요. 인권변론활동이야 같이 많이 했지만 그런 일을 해보기는 처음인데 역시 그
때 일을 조직해나가는 능력이며 사람을 조직하는 능력이 정말 탁월했습니다.
부끄러운 이야기이지만 조변호사 없이는 아무것도 결정할 수가 없었습니다. 뻔
한 이야기도 그 친구한테 꼭 확인을 한 연후에야 결정하였다니까요. 조변호사
와 일을 하면 그렇게 됩니다. 그런 사람들이 있어요. 어디에서나 결정적인 역

할을 하는 사람이. 조변호사도 그런 사람입니다. 운동을 같이하면서 느낀 것이
많은데, 어떻게 그렇게 사람을 대하는 데 분노 같은 감정을 나타내지 않고 대할
수가 있는지 아주 대단한 경지인 것 같았어요. 모든 것을 참아나가고 다독거리
고 하는 것이. 운동을 하면 별의별 사람이 다 모이니까 어떤 개인이기주의나
집단이기주의 차원에서 파벌적 감정으로 조변호사 역시 여러번 곤욕을 치르기
도 했는데 그걸 그냥 눈살 하나 안 찌푸리고 다 참아내더라고요. 그래서 참 대
단한 친구구나 하면서도 조변호사가 지금 세상을 뜨고 보니 이래저래 참고 참아
서 쌓인 스트레스가 너무 많아서 암이 된 게 아닌가 싶기도 해요. 사람이 감정
날 때는 욕도 좀 하고 성질도 부리며 사는 게 오래 사는 방법이다 싶고.

양　건　대선 때 제가 탄복한 것은 성명서예요. 그 논리에 감탄했습니다.

홍성우　참 잘 썼지요. 그래서 돈 모아가지고 신문광고도 했습니다.

손학규　대선과 5공 말기, 6공에 들어서서 조변호사가 조금 좌절하지 않았
는가 싶어요. 86년 이후 민주화운동이 상당히 고조화되어 열기를 띠면서 재야
세력이 양적으로 팽창하고, 그리고 운동의 수준이 이념적으로 상당히 높아졌다
고 할까요, 상당히 급진화 경향을 띠게 되었다고 할까요, 그러면서 이념적인
내부갈등이 조금씩 나타나기 시작했지요. 그때부터 제가 느끼기에 조변호사는
그전에 매사에 아주 낙관적이고 자신에 차 있고 무엇이든지 적극적으로 만들려
는 분위기에서 상당히 바뀌어져 상당히 피곤하고 그리고 운동에 대해서 그렇게
자신을 보이지 않고 있는 모습이었습니다. 물론 그렇다고 해서 사회민주화에
관심이 없었다는 것은 아니지만 대선 실패 이후에 좌절감이 누구보다 심했던
사람이 조영래 변호사였던 것 같습니다. 그때 이미 민주화운동이 생산적으로
진행되지 못하고 논쟁만 무성하고 그 안에서 내부적인 분파 분열의 기미가 보이
면서 민주화운동 전열에서 어떤 흠이 보이는 것을 안타깝게 보고 있었습니다.
아까 이야기했듯이 도망다닐 때 그 어려운 상황에서도 줄곧 일을 만들고 문건을
쓴 건 물론이고 삐라 같은 걸 만들어서 뿌리러 다니기까지 하던 그런 열의, 적
극적인 자세, 자신감 같은 것은 보기가 힘들고 상당히 피곤해하는 것을 느꼈습
니다. 우선은 가장 결정적인 것이 민주화가 이루어지면 민주화운동세력에 의해
민주적인 정부가 세워질 것을 기대했는데 그것이 안 되니까 큰 것은 접어두고
작은 것을 가지고 싸운다고 느끼고 있었던 것 같아요. 그 무렵 어떤 때는 변호

사생활이 싫다고 할 정도였습니다. 조변호사는 학생운동가로서, 반독재투쟁가로서, 인권변호사로서, 문필가로서 다양한 면모가 있지만, 잠재적인 정치가로서의 그에 대한 기대가 상당히 광범위하게 있었던 것이 사실입니다. 조변호사는 일개 변호사가 아니라 정치지도자로서 언젠가 깃발을 들리라 기대했던 거죠. 그런데 정치는 더 말할 것도 없고 변호사생활 자체도 싫다는 이야기를 하면서 제가 대학교수가 되는 것을 부러워하면서 선생이 되었으면 좋겠다는 이야기를 자주 했었습니다. 이건 잘못하면 민주화를 지향하는 사람들 스스로 누워서 침 뱉기가 되는 이야기일지 모르겠지만 그럴 때 적극적으로 힘을 북돋워주고 창의적으로 같이 무엇을 만들어가는 데 자극이 되어주지 못한 친구로서의 한 같은 것이 절실하게 느껴집니다.

양 건 마침 말씀해주셨는데 저도 이런 것을 느꼈습니다. 조변호사 장례식에, 말하자면 운동권에 계신 분들이 많은 수고를 해주셨는데, 운동권에 속하지 않으면서 조변호사를 아끼시던 주위 분들도 많이 모이셔서 그들은 그들대로 조변호사가 운동권투사로서만 일면적으로 부각된다고 느끼는 것 같았어요. 그런가 하면 그때 어떤 신문에 한 중진언론인이 칼럼에 조변호사가 운동권에 관한 아주 비판적인 이야기를 상당히 많이 했다라고 썼습니다. 말하자면 조변호사가 말년에 어떤 변화가 있었지 않았나 싶은데 그런 점과 관련되어도 좋고 말년의 조변호사에 대해서 마지막으로 한말씀들 해주셨으면 합니다.

그가 남긴 빈자리

장기표 방금 말씀하신 부분에 대해서는 자칫하면 수박 겉핥기 식의 피상적인 얘기가 되기 쉽다고 생각합니다. 물론 가까운 사람들끼리 모여서 이런 좌담을 하면서 조변호사 대단한 사람이다란 이야기만 해놓으면 독자가 끝에 가서 조변호사의 약점이나 한계가 무엇인가 물을 수도 있겠지요. 그런데 저는 그런 질문을 꼭 받아야 한다고는 생각하지 않습니다. 이런 이야기는 자칫하면 조변호사의 부정적인 모습, 지금까지 적극적이고, 창조적이고, 집요하고, 성실하고 그런 것이 아닌 다른 모습으로 비춰질 수가 있어서 분명히 해둘 필요가 있다고 생각합니다. 먼저 대선 이후에 실망하고 좌절한 것은 현상적으로 당연합니다.

그렇지 않은 사람이 있었습니까. 그런데 그보다 더 중요한 것은, 당시에 상황을 타개해줄 진정한 주체가 형성될 수 있는가, 이 점에서 조변호사는 상당히 어렵다고 봤다고 생각합니다. 그런데 어렵다고 본 이유는 조금 거슬러올라가 생각해야 할 문젠데, 제가 볼 때에는 조변호사가 80년 이전에는 분명하게 이른바 운동권세력이 역사발전의 주인이 되고 당연히 정치권력의 주체가 되어야 한다고 생각했는데 80년대에 접어들면서 이 운동권의 목표나, 이 목표를 달성하기 위한 전략에 대해서는 일정 정도의 회의가 있었다고 생각합니다. 조변호사가 생각하기에 민주화가 먼저 이루어져야 하는데 그것이 대선에서 이루어지지 않았고 또 그럼에도 불구하고 그것을 금방 메우어낼 만한 가능성은 희박하다고 본 것 같습니다. 하지만 저는 조변호사가 운동에 비판적이었다는 식의 말은 나올 수 없다고 봅니다. 이 점과 관련해서는 오히려 조변호사가 현실에 기초해서 사물을 상당히 앞서서 본 측면이 있다고 생각합니다. 학생, 젊은이를 중심으로 한 운동세력이 주장하는 목표나 전략은 시대착오적이다 본 것이지 조변호사가 막연히 운동권이 틀렸다 이렇게 본 건 아닙니다. 저 역시 지금 운동권이 이념과 이론에 있어서 혼돈기상태에 있다고 생각합니다. 이것이 바로잡히려면 어떤 적극적인 노력도 있어야 되겠지만 시간도 상당히 필요할 수밖에 없는 상황이라 봅니다. 그래서 조변호사 경우에 이런 세태를 보면서 뭔가 바로 되어야 하는데 그렇게 하려면 필연적으로 시간이 필요하다, 이런 것을 고민했다고 생각합니다. 가령 저는 그 속에서 부대끼면서 제 주장을 어쨌든 펴고 있고 또 엄청난 비판을 받기도 하지요. 그러면서도 저는 사실 적극적으로 대항합니다. 그런데 조변호사 경우는 대응할 사람은 하라 나는 좀 기다리겠다이지요. 하지만 나는 이것을 현실도피적이라고 보지는 않습니다. 정말이지 조변호사다운 태도라고 생각합니다. 조변호사가 의존한 세력은 가령 홍선생님과 같은 재야지식인들, 중간층지식인들이지만 그러나 저의 추측을 약간 보태자면 재야지식인들만 모아가지고는 뭐가 안 된다고 본 것 역시 조변호사의 깊은 통찰이었다고 생각합니다. 그러면 무엇이 필요하냐, 운동권세력이 필요합니다. 그런데 운동권은 조변호사가 볼 때 다른 이야기를 하는 사람들이 너무나 많고, 그러니까 피곤하게 된 것이 아닌가 싶어요. 조변호사는 워낙 영향력이 있는 사람이라 많은 사람들을 모아서 함께 할 수 있는 인물인데 딱 세상을 뜨고 나니까 많은 사람들에게 대선 이상의 허탈감을 주었다고 생각합니다. 홍변호사님께서 조사에서도 말씀하셨듯이 언젠가는 당신이 깃발 들 때만을 기다리고 있었는데 그것을 못 보게 된 안타까움, 이런 것이 지금 우리 모두가 느끼고 있는 점이 아닐까 싶습니다.

손학규 조변호사는 어렸을 때부터 상당히 성숙하고 일찍부터 카리스마가 형성되어 있었다는 느낌인데 그것은 단순히 머리가 좋고 공부를 열심히 하고 이런 것보다도 사람과 세계를 보는 면이 상당히 일찍부터 성숙해 있었다, 그리고 그것은 끊임없는 자기성찰에 기초했다는 생각이 듭니다. 조변호사의 여러 측면이 이야기되고 있지만 그것은 결국 사람과 세계가 가지고 있는 복잡한 측면을 되도록 아집이나 집착 없이 보고자 했던 자기성찰과 노력 때문이 아니었나 싶어요. 저야 법학을 잘 모르는 사람이지만 이게 법학에 관한 책에 나가는 것이라니까 공자 앞에 문자를 쓰는 격으로 한말씀 드리자면 법이라는 것을 인간 위에 놓는 것이 아니라 법보다 인간이 위에 있다는 것을 온몸으로 실천한 것이 조변호사가 아닌가, 조변호사에게서 법과 인간을 같이 배울 수 있는 것이 아닌가, 그렇게 생각합니다.

홍성우 조변호사는 제가 만난 인물 중에서 어느 때나 정확한 상황판단을 하고 사리를 정확하게 분별하고 균형된 사고를 할 수 있는 흔치 않는 사람 중의 하나였다고 생각해요. 이럭저럭 저하고도 많은 일을 같이하면서 제 주변에서 어떤 정치적인 상황에 같이 뭘 좀 해보자는 권유를 받는 기회가 종종 있었는데 그때마다 냉철하게 짚어주는 역할을 하는 몇 안 되는 친구 중의 하나였습니다. 그때그때 아주 상황을 정확하게 보고 균형된 사고를 하는 친구였습니다. 양교수께서 조변호사가 말년에 와서 어떤 변모를 나타낸 것은 아닌가라는 이야기를 하셨는데 저도 그런 느낌을 받았습니다. 저는 이렇게 생각해요. 그것은 조변호사가 변한 것이 아니다, 조변호사는 그대로였어요. 그 친구의 사물을 보는 눈이나 인간에 대한 기본적인 사랑의 정신은 조금도 변한 것이 없습니다. 세계관이나 역사관이나 변한 것이 없는데, 다만 지금 우리의 사회상황이나 경제적인 토대, 계층구조, 정치적인 의식수준, 이런 것을 종합해볼 때 지금 뭣이 안 된다고 판단한 걸 겁니다. 그리고 그것을 당장 해결할 만한 복안은 조변호사에게도 없었을 거예요. 그래서 실의에 빠진 상태가 계속된 것인데, 운동권에 대해서 다소 부정적인 이야기를 했다고 해서 조변호사가 변한 것이냐, 우경화한 것이냐, 그건 아닙니다. 운동권이 변한 것이지 조변호사가 변한 것이 아니라고 생각합니다. 상황은 자꾸 변하는데 운동권이 똑같은 투쟁방식을 가지고 있다면 그것이 변한 것이다, 그런 역설이 성립될 수 있다고 생각됩니다. 이것은 조변호사를 너무 좋게만 이야기하자고 해서 하는 것이 아니라 저도 조변호사하고 같은 생각을 해왔으니까 하는 말입니다. 조변호사는 균형 있는 사고와 역사에 대한 깊은 통찰력, 인간에 대한 사랑을 끝까지 의연히 간직한 채 갔다고 생각합니다.

(법과사회 제4호, 1991)

조영래 연보

1947년 3월 26일 부 趙民濟氏와 모 李南弼氏의 3남 4녀 중 장남으로 대구
에서 출생.

1959년 3월 서울 수송국민학교 졸업.

1962년 2월 경기중학교 졸업.

1964년 3월 고등학교 3학년 재학중 한일회담 반대시위 주동으로 정학처분.

1965년 2월 경기고등학교 졸업.

1965년 3월 서울대 법대 입학.

재학중 한일회담 반대, 삼성재벌밀수 규탄, 6·7부정선거 규탄,
삼선개헌 반대, 교련 반대, 공명선거 쟁취 등을 위한 학생운동 주
도.

1969년 2월 서울대 법대 졸업.

1969년 3월 서울대 대학원 입학.

1970년 11월 사법시험 준비중 전태일 열사의 분신사건이 발생하여 전태일 선
생 정신계승사업에 전력.

1971년 2월 사법시험 합격.

1971년 10월 사법연수원 재학중 서울대생 내란음모사건으로 구속.

1973년 4월 위 사건으로 1년 6월 징역형. 복역 후 만기출소.

1974년 4월 민청학련사건 관련으로 수배. 그후 6년 가까이 피신생활.

피신생활중 민주화운동에 주력하였고, 특히 3년여에 걸친 각고의
노력으로 「전태일 평전」(어느 청년노동자의 삶과 죽음)을 집필.

1975년 2월 李玉卿씨와 결혼.

1976년 1월 장남 一平 태어남.

1980년 3월 수배 해제 및 복권되어 사법연수원에 재입.

1981년 6월 차남 茂顯 태어남.

1982년 2월 사법연수원 수료.

1983년 변호사 개업.

1984년 10월 망원동 수재사건 소송 담당.

1985년 대우어패럴사건 등 각종 노동사건 변론.

1986년 부천서 성고문사건, 이경숙사건(여성 조기정년제 철폐문제) 등 변론,
대한변협 인권보고서 집필.

1987년 보도지침사건 변론, 박길래사건(상봉동 진폐증 보상문제) 담당.
기타 노동·빈민·공해·학생 관련사건 등 인권변호에 전력함. 한겨레
신문 논설위원, 동아일보 객원편집위원, 문화방송 방송문화진흥회 이사
역임.

1990년 1월~5월 미국 컬럼비아대학 인권문제연구소 국제세미나 초청 참가.

1990년 9월초 폐암 3기로 진단.

1990년 12월 12일 여의도 성모병원에서 운명.

조영래변호사 남긴 글 모음
진실을 영원히 감옥에 가두어둘 수는 없습니다

초판 1쇄 발행／1991년 12월 12일
초판 18쇄 발행／2023년 4월 11일

지은이／조영래 외
펴낸이／강일우
펴낸곳／(주)창비
등록／1986년 8월 5일 제85호
주소／10881 경기도 파주시 회동길 184
전화／031-955-3333
팩시밀리／영업 031-955-3399 편집 031-955-3400
홈페이지／www.changbi.com
전자우편／nonfic@changbi.com